思綏草堂藏
硃卷彙刊

勵聘操 \ 主編

下册

GUANGXI NORMAL UNIVERSITY PRESS
广西师范大学出版社
·桂林·

光緒乙酉　陳謨

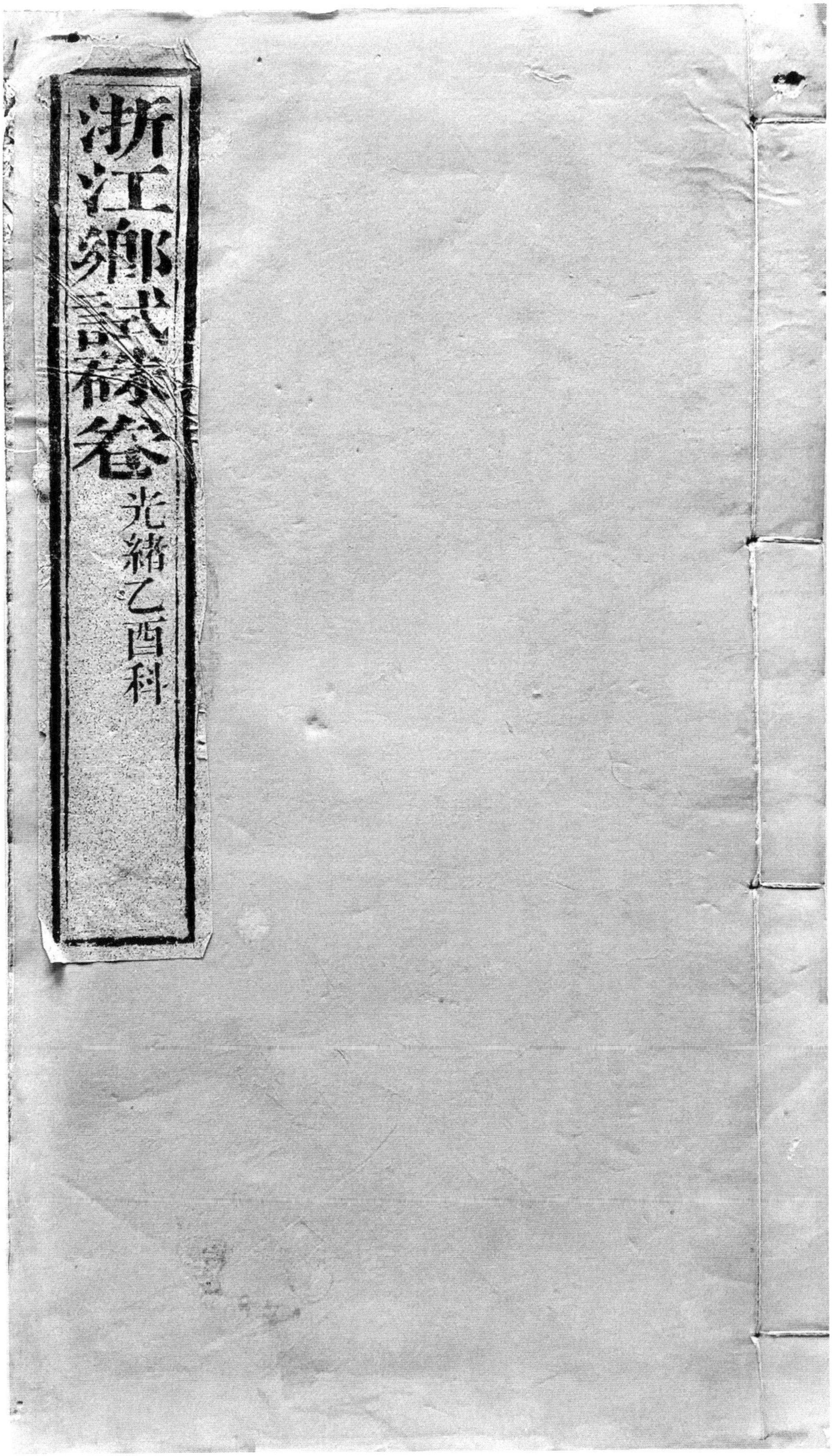
浙江鄉試硃卷
光緒乙酉科

陳謨

字福謙一字懋齋又字竹川行一道光乙未十月初八日吉時生紹興府新昌縣副貢生民籍試用教諭前署嚴州淳安縣教諭癸酉詁經精舍監院

江州遷剡始祖諱聖宋咸淳進士任處州僉判
國朝崇祀忠臣特建生祠春秋祭享
二世祖諱頤著有高頤齋集
三世祖諱國澤轉運使從事
四世祖諱彥輔
遷新始祖諱孟誠萬石長
二世祖諱泰平
三世祖諱儀秉禮尚義耄年肥遯年登大耋
四世祖諱巖生郡庠

世叔祖堯明成化乙酉舉人授山東濮州學正丁酉陝西主考庚子順天同考官　獻明成化庚子舉人授江西甯都知縣
世叔祖大楨事父篤孝詳郡邑志孝行傳　鐀廩生授益王府典膳　鐏歲貢生任淮安府訓導　詞恩貢生候選訓導
世叔祖子恆貢生任江西東鄉縣尹　子翊廩膳生薦拔內閣中書制行端慤慷慨好施事詳縣誌　子立任福建松溪尹調湖廣大尹　昌鼎歲貢生　心銘拔貢生
世叔祖宏中拔貢生任廣東感恩縣知縣陞雲南師宗州知州　鴻藻明天啟甲子舉人　宏綸邑庠生由軍功授增城縣教諭海康龍門等縣知縣　宏多歲貢生任

光緒乙酉科

履歷

五世祖諱杉

六世祖諱鏳

七世祖諱元則捐穀賑饑年登大耋薦鄉賓 題贈

恩褒德壽

八世祖諱子光壽登百歲兩舉鄉賓 恩賜冠帶

九世祖諱萬言邑庠生富而好施周卹不吝

十世祖諱宏諭處士

十一世祖諱希貞著有訓子箴

十二世祖諱其越太學生壽登大耋

高高祖諱大鏞邑庠生

高祖諱克淏太學生

高祖妣氏呂

德清縣訓導 宏勳歲貢生 宏煥歲貢生任永康縣訓導

世叔祖錫組歲貢生任仁和縣訓導 錫紱康熙壬子拔貢生候選知縣 其超歲貢生任義烏縣訓導 其捷康熙丙午亞魁己未進士 御試第一名授翰林院編修丁卯河南正主考崇祀鄉賢 其撰歲貢生候選訓導

高叔祖文緒邑庠生 克治太學生 克泉太學生 克湆太學生貤贈儒林郎翰林院庶吉士 克湛太學生 一桂乾隆癸卯武舉署德清錢塘蕭山營千總本縣駐防特授衢州左營守副 爲光歲貢生 承然恩貢生候選州判著有南庢詩草

曾伯叔祖璿太學生 瑋太學生 榭筠邑庠生貤贈翰林院庶吉士 朝椿國學生誥封奉直大夫戶部主事加一級 榭巽廪貢生歷署泰順安吉教諭嚴州府訓導敕封儒林郎翰林院庶吉士加一級誥封奉直大夫戶部主事崇祀鄉賢 金鑑嘉慶癸酉拔貢道光辛卯舉人乙未進士歷任山西潞城曲沃知縣己亥甲辰鄉試同考

高庶祖妣氏曾

曾祖諱珺太學生候選州同捐田為合族鄉試路費又捐田為閤邑鄉試路費童試府卷費勒石文廟宗祠

曾祖妣氏呂

曾祖妣氏潘

曾庶祖妣氏鄭

祖諱燊號星溪太學生貤贈文林郎

祖妣氏呂太學生議敘修職郎諱式泮公女貤贈太孺人

父諱鳳佐號鶩庭邑庠生例贈文林郎

母俞氏拔貢生任江蘇丹陽山西大同知縣諱鎬公孫女邑增生諱臣堯公女例封太孺人

官琳太學生輝琮附貢生珽邑庠生朝玠太學生朝塘邑庠生朝壎太學生豐芑太學生兆齡例貢生棨太學生槮太學生輝珙太學生棫太學生朝璣歲貢生

堂伯叔祖熜貢生燈太學生和燮太學生序烈邑庠生欽烈太學生廷照太學生廷燮廩膳生汝燮邑庠生宁燮歲貢生候選訓導榮燮嘉慶丙子舉人庚辰進士欽點翰林院庶吉士授戶部廣東司主事寮燮歲貢生候選州判濟燮邑庠生煥燮太學生徵燮邑庠生宸燮附貢生署嘉善縣教諭樂清縣訓導烺太學生熇太學生烜太學生燿太學生黼燮太學生元燮邑庠生序燧太學生序勳太學生署河南禹州吏目廷熾太學生思燮增貢生賡燮庠生鼎燮庠生鑑清廩膳生省三咸豐壬子武舉國慶太學生按照磨銜含燮太學生其謨邑庠生宗蕃郡庠生

光緒乙酉科

履歷

二

慈侍下

庭訓

受業知師謹以先後爲次

劉葵臣夫子諱大燿庠生

呂楷庭夫子印型庠生

俞漪雲夫子諱文藻廩膳生

族叔祖鏡川夫子諱鑑清廩生

族月鄰夫子諱暄廩膳生

裴冰亭夫子印瀛振庚午亞元

鄔莽卿夫子諱明經前任新昌訓導

董敬甫夫子諱愼行前鼓山書院山長

周子翼夫子諱騏前鼓山書院山長

親伯叔祖宗煥太學生宗煌邑庠生宗焯太學生川太學生

胞伯叔祖炤太學生蘂太學生熲太學生鴻燮太學生議敘修職郎

從堂伯叔于墀增廣生議敘修職郎于逵太學生沛恩太學生沛棠太學生沛藻太學生暄波庠生例授宣武都尉沛壽太學生沛芹太學生于濆議敘修職郎于圻附貢生于泮邑庠生于坪廩膳生己亥庚子甲辰己酉呈薦例贈文林郎于疇議敘登仕郎于埰邑廩生于堉邑庠生己未薦卷于甸太學生嘉穀邑庠生理問銜于第太學生于藻太學生于洲太學生于灝邑庠生于芴附貢生于垗太學生于垣道光庚子科舉人癸丑大挑二等甲寅考取覺羅教習以知縣用于簡太學生于型邑庠生乙卯癸酉薦卷于洛歲貢生候選訓導鳳彪同治庚午武解元署甯波漁溪汛千總賞戴藍翎廷球邑廩生廷珍邑庠生癸酉堂備于艎太學生于坰太學生沛亭于臺太學生家

陳

孫敬之夫子諱欽若前新昌縣知縣
蔣蓉湖夫子印正坤前新昌縣知縣
吳和甫夫子諱存義前任浙江學政
楊豫庭夫子印叔懌前紹興府知府
劉心耕夫子諱福田辛酉壬戌浙江鄉試同考官
董瑞峯夫子印兆奎辛酉壬戌浙江鄉試大主考
宗室睦庵夫子印瑞聯辛酉壬戌浙江鄉試大主考
孫琴西夫子印衣言前紫陽書院山長
胡純齋夫子諱寶晉丁卯浙江鄉試同考官

鰲邑庠生　疇邑庠生　廷璠郡庠生
親伯叔齊華邑庠生　齊岳邑庠生　鎔在廩膳生　儀盛太學生　鳳芭議敘修職郎　鳳翽議敘登仕郎　鳳喈　鳳翰太學生布政司經歷銜　鎮蔚太學生　齊佾太學生
胞伯鳳飛號材仙邑庠生　鳳山號月巖太學生
從堂兄弟占鼇道光己卯武舉由兵部選拔杭州城守營　之銑邑庠生　又琦太學生　之鑰太學生　萬雲太學生　之鎬邑庠生　之鈞議敘登仕郎　之鋐增廣生　之璜廩膳生丁卯堂備庚午薦卷　之鏗邑庠生　師臯太學生　廷贊邑庠生　之錩邑庠生　師鑀太學生　雷鏡太學生州同銜　鼎元太學生　之珊太學生　秉鈞邑庠生　之琮太學生　之鑑邑增生丙子薦卷　庚經太學生　之銜太學生　之鏧太學生　坤川太學生　廷玉增廣生　之鈖太學生　錫敘廩膳生庚午薦卷

履歷　光緒乙酉科

張級芳夫子諱蕙圃庚午浙江鄉試同考官
李若農夫子印文田庚午浙江鄉試大主考
劉緘三夫子諱有銘庚午浙江鄉試大主考
太年伯俞蔭甫夫子印樾詁經精舍山長
余古香夫子諱本愚前署杭嘉湖道
瞿子玖夫子印鴻禨現任浙江學政
劉仲良夫子印秉璋現任浙江巡撫本科監臨
許星台夫子印應鑅現任浙江布政司使本科
提調
孫穀廷夫子印翼謀現任浙江按察司使本科
監試
雲鵬夫子印豐紳泰現任浙江杭嘉湖道本科

之珍邑庠生 錫昆太學生 之昂太學生 允讓 之藝附貢生 金魁 之唐同治癸酉亞魁庚辰大挑二等以教職用 之虞太學生 星麒太學生 奎光邑增生 錫祉邑庠生 福堂邑庠生 炳榮邑庠生 鳳鏘邑庠生

堂兄弟景翰國子監典籍銜 景白邑庠生 景蘇太學生 蔭元太學生 景橋 謙太學生 景申 景暄

親兄弟訪候選從九品奉旨祀忠義祠世襲雲騎尉罔替 誥 訡字句香例貢生 諳太學生

胞弟諞字藹卿乙亥恩科舉人癸未會試薦卷揀選知縣掌教湣安縣梅峯書院 誦字晃涇太學生

胞姊妹五長適太學生呂迺履 次適歲貢生候選訓導俞諱蔚虬公次子庠生奉若 三適太學生張桂紅 四適鹽提舉銜呂諱喬槐公次子太學生茹蘭 五適五品銜

提調

盛旭臣夫子印康浙江候補道本科監試

時蓬仙夫子印慶泰浙江試用知府本科內監試

候選州同呂名乃煐公長子附貢生仁堯

從堂姪洽陽廩膳生己未薦卷　善邑庠生癸酉薦卷　錫周廩膳生　禍

昌邑庠生　儁邑庠生　鳳鳴廩膳生　彥英邑庠生

堂姪樑邑庠生　文俊邑庠生　文翔太學生　世第　世榮

鑠　鑰　鑑

親姪戴清承襲雲騎尉補用守備　戴恩太學生　戴堯太學生　戴仁

戴德　戴會　躬樑　躬禧　桂榮　躬昌

躬讓　躬和

胞姪恭堯　恭壽　恭鼎　恭宸　恭樞

胞姪女四長適藕岸太學生呂東明子裕懷次三四未字

堂姪孫邦昌　必昌　洪昌太學生　熾昌　錫昌

鎌昌

辛酉壬戌本省鄉試中式副車第二十八名

庚午本省鄉試中式副車第一名

本科鄉試中式舉人第一百五名

會試中式第　名

殿試第　甲第　名

朝考第　等第　名

欽點

親姪孫子湘　子鎔　民望　民瞻

堂姪曾孫穗芳　穗芬　穗兆

娶俞氏仝邑增廣生諱蒼波公女附貢生炳若太學生霖若胞妹廪膳生炳若胞姊

繼娶謝氏錢塘咸豐庚申恩科進士授嚴州府學教授諱寶澍邑庠生印寶榮胞姪女太學生諱寶書公女

子恭藻係胞弟諨子承繼爲嗣字伯紳業儒娶徐氏附貢生福建候補縣丞五品銜學翰女

女一未字

族繁不及備載

佳城四坊槐巷口

浙江鄉試硃卷第十三房

中式第一百五名舉人陳謨浙江紹興府新昌縣副貢生試用教諭民籍

同考試官同知直隸州用准補桐鄉縣知縣來　閱

薦批　識高筆老經策淹通

大主考詹事府司經局洗馬潘

取批　志和音雅經策切當

大主考都察院左副都御史白

中批　思力高超經策賅洽

硃卷

批

本房原薦批

第一場

首藝格老氣蒼力追先正次高
華沈實識据題巔三縱橫排宕
純乎國策末句於結尾逼出手
筆尤高詩壯闊

第二場

易藝主數書藝主五行禮藝主
六書詁題皆有根據詩藝禀經
酌雅胸有鑪錘春秋藝斷制森
嚴筆意純厚具見澤古功深

第三場

徵引俱有本源折中尤爲的當

聚奎堂原批

意境清新筆情超忽次醞釀深
厚三舒卷自如詩圓脫

圈點悉遵
聚奎堂原刻

○○○○○○曰夫子何爲對曰夫子欲寡其過而未能也使者出子曰使乎使乎

陳　謨

聖賢爲學之心特於衛使傳之焉夫汲汲於爲而常若未能者聖學也子聞之而使言之宜其相契之深歟且魯論記爲之不厭而聖仁不敢居及門知孔子者公西氏而已豈不以聖功之懋勉聖懷之沖穆有非尋常所能會其微哉乃有時學中之境聖人不必自言而局外言之局外不爲聖人言而不啻聖人自言之遂使汲汲爲學之心怦然其欲動如徒以爲主賓之欵洽也淺矣使來與坐而問使者固知孔子憤樂相循不知老至必有孳孳不已之意

與友朋交相切劘者也而果也以何爲問雖然爲豈易言哉我孔子假年學易三絕韋編深探夫陰陽消長之機悔吝吉凶之故以冀免夫大過無如寢食俱廢自愧徒思信好有年僅殷竊比企躬行其未得雖博學而無成此所以思君子之道而以不惑不憂不懼爲無能也然則何爲一問將以伯玉素克知非而欲考其功力之所在爲一己寡過之資乎而何幸使者若喻其意也而不謂孔子已愜於心也對而出出而歎豈徒以其善於辭令而漫與贊揚也哉吾黨於此窺聖學矣蓋愆尤之集治以畢世而不足乘以一息而有餘故挾全力以去憂危而神明彌悚此聖人之志也而郎

伯玉之功也邃密之修求慊於片刻者愈難刻責於百年者益力故策精心以深砥礪而歎爪時形此伯玉之情也而卽聖人之學也然而孔子之亟稱夫使者意更有進謂自下學上達以來甘苦備嘗有誰共諒而若人以婉相告語者默動夫不及恐失之衷道懍危微時恐非幾之貢學懲荒怠難防逸志之萌浹洽在神明一室恍逢知己也則欣喜有難言者矣謂以天縱將聖爲譽推崇過當何與好修而若人以曲爲寫心者隱契夫好古敏求之志糾繩在幽獨寤寐如對史監閑檢在身心言行動防尤悔功修無止境兩地同此眞忱也而嘉賞有靡已者矣夫爲卽學爲聖仁之事也

硃卷　陳

寡過未能卽聖仁不敢居之意也使者言之夫子贊之其卽爲之不厭之心所由動乎故知聖人之學於衞使傳也

聚奎堂原批

將寡過未能神理攝入何爲一問中寫出聖賢契合至情贊歎之詞不覺衝口而出眼前妙諦俯拾卽是它人見得到達不出吾愛其筆之妙

子曰吾說夏禮杞不足徵也吾學殷禮有宋存焉吾學周禮

今用之吾從周　　陳謨

聖人欲以禮教維天下而自明其不倍之義也大禮至春秋已非周舊矣夫子舍夏殷而決所從其不倍乎禮者非欲以維天下乎且東魯有聖人固以禮範其身為千古言禮者立之準也而猶恐妄生疑議者動謂先朝制度類多沿襲聖人或變通於其際不盡恪守乎一王遂若國紀攸關可以章布任脩明之責將遵道遵路之謂何噫夫豈聖人而敢出此不然殷因於夏周因於殷禮之所以監乎二代也夫子學冠百王即遠紹旁搜折衷一是夫誰有疑

其過當者而必舍夫夏殷之禮何哉祖宗創造維艱不能保孫子無淩夷之漸即令旂常鐘鼓矩矱可尋而物是人非何當於興朝之律度君相經營手定莫非有臣民畫一之規乃至兵燹風霜摧殘殆盡斯顯庸創制共戴乎盛世之聲靈夫子嘗爲言禮者告之曰法莫備乎三王而制必宗乎一代間嘗訪緣陵之故老稽姒氏之遺聞欲徵夏禮於杞而惜其去周也遠甚然吾先世居於宋則亦殷人也今則會同之禮向戍猶能言之其時時散見於紀載者吾或肄業所及而求云從也則以所說所學皆非今之所用也然則吾舍周其奚從哉自儒生以清議相高或有援先代之遺經而

妄談國是者卒之文字動干忌諱教令易啟紛爭君子謂其違禮而不適於用也夫序書而編謨誥諸篇祗欲以前聖精神幸流傳於後裔非敢謂質文遞嬗至我而定其權衡使逞其損益之私衷以自矜博雅何以對昭穆考之靈而免夫咎戾乎玆雖桓文爭霸魯衞就微而本朝之名分猶嚴吾惟以謹懍愆忘者奉皇王之法物而已矣自世族以奢侈成習遂有據無稽之佚論而好變舊章者卒之冠裳多失時宜度數皆踰近制君子謂其越禮而未合於今也夫脩史而得春秋一冊亦正以王靈赫濯藉維繫乎人心豈敢有褒貶交加自我而操其威福使泥乎禹湯之墜緒以稍涉游

○○○○○○○○○○○○○○○○○○○○○○○
移何以奉豐鎬京之洽而率乃訓行乎况復鈞石無傳共球巳渺
○○○○○○○○○○○○○○○○○○○○○○
而世德之綿延獨遠吾惟以時防隕越者懍天子之當陽而巳矣
○○○
蓋自夫子以禮教維天下而爲下不倍之義以明

圈點悉遵
聚奎堂原刻

公孫丑問曰夫子加齊之卿相得行道焉雖由此霸王不異矣如此則動心否乎

陳　謨

以卿相而慮其動心震於其勢也夫卿相大任也霸王重責也爲孟子慮其動心丑非震於其勢哉且富貴功名之地其烜赫於天下也久矣士君子生乎鄙野爵祿有未及功業有未顯無畀以當貴淸淨貞正以自虞於是好勢好士之辨紛士前王前之說起其時諸侯王虛衷承教爲之避席而請倒屣而迎而烜赫之形遂若無可震驚於一旦雖然此特士之不遇者耳公孫丑所以有疑於孟子也曰丑齊人也見夫齊之廷田嬰鄒忌之徒封萬戶侯賜金

千鎰抵掌而談華屋之下庭說諸侯之主杜天下之口天下莫之
抗人之見之者側目而視側耳而聽蛇行匍伏四拜自跪謂夫人
生世上勢位富厚蓋可以忽乎哉惜其不能用我夫子耳夫子以
仁義爲心以湯武爲事曩者推恩之說好樂之辨文囿之喻交鄰
之誼於齊有厚望焉齊而欲霸王非夫子不可使齊之君臣相聚
而謀曰堯有九佐舜有七友禹有五丞湯有三輔今出其金玉錦
繡以爲取卿相者資謹奉社稷以從齊之願也夫子之幸也時則
臨淄之途吹竽鼓瑟擊筑彈琴鬭雞走犬六博蹋鞠者無不沐浴
盛德景附而雲從行道若此此其勢爲何如勢哉丑也不才亦將

瞻望丰采嚴憚威儀怦然心動而已矣且齊四塞之國也地方二千里帶甲數十萬其途轂擊肩摩家敦而富志高而揚以夫子之賢與齊之强天下莫能當朝秦楚撫四夷燕趙不足攖其鋒韓魏不敢議其後霸王之業由反手耳夫無實而喜其功者危無德而望其福者殆無事而受其祿者辱夫子誠無慮此惟是卿相大任也霸王重責也今則南有太山東有瑯琊西有清河北有渤海而欲連七國以横天下出函谷以臨周挾天子撫圖籍是齊之君臣俯首而聽命者也是田嬰鄒忌之徒降志以相從者也是不若雪宮相見之常可從容而坐鎮也更不若明堂故國之諫可優游而

自如也則有爲夫子悚之以危辭惕之以深慮者而夫子亦顧影自驚且憂且懼謂夫昔之遨遊人國傳食諸侯不得一展其志爲憾茲既事權攸屬其將何以致富强拯水火而不愧夫富貴功名之烜赫乎則動心否乎

聚奎堂原批

奇思幻想快論雄談如火燎原如水出峽末句乃逼極而飛行文熟於離合操縱之法是得力於國策者

綜覈三場知作者於四部之學皆能研訂不徒以時藝爲高得此足以殿吾軍矣

賦得濤白雪山來 得來字五言八韻

陳謨

天混青無際江騰白作堆濤奔雷怒起山捲雪飛來皎潔晶
遥閃崚嶒玉不隤蘆翻千頃朗花滚萬峰巍熬素屑波耀凝
華遠岫猜銀鎔蛟窟宅瓊幻蜃樓臺排闥寒巖訝驚沙駭浪
迴長風應可馭翔步近
蓬萊

圈點悉遵
聚奎堂原刻

是故形而上者謂之道形而下者謂之器　陳　謨

觀道與器之形易所以通於數也夫易无形而有形者也形上謂道形下謂器非易有通於數者乎且自積算之法起於天元而世之言數理者莫不宗之於易不知其中有有定之數有無定之數有定者可以規矩盡之無定者亦可以度量求之察乎天時通乎地利一俯仰間而歲紀之大名物之細無不各具精微之至蘊是在參乎有定無定之際而得諸其形則試由乾坤而言之夫乾之策二百一十有六坤之策百四十有四即一歲之數也二篇之策萬有一千五百二十即萬物之數也道起於天器成於地而數即

生於形此大衍之法爲千古言算者之祖也蓋有上焉有下焉說者謂天屈西北爲无此卽古聖人置北極乾兌之西北於虛無不用之精義似也然而中國地勢偏於東河洛以西不盡其地若非以乾當北極倚於西北下臨西南之坤以定地脊置坎艮震巽離五卦於偏東則太極之實象不顯故曰北極卽太極也數卽本太極而生道之所由起也於是日月若合璧五星如聯珠曰陽環曰陽裏曰太陽中道曰陰環曰陰裏曰太陰中道皆可循其形以推此數之有定者也若夫歲差里差之數則有歸奇之法超乎積閏之外而後考諸百世而不忒此乃於無定之中得其一定之形者

也故曰形而上者謂之道至於制器尚象亦以形求之權與物鈞
而生衡衡運生規規圓生矩矩方生繩繩直生準準正則平衡而
鈞權矣五雀六燕之無異處也土灰之應於黃鍾蕤賓也制造之
極則也而或謂古律多疏有不如後世之精者夫平矩以正繩偃
矩以望高覆矩以測深臥矩以知遠環矩以爲圓合矩以爲方在
古人何嘗不詳其一定之法蓋以天下之數出於圓方圓出於方
方出於矩矩出於九九八十一故折矩以爲句廣三股修四隅徑
二既方之外半其一矩環而共盤得成三四五兩矩共長二十有
五此積矩之法由來舊矣況夫黃帝之指南有虞之璿璣奇肱之

飛準越裳之螺舟無定之形皆可作有定觀夫豈獨木器液金器腥取於五行之精感於六氣之動成於百產之華哉故知天元之算必宗之於易而即大衍之法也所以古言九數而差分即今之重差旁要即今之句股易其名不能出其法而察乎天者在此通乎地者在此此形上形下之分而道與器之所以流傳也然則易之爲數大矣哉至有化乎形之外推乎形之先者則更得變通之法

聚奎堂原批

於步祘之學辨析詳細足徵淵雅

〇〇〇〇〇〇八庶徵曰雨曰暘曰燠曰寒曰風曰時五者來備各以其敘

庶草蕃廡　陳謨

庶徵以氣相應於各敘者見其蕃廡矣夫雨暘燠寒風五氣之應也庶徵以此備敘不見庶草之蕃廡乎且洛書言五行之形而不及五行之氣形者氣所生者也是故氣生於木可以滋物氣生於金可以乾物氣生於火可以養物氣生於水與土可以斂成乎物嘘拂乎物斯物之得其氣者無不以氣相感應而蔓衍於五氣之中若是者當以觀庶徵何以見庶徵之本於五行哉夫施生莫大乎春其氣之潤澤也蒸而爲雨則雨以春屬木成功莫大乎秋其

氣之猛烈也激而爲暘則暘以秋屬金至火之盛乎夏也則以炎
熇之氣爲燠水之凝乎冬也則以嚴沍之氣爲寒要惟中央之土
運乎四時故其氣常變動而不居風動也物無土不成氣非風不
行也而必繼以曰時五者來備各以其敘何哉時之爲言是也謂
是五氣之流行充滿於其間不紊其敘也所謂相制之義也金克
木故雨以暘次之火克金燠次之水克火寒次之土克水風次之
不以相生爲敘而以相克爲敘何氣必有所制而後物乃可生不
觀庶草蕃廡乎且夫華實之毛毓秀垂穎皆喁喁然含氣而生者
也[illegible]草而木可賅矣言草木而百物可見矣廡爲木多之象其文

當以從大從林者是若廡則爲堂下周屋於義似無所取而遂有
議其爲誤者然古人之字往往多叚用故禮器詔侑武方亦得叚
武爲無蓋同音者不妨相通也總之豐蔚之象惟草爲最易五行
之氣正而天下無不正五行之氣和而天下無不和草特其先見
者耳而或謂陰陽風雨晦明天之六氣也今以陽爲陽寒爲晦燠
爲明而於陰無聞焉豈詳於彼而畧於此耶不知此以五氣之敘
言者皆吉徵也故不及於陰然則何以必言庶草則以龜疇之錫
夏道也禹自隨山刊木以來特於草木綦詳故禹貢一書多言草
木而惟繇惟條惟夭惟喬若以水土既平草木爲得氣之先者而

以雨之霑足也爲發生以暘之照灼也爲萌芽以燠之蒸鬱也爲長養以寒之凝閉也爲收成以風之翕習也爲舒和此庶徵之義也

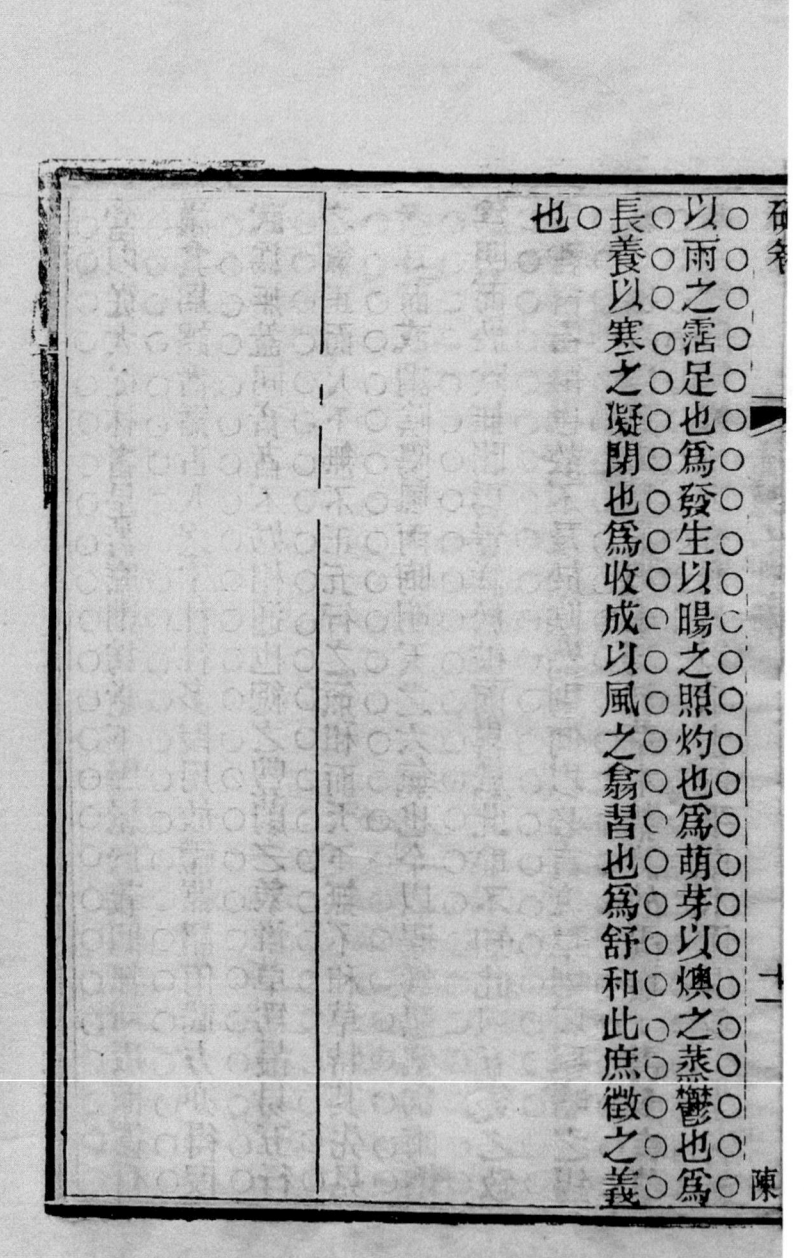

瑟彼玉瓚黃流在中　陳謨

瓚與流兼大美必合焉夫以玉爲瓚美已而必用之以黃流者大美之合也何詩人之善於詠物乎聞之尊也象日星彝也繪禾稼駿奔序肅莫不魚麗恩濃已然而祼脩一獻之文器取其華金可鎔而圭可剡飲備六淸之用酒維其旨鬯以馥而鬱以香助祭者振鷺偕來主鬯者和鸞允協而以妥以侑已輝映於雞彝龍勺間矣如旱麓之詩爲宗廟歌也斯時也執豆執籩既鴻儀之畢備奉璋奉瑁亦鳳律之克諧蟲繪以裳焜耀乎青壇翠幕魚升乎旦周旋乎白牡騂剛而所以奏升歌脩豐潔者豈惟是乙甗酉敦丁尊

申鼎已哉詩乃詠之曰瑟彼玉瓚黃流在中豈無山罍白雲結篆
亦有木著丹漆含輝王若曰美寶未將何以奉祖考也吾其剖判
山之璞斵卞氏之珍犧以爲飾振爾奇芬象以爲尊紛然麗藻玉
若曰光華莫發何以慰孝思也吾其采麗水之精鑄揚州之貢於
是釀之以秬黍泛齊緹齊異其制清酒醴酒別其名水泉香而麴
櫱時既見物之必備於是和之以鬱金芳宜蘭茝之同含潔想蘋
蘩之共采杵以梧而臼以椈亦徵邑之咸宜則見白璧無瑕藹然
溫潤赤刀並列淬以精純經磨琢而爲光藉陶鎔而煥采燦陳在
目瑟兮有縝密之功而且離明元吉與日齊輝坤德同占垂裳爲

邑非英華之驟發乃通理以爲文挹注於茲流之以馨香之德倬哉其制也夏則有琖殷則有斝非不玉以爲質而瓚之獨重於周者遂使西雝肆祀東夏來賓咸樂覩於公尸之燕焉夫龍旂緝純嘏之輝麟趾慶思成之意對此精光閃爍而明粢嘉蔬之地有美必兼焉而何僅垂矢和弓之貴哉備哉其儀也觥或以角桀或以珠不必玉有其文而瓚之獨用夫祼者且使司馬封羊司士繫豕共欽仰夫倬卓之鶴焉夫縮酒具菁茅之貢設席備蒲葦之儀惟此寶物輝煌而嘗魚獻鮪之時其香畢達焉而何論溉甑陳鼎之文哉夫惟聖天子在上納贄者四方襄祀者百辟圭璋合望追琢

○○○○○○○○○○○○○○
爲章用能不匱孝思膺萬世無疆之福

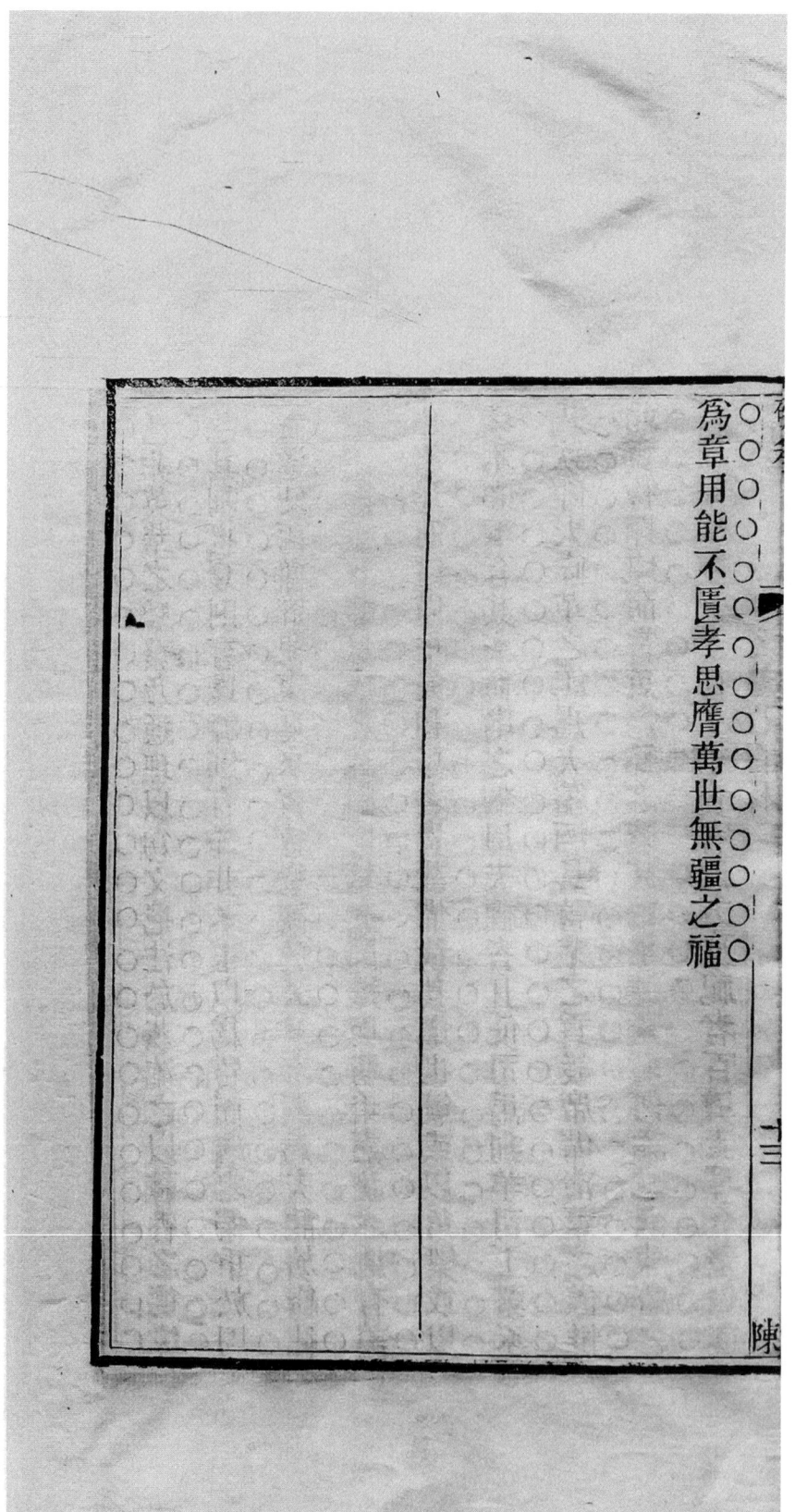

○○○○公會齊侯盟于黃 定公十有二年

陳謨

書黃之盟成齊志也夫黃何以盟孔子行政於魯晏子爲相於齊○齊欲親魯故有是會然則盟於黃者非齊志而何且魯與齊鄰而○齊常爲魯隙兩國不以玉帛而以兵戎非國之福也有賢相出欲○顯其君於天下施功業於後世不得不修好於魯而魯人亦厭其○兵連禍結爲國家病遂從其請以繼好息民於是乎有黃之會昔○者夾谷之役萊人之兵孔子御之優施之舞孔子誅之齊君知魯○之不可劫以威與加以慢也歸而謀諸晏子晏子曰是君之過也○君子謝過以質小人謝過以文齊嘗侵魯四邑請皆還之是月齊

人來歸鄆讙龜陰之田則孔子之功也越二年齊乃遣使而言曰我先君太公與周公同輔王室各守分土申之以盟誓重之以婚姻曰世世子孫無相害也今寡君欲修先君之好以無忘舊典請與於會公曰君惠徼福於先君敢不唯命是從夫親仁善鄰國之寶也魯秉周禮不可失也晏子一相而先加禮於魯政之善經也惜也魯不能終用孔子耳使得漸仁摩義大展其謀猷與夫二三同志張公室去僭竊則魯可治魯治而齊之畏魯也益甚無如文馬偕來龜山作操婦口出走相業無成而季氏遂得逞其挾詐行私之便日安於偷惰而無能振此魯之終為齊役也故孔子用而

齊懼孔子去而魯危然則黃之盟齊人非懼魯也懼孔子也懼孔子則必思所以去孔子者而後齊可以逞懼孔子則必思所以睦魯者而後可以取信於魯魯自是年墮郈墮費陪臣之執國命者皆有以戢其心而奪之柄而魯可望其振興是役也季孫執政孔子行政在季孫三月不違將使孔子得行其道而內無權臣之逼外無强鄰之患一變至道其庶幾乎於是齊之君臣聚其國人而謀曰魯用孔子則魯强魯强而齊轉見其弱不如通好於魯使魯可以相安而齊亦不失爲有禮君子於以知黃之盟成齊志也

硃卷

十五

陳

御覽　進呈

圈點悉遵
聚奎堂原刻

稷曰明粢稻曰嘉蔬　陳　謨

辨稷稻之名知粢與蔬有由稱矣夫粢以明言蔬以嘉言皆美名也稷稻以是稱此其所以奉告於宗廟者乎且號穀之名有百而稷爲之長稻得其味之香稷以畟得聲畟畟有嚴利之義故其爲穀也形大而稱首種稻以舀得聲舀或通由有油油之象故其爲穀也有芒而多黏然此特其制字之所始而不足以盡宗廟之美稱也則試由黍粱而言稷稻稷一名蜀黍又名爲秫要之皆一義也蜀黍爲秫之緩聲秫爲蜀黍之合聲蜀有獨義物之獨者吾知其必大故因有大義而其稱之曰明粢者何粢本作齍或省作粢

從禾非從米也惟周禮辨六齍之名物當讀爲粢蓋粢固包黍稷
稻粱麥苽而言也故稻餅謂之粢餌亦謂之粢若夫稷之稱齋者
以齊有嚴速之義也爾雅釋言疾齊壯也蓋猶速也故徇齊亦得
訓疾速齊又有整肅之義詩言齊聖爾雅言般齊皆訓爲中正禾
之吐穗其上平正故以齊得名旻齊雙聲而兼疊韻此其取欵至
於稻之稱蔬者蔬猶通也麤也詩大雅彼疏斯粺謂糲米也禮玉
藻主人辭以疏謂飯之麤者也而疏越之義訓爲通故亦有大義
然今人多以菜蔬之字從草而疏則獨取訓爲通爲麤非古也周
禮臣妾聚斂疏材謂百草之根瓜瓠諸物孔子飯疏食又或作蔬

食乃知疏爲本字蔬則後起之字無歧說也而說者乃解稻爲菰蔬之屬不知菰雖居六穀之數而不得以稻名稻稌也古以黏者爲稻不黏者爲秔詩十月穫稻禮秫稻必齊皆與稉對文故曰稻之爲言陰精也冬含水盛其德也江南之地宜稻謂性喜卑溼得水乃能化也亦有同類而陸種者謂之陸稻記曰煎醢加於陸稻上今謂之旱稜南方自六月至九月穫北地寒十月乃穫豳風之所詠是矣而其曰明曰嘉則尤有說明者神明之也又潔也故酒曰明水曰明酌皆取其潔清以祀於神明之義古者天子躬載耒耜親耕以供粢盛示虔也虔以奉之祖考必敬必戒故取於明齍

齊者齊不齊以致其齊也故實於簠簋曰齍就其稷之本形而言曰齋此明齋之所由稱乎嘉美辭也宗廟之中多加以美號如嘉德嘉福之類是而稻之爲嘉蔬者亦猶粢之稱嘉穀稷之稱嘉種耳六書之指或以諧聲或以會意古人之所取名本有至意所在依文而解之自得也固不必望文生義亦不容穿鑿附會也明乎六書而後可以得稷稻之音義亦可無疑乎明粢嘉蔬之美稱也

聚奎堂原批

熟精義訓疏證詳明經生之文也

第一問　　陳謨

考据詳而後儒生有實用宗派定而後學問有師承貴在總括羣言以求其是而已漢書禮樂志云六經之道同歸而禮樂之用爲急師古注以六經指易詩書春秋禮樂而言夫漢儒之學精於禮者獨少鄭君而外如馬融注周禮儀禮盧植注禮記而鄭君兼注三禮發揮旁通成一家之學故得列於學官然有折衷古文者則儀禮士冠禮注古文闑爲槷閾爲蹷旅作臚甒作廡隫爲篹坫爲襜之類蓋儀禮以高堂生所傳爲今文孔壁所得爲古文鄭君竝采其義博而能精也有

兼存舊注者則周禮秋官鄭司農說二十一條杜子春說三條蓋周禮自劉歆校理祕書始著於錄略杜子春受業於歆遂通其解鄭衆踵而注之故康成稟所承也後漢盧植稱康成爲有道之人宋朱子亦謂康成於漢律令皆有注有功名數非獨解經然也如郊天四親廟等禮可爲定制者甚多許叔重撰五經異義其第五田稅鄭駁以漢無授田之法其第六天號鄭駁以昊天不獨言春疊制第八言爵鄭駁以周禮酬以觚者觚之誤解字角旁著氏與觚相涉也夫許君箸說文鄭嘗引以注禮而於異義駁之者許多從古文家鄭則兼

從今文家不無小判杜子春注周禮大師謂小宰宮刑當爲
官刑鄭讀如字鄉師茅蒩當爲茅菹鄭讀作藉皆不主杜說
又如射人以矢行告司農獨據大射禮謂以矢行高下左右
告於王駁子春白射於王王則執矢之非亦其證也儀禮器
物注以如笭訓篚以簪訓纚笄以馬鞅訓纓周禮職官大宰
八法注則曰若今博士大史大宰大祝大樂屬大常春官注
又曰宗官典國之禮與其祭祀漢之大常是也此皆舉漢儀
以明周制也禮記多竄雜以明堂位爲其虞緌夏旂彼此錯
誤明水酒醴不得云尙四代分官數亦不合是言近於誣矣

月令則於青陽鸞輅之屬雜取殷制取鼉祭黿之文顯乖夏令且三代無以大尉名官者何以言命大尉贊俊傑也先儒謂非周公所作洵然夫禮注最爲精審而拂髦制度敦盤異同以及事禮之數王蕡之生多稱未聞者鄭君之善闕所疑也神農氏作帝宮實明堂所自始軒轅時有合宮明庭之名唐虞時有文祖藝祖之目猶周之明堂也漢靈臺辟雍大學三者與明堂南北分建其不止三名可知禘之大綱有二曰禘郊曰禘祫要之禘者諸大祭之總名其目凡七故稱七用周禮三大祭之樂四聲無商調唐趙慎言表曰商金聲也周

家木德金能剋木故去之律之還相爲宮者以五聲相距不均必有十二律而後可以回環貫串也律呂之度竹聲倍半不相應呂氏春秋以三寸九分之管爲聲中黃鐘之宮蓋合黃鐘者太蔟之半律也鄭氏蔡氏殆皆未得其恉耳

聖世崇尚實學凡有志古義者庶得資於商榷哉

陳

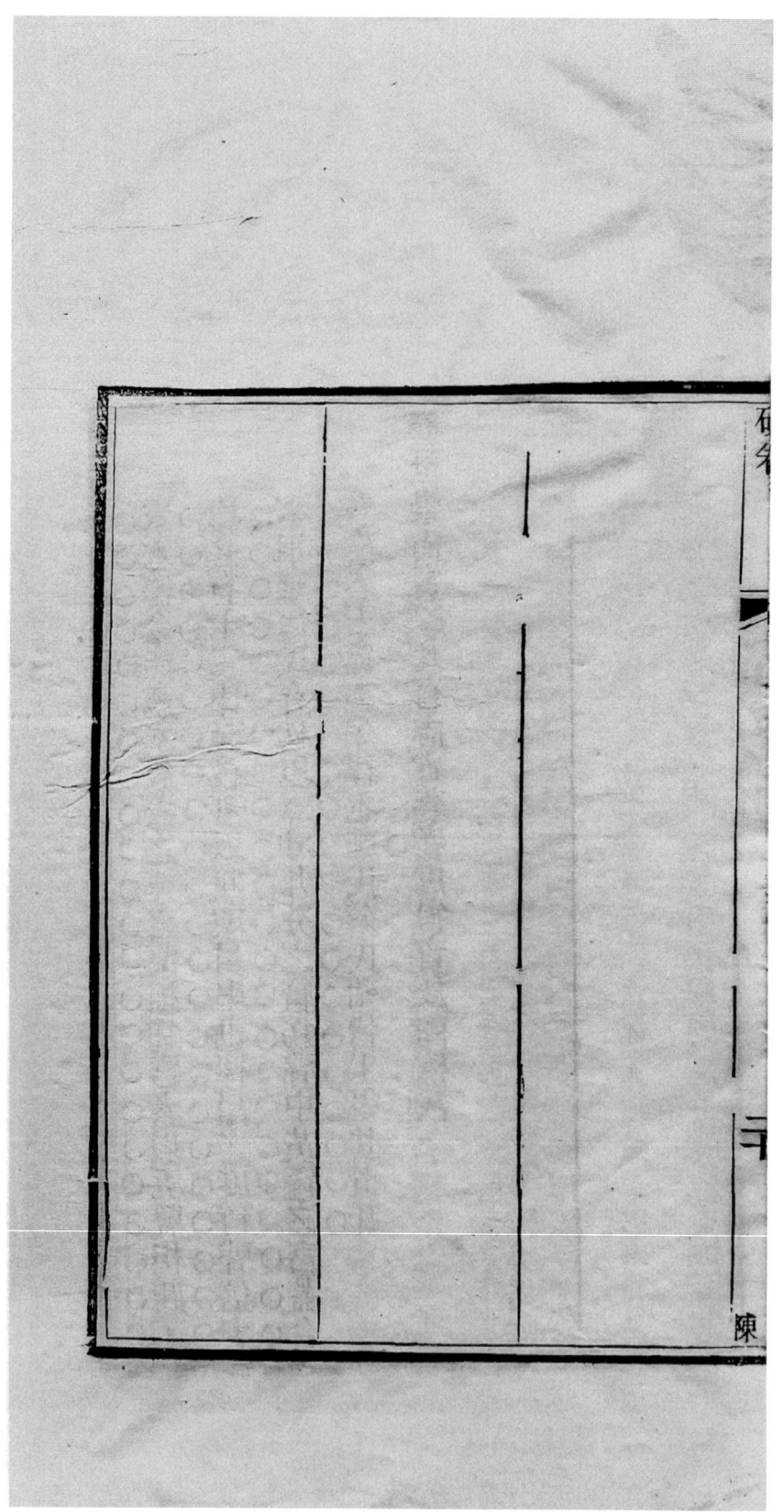

第二問　陳謨

修史以志爲難○而史法以班馬爲善八書十志軌範咸遵然史記有禮書樂書漢唐合爲禮樂志晉宋齊魏分爲禮志樂志隋亦分爲禮儀音樂志固曰郊祀志彪曰祭祀志猶封禪書意也晉以後則并入禮志遷書天官後史因之有天文志固志五行後史因之亦有五行志至續漢之輿服宋書之符瑞魏書之靈徵釋老唐書之儀衛選舉皆出於剏續漢之禮儀祭祀二志中又各增子目是以分爲剏也他若食貨即平準溝洫即河渠天象即天文地形即地理是似異實同也遷

史有錄無書者十篇元成間褚少孫補之禮書其一也索隱曰禮書實取荀卿禮論班史兵志附見刑法志中宋錢文子補五卷范志全闕篇目可攷者如后妃傳職僚品秩事在百官志東平王蒼傳定南北郊冠冕車服制度及光武廟登歌八佾舞數語在禮樂輿服志蔡邕傳使中常侍曹節王甫就問災異及消改變故所宜施行邕悉心以對事在五行天文志皆是袁山松作後漢書百篇有百官志沈約宋書有郡國志見酈氏水經注有藝文志見通志校讎略司馬彪續漢書志與范志合爲一編劉昭補注續漢書八志序稱其車服本

於董蔡禮儀得於往制百官就乎故簿並藉據前修以濟一
家者也王隱晉書八十六篇其遺文散見於北堂書鈔者有
石瑞記見沈書州郡志酈氏水經注者有地道記何法盛晉
中興書七十八卷其佚簡散見於史通者有形法說見藝文
類聚初學記者有徵祥說謝靈運晉書三十六卷初學記職
官部嘗引其語臧榮緒晉書一百十卷太平寰宇記北堂書
鈔均嘗引之沈約通音律宋書樂志於八音衆器及鼓吹鐃
歌諸樂章義訓彌詳體例尤善齊書多闕文時雜見南北史
而州郡尤甚新興郡廣牧以下竟闕一葉魏收因中原喪亂

譜牒無幾掫為官氏志廣捜代北之姓有曰七族有曰與帝
室為十姓百世不通婚者支分派別名目極繁隋志經籍分
甲乙丙丁為四部不知齊魯閒自有書教而以尚書為伏生
口傳不知詩序傳自毛公而以序為衞氏所增益不知劉向
別錄禮記本載月令明堂位樂記而以三篇為馬融所羼入
皆不足據新唐書最精表志而於選舉獨未詳盡唐以詩賦
取士始自何年志未明舉僅舉建中二年以箴論表贊代詩
賦見其罷而已良由歐公好簡之過五代史二考曰司天曰
職方而職方每行六字行分三列至為明晰此立例之善者

○○三國名志而實無志梁陳北齊周皆無志隋書十卷初實別
○○行并梁陳齊周隋諸史連爲一書以隋居五朝之末俗呼爲
○○五代史志非專屬隋也漢書志藝文後至隋始有經籍志新
○○唐書之兵志蓋與儀衞選舉同爲廬陵所剏補盡美盡備日
○○出不窮史才可不亟講哉

硃卷

三

陳

第三問　陳謨

古者太學爲右學小學爲左學鄉學則曰序周人修而兼用之國學之制王庶子王子羣后之世子卿大夫元士之適子凡國之俊秀皆與焉至於鄉遂之吏受教法於司徒以鄉三物教民若德行道藝則歲時書之三年大比登賢能於天府升其秀於太學諸侯歲貢其太學之秀者天子試之太宮而行慶讓此鄉學之制所以並重也漢文翁治蜀招下縣子弟爲學官子弟武帝時天子郡國皆立學校自文翁爲之始嗣後何武爲刺史必先詣學官見諸生試其誦讀問其得失寇

恂為汝陽太守修學校教生徒聘有學問者親受業焉衛颯為桂陽太守下車修庠序之教設婚姻之禮郡中大治任延十二為諸生後拜武威太守造立校官自掾史子孫皆令詣學受業而雅化風行李忠為丹陽太守以越俗不好學乃為起學校習禮容春秋鄉飲選用明經郡中向慕秦彭當建初時遷山陰太守修明庠序每當春秋饗射必習升降之儀雍雍如也蓋漢以經術取士之數人者又皆悃愊無華敦崇禮讓誠能以學校化民者矣唐制自京都以下諸道州縣率置學凡三等上州學生六十人中下州以十為差每歲仲冬州

縣館監舉其成者送之尚書省夫學之有額豈以限人哉善夫明儒仲深之言曰聖人之於人非不欲人人教而養之也顧勢有所不能盡也於是擇其尤者而篤厚之非謂一郡一邑人材止於此也宋太宗時知江州周述言廬山白鹿洞學徒數千百人乞賜九經肄習詔國子監傳送又賜石鼓敕額眞宗時賜應天府書院潭州嶽麓書院額是時學校大興而州府學官共五十三員諸路惟大郡有之馬氏文獻通考謂師儒之官不敢輕授濫設故也宋朱子設教白鹿洞揭示五教之目曰父子有親君臣有義夫婦有別長幼有序朋友有

○○○○○○○○○○○○○○○○○○○○○○○○○○信爲學之序曰博學之審問之慎思之明辨之篤行之若言忠信行篤敬懲忿窒欲遷善改過爲修身之要正其誼不謀其利明其道不計其功爲處事之要己所不欲勿施於人行有不得反求諸己爲接物之要儒生讀書考道有志進修可不知所遵守哉

第四問　陳謨

宋學之有關洛譬之長江大河亙古不廢至龜山象山之學雖微分支派其濫觴實出一原會而通之皆足以維風教而見諸事功者也浙中傳關學者始自周氏行己沈氏躬行並橫渠再傳弟子既又與許氏景衡劉氏安節安上戴氏述諸人從伊川游而趙氏霄張氏煇蔣氏元中則均私淑伊川合之爲元豐太學九先生是皆傳洛學者故永嘉之周與瑞安之許並著乃橫塘之後不振浮沚又得大鄭公小鄭公爲弟子洎葉適繼起宗派遂盛二鄭者伯熊伯英也而與梅溪艾

軒東萊輩友善者有吳湛然父子始事袁道潔者有薛士龍兄子象仙繼其學戴明仲與弟幾仲爲大小戴猶劉氏昆弟之稱大小劉也林氏季仲暨其弟仲熊叔豹季貍四人皆橫塘弟子張忠甫與薛艮齋齊名而艮齋弟子誠齋復薦徐居厚狀其治行之數子者惟徐籍瑞安餘皆永嘉人也瑞安又有艮齋弟子陳傅良生平最尊周禮爲文多論古今盛衰之由學者稱爲止齋先生若永嘉爲朱子之學者自葉味道與陳埴始蓋器之少師水心後從考亭其論學具在木鐘集世所謂潛室先生也葉正則嘗以國是四難具奏時林栗劾朱

子上疏爭之陳同甫喜談兵四上孝宗書又爲中興五論酌古論三國紀年以見志雖朱子以心地不清和譏之要其慷慨言事不特天下奇才亦實有見地耳張横浦風節光顯頗能羽翼聖門惟學從龜山間雜佛氏朱子至以洪水猛獸比之横浦心傳曰仁即是覺覺即是心與楊慈湖絕四記所言人心自明人心自靈發明象山本心之說相近不善學者遂憑此空虛之知覺漸至於無有慈湖之門反謂其師嘗大悟幾十小悟幾十私尊爲祖師致世有異端之疑實則變本加厲非象山教人之初旨也倪思樊光遠俱傳横浦之學而或

奏使入辭動上以過宮之念或伏闕拜疏諷上以得地爲憂
徐誼亦陸氏門人以觸侂胄而遷謫徐僑本紫陽高弟以忤
彌遠而罷官派衍縱殊忠讜一也他如王厚軒崖岸自高樓
攻媿持論剛正林和叔之風義爲晦翁贊歎袁絜齋之繩矩
視敬仲不同孰非深造有得者乎王伯厚兼宗朱陸入元爲
逸民困學紀聞中兩舉東坡浮雲世事改孤月此心明之句
寄慨無窮自況爲故國遺臣也黃東發專宗朱學戊辰史稿
中於眞文忠傳謂晚節阿附鄭清之大有微詞今宋史傳采
之金華金仁山傳黃勉齋之學爲元代大儒明王伯安崛起

宸濠之平功垂史策而其教闡發良知及門甚衆徐愛於陽明爲內兄弟執贄最先於是有姚江之學厥後劉蕺山學以愼獨爲宗昔人謂爲興起之師而非成德之師也浙學之分有此數派要皆不離乎關洛者近是

三六

謨

第五問　陳謨

屈原作離騷本憂思忠憤之意假美人香草之情欲以上追三百篇之比興者也昉乎經旨故後世祖述尊之爲經善於賦物故班書藝文列之於賦宋玉景差之屬慕於前枚乘鄒陽之徒踵於後而其體盛行通號楚辭自漢王逸楚辭章句後箋者紛紛史記以平爲原名文選以平爲字而靈均之訓亦不一靈訓善均訓平者五臣說靈訓神均訓調者叔師說要之正則釋平之義靈均釋原之義也其言三后者六臣謂指三皇瀹注謂禹湯文蒙引謂指楚先王之賢者此說近之

天問篇云圜則九重此即渾天之說也蓋宸上爲宗動天宸下爲太陰天自恒星以下八重皆隨宗動天左旋崑崙縣圃見淮南子水經注者其說不同惟東方朔十洲記言崑崙山有三角崑崙正東縣圃正西其一角正在北辰之下所謂閬風巔者是也其地有五城十二樓東皇太一所居太一之名漢書郊祀志天文志均有之九歌每篇之目五臣謂皆楚之神明列於篇後亦猶毛詩題章之趣太一星名祠在楚東以配東帝故曰東皇蕙肴謂以蕙草蒸肉蘭籍則以蘭藉飯食其古藉用白茅之義乎東君篇簫鐘兮瑤簴容齋續筆載一

本籥作攨廣韻訓爲擊又廣雅云攨擊也廣韻又音蕭是攨
與籥籥古字通瑶卽揺之叚借字招魂曰鏗鐘揺簴王注鏗
撞也揺動也文選張銑注言擊鐘則揺動其簴也義與此同
攝提格本諸爾雅貞于孟陬者孟始也言斗柄指寅非言太
歲檇訓狹而長海内之地經短緯長南北順檇其衍幾何蓋
問四方長短廣大若何非以狹長指南北也周髀蓋天術地
球象檇圜又天象蓋笠地注覆盆近時推步者多言西法或
卽出於此荎梼一作蒸高注引淮南主術篇云梼刺船棹也
高卽古篙字故亦得訓棹齊玉軑而並馳軑注訓錭一云車

○○○○○○○○○○○○○○○○○○○○
轄案說文軑車輨也輨轂端沓也方言輨釭也釭以冒轂轄
○○○○○○○○○○○○○○○○○○○○
以建輪未可混同注所云車轄或卽車輨之誤歟九歌紫壇
○○○○○○○○○○○○○○○○○○○○
與大招之小壇同累紫貝爲寶壇故曰紫壇楚人謂中庭爲
○○○○○○○○○○○○○○○○○○○○
壇七諫雞鶩滿堂壇兮注云高殿敞陽爲堂平陽廣坦爲壇
○○○○○○○○○○○○○○○○○○○○
藥房者以馨香爲房飾博雅曰芷其葉謂之藥其云房卽室
○○○○○○○○○○○○○○○○○○○○
也古者正中曰棟次棟曰楣楣以北爲室與房瓊支同枝瓊
○○○○○○○○○○○○○○○○○○○○
爢通縻吳都賦劉注又引作瓊蘂爢枝蘂皆雙聲疊韻字則
○○○○○○○○○○○○○○○○○○○○
爢卽蘂也陸離有二義一爲參差一爲長貌絓結雙聲猶方
○○○○○○○○○○○○○○○○○○○○
言之圭介也同與調協首見吉日詩猶靈樞以調通爲韻也

猖披衣不帶貌又作昌被當即張跋之或體夏康娛以自縱
康娛即歡娛篇內三見析作太康娛樂解者非九章言嬃母
者黃帝時極醜女見琱玉集醜人篇琱玉集未詳撰人通志
藝文略登之康回馮怒康回共工名班固古今人表列第九
等鶗鴂先鳴楊雄反離騷作鷤鴂賓即子規也春秋傳謂之
伯趙爾雅謂之伯勞夏小正謂之百鷯禮注謂之博勞字從
語轉類如是吳仁傑離騷草木疏末題蕕草附錄并菉葹列
之案說文蕕水邊草左傳之一薰一蕕則臭草也爾雅菉王
芻玉篇葹卷葹草拔心不死此屈原所用本旨與蕕實異而

硃卷　陳

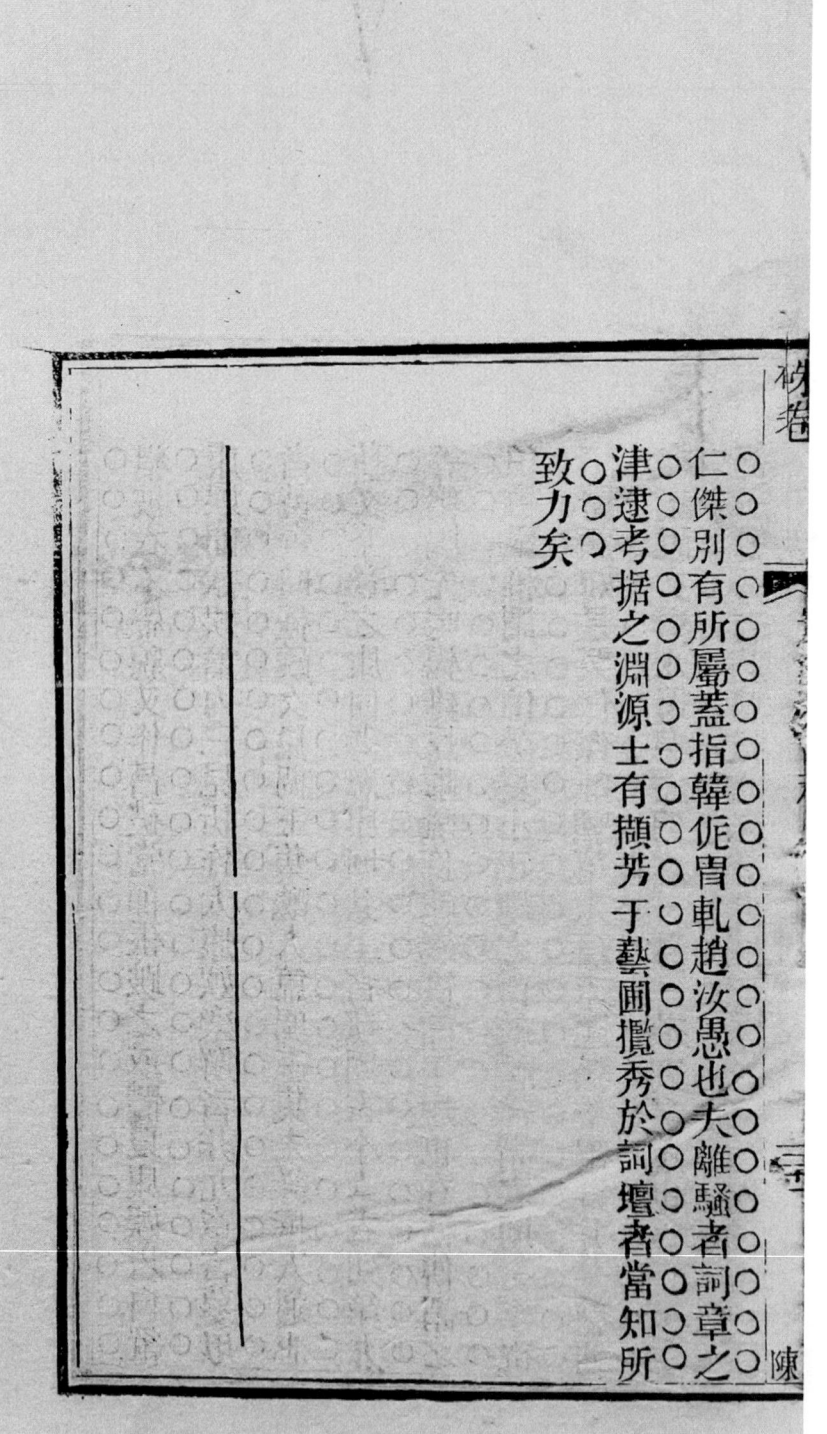

仁傑別有所屬蓋指韓侂胄軋趙汝愚也夫離騷者詞章之津逮考据之淵源士有擷芳于藝圃攬秀於詞壇者當知所致力矣

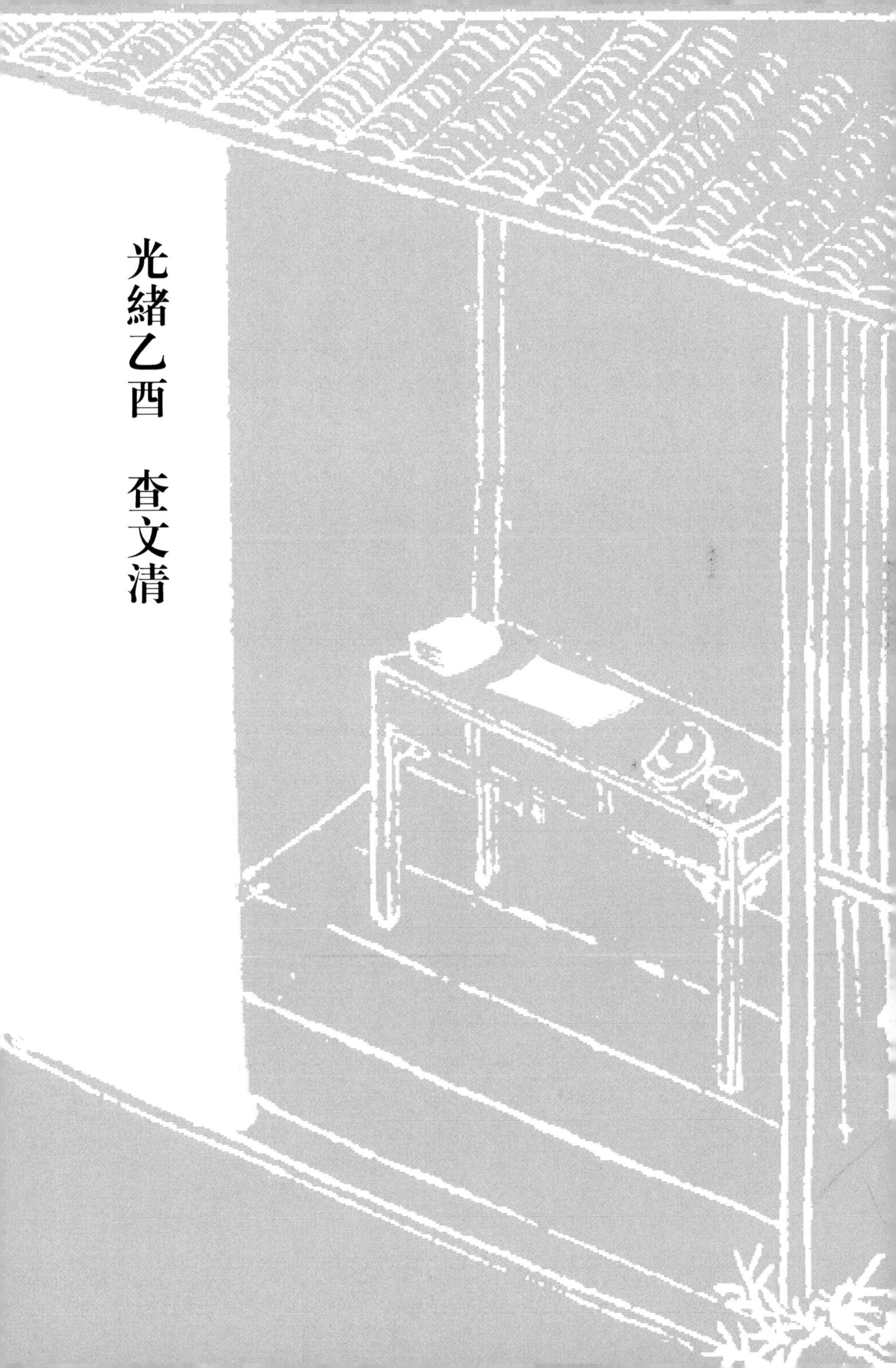

光緒乙酉　查文清

查文清

始遷祖均寶字仁齋元至正丁酉自安徽婺源縣遷居海甯州園花鎮
南支祖益字一愚明誥封奉政大夫福建按察使僉事
妣氏曹明誥贈宜人
繼妣氏王明誥贈宜人
庶妣氏孫明誥贈宜人
十四世祖繪字雪坡明誥贈中順大夫大理寺左少卿
曼丞

光緒乙酉科

字沛思號滄珊行一咸豐辛
亥三月十二日吉時生浙江
杭州府海甯州學附生民籍
六世叔祖昌洵邑庠生貢入太學武英殿纂修廣東長甯縣知縣特旨內召敕授文林郎誥贈中憲大夫
五世叔祖壺楨邑庠生入武英殿纂修敕贈文林郎
五世堂叔祖壺楠邑廩生入太學敕贈徵仕郎壺樗邑庠生誥贈奉直大夫
燃郡庠生候選知縣誥贈中憲大夫吏科給事中加四級夢齡府庠生入太學戶部四川司員外郎加三級誥授中憲大夫
伯高祖燧山東歷城選學生誥贈奉政大夫
堂叔高祖焜山東歷城選學生貤贈奉直大夫
從堂叔高祖磐邑庠生入太學授福建西河場鹽大使陞衛經歷誥贈奉直大夫
希

妣氏周明誥贈恭人

十三世祖秉衡字養虛太學生

妣氏宋

十二世祖志高字鳳嚴明冠帶貢士

妣氏陳

十一世祖允芳字存宇邑庠生

妣氏徐

十世祖大任字惺元邑庠生

妣氏董

九世祖繼序字其皇明禮部儒士國朝誥贈通奉大夫詹事府少詹事兼翰林院侍講學士加三級

妣氏許誥贈夫人御書節孝

士太學生議敘州同誥授奉直大夫

堂山東運學拔貢生乾隆乙酉舉人丙戌進士翰林院編修甲午雲南鄉試正考官乙未會試分校廣西湖北學政山西道四川道監察御史巡視南漕并西北兩城吏科給事中誥授奉政大夫晉封中憲大夫

世榮候選同知誥贈中憲大夫刑部湖廣司郎中

世倓天津府庠生乾隆庚寅恩科亞魁內閣中書刑部福建司郎中知府銜誥授奉政大夫晉封中憲大夫

碩太學生四川布經歷陞雲南南安州知州署四川天泉州知州誥授奉直大夫

世咸太學生四川候補州判敕授徵仕郎

叔曾祖有墉太學生　有城太學生

堂叔曾祖堂山東監生乾隆甲午順天舉人刑部直隸司福建司員外郎誥授奉政大夫

從堂叔曾祖垣邑庠生誥贈奉直大夫　有塏太學生

再從叔曾祖念修邑增貢生候選布經歷例授儒林郎誥贈奉直大夫　有培

議敘州同候選州吏目　有堦候選鹽大使加職州同　有圻刑部湖廣司郎中陞四品京堂候選道

元偁嘉慶庚申恩科順天舉人戊辰進士歷任吏部山東司刑部雲南司江

流徽匾額以旌其祠

八世祖嗣琪 字石丈邑庠生敕封徵仕郎翰林院庶吉士誥贈通奉大夫詹事府少詹事兼翰林院侍講學士加三級

七世祖昇 字聲山太學生康熙丁卯亞魁聯捷戊辰進士二甲第二名翰林院庶吉士授編修充國史纂修官己卯江南鄉試正考官入直南書房充日講官歷左右論德遷侍講學士詹事府少詹事加三級誥授通議大夫晉贈資政大夫

妣氏丁 敕封孺人誥贈夫人

妣氏陳 累封宜人晉贈夫人

六世祖廣 字遠亭邑庠生貢太學入武英殿纂修

蘇司員外郎吏部驗封司文選司掌印給事中江西道江南道福建道貴州道監察御史署戶禮兵刑四科給事中誥授中憲大夫

惠 太學生苗疆軍功湖南保靖縣知縣歷任芷江城步縣知縣陞晃州直隸廳通判加知州銜誥授奉直大夫

樽 太學生

有臺 太學生

彬 太學生

有輯 太學生候選知縣

叔祖人瑞 實錄館議叙奉天府復州吏目四川瀘州直隸州吏目保舉卓異敕授登仕郎

人寅 候選州同

人恩 太學生

堂叔祖人麟

人魁 太學生

人登 從九品

人貞 太學生

漢華

從堂伯叔祖人和 郡庠廩貢生順天府經歷敕授徵仕郎

人偉 太學生江西大庾縣典史

人長 長蘆議敘州同加二級誥授奉直大夫

人凝 長蘆議敘州同敕授宣德郎

奉璋 州庠貢生

蘭九 太學生

人錡

再從伯叔祖人鑑 候選布經歷加二級誥授奉直大夫

晟

人佑

星

路 州增生

綸 候選員外郎加一級誥授奉政大夫

鼎 歷任福建鹽課大使敕授宣

履歷

議敘知縣
敕贈文林郎

妣氏胡 孺人 敕贈

五世祖隆禮 字不撓 邑庠增生 誥贈奉政大夫

妣氏范 宜人 誥贈

繼妣氏吳 宜人 誥贈

繼妣氏陳 宜人 誥贈

高祖烜 字碩堂 郡庠生

妣氏吳

曾祖墀 字佩雲 太學生 貤封登仕郎 誥贈奉直大夫

妣氏鮑 貤贈孺人 誥贈宜人

繼妣氏朱 貤贈孺人 誥贈宜人

德彥工部司務廳營繕司揀發雲南授保安刑部
郎南安州知州誥授奉直大夫福建
司郎中歷任直隸貴州等司郎中山東奎山西候
泇河同知加知府銜誥授朝議大夫補鹽場
大晉候選員外郎純山東堂博主簿紹鏤附貢
使誥授奉直大夫敕授登仕郎生中
書科中書道光壬辰順天鄉試挑取內廷謄錄
中道光丙午舉人候選郎中議敘加二級誥授
中憲彥鈞候選同知兵部郎中車駕司行景鏞太
大夫走加四品銜誥授中憲大夫學
生詵附貢生道光己亥舉人內閣中侃廣東巡檢
書加五品銜誥授奉政大夫陞縣丞署
豐順縣知縣保舉知人俊人倬州庠廩
縣敕授宣德郎貢生

胞叔濟聯早世

堂叔濟清太學生 濤太學生 錦太學生 鎬從九品 銓從九品

從堂伯叔亦純 乃鼎太學生 槐蔭太學生 文醇太學生 垂

太學生濟坤 濟寬候選從九品 濟仁太學生 濟厚 培樑

候補主簿借補福建廟灣巡檢敕授登仕郎 鴻藻 儀廷 紀雲 受

祖人英 字梟松 太學生 長蘆議敘州同 敕授宣德郎 誥贈奉直大夫
祖妣氏朱 敕封安人 誥贈宜人
庶祖妣氏顧 節孝 欽褒
生祖妣氏朱 欽褒節孝 誥贈宜人
考元吉 字雍伯 太學生
妣氏張
本生父元復 字梅盧 郡庠附貢生 咸豐辛亥薦卷 壬子堂備 指分山東試用縣丞 加五品銜 著有見山草堂詩鈔
本生母氏馬 州庠生候選同知諱源公孫女 太學生江蘇候補從九諱晉康公女
庶母氏范

夏丞

文 鴻慶 州庠附貢生 候選布政司經歷 敕授宣德郎 治華 州庠附貢生 國
華 太學生 袞華 濟泰
再從叔仲誥 候選布政司理問 知府銜 誥贈朝議大夫 卹贈 濟川 鶴林
逢年 考充吏員 候選巡檢 嵩祥 從九品 濟會 濟江 濟
福 太學生 濟汶 候選主簿 敕授登仕郎 濟瑞 山東候補按司獄 賜卹主簿 敕
贈登仕郎 濟源 山東聊城管河主簿 濟津 山東鹽經歷 加六品銜 保陞知縣 敕授宣德
郎 濟雲 河南內黃縣丞 敕授修職郎 濟勳 議敘州吏目 廣東鹽大使 保陞知縣 署新
興等縣 加同知銜 誥授奉政大夫 濟濤 恩濟 濟涓 州庠增貢生 光祿寺典簿
江蘇補用按經歷 保陞知縣 鹽提舉銜 濟沛 戶部候補員外郎 雲南司行走 加二級 誥授朝議
大夫 濟澣 江蘇候補府經歷 保舉知縣 署元和縣丞 軍功五品頂戴 賞戴藍翎 應驊 考充
謄錄 議敘通判 分發江蘇 保陞知州 江蘇候補縣丞 濟溥 太學生 濟涵 壽昌 戶部主事 河南
司行走 承源 增貢生 江蘇保升知縣 代理金壇知縣 加六品銜 敕授承德郎 賡虞

本生具慶下

庭訓

慈訓

受業師

從叔子祥夫子 諱光熊 邑庠生

從叔子敬夫子 名光熙 同治癸酉副貢

問業師

光緒壬午舉人

陳韻璜夫子 諱德煇 同治癸酉舉人

從叔子春夫子 名光華 同治癸酉拔貢朝考二等桐鄉縣訓導光緒丙子科舉人

謹以受知先後為次

受知師

三

查

增貢生候選府經歷敕授修職郎 賡閭 太學生 濟康 廣東候補鹽知事敕授修職郎 善生 興宗 亢宗 光熊 州庠生 光熙 同治癸酉副貢

光緒壬午舉人 光華 同治癸酉拔貢朝考二等桐鄉縣訓導光緒丙子舉人

胞姑三 長適鹽邑黃太學生諱斌次適同邑王嘉慶癸酉拔貢金華教授諱清漣公子州庠生諱毓沂三適王歲貢生諱有銘公子州庠生諱賡虞

胞弟文榮 州庠生

堂弟美斯 太學生 考祥 太學生 漸鴻

從堂兄弟 美倫 美楚 太學生 幼培 太學生 兆乾 業儒 希賢 太學生 鴻球 太學生 寶珩 太學生 承緒 太學生 景琦 太學生 福生 德仁 太學生 亨衢 美琪 美琛 美球 太學生 美琅 美惠 太學生 泳壽 太學生六品銜

再從兄弟 美軾 太學生承襲雲騎尉 美恩 美聚 美熊 美駒

靳葳友夫子 諱芝亭 前任海甯州知州
陳子中夫子 諱思燸 前任杭州府知府
徐壽蘅夫子 名樹銘 前任浙江學政
年伯茅介祉夫子 諱增壽 前任學正
徐澉山夫子 名福謙 前任海甯州訓導
姑丈徐傳山夫子 諱元勲 講舍山長
張銘齋夫子 諱鼎 龍山講舍山長
王蘭伯夫子 名學蘇 龍山講舍山長
吳聞章夫子 名敦 雙山講舍山長
胡筱泉夫子 名瑞瀾 前任浙江學政
祁子禾夫子 名世長 前任浙江學政
徐敬亭夫子 名增熙 現任海甯州學正

美梧 美桐 美榆 美涇 美榴 美棣
美樺 美琨 美璁 光 中書科中書兩准候補鹽經歷加提舉銜 燕
緒 州廩生本科舉人 廷榦 江西補用道課大使 爾珠 工部主事屯田司行走 爾
璿 亮采 州廩生 振采 州庠生 錫采 美蔭 候補府經歷 維
榦 維屏 維城 維藩 維翰 維垣 美棨
爾寶 龍樳 布政司理問 麟越 潤泰 太學生 遹曾
桂森 邑庠生指分廣東從九品 兆鵬 邑庠生 葭生 幼讀
胞姊妹三 長適蔣附貢生候選訓導加四級諱光煦公子州庠生學名濬 次適張姚太學士候選州同諱琛公孫太學生候選布政司理問名韓公子州庠生名鏞 三字朱太學生名言模公子名頌昇
胞姪炳忠 幼讀
堂姪忠順 幼讀
從堂姪麟書 升方 行方 志方 靖方 惠方

履歷　一　光緒乙酉科

吳嶽雲夫子 名金生 現任海甯州訓導
瞿子玖夫子 名鴻禨 現任浙江學政
劉仲良夫子 名秉璋 本科監臨
許星臺夫子 名應鑅 本科提調
豐雲鵬夫子 名紳泰 本科提調
孫穀庭夫子 名翼謀 本科監試
盛旭仁夫子 名康 本科監試

鄉試中式第七十三名
會試中式第　名
殿試第　甲第　名
欽點

四

端方 頌方 忠寬 忠義 忠禮 忠智
忠信 俱幼讀 承恩
再從堂姪 忠告 忠煒 忠頹 忠燮 忠立 忠
煦 忠甲 斗照 奎照 璧照 忠照 俱幼讀
元配陳氏 州庠增生諱甦祚公長女
繼娶何氏 嘉興太學生候選縣丞諱汝珍公女
子 教忠 幼讀聘太學生五品銜候選州同張姚諱楨公孫女太學生五品銜候選布政司經
歷名駿女 鑑忠 幼慧惜不祿
女一 未字
族繁不及備載　世居海甯州園花鎮

查

浙江鄉試硃卷 第拾貳房

中式第七十三名舉人查文清浙江杭州府海甯州學附生民籍

同考試官卽用知縣孔　閱

薦批　志和音雅經策淹通

大主考詹事府司經局洗馬　潘

取批　理實氣空經策精確

大主考都察院左副都御史　白

中批　清麗居宗經策賅博

硃卷　光緒乙酉科　批

本房原薦批

首藝前路曲折赴題一如題界中後四偶不淺不深適如題分措辭亦雋永有味次推闡盡致涓滴歸源三語有注射到底不懈詩選韻深穩

經機圓調熟五篇一律策爾皇典麗賅洽詳明

聚奎堂原批

心細手和理精法密次三有發揮詩工穩

○○○○○○曰夫子何爲對曰夫子欲寡其過而未能也使者出子曰使乎使乎

查文清

聖賢以心相契能傳其心者可嘉焉夫何爲一問子以使者深知伯玉也對以寡過未能其心已藉使傳矣子故重美之且聖賢相勖以道而實相契以心特非善知心者要難曲傳其心而有當於聖心乃叩獨喻之心方欲證其喻之心而有自克之心終不存自信之心於是賢人治心之學賴有知心者以傳之而聖人心期之慰與心許之深不禁形諸歎賞閒而心與俱遠已與坐而問子將因伯玉之使窺伯玉之心而凡足以狀其心者於使乎期之特未

遽於使乎必之也此何爲之問所由來也君子勵潛修生平嘗矢
獨爲之恥而所爲者要有眞也念使者日侍名卿品詣久經習觀
則晷虛文而徵實踐果何以閑存常密而戒欺求慊當躬倍切乎
悚惶卷懷安素志時事幾無可爲之權而當爲者別有在也想使
者夙承懿範功能可與微參則藉片辭以肖全神又何自尤悔交
袪而克已省身此志無慚於明旦詢以何爲夫子深契伯玉之心
非欲藉使者發之哉對以寡過未能而伯玉洵非漫爲使矣而使
者果不負所使矣學者之姱修問心難慊設令良朋詢訪而代舉
生平之得力極意稱揚何者爲已能何者爲已寡歷數焉以明造

詣固猶是善善從長之懷也而未免嫌於溢美也儒生之學問進境何窮當其遺介致詞不啻掀畢世之修爲默相印證若何而欲寡若何而未能加勉焉以切黽皇固常存惟日不足之想也而何其善於措辭也維時使者出矣而子益心契乎伯玉之善使矣使乎使乎宜其重許之也自世卿以資望自尊而聲氣應求動矜勢分何幸使者之獨言性分也夫聖人以無過全其德賢者則以寡過勵其修終日徬徨何在是息肩之候徵諸能者不易斯見諸爲者恒難曩時墮行久防即令伯玉自表操修亦不過如斯親切耳使乎其本抑戒賓筵之好學而括以片言乎自俗士以勳名相震

而往來贈答競詡事功何意使者之深究性功也夫小人以文過失其眞君子則以寡過防其僞窮年砥礪何在爲快意之時存諸欲者甚殷而課諸爲者轉歎平日知非有素卽使夫子代明甘苦轉未能如此形容耳使乎其竟假年學易之深衷而善爲契合乎而夫子與伯玉之心因使者而俱傳矣

子曰吾說夏禮杞不足徵也吾學殷禮有宋存焉吾學周禮今用之吾從周

查文清

合二代而從周禮不倍之義益著矣夫夏殷固有禮而非今所用則說與學徒然也決所從於周聖論卽不倍之徵耳且自時代云遜而夏造殷因禮意幾渺不復見則欲定率由之準亦惟憲章文武而已蓋運會歷遷流蒐討雖殷文獻類多失據而聲靈昭赫濯講求有素會歸猶是同遵禹湯距今千百年矣而禮時爲大懍王章之難越幸祖典之無忘覺斟酌焉而秉於一尊者雖聖人莫能易已粵自周監二代而議禮定焉生周之世疇不從周之禮哉夫

予嘗溯之曰岣嶁讀碑銘明德聿懷禹績坤乾闡易道遺書尚採
湯孫當年制作喬皇禮固昭昭可考矣而代遠年湮以後貴在當
王則禹鼎湯盤一進以豐鎬之冠裳而直欲後來居上有典有則
前王之鈞石俱存不競不絿下國之共球咸集昔日規模明備禮
又秩秩罔淆矣而風微人往以還政非由舊則禹謨湯誥一例以
辟雝之鐘鼓而尤堪薄海同風吾說夏禮不足者杞也吾學殷禮
徒存者宋也吾今而後乃專所從矣爲邦緬夏時之行似可奉安
邑舊章允釐歲序然而今非塗山輯瑞之時也念我周顯庸創制
西雝之嘉客詠鷺振者首及東樓則夏之後猶切從風而生當昭

代者概可想巳傳家本殷人之裔何弗沿亳都遺制垂裕後昆然而今非商邑來王之日也念我周揚烈覲光侯服之祼將與駿奔者半由黼冔則殷之後且來從命而分居章布者更無論巳吾亦學周禮耳今之所用卽吾之所從而何有夏殷哉五德之代與巳久勝朝子姓無容帝制自專耳今而不顯不承昭穆考禮儀美備斯天人衍易吾參與旨於玉門雅頌陳詩吾訂正聲於金奏煌煌乎一朝盛典以視降於夷而流於霸者氣象迥不侔也夫論政則方策猶存入廟則禮儀必問撫躬自度亦差幸信好之無渝矣東周果可爲庶幾猶秉周禮哉一王之正統常尊先哲神靈亦旣功

成者退耳今而識大識小東西京禮教休明將柱史堪稽吾師老聃而詢訪周官具在吾入故府而蒐羅恢恢乎昭代宏規卽凡備夫恪而作夫賓者步趨罔敢背也夫足用則勉以行徹告朔則病其去羊環顧及門亦共冀範圍之不過矣周禮盡在魯敢曰吾誰適從哉

公孫丑問曰夫子加齊之卿相得行道焉雖由此霸王不異矣如此則動心否乎

查文清

徒震驚乎功名者因以動心爲疑焉夫孟子固心在行道者也加卿相而至霸王豈遂足動其心哉丑何輕疑之歟且吾儒以行道爲心而樂以天下憂以天下斯卽大任躬膺固有超出乎功名之外者也乃徒知乎功名者竟侈述夫功名且高視夫功名而於尊榮安富之遭忽繩以幽獨隱微之疚則其測大賢也太淺而遂疑賢者之心亦無異尋常人焉此始吾徒之過慮已時至戰國士好游說騁其詭辯以干諸侯王大抵功名之見中於其心耳公孫丑

見之稔而不謂竟以此例孟子也曰丑今者竊有疑於夫子矣談戰陣者如此好勇連諸侯者如此樹威任土地者又如此盡力而終不能成一偉烈者此衷病在游移也夫子縱迴異庸流而當遭大投艱安必克完其素志遑縱橫者如此求才謀割據者如此養士廣招徠者又如此禮賢而卒不聞建一大勳者流俗動多紛擾也夫子卽遠超儕輩而當任艱責重保無偶涉於矜持夫夫子特未遇動心之時耳丑竊見夫子久於齊固將以行道者也設一旦闢館以迎築宮以待夫子所欲朝秦楚者竟於旦暮閒遇之夫子所欲法湯武者忽於指顧閒得之加夫子以命卿之貴加夫子以

上相之榮則意五伯可六者在此時三王可四者在此時倒懸如
此其解也反手如此其易也而夫子大道之行亦無足異矣乃丑
竊於此竊夫子之心平居而空談幹濟卽極之艱難險阻而無不
樂任仔肩及身當其際而心難持矣萬不至勢矜自豪挾富貴而
肆然自恣特以羈臣寵遇躬攬事權在夫子幼學壯行於此而盡
償素願將時勢動於外變故易平血氣動於中矜情雖泯彼頌德
歌功而羣深傾慕者安知不伺隙而貽之譏也位尊望重之餘泯
於自信者固非輕於自疑者亦誤夫子固滿志而無待躊躇乎局
外而侈語謀猷雖極之位育經綸而無不勝任愉快及身人其中

而心已累矣亦甚欲神明默定履艱危而坦然自安無如蓋世勳
猷責成儒者想夫子長民輔世至此而頓策全功恐初念從容旋
動於轉念先時鎮靜或動於臨時彼輕世肆志而自命孤高者未
始非知難而預爲謝也錯節盤根之地張皇者固嫌麤躁畏葸者
亦病其拘夫子果優爲而無煩顧慮乎則動心否乎敢質之夫子

賦得濤白雪山來　得來字五言八韻　　查文清

一望滔天白驚濤頃刻催淨同寒雪積猛挾疊山來拔浪排

成陣飛花滾作堆氣凝鮫窟冷聲撼鼇亹開混接橫江露雄

爭出地雷高低銀海眩盪決玉峯頹倒峽驅枚筆奔湍繞越

臺

恩波寰宇徧咫尺到

蓬萊

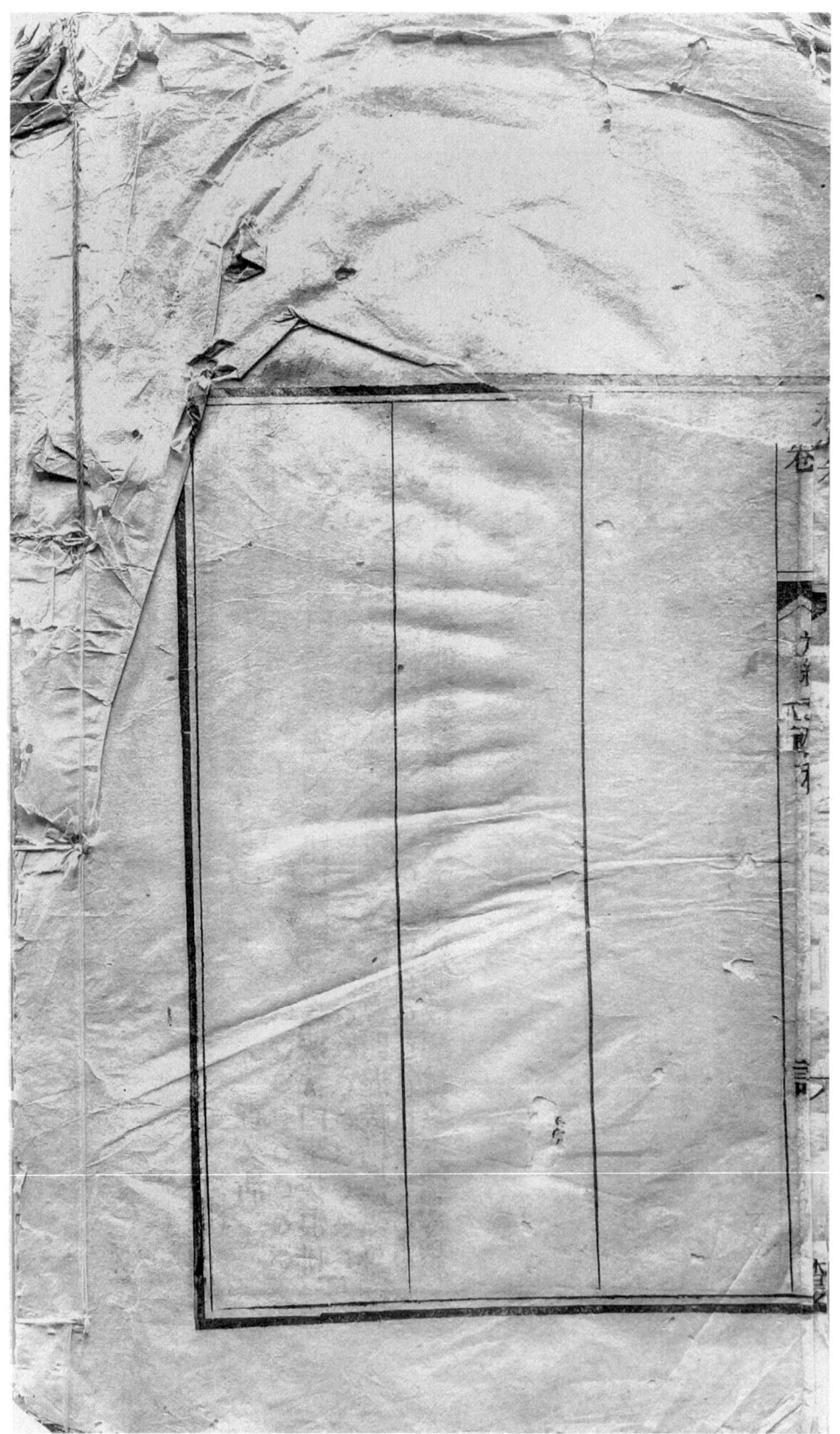

光緒乙酉　趙振甲

浙江選拔貢卷　光緒乙酉科

政　呈

趙振甲

始祖不抑宋太宗六世孫高宗時加封武顯郎御前左右軍副統制靖康間自汴隨駕南渡家越之上虞

一世祖長堎寶祐丙辰登文天祥榜進士初授儒林郎歷瑞州軍事判官咸淳間自上虞遷新昌

十五世祖嗣暹由邑城遷鼇峰

十六世祖垂珪

太高祖承太學生

太高祖妣氏徐

高祖仙斗太學生

曾

字逢春號笑梅行一道光辛丑年九月十五日吉時

生紹興府新昌縣優行廩膳生民籍肄業紫陽書院

世伯叔祖思範明洪武間候補縣丞思常任錦衣衛經歷思晃鄉賓思耽邑庠生官終福建轉運使鼎宗邑庠生廷暘例授承事郎昱邑庠生晉邑庠生蕃邑庠生芮邑庠生充王府紀膳天球邑庠生著有外山遺稿芫邑庠生精篆隸鐘邑庠生嘉德處士著有隨寓稿暇居集引鼎邑庠生引鱗邑庠生引芳明季特授廸功郎割股療親以孝行聞

世叔祖嗣闓邑庠生垂瓛議叙八品垂琮例授登仕郎

太高叔祖裕靜太學生國華邑庠生裕仁太學生裕義太學生

高伯叔祖仙照太學生炳文邑庠生仙曜太學生仙斑太學生壆輝邑庠生仙佐太學生仙榮太學生維藩邑庠生

光緒乙酉科

履歷

高祖妣氏黃

曾祖源乾號健三議敘登仕郎

曾祖妣氏粱邑庠生步侯公長女

祖濤瀚號瀠水太學生

祖妣氏呂邑庠生倘倫公長女

本生父傳舟號雲濤邑庠生例贈修職郎

生母氏石泉阿志榮公長女邑庠生志毅公胞侄女歲貢生候選教諭以翰邑庠生以聯以陟以謙以晉以詔以潤嫡姊例贈儒人

繼父維鼇號戴峯例贈修職郎

妣氏袁例贈儒人

妣氏石例贈儒人

曾叔祖源熙太學生 璧邑庠生 源恆太學生 琴邑庠生 源灤鄉賓

乙青邑庠生 宗瀛邑庠生

胞伯祖清韻太學生

胞姑三長適俞國琰公次子元松次適歲貢生候選教諭呂曜公次子邑庠生堡二適歲貢生候選教諭梁器公次子太學生元鳳

嫡姊二長適太學生王文奎公長子太學生錫介次適鄉賓梁濟園公三子寶殿

胞姊二長適太學生董廣漢次適庚午亞元揀選知縣裘瀛振胞侄邑庠生子範親兄郡庠生葆純親叔益珍

胞弟振玉號潔齋 逢吉號芝孫 振生太學生

胞侄家順 家宏 家晉 家成俱幼讀

娶石氏茅洋法傳公三女邑庠生法望法曾親侄女邑庠生懷璋親姊

子四家銘 家珮 家箴 家模俱幼讀

繼母氏石　沃西益芳公幼女邑庠生光輝嫡姊欽旌節孝例贈孺人

女二　長適太學生吳孝揚公長子宗泰次未字

胞侄女一　未字

生具慶下

繼慈待下

庭訓

受業知師　諱以先後爲次

梁雲卿夫子　諱光鸞邑庠生

梁印川夫子　諱廷材邑庠生

石煥堂夫子　印以翰歲貢候選教諭

呂小寰夫子　印鴻議同治丁卯並補行甲子科舉人甲戌會試薦卷現掌教鼓山書院

鄔昇卿夫子　諱明經壬辰舉人前新昌縣訓導

履歷

蔡彥湘夫子 印 以瑩 己未舉人

吳和甫夫子 謚 文靖 前任浙江學政

方春波夫子 印 洼 丁卯補行甲子科鄉試同考官

章采南夫子 諱 鋆 前掌教紫陽書院

黃恕皆夫子 印 倬 前任浙江學政

龔鶴屾夫子 印 鳳岐 己卯鄉試同考官

張霽亭夫子 諱 霈卿 前任浙江學政

霍子方夫子 印 順武 現任紹興府知府

楊晴臯夫子 印 正暉 現任新昌縣知縣

選拔第 一 名

朝考第 等第 名

族繁不及備載

世居東鄉鼇峰大市聚

浙江選拔貢卷

選拔貢生趙振甲紹興府新昌縣學咨　部優行廩膳生民籍

欽命吏部左侍郎提督浙江全省學政祁

批　取

總　批

胸羅列宿氣吐長虹詞掃浮煙筆垂仙露詩燦毫端之錦論翻舌底之瀾解經則說著鏗鏗丁鴻譽擅對策則聲摩嶽嶽亥豕訛刊合六藝而參觀無一長之

貢卷

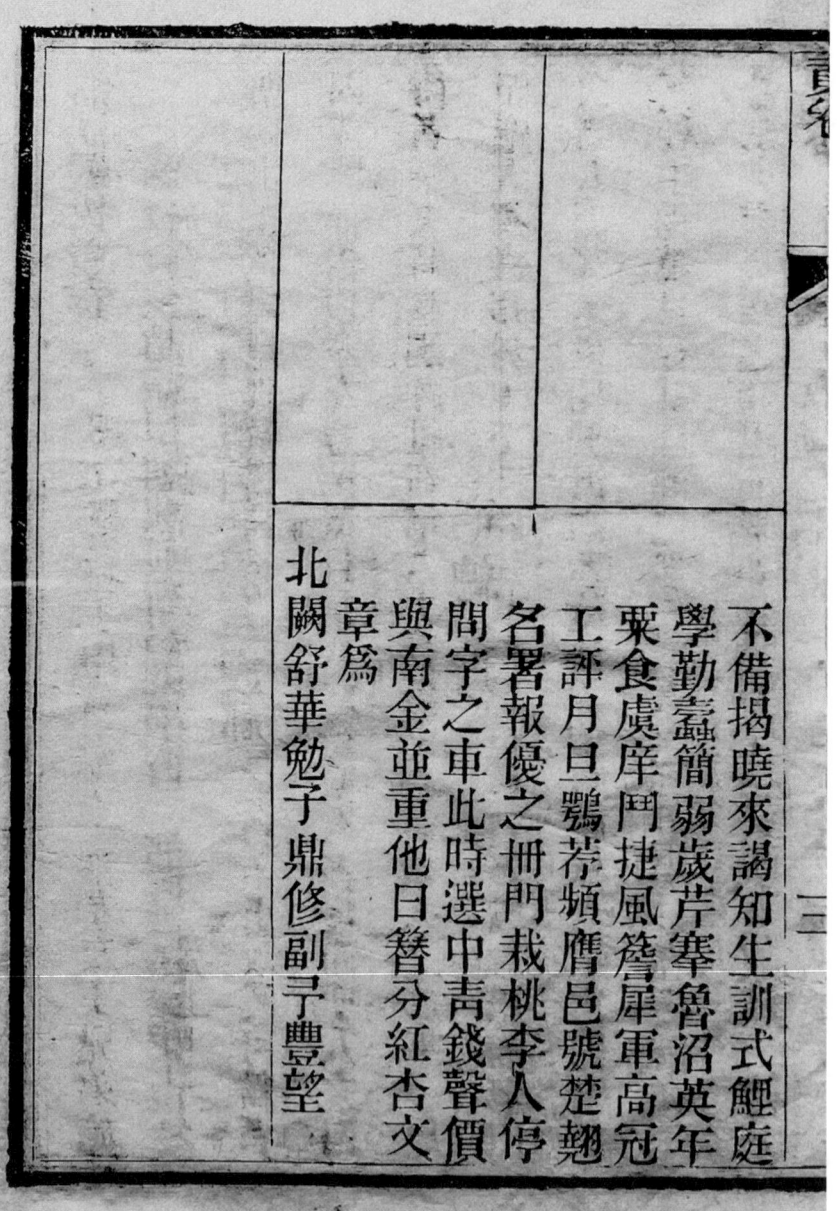

不備揭曉來謁知生訓式鯉庭
學勤蠹簡弱歲芹搴魯沼英年
粟食虞庠冈捷風簷犀軍高冠
工評月旦鶚荐頻膺邑號楚翹
名署報優之冊門栽桃李人停
問字之車此時選中青錢聲價
與南金並重他日譽分紅杏文
章爲
北闕舒華勉子鼎修副予豐望

○○○○○○或謂孔子曰子奚不爲政子曰書云孝乎惟孝友于兄弟施
於有政是亦爲政奚其爲爲政
趙振甲

聖人寓正名之意即於書言示之矣夫魯之名不正政奚可爲者
因或問而告以孝友意深哉且常人之待聖人者淺而聖人之自
待者深夫時當國祚維新常人方動色驚心冀聖人之庶乎一見
而聖人獨微窺於上下之間知其有不可終日者默喻焉而無以
白諸人而又不欲比於沮溺者流使天下爲無情之宇宙則惟於
名教中爲萬世存其理而已然而聖人之心傷矣日者定公初年
蓋正大有可爲之時也而無如定公外不能行君父之權非孝也

內不能篤性天之愛非友也不孝不友政奚以爲孔子之不仕則
固其宜乃或人以不爲政疑者何居君相隱微之咎在至聖不欲
顯言褎懷豈眞自恝而方欲以不爲者示春秋之律何能以徒爲
者貽史冊之譏此中祇堪自證也而或人殊貿然也國家含忍之
端雖宗邦不容曲徇匡正詎曰無功而旣難以有爲者伸命討之
權亦第以不爲者植綱常之體此意尙待旁參也而或人獨殷然
也曰子奚不爲政且夫政有爲於國者有爲於家者其爲於國者
事祇在本原之地人親其親人長其長無非人紀肇修而盛世雍
熙早彌綸於天地其爲於家者道不越庸行之常求以事父求以

事兄但使天倫可樂而太和氣象已翔洽於門庭子曰書不云乎惟孝友于兄弟施於有政夫政者正其身而已矣家之政在是國之政亦在是奚其爲爲政耶吾因之有感矣空山無侶而文琴旦夢藹然孝友之思幸而吾道不窮將溯家相規模三語總歸善述陳我朝方策九經不外修身登龜山而假我斧柯用之則行固所願也吾是以有期月三年之效也日用何奇而位育中和秩然事爲之本不幸而尼山終老將孝經明大義首傳東魯之編友愛撫遺孤愼選南宮之揟藉燕居而樂予疏水舍之則藏亦無憾也吾是以收刪詩訂禮之功也

原評

微詞託深意當下本旨如是文揭出詮發警切圓湛與古爲新

而局度風神仍復近合時制足徵洗伐功深

○○○○○樂其道而忘人之勢

趙振甲

有以成賢王之意士之所以賢也夫樂道忘勢卽賢王好善忘勢意也以是成其意惟賢士有然耳且天下有可貴者也我有之而或且欣慕焉則貴自在我矣亦天下有不足貴者也或有之而於我不加傲焉則不貴本無與於我矣乃有不適所可貴而震所不貴卒至生平自處之衷與明聖相期之意深相刺謬而使吾儒概薄爲虛聲則仍以一言雪之也可如古之賢士豈獨賢王之好善忘勢哉今夫自王好之則爲善而自士樂之卽爲道自王忘之若無勢而自士忘之并不見爲有勢道者正誼也世雖厭之不能貶

其號其體尊勢者熱境也世雖欣之不能重其名其分褻然則人
有道士且將樂取之而知爲其道已有勢士且將自忘之而知爲
人之勢氣節亦有何奇惟終守其有甘無苦有直無枉之常而兩
途郎以定眞僞器量本非易識但自負其人濁我清人醉我醒之
概而衆論或亦判低昂豈知可止可行可進可退所取於道者無
窮而勢且相形見絀此宮牆所以極美富之觀豈知吾行吾素吾
守吾眞所需於勢者何在而道既自顧有餘斯飽德可以勝膏粱
之味豈知勢無道不立唐虞雖聖不能棄德於賡歌道無勢亦隆
巢許自高不待增光於禪讓豈知道屈自勢伸俗士競功名朝廷

始以一官爲德勢消自道長深宮資保傅師儒得以一介爲尊吾於是知古賢士矣此身已特立於兩大之間又奚必斤斤於遠俗疏水之高風在抱放懷與天地皆寬琴書之雅韻欲流息影與林泉俱靜道在己而足樂而旁觀總莫測其深蓋惟樂斯忘初不恃性情之淡泊而甘之并不待氣骨之崚嶒而傲之也不然聖主以高人相待而私衷以俗好自縈何自副明王之夢想哉其志常抗衡乎三代以上亦豈屑役役於好名空山有著述相傳本無取累人之富貴爾室無窮愁可遣更何煩炫我以紛華勢在人而自忘而當局轉莫名其妙蓋有道無勢初不在有心爲曠達而安之更

貢卷

不關故意薄時榮而置之也不然帝王之塵緒未聞而畎畝之熱
中已動不幾等策士之揣摩哉樂其道而忘人之勢惟賢士有然
而賢王亦安有不敬而禮之者乎

原評

不拘風氣具見天才覷定上文領出題之神情語脉而運實於
虛細筋入骨筆意名雋能使題中字字起稜不徒以警快見長

賦得十八學士登瀛洲 得洲字五言八韻

趙振甲

學士登雲路蓬瀛浩渺洲三千新世界十八舊名流業已河
山定材先杞梓收詞曹供妙選羅漢倍前修房杜從頭署神
仙躡足游筍班銀闕現松夢玉堂幽日影花磚度風濤畫壁
留
聖朝遺制仿
閬苑況同儔

原評
工雅細切音韻亦佳

紹城傳近文齋刊印

貢卷

如有復我者

癸未歲試
一等一名趙振甲

慮權臣之復命一轉計而已迫矣夫閔子既辭固自有不容復者然權在季氏又安得不慮及之且事之在所不必料者原無庸深過料之情而事之以爲不必料者又每有不及料之勢蓋事苟可以從容而相待情自不妨宛轉以相商而勢亦不至迫人之已甚至不願其情之有加而不幸而爲勢之甚迫則有如今日之事又安禁子大夫之不睠睠於我耶吾子善爲我辭是吾子有意於我也抑亦可使子大夫無意於我也然而我固竊竊焉慮之慮夫吾子之反命也報主情殷未獲强得之推挽不幾憾秋水溯洄乎倘

以爲迂疏之質落落寡合者我也而我詎不幸甚慮夫大夫之俯聽也憐才意雅要非誤用其徵求不將哂空山偃蹇乎倘以爲淪落之材碌碌無奇者我也而我詎不慰甚我豈尚有宦情哉琴書劍佩素不聞車馬之喧即今榮邀一顧而邱園生色受寵固已若驚矣而何餂於我我豈獨諳吏治哉錢穀簿書本不涉匡居之業即此別訪長材而案牘分勞汲引當更不乏矣而何私於我是則大夫其不復我矣乎然而我又竊竊焉慮之以儒生之微賤而負盛意於名卿則迹似傲也傲則恐有以激之且將於我乎苛求而往而復返以修士之才能而不効勞於國計則情又恝也恝則適

有以疑之又將於我乎加勉而去而復來且吾曾爲人文之藪孰不奮志於功名而我顧自安其陋謂孤陋者之不宜索居也則將復起以補我之過即及門稱藝勇之賢早已見知夫從政而我獨終守其拘謂拘墟者之不難通變也則將復試以成我之材如其復駕乎軒車如其復傳乎介紹是亦大夫之深知我也夫我豈必不以爲快第半生來閒居坐誦可無煩當路之周旋而返諸孤高自喜之懷又何樂有此知我者如或弓旌之復賁如或幣帛之復臨是又吾子之厚愛我也夫我亦豈獨不近夫情第十五國函丈從遊要惟是同堂之晤對而當夫相逼俱來之際幾何不負此愛

我者然而我已竊竊焉慮之汶上之遊吾志決矣

呂小霞師評

秀在骨雋在神峭逸在氣曲折䠑汞語語妙肖逼眞明人小品

而局法一氣尤復如交花之樹不斷生香

○○○○○孔子曰生而知之者上也學而知之者次也困而學之又其次也困而不學民斯爲下矣孔子曰君子有九思視思明聽思聰色思温貌思恭言思忠事思敬疑思問忿思難見得思義

甲申科試
一等二名趙振甲

爲凡學者策其知而所思尤宜慎焉夫知由於學學貴乎思不必生知而無不可爲君子也列其等而分其目予始爲學者交勉乎且吾儒爲學大抵誠則明明則誠而已明本性所同而明無異明非學無以進於明也誠卽理而寓而誠不一誠非學無以存其誠也古來希聖希賢者輩以一身出羣倫之表以一心運蕃變之中

則盡性窮理之道得之矣今夫好學與力行並重必以致知爲先博學與篤志相因尤以慎思爲要造物本至公而清濁剛柔總不能不殊其姿禀顧賦之自天而非天之所能限也則始囿於愚蒙繼臻於敏悟豈眞無一旦之貫通世途原甚幻而往來交際更不得不出與周旋顧應之在人而非人之所能奪也則顯呈其條理隱寓其權衡安見有百端之紛擾而奈何困而不學也縱聖神之絕詣未可驟幾苟生質具中材何至竟流於卑瑣學知困知以上下別其途而此中可自處矣子第望之於其次而生知非所期也而奈何學而弗思也祇耳目之徵權尙難自主迨事緣由外至奚

能不惑於紛紜思明思聽以視聽握其本而此外可皆準矣子故約之以九思而君子乃自勉也且夫盡性之學本於吾身矣以凡庸之資質仰而企聖哲之修能其志氣可以激昂其精神何可以頹廢學固不以知而止而但求至於知夫孰阻其攀躋也無多才之患而亦無小慧之識故仁熟義精夫婦皆造端之類頑廉懦立膠庠無可棄之材狂獧勵中行雖生知之品望未可誣而生知之功程有可造且夫窮理之學具於吾心矣以世故之迭乘默而操寸衷之主宰其持循在於有象其警惕即在於無形學非貴乎思之偏而或有待於思豈復留其間隙也不遁於虛無而亦不涉於

貢卷

膠滯故惟精惟一靜以探列聖之淵源寡悔寡尤動以驗恆清之感發虛靈通妙用而君子之修途於以廣即君子之分量於以全人其無過望於生知而勉爲君子也可

呂小寰師評

平對以側意齊之五雀六燕悉稱銖兩幾令閱者忘參差之迹剪裁可謂工絕而氣息亦極穩而深

紹城傳近文齋刻印

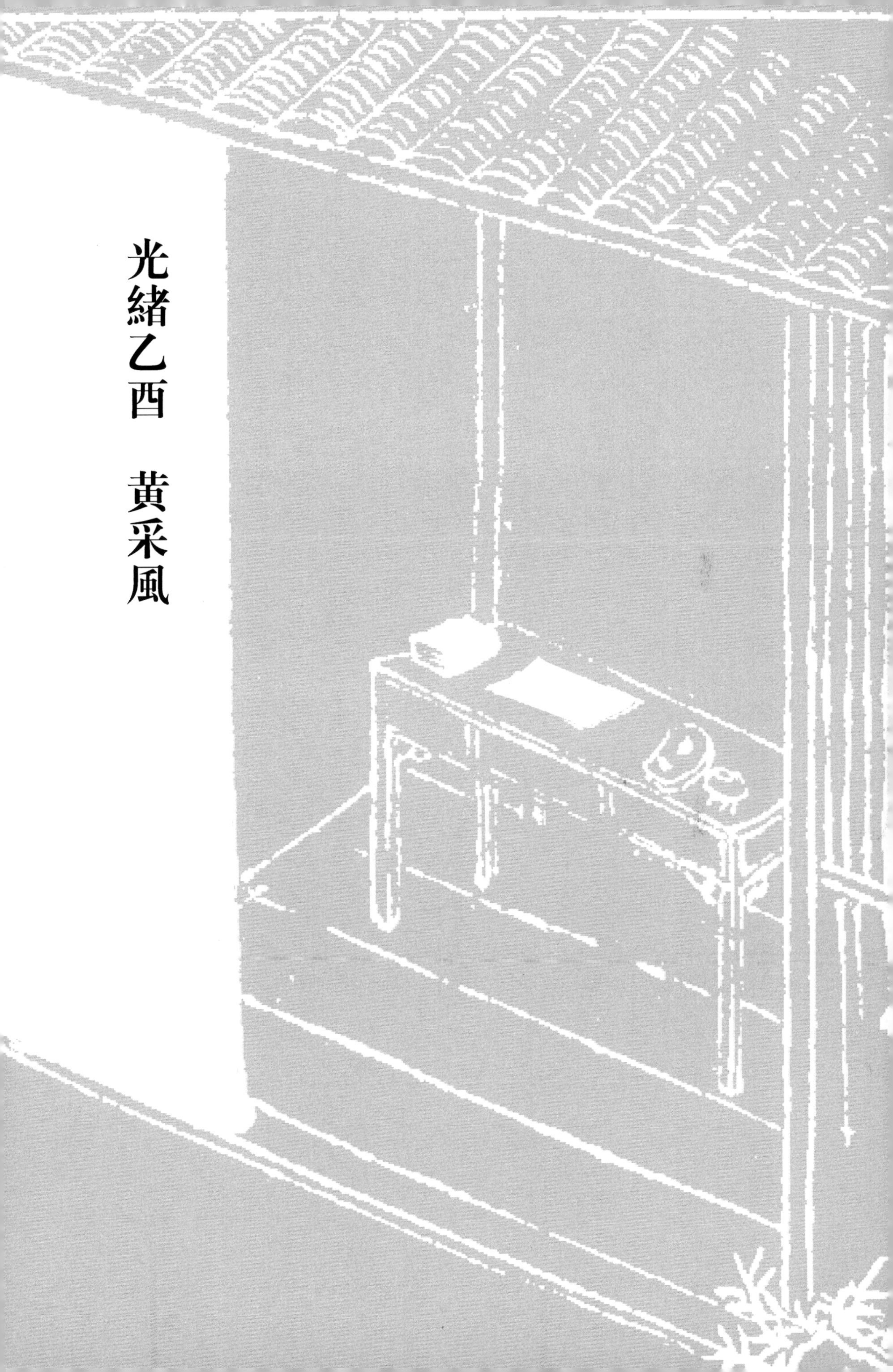
光緒乙酉　黃采風

黃采風

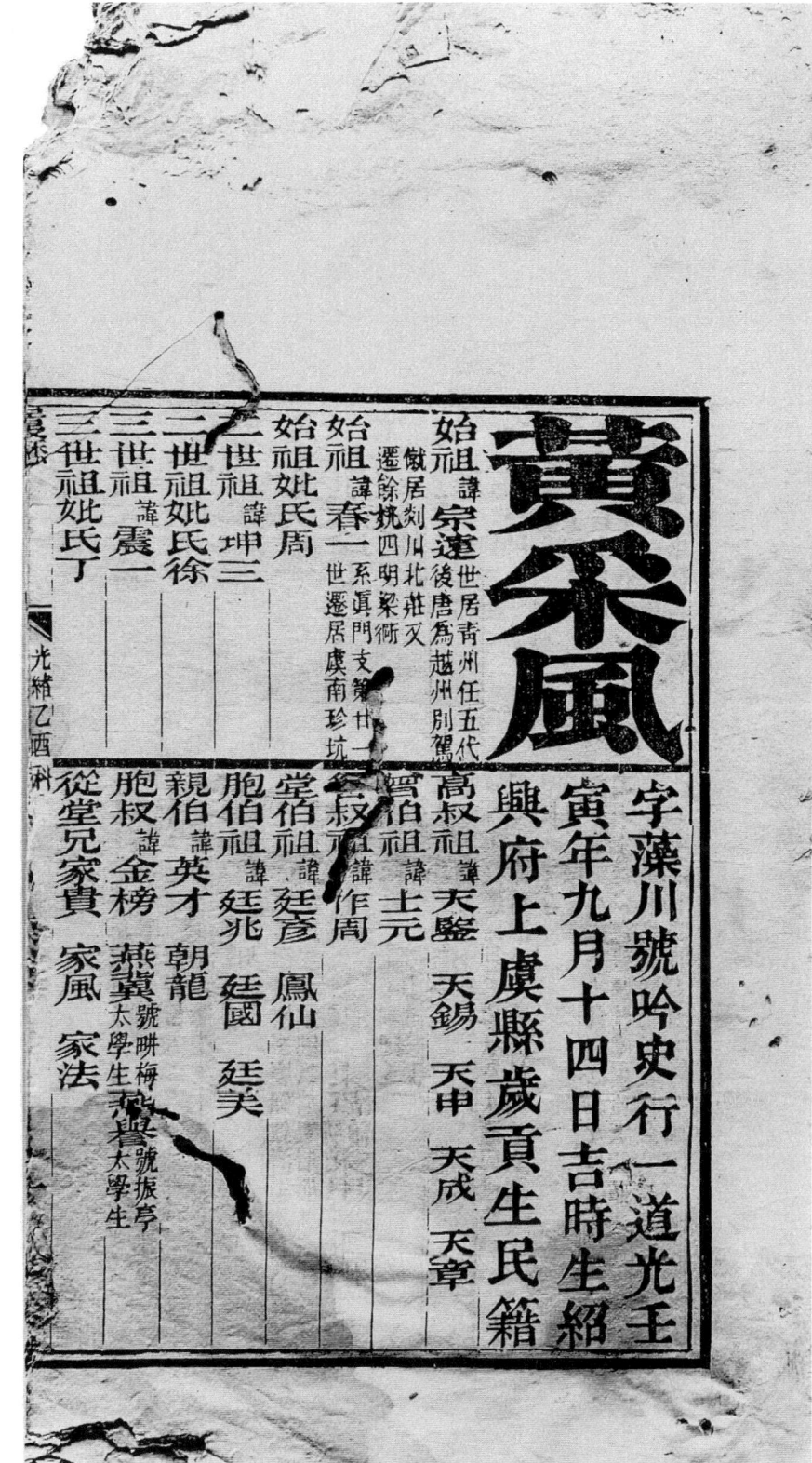

字藻川號吟史行一道光壬寅年九月十四日吉時生紹興府上虞縣歲貢生民籍

始祖諱宗達世居青州任五代後唐為越州別駕徽居剡川北莊又遷餘姚四明梁衖

始祖諱春一系眞門支第廿一世遷居虞南珍坑

始祖妣氏周

二世祖諱坤三

二世祖妣氏徐

三世祖諱震一

三世祖妣氏丁

光緒乙酉科

高叔祖諱天鑑　天錫　天申　天成　天章

曾伯祖諱士元

曾叔祖諱作周

堂伯祖諱廷彥　鳳仙

胞伯祖諱廷兆　廷國　廷美

親伯諱英才　朝龍

胞叔諱金榜　燕翼號畊梅太學生　燕譽號振亭太學生

從堂兄家貴　家風　家法

履歷

四世祖諱常九

四世祖妣氏王

五世祖諱太四

五世祖妣氏徐

六世祖諱增一

六世祖妣氏王

高祖諱天良字子雲

高祖妣氏倪

曾祖諱繼周

曾祖妣氏王

祖諱廷桂字香遠太學生

祖妣氏徐同邑庠生敏齋公次女

嫡堂兄家乘　家鳳　家興　家富　家璔　家祥

親兄瓚字華臣號磐卿國學生　潤德國學生　裕德　宣德字健庵　應

熙字星槎邑庠生　正綬字价人國學生　仁德字則榮號[illegible]齋

堂姪升和　升咸

親姪鍾瑞號筠三邑庠生　鍾祥字慶儲號清渠本科鄉試薦卷增廣生　鍾翰字[illegible]

初號[illegible]鄉[illegible]儒　秉鉞　秉祺　秉哲幼讀　秉申　秉樞　秉

方　秉簡　秉眞幼讀　秉良

親姪孫惟賢幼讀　惟善

胞姑母長適同邑王達獻公次適同邑徐萬治公三適同邑徐錦堂公

胞妹一不字故

娶徐氏同邑國學生諱樹立公女庠生諱宗勉胞姊邑庠生紹謙胞姑

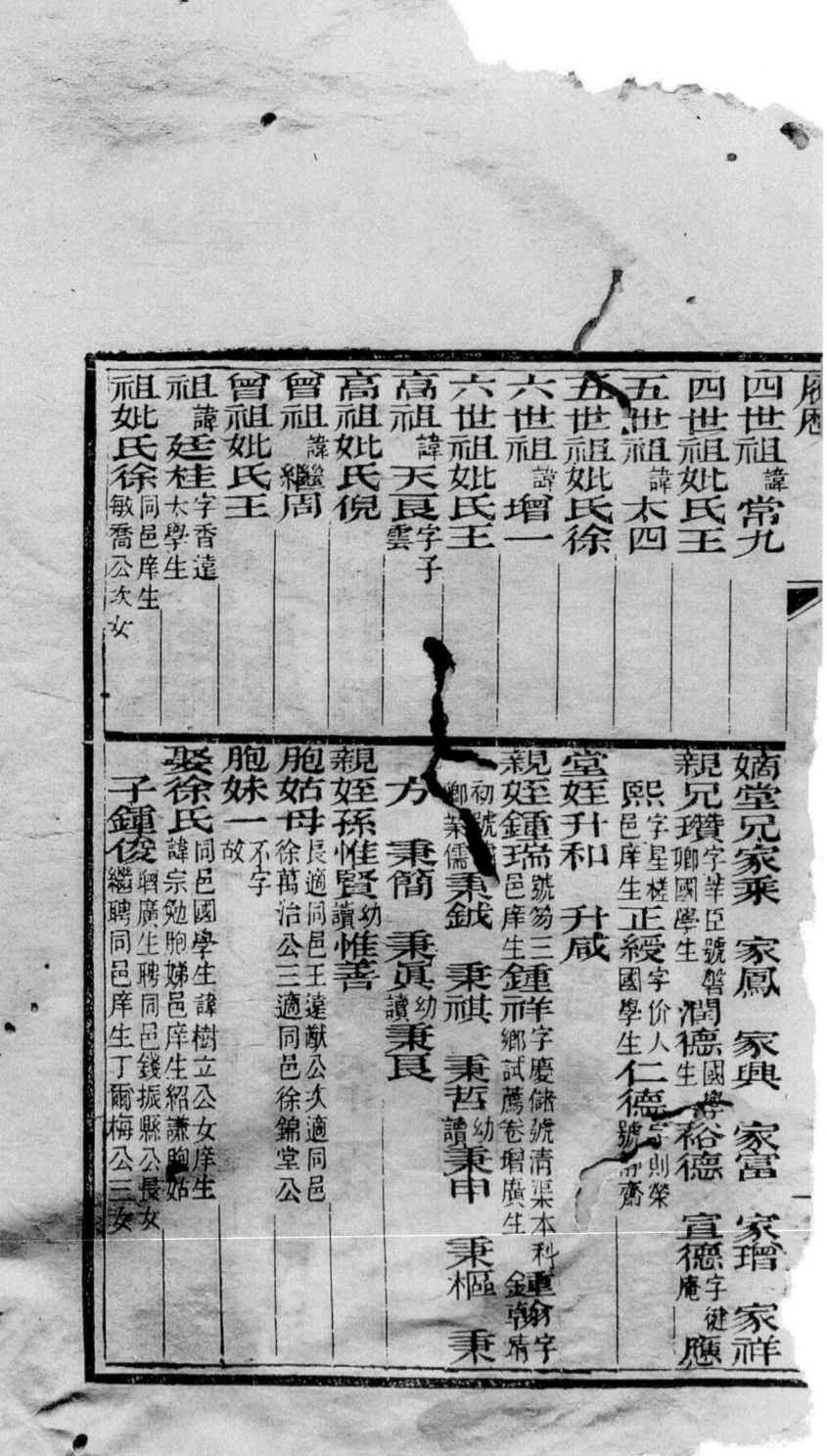

子鍾俊增廣生聘同邑錢振縣公長女繼聘同邑庠生丁爾梅公三女

父諱燕貽號竹舫國學生敕贈文林郎

母氏陳同邑諱家修公女敕贈孺人

王同邑諱克復公女敕贈孺人

永感下

業師

姑父徐錦堂夫子諱燦

周芝山夫子諱述義庠生

姚小坡夫子諱維熊郡廩生

陳鳳飛夫子名壽康邑庠生

姻伯王雲逵夫子諱志熙恩貢生

徐雨村夫子諱辰榮庠貢生

伯岳徐小山夫子諱樹丹嘉慶乙卯

女二長適同邑國學生陳嘯公幼子次未字

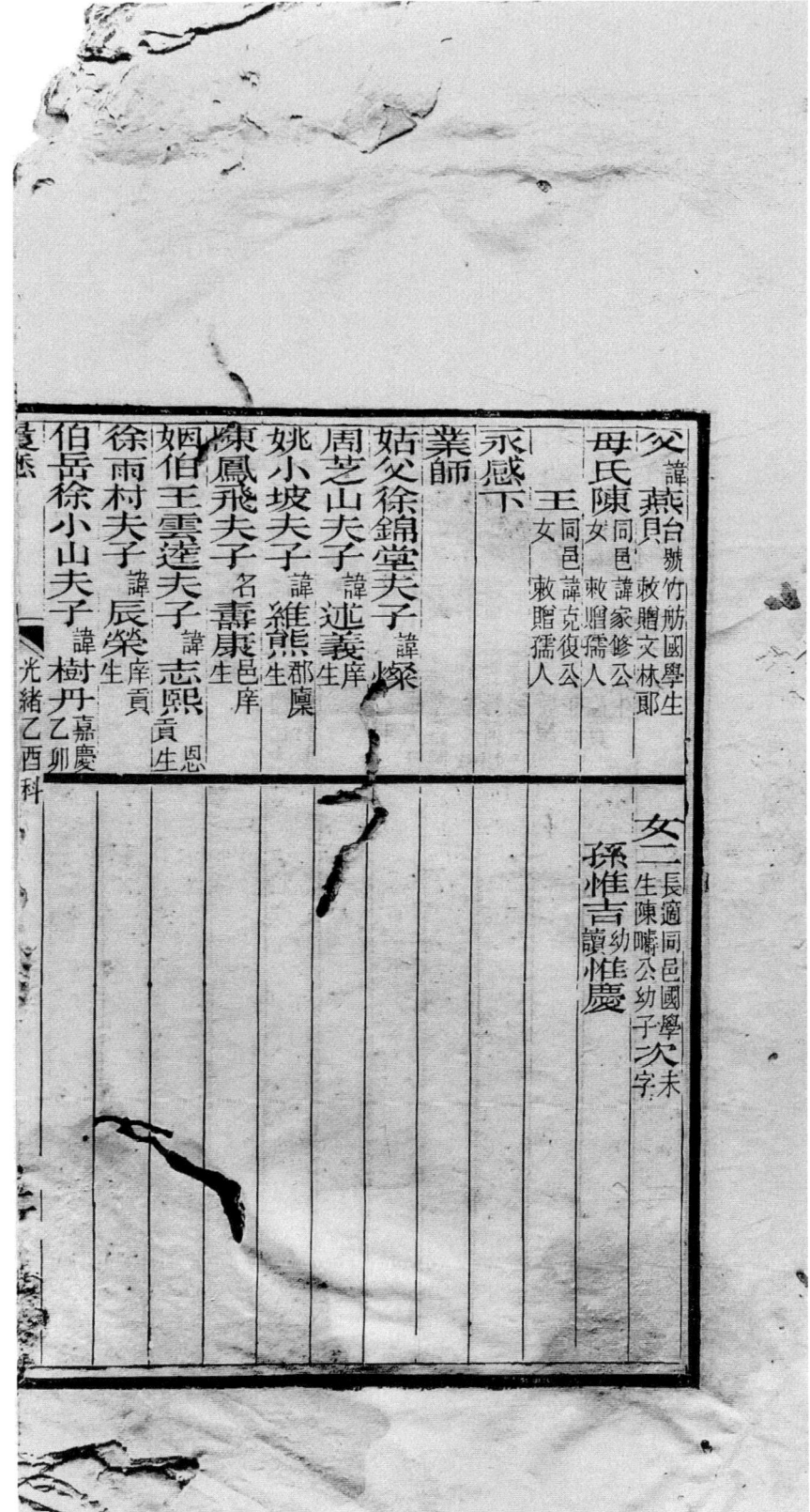

孫惟吉幼讀惟慶

履歷

副貢

姻叔祖徐治亭夫子 諱鎔 郡廩生

王稼軒夫子 諱莘 邑增生

丁春渠夫子 諱磻 邑廩生

徐頌香夫子 諱作梅 咸豐己未恩科舉人同治戊辰進士歷任廣西知縣

俞采封夫子 諱潘 道光乙未恩科舉人江西己酉壬子鄉試同考官歷署上猶南康兩縣知縣欽加同知銜即署南安府同知著有德馨齋文集詩稿

朱維周夫子 諱士楨 錢塘廩貢生

舅兄徐燚亭夫子 諱垚 歲貢生

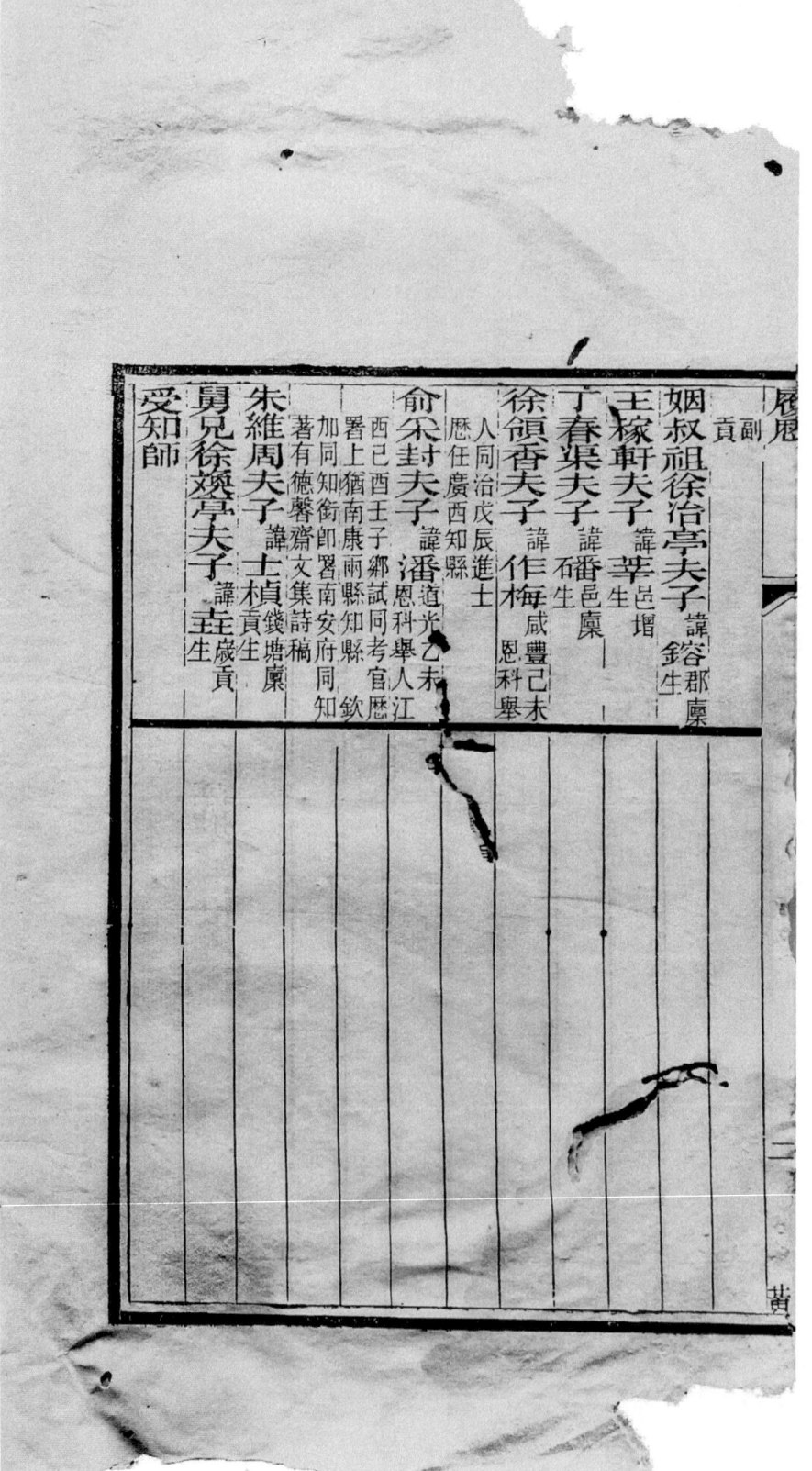

受知師

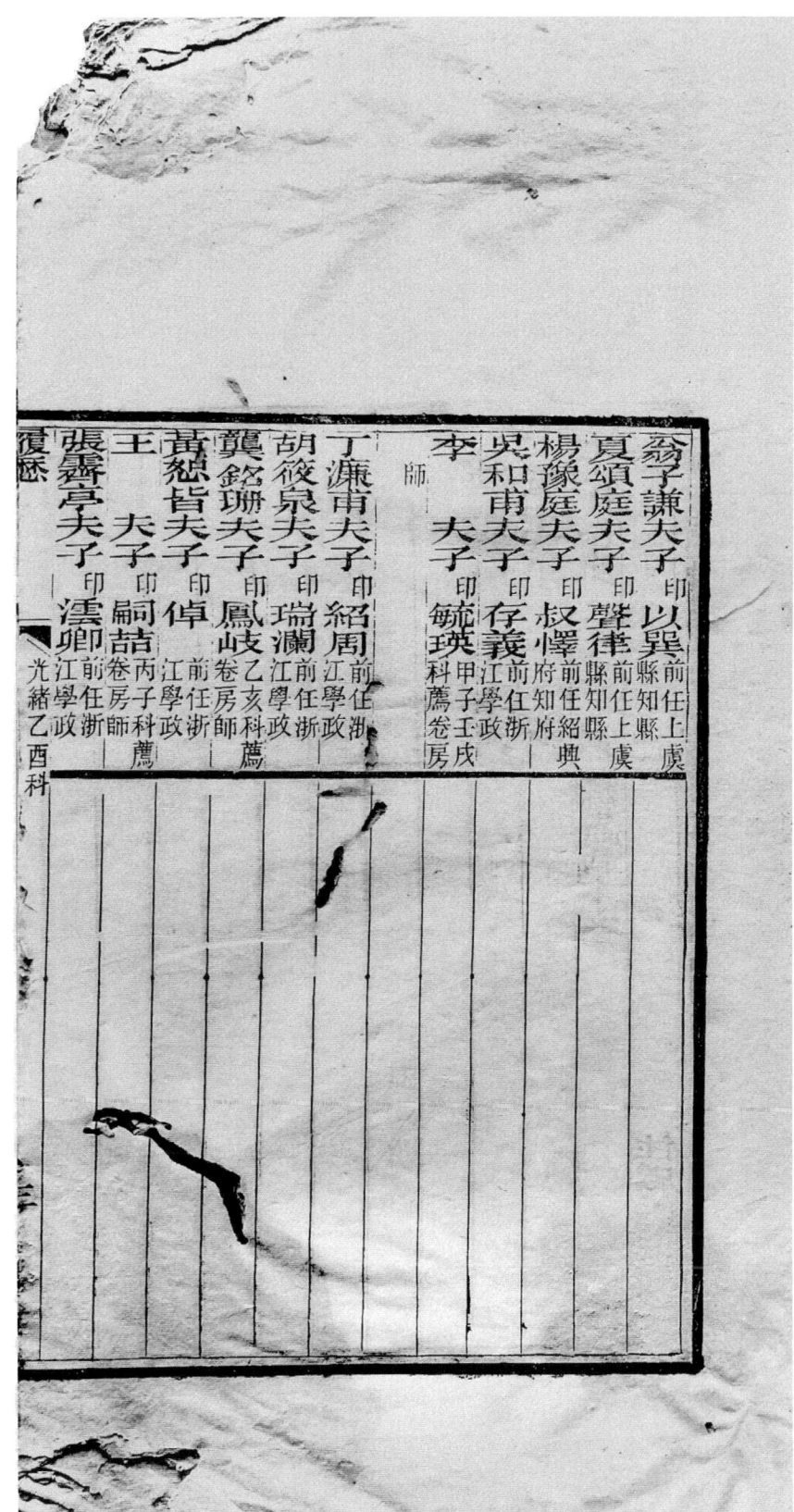

翁子謙夫子　印　以巽　前任上虞縣知縣
夏頌庭夫子　印　聲律　前任上虞縣知縣
楊豫庭夫子　印　叔懌　前任紹興府知府
吳和甫夫子　印　存義　前任浙江學政
李　夫子　印　毓瑛　甲子壬戌科薦卷房

師

丁濂甫夫子　印　紹周　前任浙江學政
胡筱泉夫子　印　瑞瀾　前任浙江學政
龔銘珊夫子　印　鳳岐　乙亥科薦卷房師
黃慤皆夫子　印　倬　前任浙江學政
王　夫子　印　嗣喆　丙子科薦卷房師
張靄亭夫子　印　澐卿　前任浙江學政

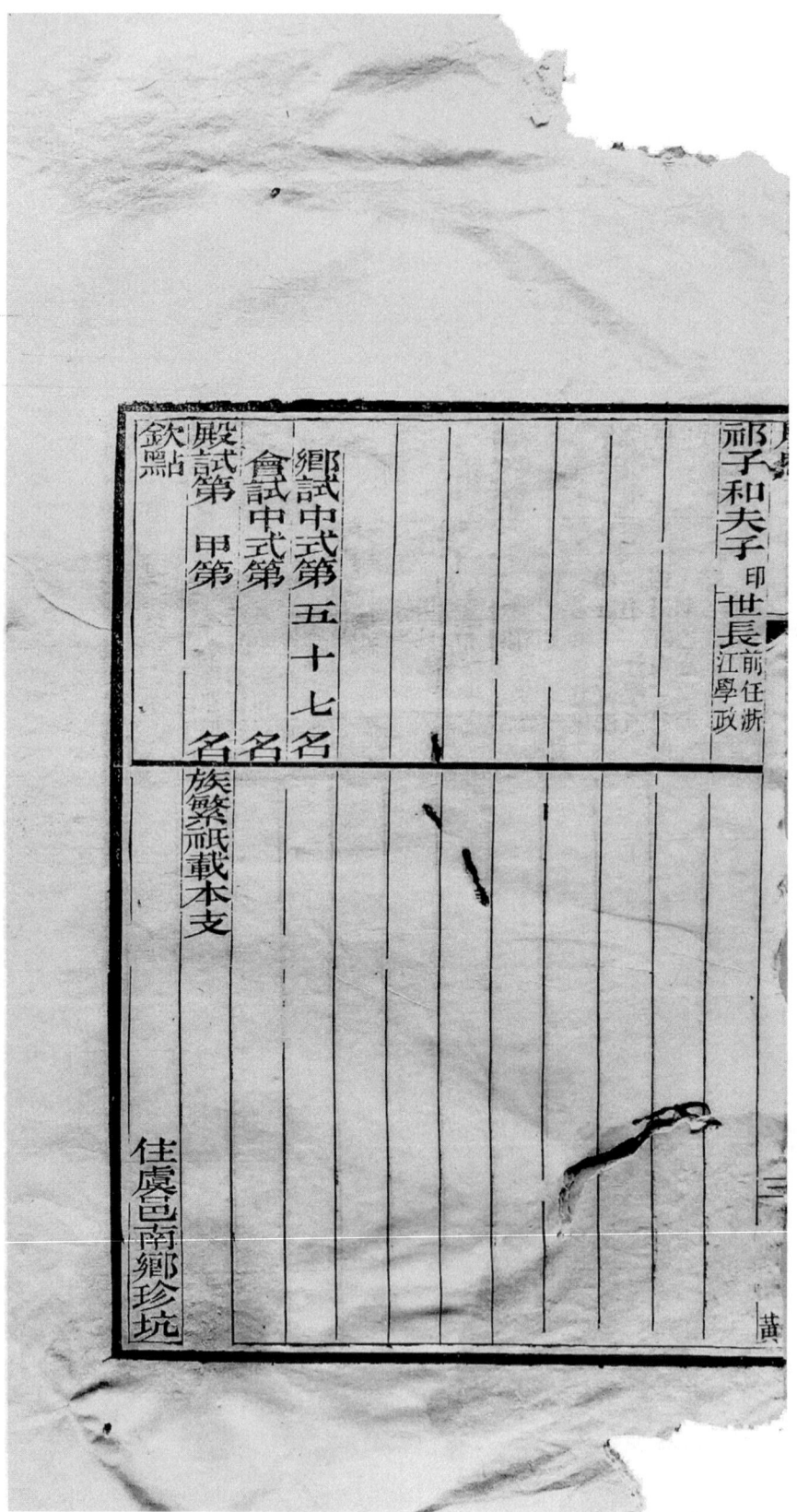

祁子和夫子 印 世長 前任浙江學政

鄉試中式第五十七名
會試中式第　名
殿試第　甲第　名
欽點

族繁祇載本支

住虞邑南鄉珍坑

黃

浙江鄉試硃卷第 二房

中式第五十七名黃采風紹興府上虞縣歲貢生民籍

同考試官同知銜分水縣知縣彭　閱

薦批　返虛入渾積健爲雄

大主考詹事府司經局洗馬潘

取批　思清筆爽幾與神流

大主考都察院左副都御史白

中批　言明且清氣疏以達

硃卷

本房加批

筆情倜儻卓爾不羣後二偶尤
能融會全神次華[illegible]並茂三得
機得勢詩警鍊
經藝新詞豔逸古藻繽紛炳炳
麟麟具見才分
五策敷陳贍核裁對停勻比事
屬辭允稱雅潔

○○○○○曰夫子何爲對曰夫子欲寡其過而未能也使者出子曰使乎使乎

黃采風

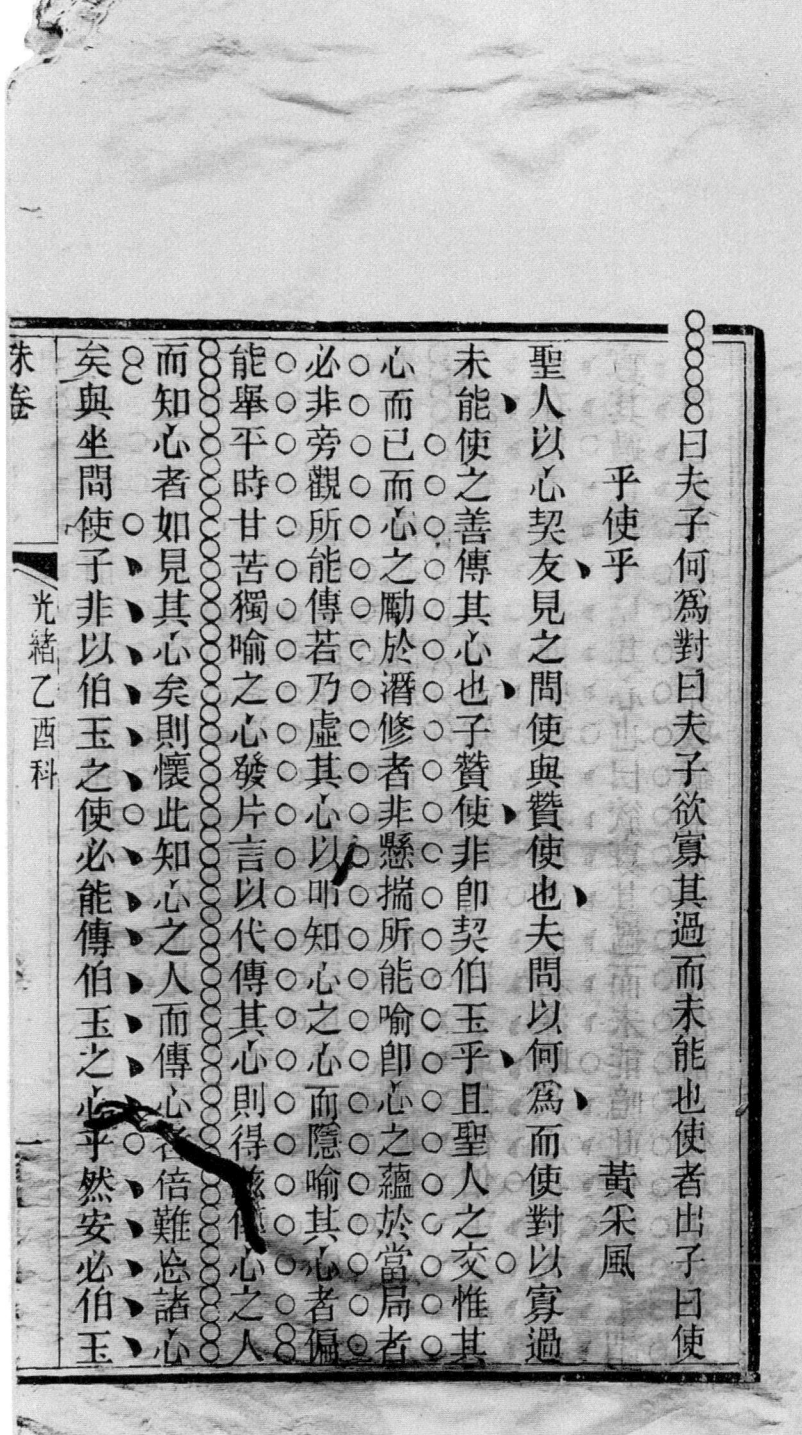

聖人以心契友見之問使與贊使也夫問以何爲而使對以寡過未能使之善傳其心也子贊使非卽契伯玉乎且聖人之交惟其心而已而心之勵於潛修者非懸揣所能喻卽心之蘊於當局者必非旁觀所能傳若乃虛其心以叩知心之心而隱喻其心者偏能舉平時甘苦獨喻之心發片言以代傳其心則得[illegible]傳心之人而知心者如見其心矣則懷此知心之人而傳心者倍難忘諸心矣與坐問使子非以伯玉之使必能傳伯玉之心乎然安必伯玉

之使果能傳伯玉之心乎問以何爲意深哉自昔停驂洙土傾襟
談道功修早悉其艱深乃暌隔經年而此日之黽皇或有異於曩
時之懋勉者賢大夫淸修不怠幽獨矢之大廷質之此中賴有識
人矣於今息影尼山翹首縈懷詣力想見其精進然慇懃屬望而
憑虛之推度恐有誣於切實之襟期者我良朋進德何窮起居形
之左右窺之此際亟需知已矣何爲一問子敢謂傳伯玉之心者
即在伯玉之使乎而孰意使者於此已若深喻其心也曰夫子欲
寡其過且若顯見其心也曰欲寡其過而未能噫此使也可不謂
能傳心者與學問之界觀聽無從咨訪在當前竟得以事外悉局

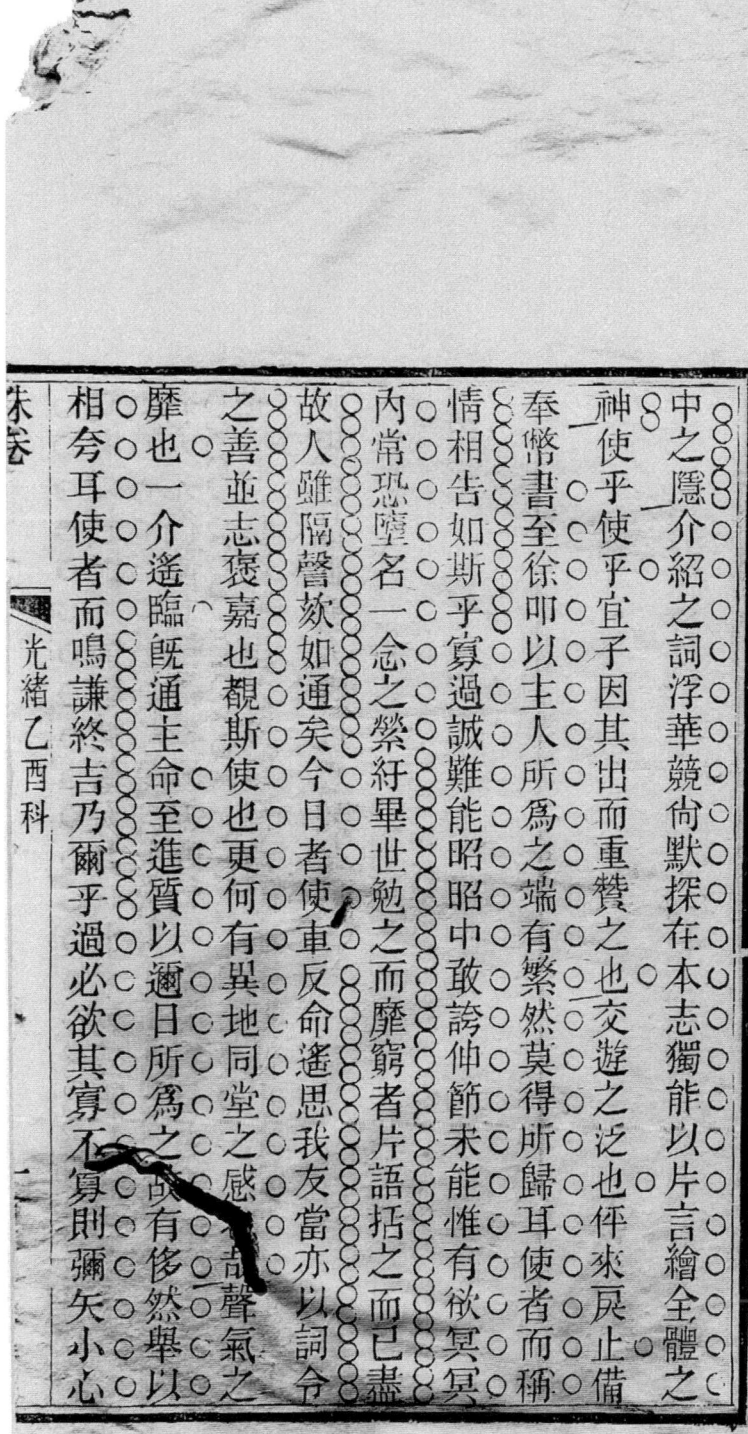

中之隱介紹之詞浮華競尚默探在本志獨能以片言繪全體之
神使乎使乎宜乎因其出而重贊之也交遊之泛也伻來戾止備
奉幣書至徐叩以主人所爲之端有緐然莫得所歸耳使者而稱
情相告如斯乎寡過誠難能昭昭中敢誇仰節未能惟有欲冥冥
內常恐墮名一念之縈紆畢世勉之而靡窮者片語括之而已盡
故人雖隔謦欬如通矣今日者使車反命遙思我友當亦以詞令
之善並志褒嘉也覩斯使也更何有異地同堂之感□詁聲氣之
靡也一介遙臨既通主命至進質以邇日所爲之故有侈然舉以
相夸耳使者而鳴謙終吉乃爾乎過必欲其寡不寡則彌矢小心

寡必求其能未能則彌奮大力一生之刻苦他人莫能得其意者若人不復飾其情抑戒垂編臨行可贈矣異日者夫子來遊獲覩光儀還當以造詣之難親爲考證也懷斯使也不更切下心千里之思也哉此聖人之以心契友也

子曰吾說夏禮杞不足徵也吾學殷禮有宋存焉吾學周禮今用之吾從周

黃采風

欲明不倍之義而周禮宜決所從矣夫夏禮殷禮之不可從以杞無足徵宋僅有存也子言從周非即不倍之義乎且法莫貴於當王制莫詳於昭代士生今日使必企安邑瀰亳都非惟事不宜抑亦理不順不知封仍三恪勝國之遺裔俱徵文監兩朝姬籙之休聲丕振天下之所共遵即與天下共遵之則循乎分[illegible]屬也此其說得之夫子子曰吾嘗從事於禮取而說之且因而學之矣顧其間有不敢從者有必當從者茲竊有以論定焉草昧啟文明之運

至夏而禮典一新玉帛集矣羣仰塗山關石貽矣咸欽王府四百
載鴻模如昨何妨以淵源可溯纘禹服而守等王章征誅易揖讓
之風至殷而禮章益煥旆鉞秉矣烈以昭武共球受矣政以經文
六百祀駿業堪稽何妨以矩矱相仍撫湯盤而懍同國典雖然吾
於夏禮固嘗說之而無如杞已不足徵也吾於殷禮固嘗學之而
無如宋亦僅有存也蓋今之天下已非夏殷之天下此其禮當世
誰敢用之亦復誰敢從之乎吾念夫禮吾思夫周矣大抵玉步已
更子孫亦難守祖宗之舊故西雖東夏遺規並付銷沉時王所尚
臣子誰得議君相之非故豐水鎬京鉅制悉遵約束今所用惟周

禮耳吾能弗從之哉是非輕夏殷而故重周也第念當代之典章
寶同彝鼎固不若有夏歷年有殷歷年徒增禾黍之感也今雖王
風已降矣而道曰周道官曰周官朝與野胥昭畫一而謂吾敢或
違乎所以修拜下之文吾從朝禮表執圭之度吾從聘禮雖所損
所益或宜合夏殷以酌其中而成憲戒愆忘吾惟以率從者謹承
昭代焉耳亦非黜夏殷而勉崇周也第念熙朝之法度炳若日星
原不若杞郎於夷宋降爲霸徒嗟苗裔之衰也今郎[illegible]烈稍湮矣
而周室既卑周宗猶赫上與下悉受範圍而謂吾[illegible]稍悖乎所以
從鄉飲之禮吾願與蜡從告朔之禮吾愛餼羊雖爲革爲因容亦

硃卷

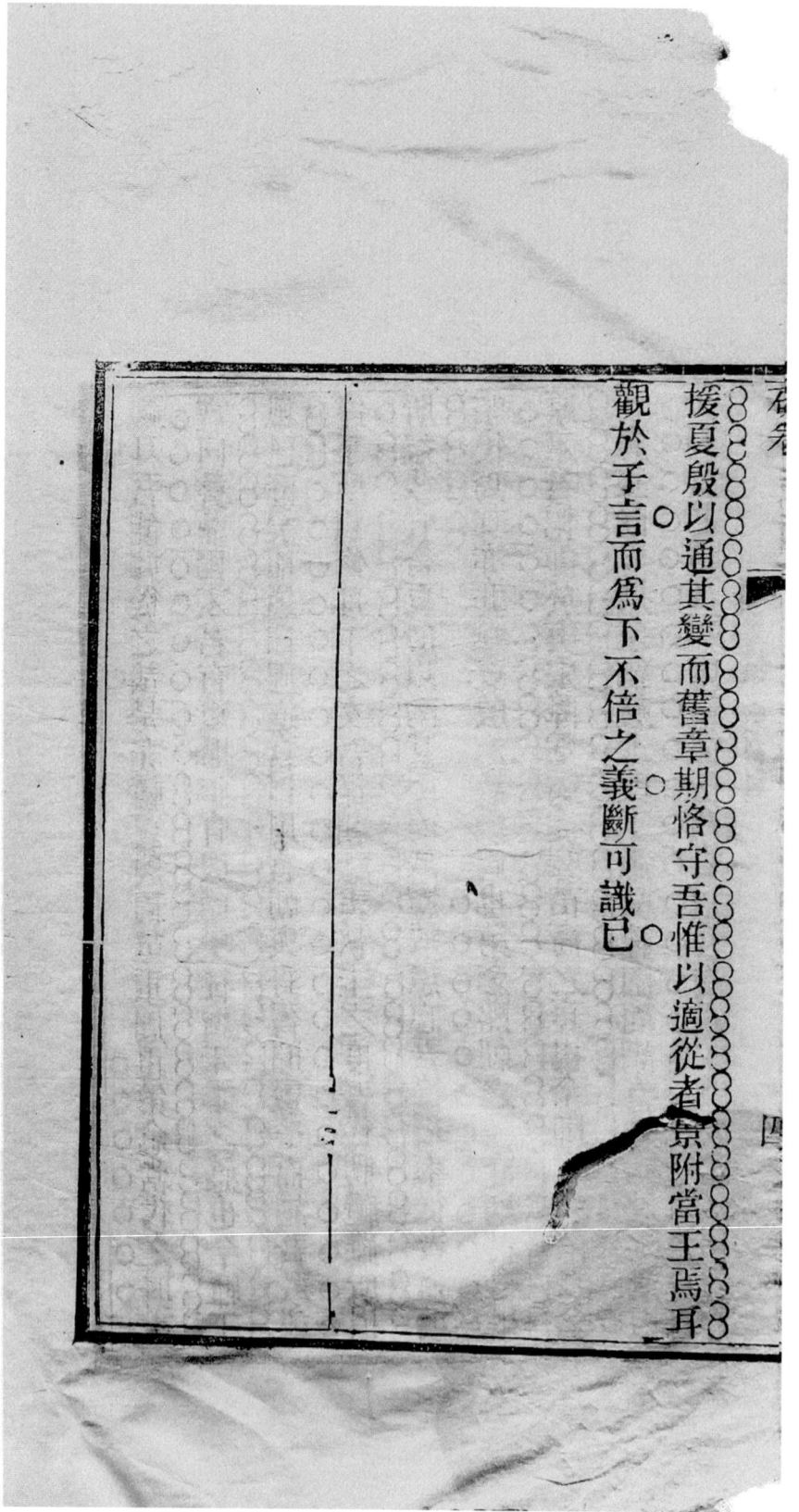

援夏殷以通其變而舊章期恪守吾惟以適從者景附當王焉耳

觀於子言而爲下不倍之義斷可識已

四

○○○○○公孫丑問曰夫子加齊之卿相得行道焉雖由此霸王不異矣如此則動心否乎

黃采風

以動心疑大賢時人之淺見也夫卿相加而霸王不異丑似知孟子矣疑以動心何見之淺哉從來用世之士立大功建大業舉事不以自難獨此區區之心常若有所激而莫能制何則位置高則責愈重功名盛則任益艱心超乎富貴之外心轉入乎疑懼之中此固萬萬非大賢之列論者乃即以此疑大賢而大窮矣公孫丑者畧見夫孟子之道小可霸大可王而顧落落自高差與當世立談而取卿相者伍度其心必有迥異於人者一日至齊乃特設

大言以進以爲今之侯王日懸其金玉錦繡之華以牢籠英俊謂名世當有入吾彀者及徐而察之覺庸庸伴食殊無尺寸功也而安得如夫子今之處士競挾其捭闔縱橫之術以博取簪纓謂大任正宜屬吾躬者及微而窺之覺訿訿逢迎徒增得失患也而豈可律夫子丑於夫子竊欲覘夫子之心焉今夫責不膺夫至重則心猶可勉持任不歷夫至艱則心猶可強制設也加齊之卿相乎泱泱表海舉國以從道可行矣道既可行將取懷而子小則霸大則王雖極近今不經見之事功要皆綽有餘裕何足爲夫子異所難者責之重如此任之艱如此此而返躬自揣安保無動於心乎

丑還爲夫子思之英雄得志之場其心恆不免挾所疑而莫由自釋當夫登朝拜命壇席儼奉神明而佐以鴻猷管晏皆等夷之列施以駿烈伊吕卽伯仲之間此時業廣功崇稍或乖方寸衷滋疚矣以夫子指揮若定萬不至畀厥責而致游移然責旣重心卽不容自輕存一不容自輕之思而此心之或動與否其機已甚危也若高官厚祿之躬膺何足攖夫子慮哉豪傑建功之會其心每不免伏所懼而莫克自安當夫出身加民中外想望丰采而從容布化羣生游熙皞之天倉卒救時百姓致驩虞之象盛際功高望重苟或失足本志轉違矣以夫子擔荷非常斷不至受厥任而生畏

硃卷

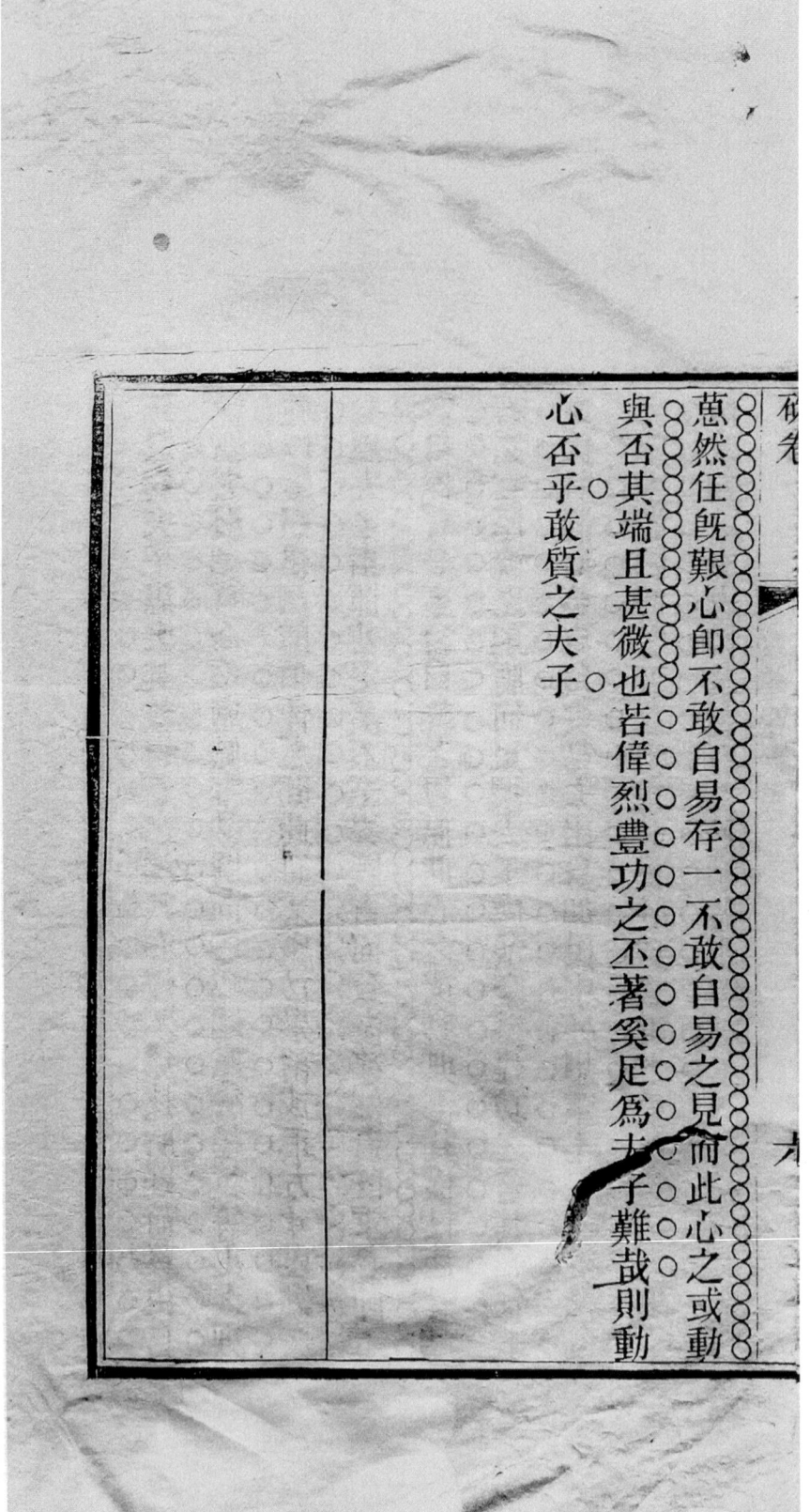

蒠然任既艱心卽不敢自易存一不敢自易之見而此心之或動與否其端且甚微也若偉烈豐功之丕著奚足爲夫子難哉則動心否乎敢質之夫子

賦得濤白雪山來　得來字五言八韻

黃采風

彌望濤頭白遙空幻境開地疑深雪聚江涌好山來駭浪千
層激鴻波一線催爛銀翻浦漵寒玉積蓬萊北豬清涵月西
泠晚送雷水光飛鷺混峯勢駕鼇猜詞賦才懷謝聰明筆溯
枚謫仙吟興逸對景快銜杯

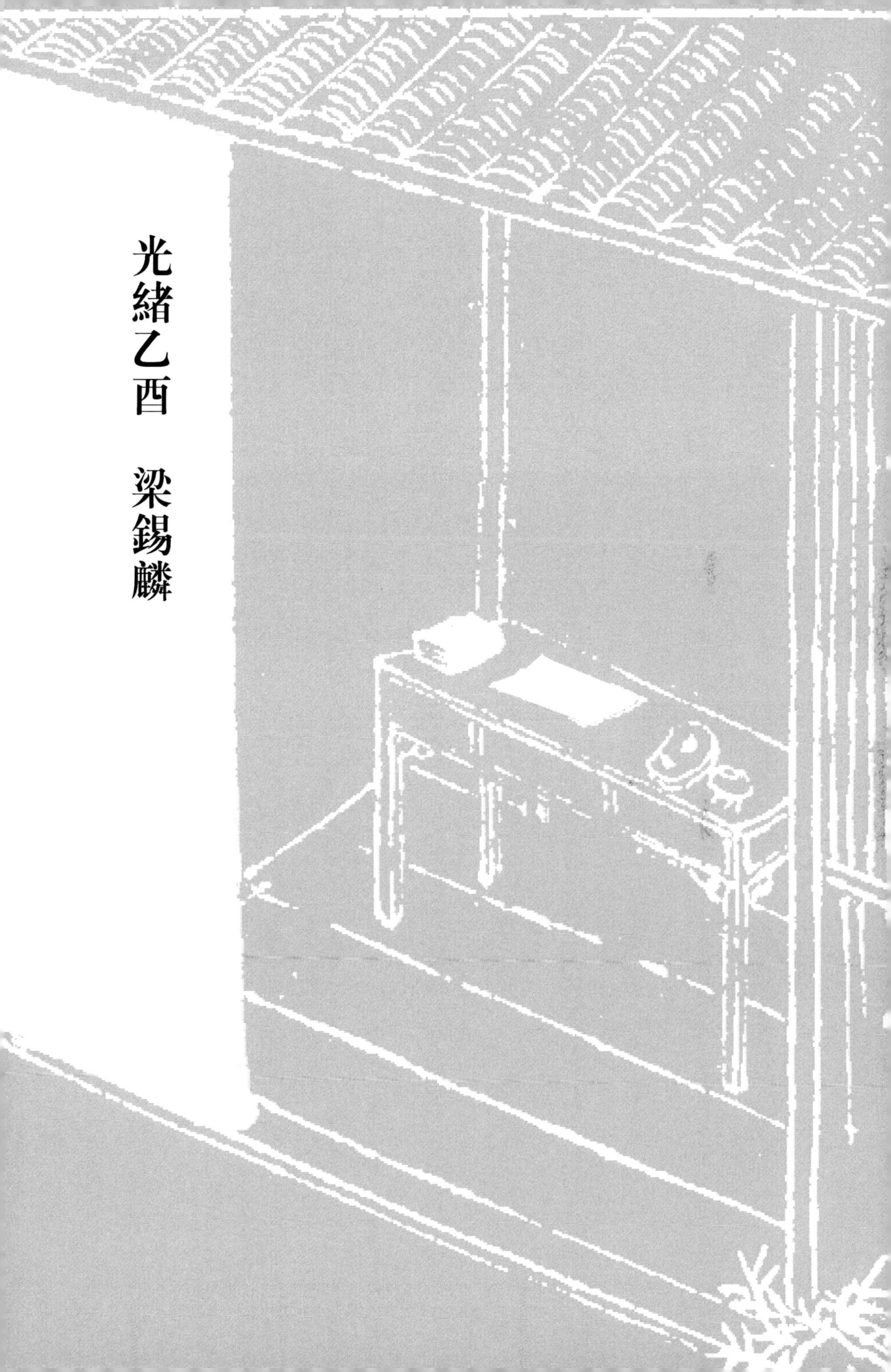

光緒乙酉　梁錫麟

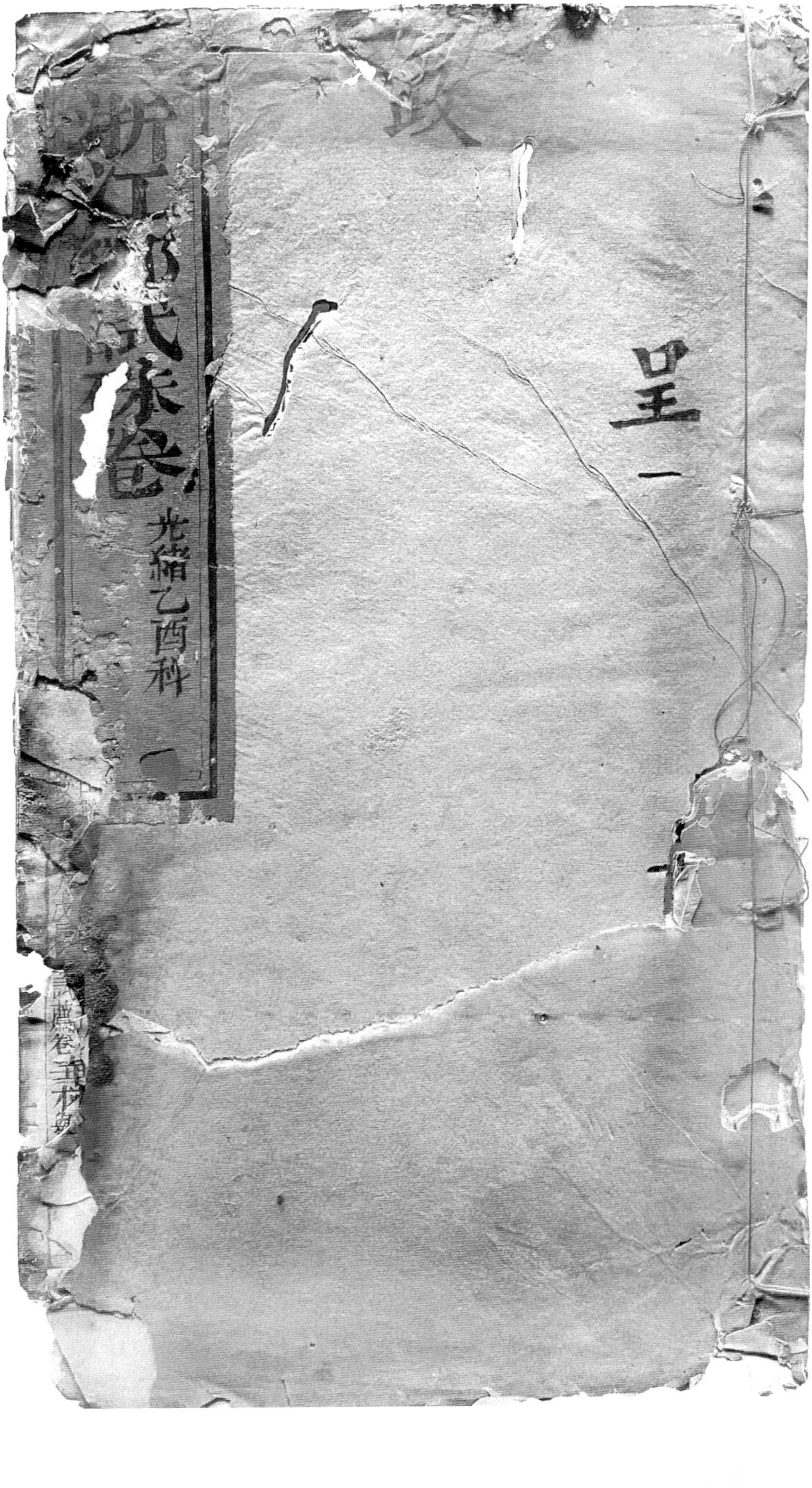
硃卷
光緒乙酉科
呈
一

梁錫麟

始祖萬 晉潯州刺史遷行營招討使總督中外諸軍事肅宗時出巡兩浙按越州遂家於剡之前梁

十四世祖出寶 由前梁遷查林

三十世祖永敏 由查林遷彤𡇈

三十三世祖時良 宋開建縣尉

三十七世祖汝明 宋淳熙戊戌進士禮部侍郎

四十九世祖亶哉 太學生

五十[illegible]世祖超菴 太學生

高[illegible]

[illegible]

字承鑅又字觀彩號鹿蓀行三咸豐戊午年二月初一日吉時生浙江紹興府新昌縣學武生癸未第一等民籍

世伯叔祖興 宋治平丁未進士仕太常丞駙馬都尉功績詳宋史

世伯叔祖休泰 宋紹聖甲戌進士仕宏文館博士遷平章守興元軍　邦崇 宋景定間進士任朝方鎮潛畧招討使

世伯叔祖有璘 宋宣和乙亥舉孝廉桐安縣主簿　一芳 咸淳間舉學行仕安南府教授

文資 遷居臨海百步

世伯叔祖文 宋乾道壬辰進士仕高州刺史　斐 元舉人　貞 元舉人明開國國子監祭酒功績詳南雍志　渭明 仕國子監司業　得全 歲貢任四川按察司僉事　觀文 舉賢良方正萊陽縣知縣

世伯叔祖灌 明永樂戊子舉人仕河間府滄州學正遷魯府伴讀[illegible]按察司僉事　沂 永樂戊子舉人仕[illegible]山縣[illegible]

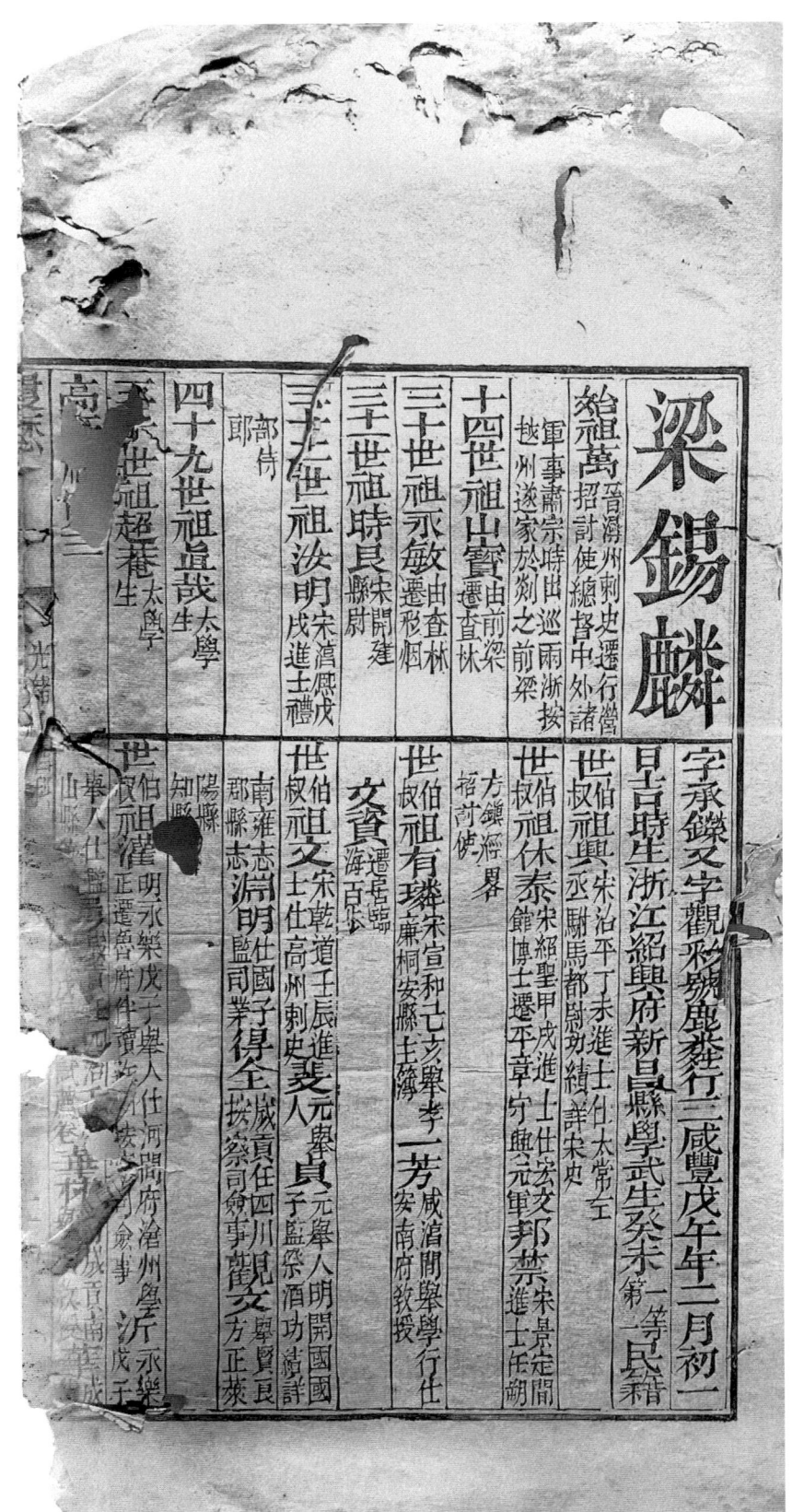

履[illegible]

高[illegible]

高[illegible]開瀾

高祖妣

曾祖世義 舉賢良方正例贈武德騎尉

曾祖妣張 例贈淑人

繼祖石金煥 增廣生

繼祖妣氏

祖國敬 例贈武德騎尉

祖妣氏曾 例贈宜人

父振源 咸豐辛亥恩科舉人壬子科會試大挑一
等鐵兵部差官丙辰會試中式進士殿試欽點三
甲引見以營守備用同治加捐陞銜指省分發歸浙

甲午[illegible]兵部員外[illegible]……[illegible]隆歲貢烏[illegible]教諭

安 廩膳生

高高叔[illegible]元驊 太學生 恆燦 附貢生 恆熾 庠生 尚深 恩貢候選直隸州州判

上治 歲貢候選教諭 玖 邑庠生誥贈通奉大夫 光斗 庠生 光健 庠生 光俊 庠生

光綸 庠生

高伯叔祖毅士 庠生 圣 廩生 [illegible] 庠生 祖成 乾隆壬子粵東歲貢人候選知縣未候選 教諭誥贈通奉大夫 堂 庠生 鐘 庠生 鏞 庠生 鈞 庠生 器 歲貢候選教諭 曙曦 庠生

曾伯叔祖鰲 邑庠生贈通奉大夫 誥 玢 歲貢候選教諭 宗垣 庠生 宗泰 太學生 世濂 廩生 世珍 庠生 榮奎 太學生 撫辰 太學生 拱辰 廩生 宗孟 增貢生 步魁 庠生 遇清 庠生 均泰 太學生 濟泰 太學生 定三 武生加捐千總 振辰 庠生

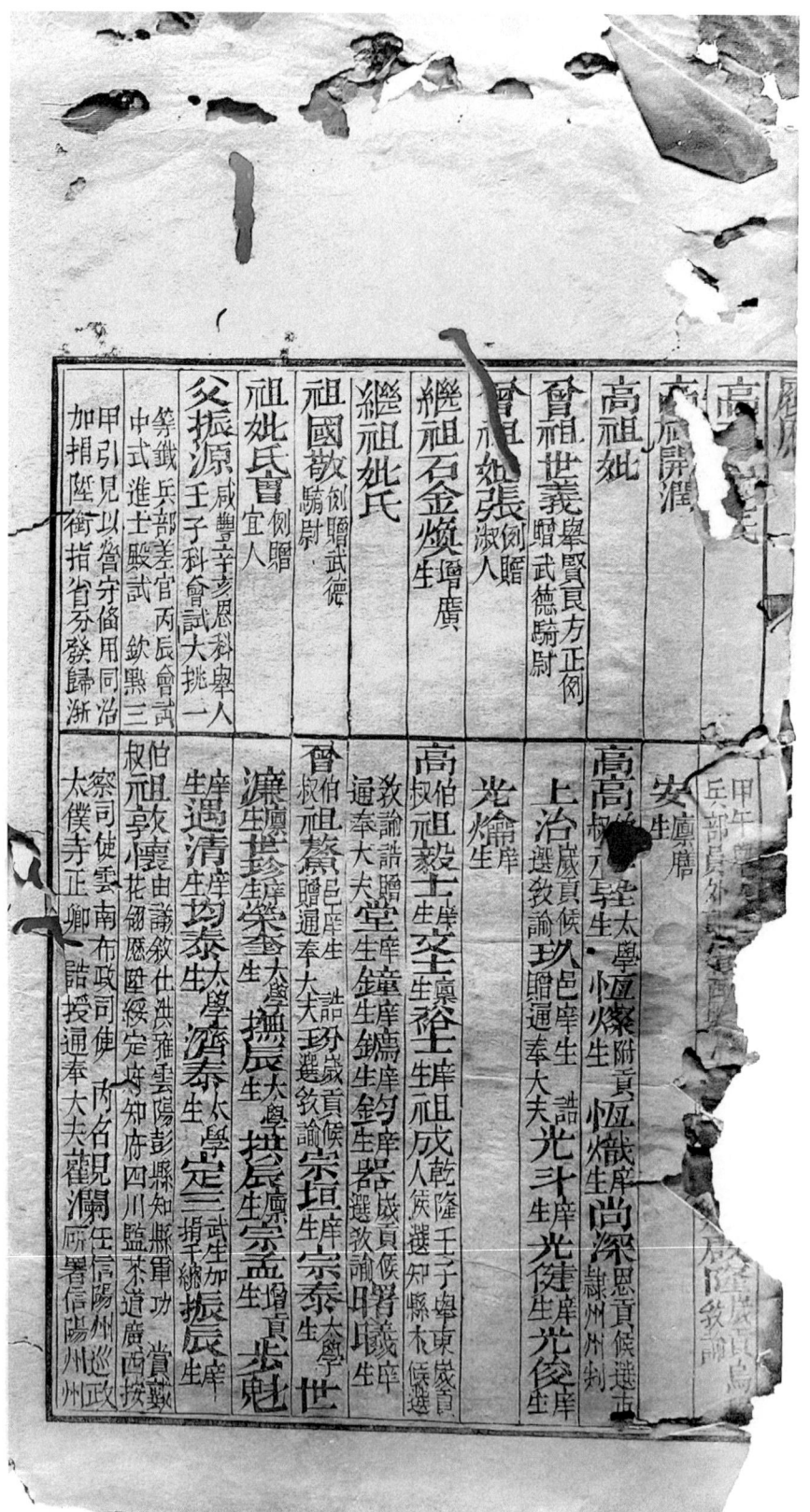

伯叔祖敦懷 由議敘仕洪雅雲陽彭縣知縣軍功賞戴花翎歷陞綏定府知府四川鹽茶道廣西按察司使雲南布政司使 內名見瀾 任信陽州巡政 太僕寺正卿 誥授通奉大夫 藿瀾 歷署信陽州州

江省提標補用

母氏翁 例贈宜人同邑諱仁進丞次女

慈慶下

庭訓

業師

楊果齋夫子 印祖畸 丙午經元

族兄炯堂夫子 印承暄 邑廩生

受知師

戴老夫子 印枚 前任新昌知縣

龔老夫子 印嘉儁 紹興府知府

胡老夫子 印瑞蘭 前任浙江學政

張[illegible]老夫子 印培基 丙辰進士現任衢州[illegible]

判 大鼎庠生 巨川庠生 酉大太學生 觀兒庠生 榮昌 道光癸卯武舉任杭州衛

營千總補用守備 鑑 歲貢候選教諭 廷瑞 太學生 星瑞 太學生 以藩 庠生

實之 庠生 棟 庠生 冠虞 廩生 秉鈞 太學生 國元 同治丁卯補行甲子科舉人候選知縣

景鴻 庠生 鶴鳴 庠生 毓芝 廩生 昌源 庠生 文翰 庠生

景昌 庠生 鳳鳴 庠生 鳳豪 庠生 蔭槐 庠生 邦棟 例贈武略騎尉 夢標

庠生 國忠 夢彪 庚午武舉 有壬 庠生

從堂伯叔 積祺 候選直隸州州判 斬 任廣東廣州府糧捕通判 彰 任兩淮監掣大使

軏 太學生 崧 增生 欽 庠生 其運 增生 大容 歲貢 振煜 同治癸酉武舉候補副府

其統 監生 夢庚 增貢辛亥壬子薦卷 夢鈞 貢生 景和 附貢生 文燦 太學生

大磐 太學生 大年 太學生 夢松 附貢江蘇候補知縣 芸雲 丁卯補行甲子科武舉

夢湘 庠生 蔭南 庠生 質芬 附貢候選訓導 [illegible] 長翰 庠生 [illegible] 軍功把總

堂兄 魁林 咸豐辛酉拔貢 [illegible] 堂弟 桂林 恩科舉人 [illegible] 武舉 [illegible] 林 舉人 友仁 丙寅歲貢 [illegible]

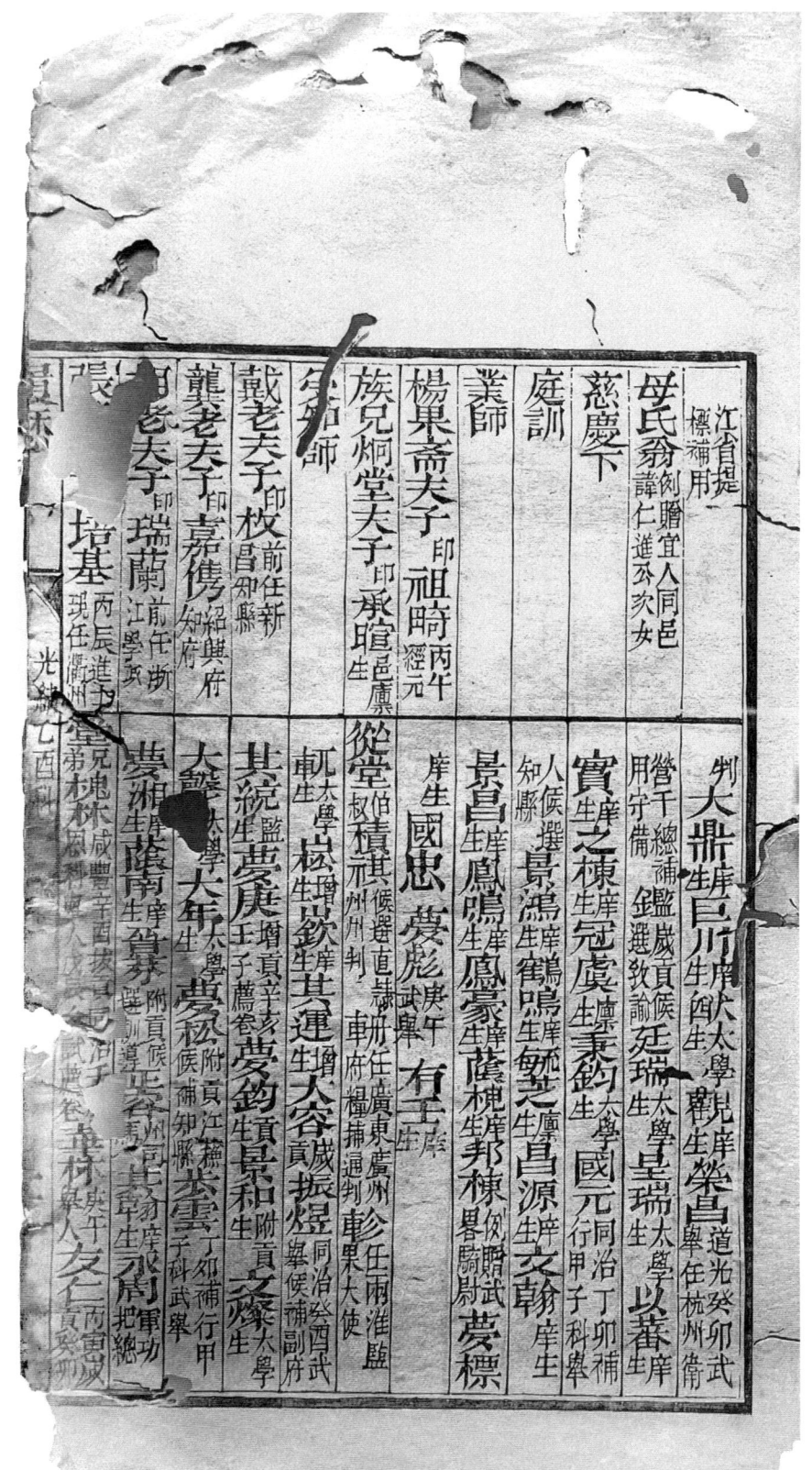

光緒乙酉科

[illegible]老夫子 印 應騤 現任浙江布政司使

乙酉科同考官

祈老夫子 印 世常 前任浙江學政

浙江鄉試中式第五十五名

會試中式第　名

殿試　甲　名

欽點

甲辰薦卷 承棨 生 郡庠 葆仁 [illegible] 壬子舉人 錦林 貢生 上林 庠生 子偉

承暄 庠生 廩生 乙卯戊午己未薦卷 毓林 貢生 附 齊[illegible] 生 太學 慶寶 武生 現任撫標左營

潤[illegible] 千總 獻[illegible] 庠生 南燾 武生 蓀章 庠生 棠 郡庠生

堂姪 瞻達 庠生 瞻虔 貢生 瞻洛 太學生 修 庠生 日耀 太學生

炳丹 佾生

胞姪五 幼 適方泉武生吳殿魁

胞兄 錫瑩 庠生 甲戌歲試一等第一名 錫麒 郡庠生

胞姪 得潤 幼讀

胞姐妹二 長適朱部太學生[illegible] 次適[illegible]雲長子文元

娶呂氏 同邑坑西鎮水根公長女

族繁不及備載

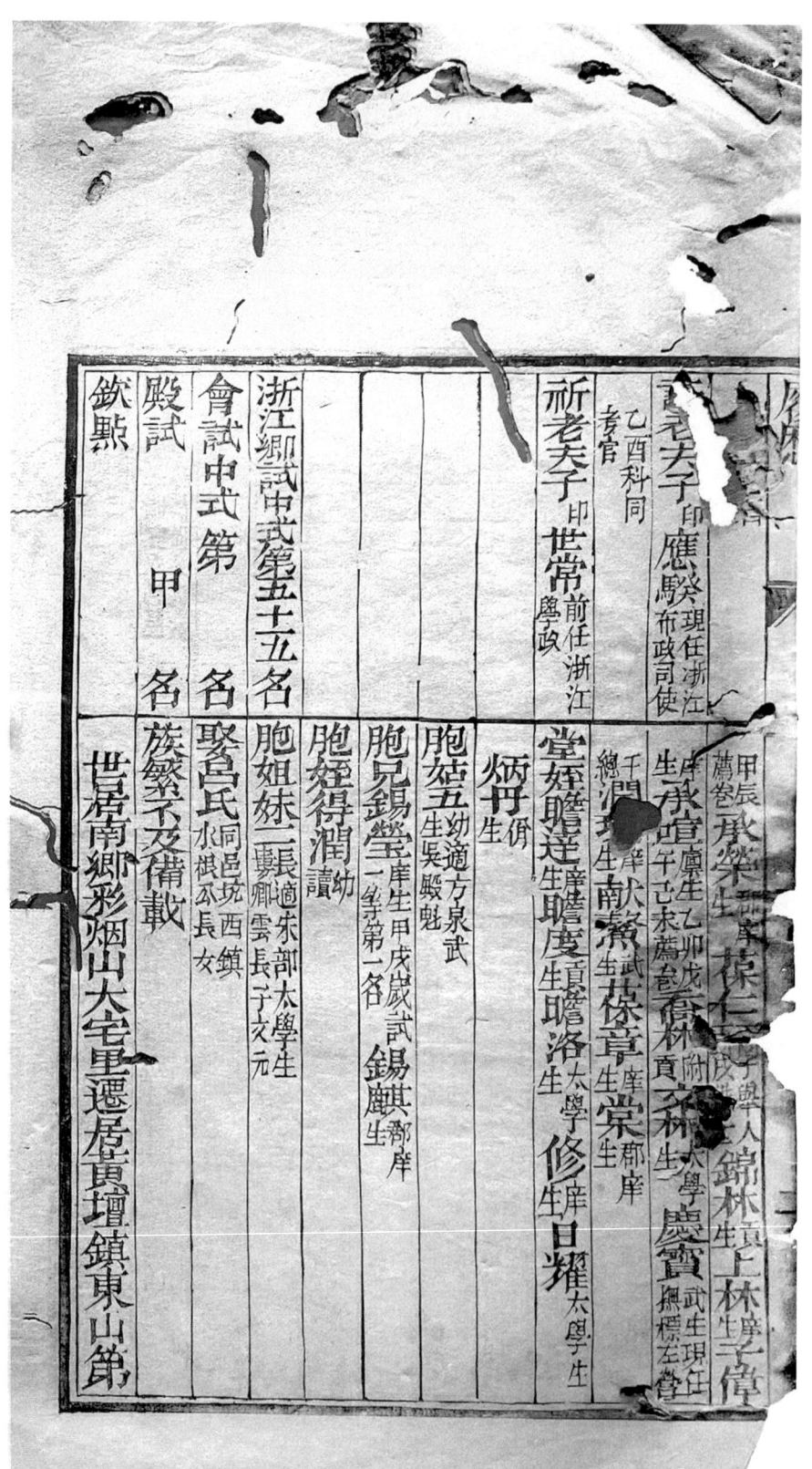

世居南鄉彩烟山大宅里遷居黃壇鎮東山第

浙江鄉試硃卷

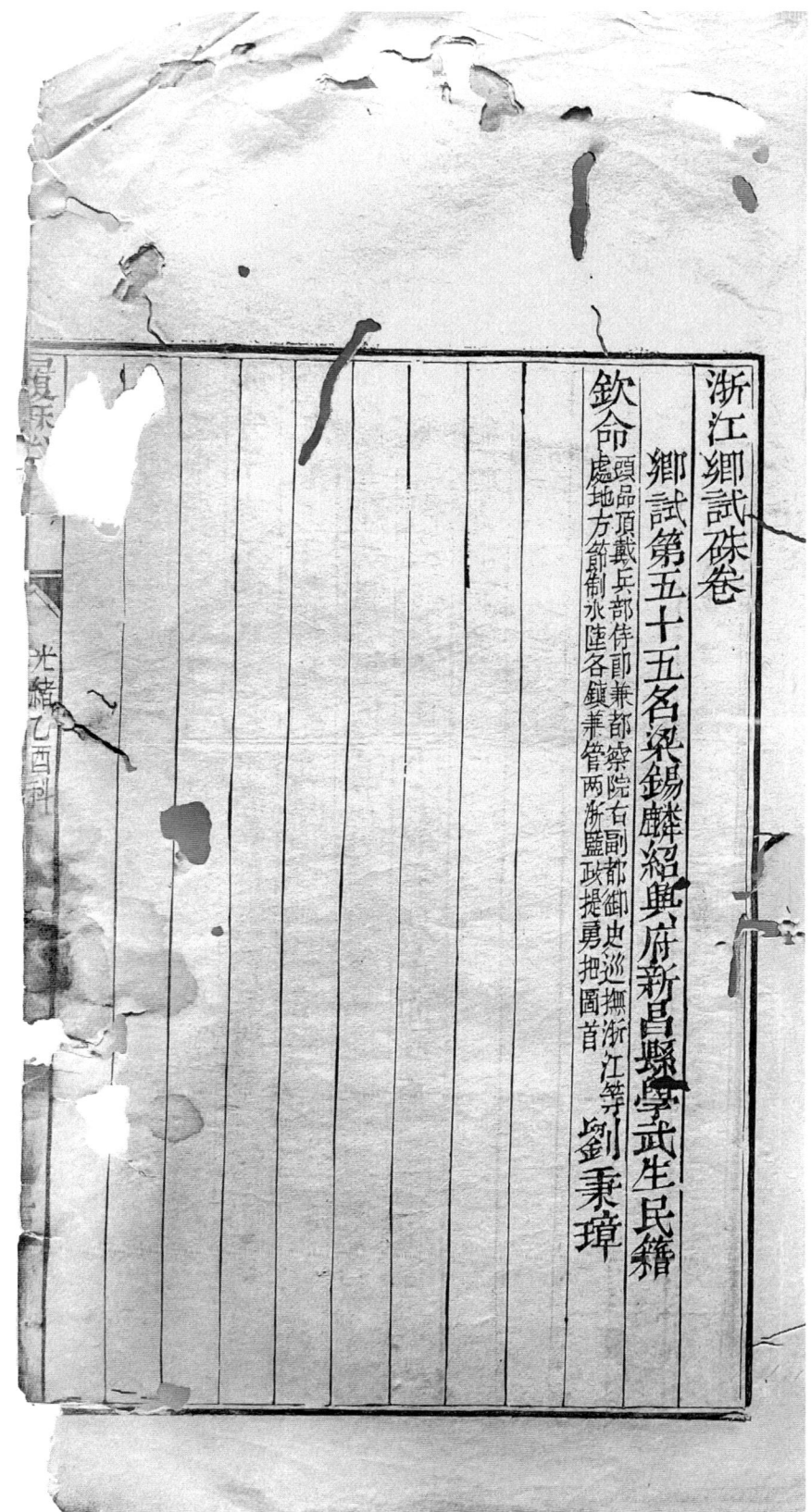

鄉試第五十五名梁錫麟紹興府新昌縣學武生民籍

欽命頭品頂戴兵部侍郎兼都察院右副都御史巡撫浙江等處地方節制水陸各鎮兼管兩浙鹽政提勇把圖首劉秉璋

光緒乙酉科

[illegible]第四

[illegible][illegible]有四機一曰氣機二曰地機三曰事機四曰力機三軍之衆百萬之師張設輕重在於一人是謂氣機路狹道險名山大塞十夫所守千夫不過是謂地機善行間諜輕兵往來分散其衆使其君臣相怨上下相咎是謂事機車堅管轄舟利櫓楫士習戰陳馬閑馳逐是謂力機知此四者乃可爲將然其威德仁勇必足以率下安衆怖敵決疑施令而下不敢犯所在而寇不敢敵得之國強去之國祥是謂良將

光緒丙戌

梁葆仁

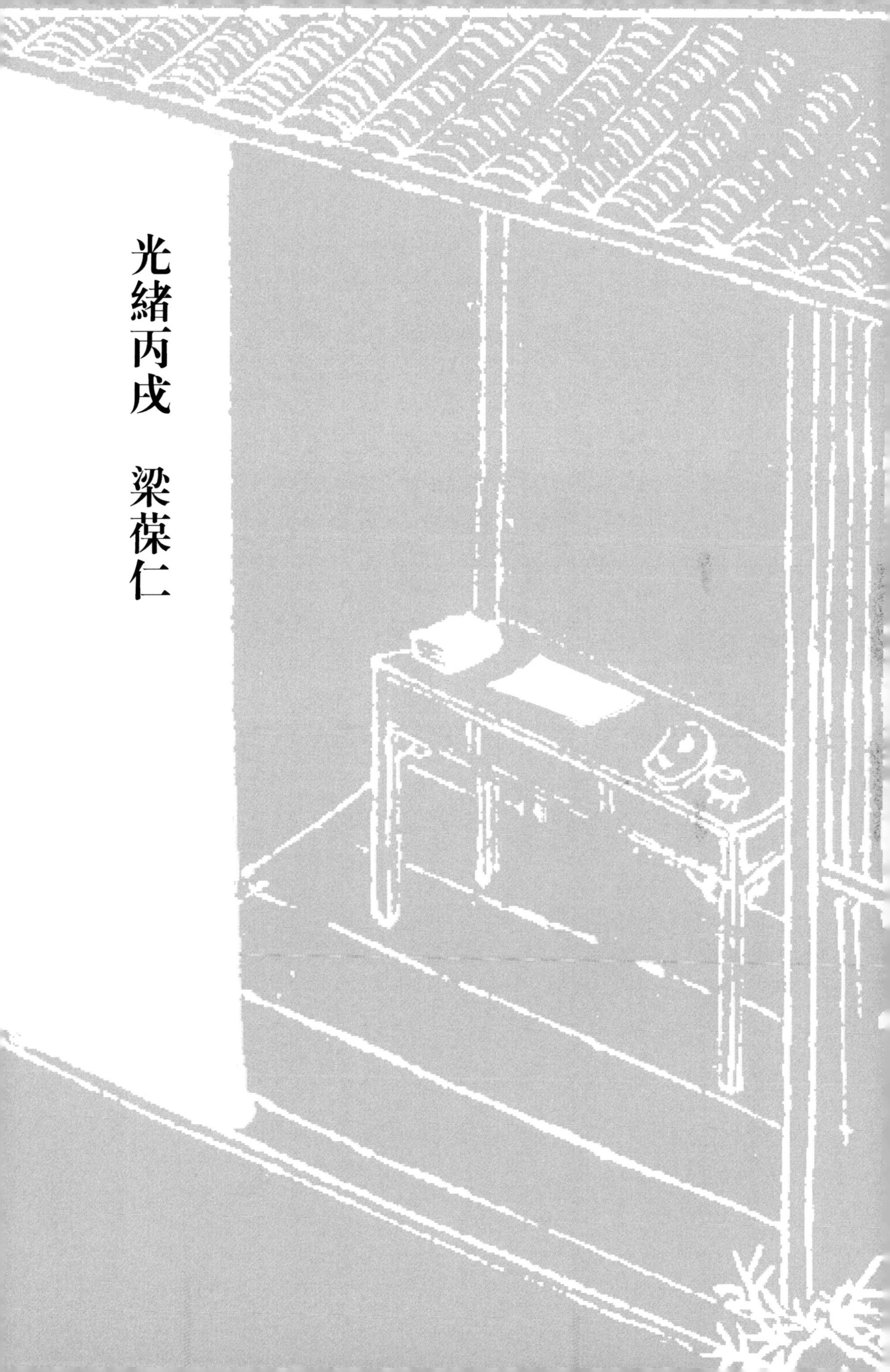

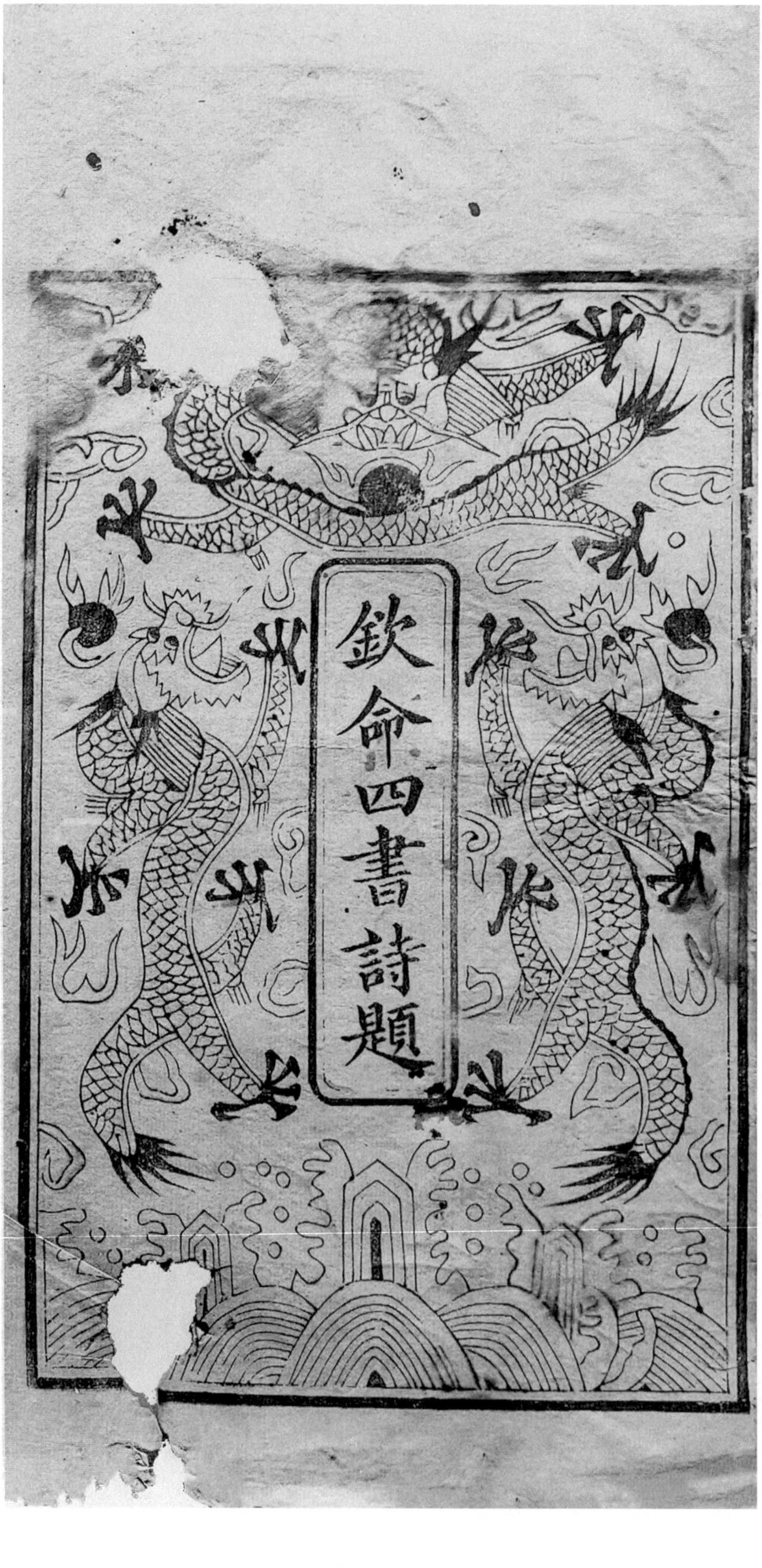
欽命四書詩題

梁葆仁

字承心又字澤春號西園行三道光甲辰年正月初六日吉時生浙江紹興府新昌縣學優行增廣生民籍

始祖萬晉潯州刺史遷行營招討使總督中外諸軍事肅宗時出巡兩浙按越州遂家於剡之前梁

二世祖逸光晉升平間任散騎常侍

三世祖猛

四世祖達晉興寧間任益州刺史

五世祖澧贈吏部侍郎

六世祖曰孔晉義熙間任吏部侍郎

七世祖汝嘉贈刑部侍郎

八世祖守常仕刑部侍郎

九世祖安敬仕迪功郎贈刑部尚書

世伯叔祖容光仕羽林大將軍遷居府城東廓昇光任象山縣令卽居四眺

世伯叔祖威仕至侍御史翰進士仕兵部郎中徙居上虞豪任慈谿縣令

世伯叔祖璋任羽林大將軍瑜任羽林大將軍勤桐廬縣令璆臨海縣令珪烏程縣令

寬太常寺左丞

世伯叔祖曰忠仕司農卿曰倖仕青田縣尉

世伯叔祖延戌任樞密副使延祚禮部侍郎

世伯叔祖居富烏程縣尉

世伯叔祖懷仕平陽郡守

世伯叔祖晦仕刑部尚書

世伯叔祖懷仁湖州刺史懷孝滁州刺史懷忠澧州刺史懷信徐州刺史懷

履歷　光緒丙戌科　一

十世祖允贈刑部尚書
十一世祖昂仕刑部尚書
十二世祖懷達仕撫州刺史
十三世祖佳
十四世祖國器由前梁遷查林
十五世祖景
十六世祖琳
十七世祖洪
十八世祖世祿龍純節度使
十九世祖志學
二十世祖巢
廿一世祖炳
廿二世祖墉

賢洛州刺史
世伯叔祖侃司戶參軍
世伯叔祖山崗仕信德府知府
世伯叔祖國章仕兵部侍郎　國鎮遷會稽豐山
世伯叔祖興宋治平丁未進士仕太常左丞駙馬都尉功績詳宋史
世伯叔祖休泰宋紹聖甲戌進士仕宏文館博士遷平章守興元軍　邦榮宋景定間進士任朔方鎮經略招討使
世伯叔祖有璘宋宣和己亥舉孝廉桐安縣主簿　一芳咸淳間舉學行仕安南府教授
文資遷居臨海百步
世伯叔祖文宋乾道壬辰進士仕高州刺史　斐舉人　貞舉人明開國國子監祭酒功績詳南雍志郡縣志　淵明仕國子監司業　得全歲貢任四川按察司僉事　觀文舉賢良方正仕萊陽縣知縣
世伯叔祖灌明永樂戊子舉人仕河間府滄州學正遷魯府伴讀江西按察司僉事　沂永樂

廿三世祖國鑑
廿四世祖準
廿五世祖皓
廿六世祖增
廿七世祖利見
廿八世祖拱之
廿九世祖有敦宋承事郎
三十世祖永敏遷居彩烟
三十一世祖夢弼宋廸功郎贈禮部侍郎
三十二世祖汝明宋進士仕禮部侍郎
三十三世祖雲程
三十四世祖孔新
三十五世祖紹宗

戊子舉人仕鹽山縣教諭湧歲貢任四川按察司僉事伋歲貢南州通判僑歲貢南昌教授
華彥成化甲午舉人仕兵部員外郎寵宏治乙酉舉人若宇歲貢開州州判啟隆歲貢
烏程教諭安廩膳生宏裕號水竹庠生宏祖號乃盛庠生宏戩號滄庵明
處士琬庠生嶓庠生鼎玉庠生鼎珮庠生玄濤庠生垣庠生煥庠生越
庠生
太高伯叔祖廷桂號月枝廷柱號殿石廷楫號清庵廷訓庠生廷
謨庠生廷楷庠生廷翰庠生廷珍庠生廷諴庠生廷誠庠生廷諫
庠生廷誨庠生廷源庠生廷彥庠生廷崧庠生廷墀庠生
高高伯叔祖尚瑋號簡文尚琨號簡生尚玟號簡雲尚珪號潤庵
尚琰號璞庵尚璐號從元尚容號夢軒郡庠生尚信號璞齋尚敏
號慎齋太學生尚惠號警齋太學生尚御號直齋尚秀庠生尚麟庠生尚
錫庠生尚智庠生尚秩庠生尚修庠生尚泰增廣生尚勤庠生尚裕
邦庠生尚仁庠生尚全增廣生尚深恩貢生候選知縣尚燧庠生尚

履歷　光緒丙戌科　二

歷

三十六世祖光祖
三十七世祖宗茂
三十八世祖濟
三十九世祖佐
四十世祖鈊
四十一世祖涯累次輸賑恩榮義宰
四十二世祖瓛累次輸賑授義宰
四十三世祖偲累次輸賑恩授義宰
四十四世祖識輸賑授義宰
四十五世祖繹韶
四十六世祖可大
四十七世祖汝麟
四十八世祖志正

焯庠生 尙烈庠生 尙烱庠生 尙鰲庠生 尙吟庠生 尙哲庠生 怡廩膳

生 玫贈通奉大夫 上治歲貢生

高伯叔祖 祖伊號樂莘 祖望號際亭 祖參號魯亭庠生 祖熹號集成太

學生 祖鑑號倚雲增廣生 祖文號岐庵太學生 祖湛庠生 祖夏庠生 祖旂庠生

祖裕庠生 祖履庠生 祖益庠生 祖球增廣生 祖郊庠生 祖橋庠生

祖成乾隆壬子舉人 祖瑱庠生 祖璠庠生 祖唐庠生 祖虞庠生 毅士

庠生 文士廩膳生 裕士庠生 棟歲貢生候選教諭贈通奉大夫 堂庠生 鐘庠生

鈞庠生 器庠生 曙曦庠生

曾伯叔祖 榮賓號靜亭 榮達 榮仕 榮佳 榮俊 榮

林號盛菖附監生應順天試留於京師 榮森號木三太學生 榮宗號皓軒庠生 鍾

靈號東軒庠生 纖材號樅亭增廣生 世珍號冠亭庠生 珍歲貢生候選教諭

宗垣庠生 宗泰太學生 世濂廩膳生 撫辰太學生保奏登仕郎 拱辰

廩膳生 振辰庠生 宗孟增廣生 步魁庠生 遇清庠生 均泰太學生

四十九世祖玄襟

五十世祖廷魁 邑庠生

高高祖倚泰 號省齋長厚有孝行

高高祖妣氏楊 王

高祖亮 號謹庵太學生

高祖妣氏楊

曾祖榮欽 號西涯邑庠生家志入宗賢耆德以孝友稱

曾祖妣氏楊

祖昌淵 號芷齋耆德家志入宗賢孝友少嘗刲股救母疾

祖妣氏董 王 以賢孝稱

父餘森 號石韞太學生 例 贈文林郎有孝行

母氏楊 例贈太孺人家志入女德賢孝傳

永感下

濟泰 太學生　鰲 庠生贈通奉大夫

伯叔祖昌灝 號蕃齋　昌澄 號　齋　昌裔　昌高　昌印 號萬川太學生　昌昇 號沛然太學生　敦懷 由議敘仕洪雅雲陽彭縣知縣軍功賞戴花翎歷陞綏定府知府四川鹽茶道廣西按察司使雲南布政司使內召太僕寺正卿誥授通奉大夫　觀瀾 任信陽州巡政廳署信陽州州判　大鼎 庠生　巨川 庠生　猷 太學生　見龍

庠生榮昌 道光癸卯武舉任杭州衛營千總候補守備　鑑 號鏡吾歲貢候選教諭　鳳

豪 庠生　之棟 庠生　冠虞 廩膳生　國元 同治丁卯科並補行甲子科舉人揀選知縣　以蕃 庠生　昌源 庠生　景鴻 庠生　毓芝 廩膳生　蔭槐 庠生　夢彪

庚午武舉　乃雍 庠生　文翰 庠生

從堂伯叔周慶　國慶　寶慶　周清　周望　仲寬

仲賡 號月祥太學生　如茂　積祺 候選直隸州州判　輸 任廣東廣州府通判　軫 任兩淮鹽課大使　軏 太學生　崧 增廣生　欽 庠生　其運 增廣生　大

容 歲貢生候選訓導　夢庭 增廣生辛亥壬子薦卷　晉棻 號樵伯附貢候選訓導

光緒丙戌科　三

履歷

受業師謹以受業先後爲次

庭訓

孔廣南夫子

族叔祖鳳眉夫子

潘金門夫子諱躍淵

族叔祖襄卿夫子諱冠虞廩膳生

楊柳青夫子名際春邑庠生

邵藜明夫子諱觀瀛邑庠生

族兄東廬夫子諱槐林履歷詳下

俞叔儀夫子名鴻逵庚午舉人庚辰大挑現任貴州黎平府開泰縣知縣

姚芝雲夫子諱淵靈廩膳生

石康侯夫子名玉麒陞用同知歷署新昌縣知縣玉

振源咸豐壬子武舉乙卯生[illegible]補守備江蘇補用縣候補縣丞兩江督院文巡廳　景和附貢生　書瑞庠生　夢菘附貢

步雲丁卯補行甲子科武舉　夢鈞貢生

振煜癸酉武舉　燦文太學生　夢湘庠生　藝南庠生　懸祥庠生

從堂兄弟　槐林辛酉拔貢壬戌恩科舉人戊辰會試薦卷　華林庚午舉人　世貽庠生

世名庠生　友仁歲貢候選教諭　承暄廩膳生乙卯戊午己未庚午乙亥薦卷

承祖附監生　承時太學生　承榮郡庠生　錦林貢生　上林庠生　葆英號若香業儒　葆章號簡香庠生　葆堃號莘香業儒　錫齡乙酉武舉　棠郡庠生

從堂侄　瞻達庠生　修庠生　炳丹佾生　湘木　湘金　谷人

嫡堂伯叔　其祥　祝慶　其潤

嫡堂兄弟　葆良字承善號靜山儒士　葆先字承啟號立山　承海　承明

承昭　承桂

嫡堂侄　錦章　錦濤　錦堂　錦華

會試硃卷　光緒丙戌科

中式第一百四十六名貢士梁葆仁浙江紹興府新昌縣學優行增廣生民籍

同考試官翰林院編修　國史館協修加三級鄭　閱

薦　批

大總裁　經筵講官工部左侍郎軍機大臣總理各國事務大臣加三級孫　取　批

又　批

大總裁戶部左侍郎兼管三庫事務正白旗滿洲副都統總管內務府大臣加三級嵩　取　批

又　批

大總裁　經筵講官都察院左都御史加三級祁　取　批

又　批

大總裁吏部尚書鑲白旗滿洲都統管理戶部三庫事務加三級錫　中　批

又　批

光緒丙戌科

硃卷

大總裁原中批
渾雄深厚攴三明䆠詩可
本房原薦批
第壹場
精金百錬根抵盤深攴三絕不
經意放手直書自然圓到足見
工夫詩格清
第貳場
五藝俱警
第叁場
持論處別見懷抱不徒以考古
見長

子張問行子曰言忠信行篤敬雖蠻貊之邦行矣言不忠信行不篤敬雖州里行乎哉立則見其參於前也在輿則見其倚於衡也夫然後行子張書諸紳

梁葆仁

問行而得返求之說宜賢者佩之殷矣夫子張惟不知返求於言行是以行之而多尼也得說夫子而書紳佩之其學庶晚進乎且世途甚險而必欲以吾身坦之道固有外索之而愈杳內求之而仍難猝效者也蓋物非誠不動而誠非積不彰一二人之疑恆足以移千萬人之信而吾身與世遂相梗於不知此中之消息固非求明於聖人而無由揭其微也而吾黨得之懍懍矣今夫子張者

負高才而馳遠意固往往尼於行而欲佩一說以爲行之符而不得者也以不爲物後者爭天下之先而發我制人或一說也然飾知驚愚而羣疑至矜才炫異而衆忌生忌與疑并其於行也不旣危乎卽幸不危而學問已敗於囂張可奈何說固不足爲艮箴之奉也以不爲物先者處天下之後而守靜制動又一說也然不爲惡并不爲善而形器虛不涉是更不涉非而性情滅滅與虛交其於行也不又寂乎卽不爲寂而道德轉流爲機詐又奈何說更不足爲勒座之銘也而子張皇然而子張殷然以問夫子夫子曰子亦返求諸言忠信行篤敬焉斯已矣苟其能然雖蠻貊其通之也

苟其不然雖州里其尼之也蓋相感之機固如此其甚捷也然而相期之地又如彼其甚紆矣立參前而輿倚衡夫然後行行豈易言哉而子張益皇然而子張益殷然謂此不下帶而存者果無煩遠取也吾言忠信吾行篤敬即未接吾忠信篤敬者神先格吾言不忠信吾行不篤敬即偶接吾忠信篤敬者意猶疑乎應之間猶影響耳不容以蠻貊州里判也精誠入而金石消融豈血氣之倫轉多難恃欺罔深而門庭荊棘豈居遊之侶可保無他微夫子言而通方絕俗兩失指歸宇宙本太和致使窘足亨途徒自歌難於行路不已謬乎張能毋艮箴奉之乎謂此可目擊而警者正有需

近取也吾百言忠百言信而一言偶忽於微聞者并議吾平昔吾
百行篤百行敬而一行偶弛於懈見者更疑我將來得失之故甚
幾微耳何當以立與在輿閒也意象懸於心目而刻爲迎合其功
猶慮粗疏生平信於遐荒而屢問起居其道豈關聲氣微夫子言
而世故人情徒深曲揣當躬有要道轉令希心合俗隱自獲戾於
前修不更悖乎張豈惟勒座銘之乎蓋以爲書諸紳云然而子張
進矣

本房加批

局法精渾魄力沉雄意境在陶菴黃崗之閒而前半尤爲酷似

中庸不可能也

梁葆仁

事有似易而實難者宜無能之而可者也夫中庸苟可能則人多能之矣而何以均天下辭爵祿蹈白刃者之紛紛而中庸之能卒不可哉且人苟已能天下所難能則其於事也宜無復有不能者矣乃一置之平淡無奇之地而繩以確然至當之歸覺向之炳爍可自光者至此而進退皆失據也則甚矣彼世之所共視爲難者固猶未極天下之至難也吾不能不慨然於中庸矣如均天下辭爵祿蹈白刃世無不驚視之矣而能中庸則固皆夷視之也豈知豪傑有勳名不根誠正畸人有廉節徒遂性情志士有身家多侈

血氣聲迹雖奇而中庸不是之也蓋凡事之奇焉者皆非理之至焉者也中庸皆至理也豈知智計所爭中材可成業矯激所尙下士可成名溝瀆所經匹夫可成烈流傳雖赫而中庸不貴之也蓋凡迹之赫焉者又非境之至焉者也中庸眞至境也不可能也能視乎才才之長者宜可能矣而才易疏疏則義不擇之精以務大畧爲雄以持大端爲正能常能變馳騖幾不難千里而推尋切近跛倚時見於當前其於中庸也何有故才雖長而負長駕之才者福一世以顯功名則綽然福百世以綿道統乃歉然也下此者更無論矣能本乎性性之摯者更可能矣而性易偏偏則仁不守之

熟以廉名爲足重以踵頂爲足輕不屈不移精誠各并注一途而
靜考生平成就實徇於素好其於中庸也何有故性雖摯而任偏
至之性者赴一是以光千載則有餘裒萬是以完一身終不足也
外此者復何言乎此不必驗諸遠也飲食男女事甚尋常以修士
處之而曲折曾難盡當鄉鄰子婦有僅僅以不終訟獄爲祥幸保
安平爲福者中和位育何自而言哉更不必徵諸難也日用倫常
有何奇異以名儒出此而差謬恆見百端天理人情有往往粗質
之而深可爲是轉求之而大悟爲非者變化誠明更何自而致哉
蓋吾嘗因生民姿稟而當前靜念覺誰實能至其途而至德徒增

浩歎又嘗因親歷艱難而過後追思覺今雖幸登其境而回顧益
自驚危卽曰能擇能守吾又不能不進望於能强者

本房加批

題之神理俱協而意亦精

取諸人以爲善是與人爲善者也故君子莫大乎與人爲善

梁葆仁

推取善之用君子之所以爲大也夫使第足以爲己善則善之量猶小耳豈知善取諸人者即以善與諸人乎孟子是以思君子且善量之大大於其爲聖人乎吾以爲聖量之大大於其一人爲聖人而善量之大大於其能使人人爲善人此在聖人集思廣益之初心初不計其出此也而一自後人之推論覺當時之欣欣出此者莫非聖人之相貺也而擴然之量正無窮矣舜之爲善也自耕稼陶漁無非取於人此舜之所以爲大也而大不盡於此蓋吾嘗

即取人爲善之道而思之矣夫人情抱至珍之品而寥寥孤賞十年不問於賈人則愛護雖殷勢必漸灰而中淡至有增之聲價而啟其覆藏者則輾轉居奇且將別搜山海而因好成聚巾笥之什襲彌增而人情砥獨至之修苟落落孤芳長此不逢夫知己則迂笑迭增久且自顧而生疑至有愛其清芬而加之採錄者則歡欣鼓志更將益訪師資而因勉加勤圭璧之刮磨倍至然則取人爲善即以使人之爲善者也是道也匪直取於彼而彼於我有媚茲之獻覺不啻欲與之姑先取之也匪直與於彼而我於彼有持贈之功更不啻取無窮即與無窮也且夫天地之與人也不遺人量

之所以莫外也帝王之與人也不私人德之所以莫京也故君子
以與人爲善者見天地之心而取諸人者無所域涸逐在江湖而
樵牧謳歌悉領滄浪之意都俞在殿陛而皐夔颺拜益收吁咈之
功迨至善益勸善羣倫受賜於財成不善化善朝野蒙庥於激勵
然後歎覆載生成之憾庶於此其盡彌也斯何如其大經綸哉故
君子以與人爲善者完帝王之分而取於人者無勿周酬唱共臣
鄰而依詠上通分不阻股肱元首觀風來草野而芻蕘下採勞不
辭北狩南巡迨至取一善而彼更修眾善以自獻知朝廷之賚予
益宏取此善而彼復勵一善以待收覺天子之推恩更廣然後歎

生民父母之懷更於此其無負也斯何如其大事業哉以推由禹

諸君子固莫不然也而要豈第舜已哉

本房加批

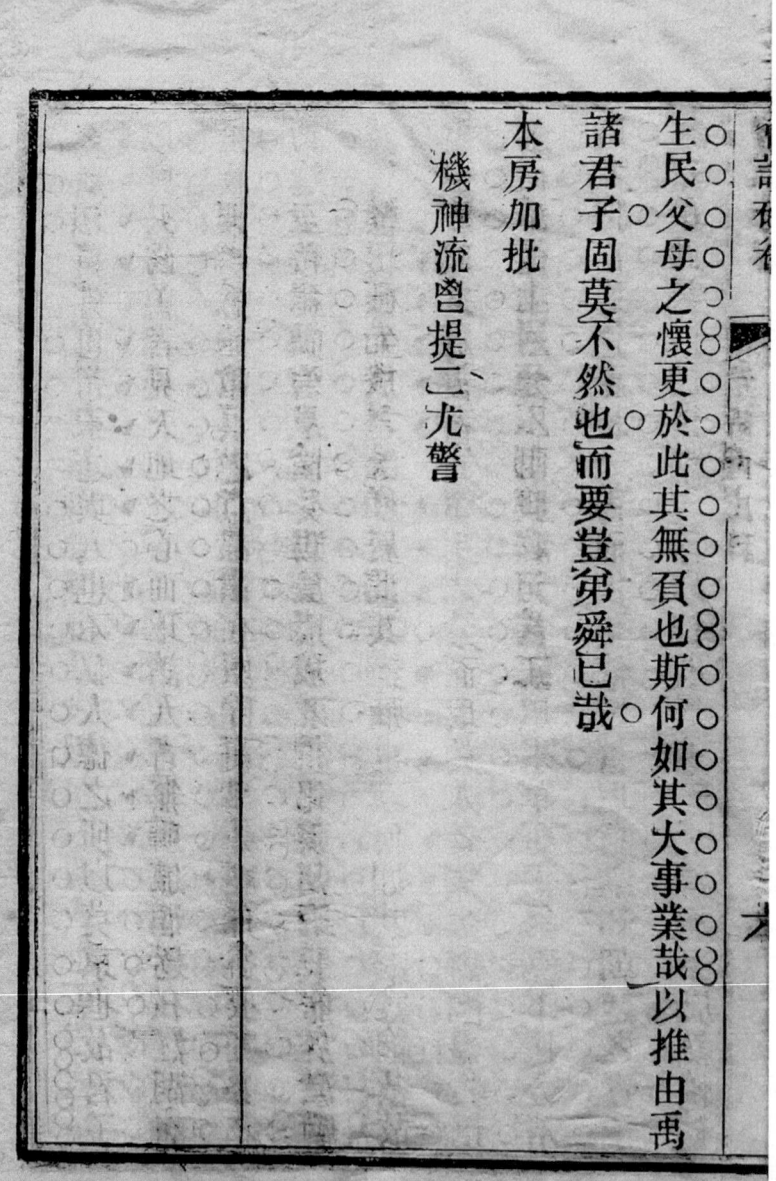

機神流暢提二比警

賦得報雨早霞生　得生字五言八韻

梁葆仁

夕陽明滅裏多有晚霞生不料天光早聲言雨勢成薄曦懸海角餘綺散江城此景看何好今朝定不晴飛眞齊鶩落占豈待鳩鳴消息陰陽理雲烟變化情月闌風有信霰集雪無聲一樣先機報奚須礎潤驚

本房加批

格律精不煩以砌塡好句爲工

會試硃卷

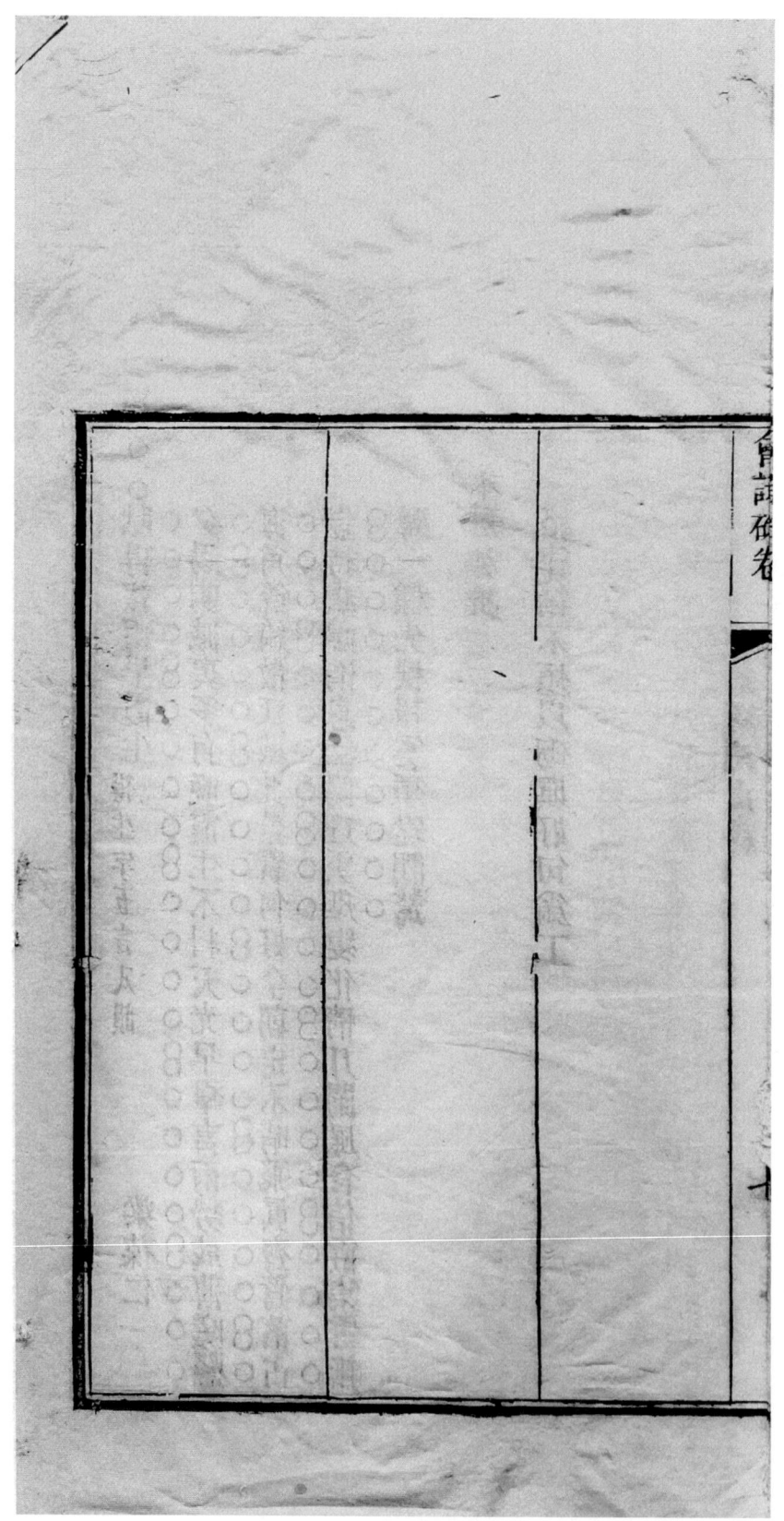

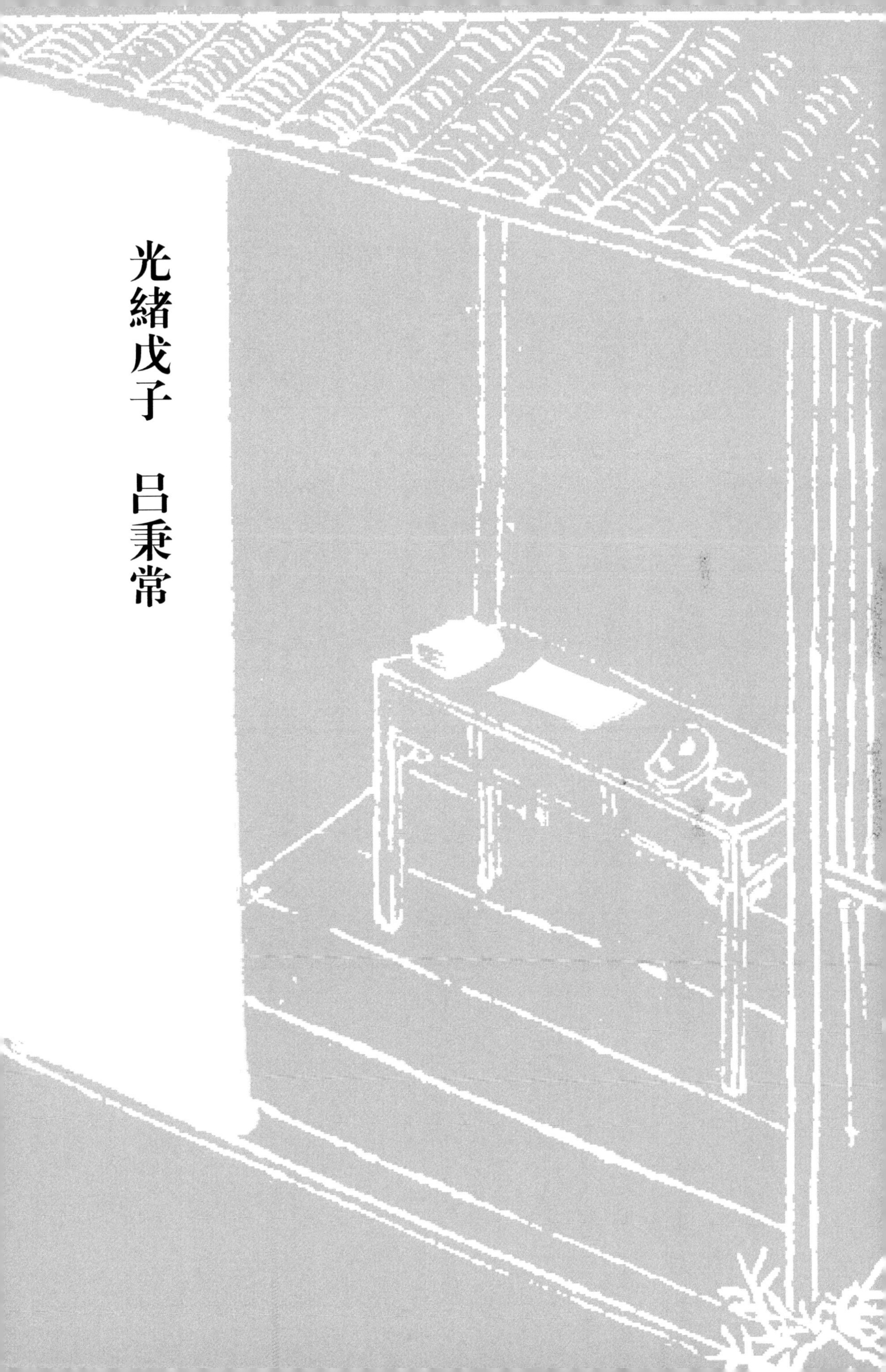

光緒戊子　呂秉常

呂三木老爺
政
呈
浙江鄉試硃卷
光緒戊子科

呂秉常

字德民號燮卿又號嘯吾行一同治甲子年十一月初九日吉時生紹興府新昌縣學附生民籍

始祖由誠宋相諡正惠端公孫御史中丞誨公子靖康初知襲慶府會變盡節贈通奉大夫詳宋史國朝詔入忠義祠

一世祖億宋高宗時授大理寺評事負父骸骨葬於越之新昌遂家焉

二世祖集宋贈武翼大夫殿前都指揮使

三世祖蒙有孝行世稱呂孝子詳邑誌

四世祖炎宋封修職郎贈宣教郎

世伯叔祖定宋龍虎上將軍殿前都指揮雩宋授宣差使

世伯叔祖沖之宋慶元五年進士南康軍判賜緋銀魚袋贈朝散大夫

世伯叔祖秉南宋紹定五年進士選司農主仙都觀賜緋銀魚袋贈朝散大夫

世伯叔祖諒明初常州府學教授模開行御史臺知事

世伯叔祖文玢明洪武舉明經科授江西按察使僉事分治信豐瑞金石城三縣實授福建按察使僉事必恆明初徵試吏部擢湖廣綏甯令九成以文學隱居禮讓範俗詳郡邑誌傳崇祀鄉賢九思明初薦授行人轉江西袁州府經歷九疇明初應辟不用元處士明洪武初徵授本學訓導崇祀鄉賢又改入名宦

履歷

五世祖宜之宋恩授初品官

六世祖暹尚宋理宗弟福王女階授郡馬

七世祖鎌宋處士隱居樂道世孫明大學士本重修墓誌

八世祖瓊宋變盡節

九世祖師賢生宋卒明世稱百歲翁

十世祖升明洪武初孝弟應聘授江陰主簿奉使山西定版籍回告老終隱著沃洲吟嘯集歸田稿崇祀鄉賢詳郡邑誌

十一世祖瑊讀書好善誠一事親詳郡邑誌孝友傳

世伯叔祖迪明永樂鄉薦連江縣學教諭 談明贈南京兵部侍郎 總明洪武舉人咋城縣知縣 賓明洪武山西曲沃縣丞 童明永樂三年貢揚州興化縣知縣 林明贈奉直大夫南京工部員外郎

世伯叔祖彧明永樂鄉薦 鵬明正統丙辰進士湖廣平江縣知縣 昌明正統辛酉壬戌聯捷進士任南京雲南道監察御史陝西按察使司 鳳明天順乙卯庚辰聯捷進士任工部員外郎 鳴明天順己卯舉人任蘇州府通判 漣明成化辛卯舉人九江府同知 瑩明贈南京右侍郎恩賜御祭

世伯叔祖初明成化辛卯舉人鎮江府河間府通判 獻明成化甲午經魁甲辰進士授刑科給事中賜一品服出使安南任順天府丞府尹南京兵部侍郎崇祀鄉賢 鼎明成化丙午舉人廣信府通判 廷簡明宏治乙卯舉人淮安府長史

世伯叔祖大川明成化甲辰進士廣東惠州府知府 信明成化癸卯舉人 苗明贈直隸

十二世祖言
十三世祖爆
十四世祖震
十五世祖龍
十六世祖仲英
十七世祖繼廣 鄉賓
十八世祖天倫 太學生
十九世祖用賓 處士
二十世祖士藝 邑庠生
二十一世祖錫履 邑庠生
二十二世祖偉

真定府
通判

世

伯叔祖本 明嘉靖壬辰進士由翰林院仕至武英殿大學士 誥授光祿大夫柱國少傅兼太
子太傅贈 光洵 明嘉靖辛卯壬辰聯捷進士由
太傅謚文安 翰林院庶吉士出知崇安溧陽
二縣行取河南道監察御史游升都察院右副都
御史巡撫雲南督師四川軍功任兵部尚書致南
京工部尚書崇祀 光化 河南輝縣知縣著有 光亭
鄉賢明史有傳 卓泉逸史詩文集等
江西玉山 仲泉 明廩生以祖蔭授南京刑部照磨
縣主簿 升真定府通判祁州知州署真定
府
事

世

伯叔祖繼儒 明萬歷乙酉歲貢 授湖州府學教諭 玉肩 增廣生博學孝友人稱文孝先
生詳 繼梗 萬歷乙酉舉人授泗洲學正陞泗洲慶
邑誌 符縣福建松溪縣知縣歷任薊州道州
越州知州漳州府通判著有蜀游草燕游草賡祖
咏風萍諸集詳郡邑誌及泗洲誌四川敘州府誌
名宦 繼橋 歲貢任秀
傳 水縣訓導

光緒戊子科　二　呂

履歷

本生二十二世祖崇 邑庠生

高祖廷楫 處士

高祖妣氏陳章

曾祖文炎 處士

曾祖妣氏許

祖承禹 咸豐辛酉殉難詔入忠義祠

祖妣氏何 邑庠生世襲雲騎尉武林公女太學生兆熊公胞姊

父濬 號笑凡廩膳生丙子科呈薦例封文林郎

母氏何 邑庠生汝槐公長女例封孺人

具慶下

世伯叔祖著熹 號望崧明嘉靖辛丑舉人乙巳進士南京兵部車駕司郎中居官多惠政稱六德公春秋頒諭祭 奇策 明萬歷己未進士授行人任淮安南雄兩郡知府 賓 衢州府學教授著有士八闕鑰吾與編筆奕編詩文諸集纂修省誌 天章 由歲薦授福建古田縣主簿福甯衛經歷詳郡邑誌

世伯叔祖新周 明萬歷丙午舉人任滁州知州陞大理寺左寺副衛府左長史 爾華章 明崇禎庚辰舉人 景參 順治甲午副榜拔貢河南衛輝府昨城縣知縣陞雲南鎮南州蔦明州知州 廷雲 康熙己酉經魁癸丑進士 彪 康熙丁未舉人 爚 康熙己未進士授山西崞縣知縣行取補吏科給事中兼掌登聞院事充經筵侍講官丁未科禮闈同考官殿試彌封官誥封奉政大夫 兆虞 贈奉政大夫刑部河南清吏司郎中 和玨 增廣生同修邑誌 和鼎 著有四書直講尚書指南西圜文集解詳邑誌孝友傳 和鈞 庠生贈文林郎潛江縣知縣 和衡 庠生同修邑誌 和朝 增廣生著周易銓解詳邑誌傳

受業知師謹以先後爲序

庭訓

友教

殿松陳老夫子諱宗器邑庠生

春湖王老夫子諱鑑增廣生

榮庭盛老夫子印安瀾邑庠生

族叔祖小寰夫子印鴻騫現掌教鼓山書院履歷詳下

曉山俞老夫子印觀旭癸酉舉人庚辰科會試薦卷前掌教安州書院現掌教芝山書院

梅先巖老夫子印大魁現任新昌訓導

世伯叔祖正笏順治丙戌舉人仕河南南陽縣知縣　正音順治乙未進士康熙丙午廣東正主考歷任江南按察使僉事嶺甯兵備道崇祀鄉賢　起津康熙戊午舉人　師時康熙甲子北榜舉人　秉順治丁酉舉人　夏音康熙丙午舉人江南潛江縣知縣　日永乾隆戊子舉人河南穀成縣知縣　廷錡邑庠生例授衛守備

世伯叔祖岱康熙甲子舉人內閣中書改授甯波府鄞縣教諭　司勳歲貢仁和訓導　山　臺嘉慶辛酉拔貢候選直隸州州判　沱乾隆癸酉拔貢　豫正嘉慶庚午舉人欽賜國子監學正　綱歲貢生誥贈武德騎尉　式沼太學生捐賑欽賜縣丞職銜　式洋太學生議敘登仕郎　應兆增廣生　樞歲貢生

高伯叔祖璋丙午順天舉人國史館謄錄議敘知縣加五品頂戴　椿太學生議敘修職郎　樞太學生例授修職郎　梓邑庠生議敘八品縣丞銜　慶中歲貢生候選訓導　鼎　元庠生例授衛千總　元根太學生

履歷　光緒戊子科　三　呂

申培洪老夫子諱炳煒前任新昌訓導

祝齡曹老夫子印鶴年現任新昌縣訓導

藻卿劉老夫子印廷芬前新昌縣知縣

子方霍老夫子印順武現紹興府知府

雲亭張老夫子諱濤卿前任浙江學政

晴皋楊老夫子諱正暉前新昌縣知縣

子玖瞿老夫子印鴻機現任浙江學政

耕雲張老夫子印輔元現新昌縣知縣

静瀾衛老夫子印榮光現浙江巡撫本科監臨

曾

伯叔祖光燦廪膳生　文炘太學生　成治邑庠生　成淑廪膳生　成泰庠生　鶴祥太學生　一飛增廣生　一鳴邑庠生　萬慶太學生例授登仕郎　欽典歲貢生　乃煊太學生議敘府知事　乃燠太學生例授直隸州同知　乃煌貢生　廷繡歲貢生乙酉科薦卷　埏廪貢生　亭恩貢生候選直隸州州判　萬

昭太學生丁卯科薦卷乙亥堂備　乃熿邑庠生　福田太學生　清田太學生

彩田太學生　鳴盛庠生議敘修職郎　源盛庠生議敘修職郎　萬學增廣生庚子癸卯甲辰薦卷國子監典籍欽加五品銜

伯叔祖兆鬣庚辰舉人歷任陝西鳳縣沔縣褒城宜川等縣特授韓城縣知縣崇祀韓城縣君子祠　鑑恩貢生候選直隸州州判　恭詔戊午副榜　基丁酉拔貢　晉戊子舉人　鴻

鼒同治丁卯並補行甲子科舉人甲戌會試薦卷　衷謙壬午舉人丙戌會試薦卷　龍光邑庠生　奎光邑庠生　錦江軍功保舉藍翎六品銜候選巡檢　佐昌邑庠生

星臺許老夫子印應鑅現浙江布政使司本科提調
雲鵬豐老夫子印紳泰現杭嘉湖道本科提調
彀士廖老夫子印壽豐現浙江按察使司本科監試
伯質李老夫子印士彬現嚴州府知府本科監試
玉延劉老夫子印至喜候補知府本科內監試

仁堯附貢生仁喬邑庠生鴻章廩膳生秉鈞邑庠生聲濤太學
生例授州司馬錫璜附貢生慶璜附貢生聘璜太學生例授翰林院孔目襄
璜太學生配木太學生沛玉太學生文彪乙酉武舉
堂伯叔偉丁酉拔貢署雲南麗江府分防維西通判保庠生例授同知銜加捐知府加一級冠
瀛咸豐己未舉人歷任仙居訓導鎮海教諭錫時同治丁卯并補行甲子舉人戊辰會試薦
卷型邑庠生鶴書附貢生枝源廩膳生襄辰己亥順天舉人化龍
太學生漢宗歲貢生若葵邑庠生若望邑庠生觀光邑庠生錫
師歲貢生癸酉薦卷汝義邑庠生超丙子武舉熊占邑庠生世襲雲騎尉
堂兄弟鍾藩直隸南樂縣典史軍功保舉縣丞喬柯庠生欽賜州司馬喬蓀庠生
例授州司馬喬齡太學生議敘鹽提舉欽加運同銜喬槐太學生議敘鹽提舉珮
璧邑庠生珮瑛太學生珮璣庠生癸酉薦卷德涵增廣生庚午薦卷丹

枝邑庠生 迺光邑庠生 汝翼邑庠生 汝雄武生 宣藩從九品軍功保舉六品銜 晉藩太學生保舉六品銜 葆真邑庠生 飛熊乙亥武舉 書青太學生 鵬翬太學生 安邦太學生 達邦太學生 汝熙恩貢生候選直隸州州判例封文林郎 金乾世襲雲騎尉 兆占太學生 兆渭太學生 迺堪太學生 祥椿太學生

堂姪 桂芬乙亥舉人庚辰丙戌會試薦卷 茹梅太學生 茹蘭太學生 茹葵太學生 茹信太學生 茹棻貢生 茹藻貢生 茹桂太學生例授州司馬 茹藩太學生例授同知加一級奉政大夫 翰太學生 師唐邑庠生 錫祥邑庠生 錫濱邑庠生 茹義太學生 選青邑庠生 選雄武生 士貞邑庠生 允德太學生 漢鈞邑庠生 鶇飛太學生 寅春邑庠生

堂姪孫 臣尹邑庠生 臣諤貢生 臣五貢生 邦楨貢生 邦鈞貢生 邦

衡亨麟燾廩膳生同治丁卯補行壽雲邑庠生鹿鑣甲子科癸酉本科薦卷檮樸生朁

邑庠生家祥太學生

親伯叔國興邑庠生清泰邑庠生炳麟邑庠生筆元

胞叔正中

胞姑一適何慶怙公辛酉殉難欽旌節烈

胞兄弟秉直字德閑號克夫業儒秉哲字德川號秋渠業儒秉心字德金號賦三幼讀

胞姪一天衢幼

娶黃氏溪西邑庠生紀雲公女業儒永清胞姊

子二雲衢聘太學生陳毓青公孫女業儒文瀾幼女蓮衢

鄉試中式第十六名
會試中式第　名
殿試第　甲第　名族繁不及備載
欽點

佳城一坊何家巷口

履

浙江鄉試硃卷第五房

中式第十六名舉人呂秉常浙江紹興府新昌縣學附生民籍

同考試官卽用知縣胡　閱

薦批　典重名貴經策淹通

大主考翰林院編修南書房行走武英殿總纂國史館協修功臣館纂修會典館幫總纂加衘開坊記名道府吳

取批　心細手和經策明晰

大主考內閣學士兼禮部侍郎銜錢

中批　矜平躁釋經策精詳

硃卷

批

本房原薦批

刊落浮詞獨標眞諦次三雅切
詩秀經華實並茂筆亦堅凝策
殫見洽聞調對詳核

聚奎堂原評

實能從信好中揭出聖人述古
本懷力厚思沈戛戛獨造是結
實老當之作次三亦均有意致
經義穩詞諧策有條對有斷制

圈點悉遵聚奎堂原刻

述而不作信而好古

呂秉常

聖人以心存古知有述而已夫人之妄作皆不信好古也信且好焉述而已矣作云乎哉昔聖門多著作才子特慮其流於妄也因以自明者喻人曰古人之載籍不求伸於後人後人之心思貴見屈於古人第曰補苴掇拾則猶分內事耳區區之心烏得而泯之也今夫世所最尚者莫作者若矣有作者焉道握本原理探極至舉天地萬物之大悉包涵乎語言文字之中則所謂聖也又有作者焉論窮隱僻說逞新奇統典章文物之垂悉湮沒乎穿鑿支離之學則所謂妄也聖則不能妄則不敢夫惟以素所信之篤與好

之深者相為述之而已矣述則有尊古之意儒者功修所至亦自有創見之端脫非有信好之懷先入而據之所謂創見者不幾與古爭乎惟信且好焉斯往復低徊常與古人有隱微之契而意所造者如斯心所得者亦如斯則神明通之矣述則有用古之權昔人簡冊所傳未始無可刪之處脫非有信好之隱默識而融之所謂可刪者不幾為古泥乎惟信且好焉而斟酌損益若與古人有道義之商而昔所是者能非昔所非者能是則權衡妙之矣天下事創者恒見難因者恒見易述因而作創焉人以難焉者相推非不余厚待也特返諸述古之本原亦積半生之艱苦始得此研悅

之胸則易也而實難也當存者存當逸者逸故唐虞三代之書不至見傷於殘缺學士文人之業無須妄用其聰明天下事始者恒見異繼者恒見常述繼而作始焉人以異焉者相許非不余商望也特叩諸述古之底蘊亦從窮寐之經營始獲此歡欣之境則常也而實異也紹其微言演其大義故詩書春秋易象之中稍衍淵源一脉德行政事言語以外更設文學一科惜老彭已往也設生同世居同業相與刪訂纂修不誠樂有同心哉

本房加批

體會入微推闡盡致一噴一醒再接再厲是謂毫髮無遺憾波

硃卷

瀾獨老成

○○○○○今天下車同軌書同文

呂秉常

爲天下徵大同之治軌與文已無倍焉夫今之天下亦天子之天下也觀於車書而天下皆不倍矣今豈有異於昔哉且王者握符闡珍以撫有天下豈惟是納軌物煥文章遂足罄無外之規哉不知以德以樂示其範而九土無違宜古宜今取諸夬而萬民以察薄海內外罔不率從雖時極遷流猶幸其悉遵王路而共守王章也試論今之天下夫天下而至於今非有攻車同馬之隆也亦非有河圖洛書之瑞也何所徵其不倍哉而抑知不然豐鎬之聲靈已渺特創制顯庸昔日所流傳迄今而綿延弗替故郎匪車輿歌

之會天下胥受其範圍顯承之謨烈云遥第規時定制聖王之肇造歷今而模範常新何必鄭書紀瑞之年天下莫外乎聲教夫然而天下固有不倍者矣於何徵之一在車一在書夫車固不自今始也而今何如乎孤乘夏篆卿乘夏縵等威非不懸殊乃行地無疆不出乎經涂之九環涂之七野涂之五以共效載驅蓋車不同而軌之達乎天下者同也且書亦不自今起也而今何如乎教司保氏法準象胥名義豈無各別乃象形維肖雖參以神農之穗少昊之龍軒轅之雲俱可通點畫則書不同而文之著於天下者同也適異域者阻輪轅車有不通之境來遐裔者知紀載書無不學

之人論者謂同軌較難於同文然天下之治相沿者制相守焉縱六藝教民御實先書而習而在山為倖在澤為杼車異而軌自無殊以乳為轂以得為登書異而文終不改今即時非隆盛而同焉者何別難易於其間故野廬有道無難遠達四畿嘉量有銘自可徧觀四國也豈非工堪名國體必遵王也哉輗軏失而行多窒礙車能範我馳驅亥豕訛而讀少講求書轉增人疑惑論者謂同文實急於同軌然天下化其被者政其行焉縱四海大定文若後武而修而進與馬謀退與人謀軌同而車可知止戈為武反正為乏文同而書可信今雖勢日淩夷而同焉者何分緩急於其際故職

硏者

司駕馭不必盡求造父之材業肆典墳無事概求倚相之博也詎非出門求合懸闕皆觀也哉進徵行之同倫而天下之不倍益見矣

本房加批

黃鐘大呂之音淸廟明堂之器

〇〇〇〇〇夏后氏五十而貢殷人七十而助周人百畝而徹

呂秉常

三代取民之制、有可考者焉、夫五十七十百畝、數不同也、曰貢曰助曰徹、名有殊也、夏殷周如是、故孟子歷言之、且一代之典必有一代之制創制者非必故爲異也而要不能無異異以時則先後不相襲異以數則多少不相侔異以名則彼此不相合統尚忠尚質尚文之朝類舉以參觀覺其世異而其制亦異焉攷其異者固歷歷可指矣取民有制其制於何徵之一徵之夏夫夏之爲世也水土初平洪荒甫定雖四載宣勞八年成賦而九州不盡可種之田四海尚有未鑿之患則夏何以取諸民且取豈堪預定哉或爲青黎或爲赤埴度地勢則高下由分若者宜錯若者宜貞審土性則肥磽各判姒王深經劃當必別具權衡然而夏有其制焉今日者仰安邑之聲靈無復玉帛來王之盛而追其前烈一若有增之不可減之不能者夏之制獨成爲夏之制也臣得而溯之曰夏后氏五十而貢一徵之殷夫殷之爲世也文明漸啟平成已久雖代爲民主纘繼禹功而斥鹵變爲膏腴食用難仍儉嗇則殷何妨取諸民顧取詎有限量哉景山而近商邑而遙疆土之殊當必辨邦畿以外九圍以內幅員之廣非從同子氏善規爲奚必遽昭劃一

然而殷有其制焉今日者緬亳都之聲教無復共球咸集之隆而攷其遺規一若有前無所師後無可繼者殷之制獨全爲殷之制也臣得而憶之曰殷人七十而助一徹之周夫周之爲世也羣侯並建分土咸宜雖既克商郊用光湯緒而遐邇無不來歸陰陽俱爲荒度則周亦可取諸民特取詎有成規哉先祖之功基開粒食無與乎晝井分田散軍之日兵盡爲農詎使以輟耕懸耒興王多肇造自應獨有變通然而周有其制焉今日者溯姬室之淵源非復帶礪要盟之始而憶其盛烈一若有垂之當世貴在當王者周之制獨見爲周之制也臣得而述之曰周人百畝而徹

硃卷

本房加批

不另立間架如題布置自然精氣內含寶光外溢足徵涵養功深

圈點悉遵聚奎堂原刻

賦得遙飛一琖賀江山　得遙字五言八韻　呂秉常

江山如許好翹首故人遙雅意裁牋賀深情舉琖邀一樽香郁郁千里路迢迢嵐影懷三竺波光話六橋煙雲真福地風月舊仙僚枚筆他年賦郇筒此日招歡臚瓊島宴氣壓赭門潮咫尺蓬萊近吟詩陋贈姚

本房加批

清新俊逸庾鮑之遺

光緒己丑　沈寶琛

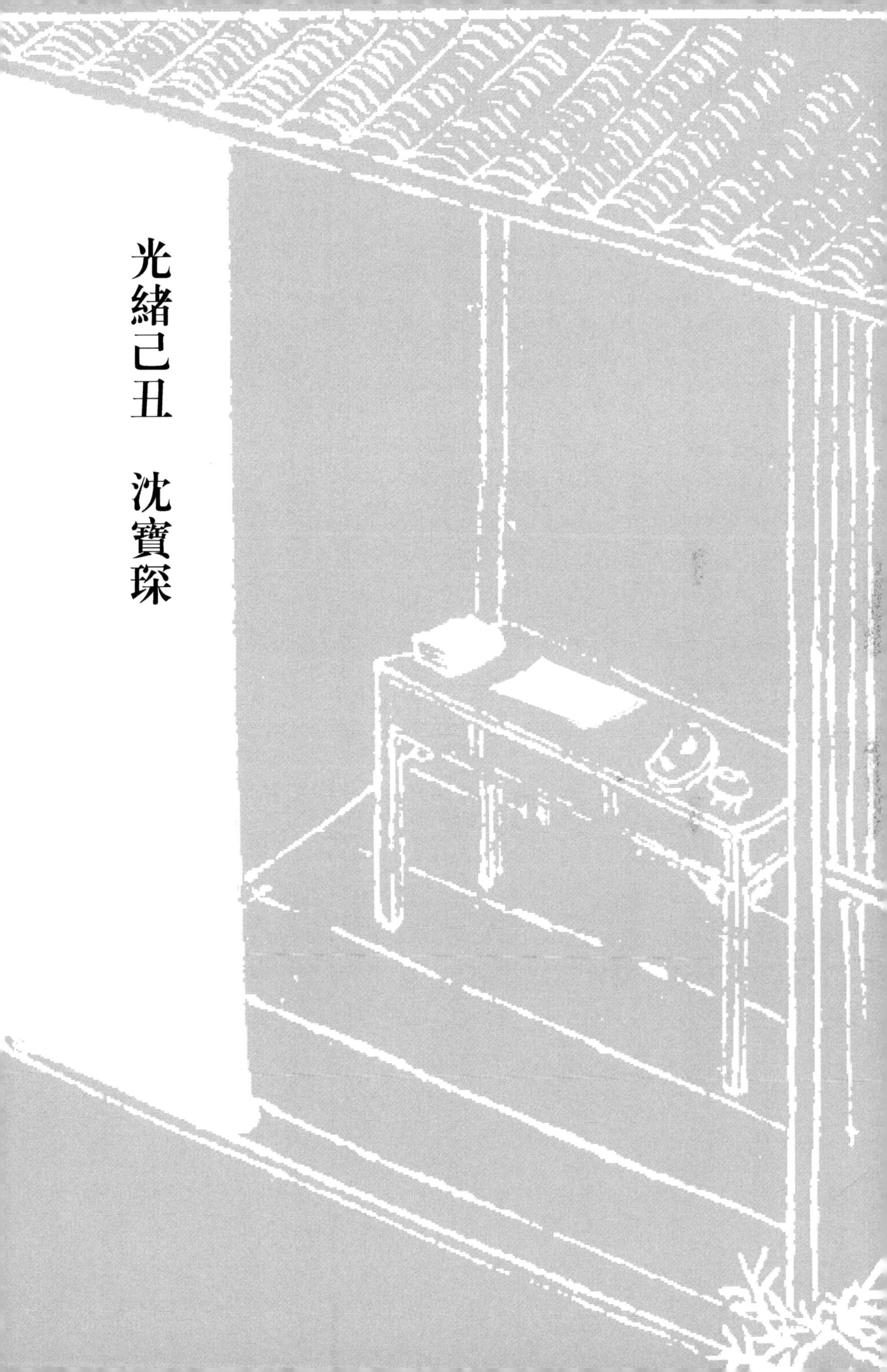

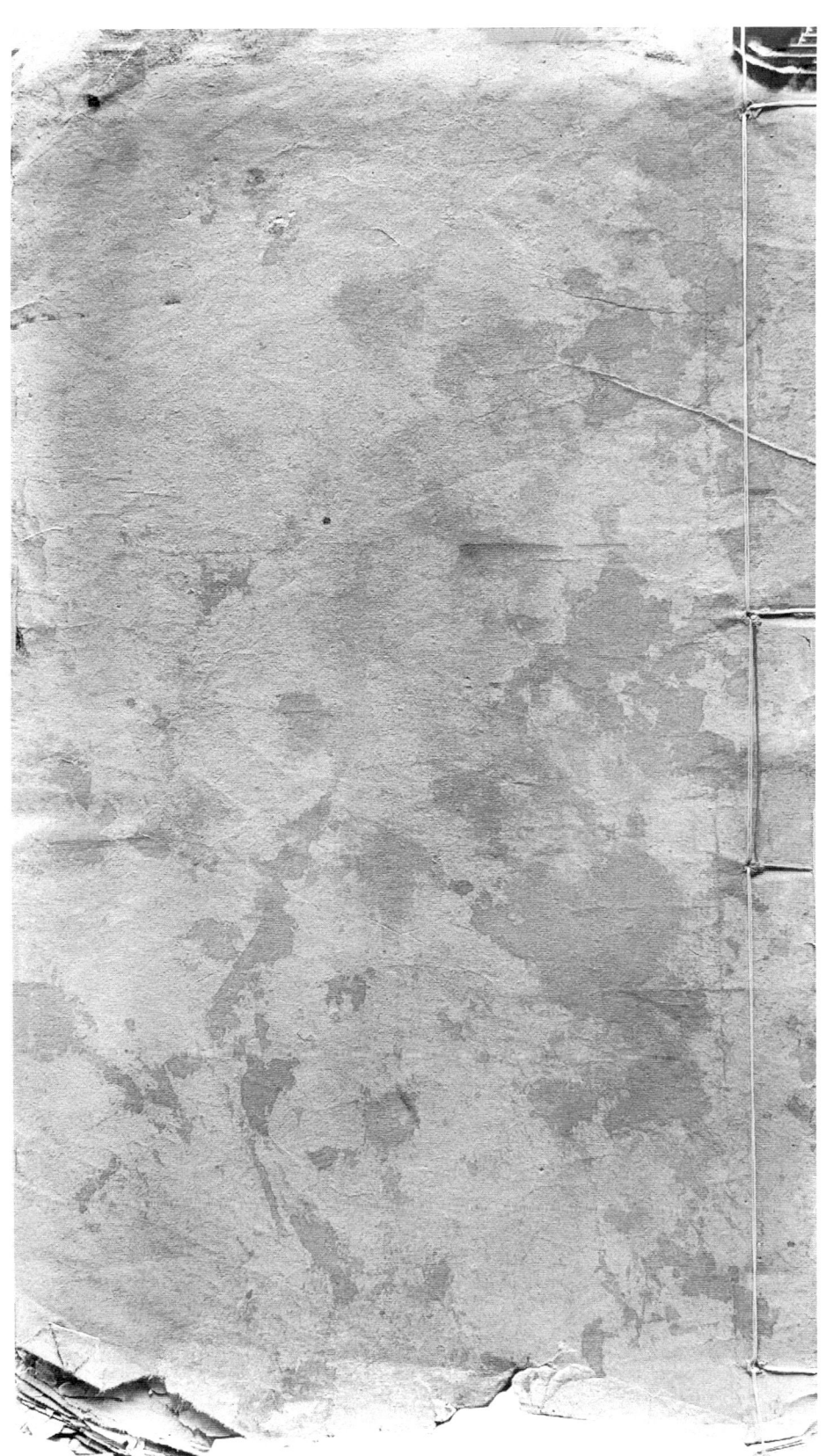

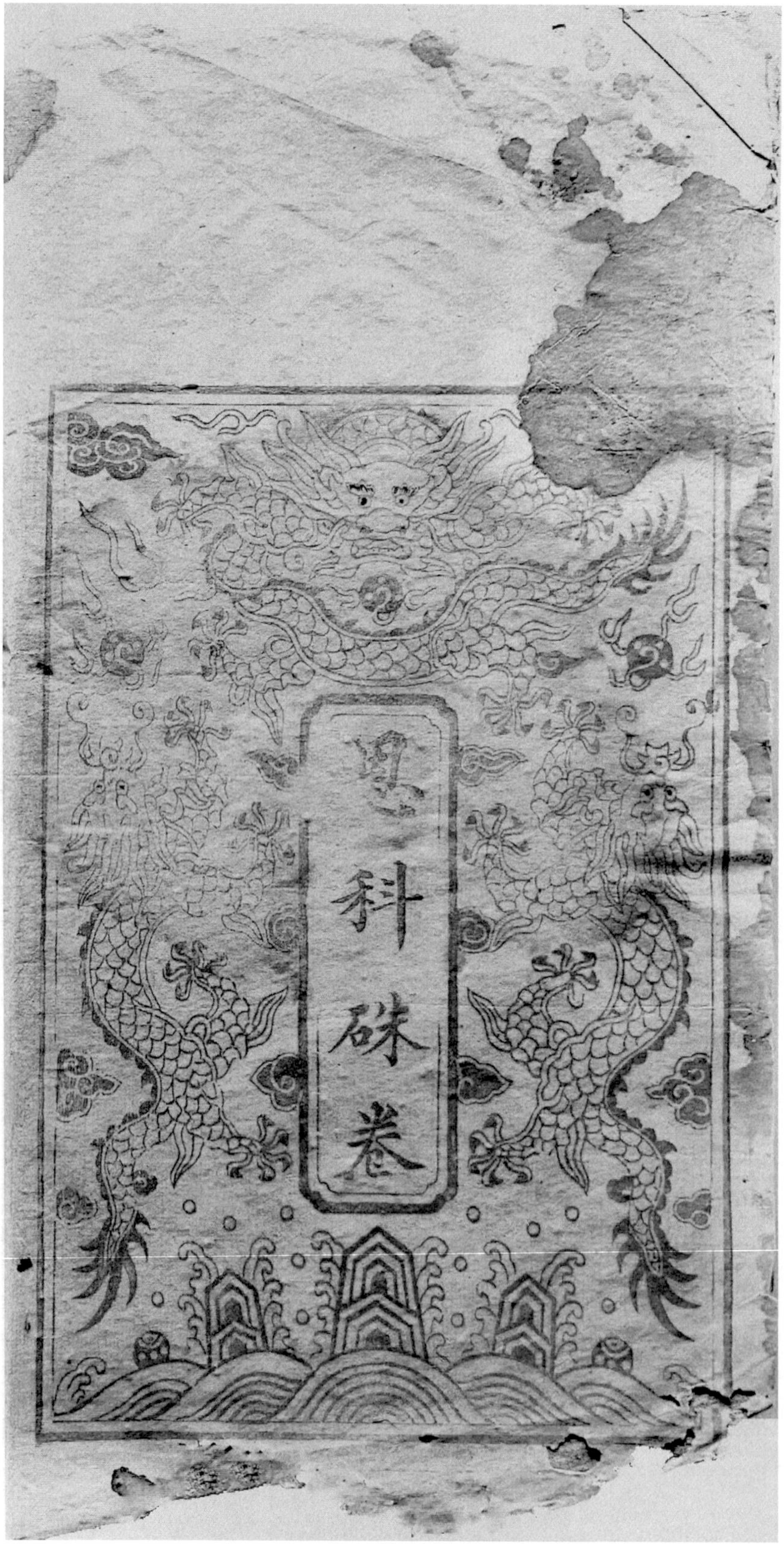
恩科硃卷

沈寶琛

始祖諱徵 漢大中大夫

中興祖諱紳 號公垂寶元元年登進士拜龍圖閣大學士贈少師謚文肅金紫光祿大夫爵山會開國男

遷山陰東浦始祖諱有安 任江南提舉

二世祖諱閭

三世祖諱淵

四世祖諱暄 郡庠生

五世祖諱仕愈 郡庠生

六世祖諱文燿 處士

七世祖諱九華 鄉大賓

字榮昌號乙齋又號藏園行一同治丁卯年七月廿七日吉時生浙江紹興府學附生嵊縣民籍

高高伯叔祖謐六 兵馬司指揮　鐩六 太學生　恒六 戶部郎中

高叔祖宏瑞 鄉大賓　宏燦 庠生　宏燿 布政司經歷　宏顯 中書科中書

親曾伯叔祖應魁 歲貢　應鍾 例授修職郎　應璋　應松 太學生

胞曾伯叔祖應茂 巡檢　應鏞 候選從九

伯叔祖謙亨 鄉大賓　謙灝 候選州同　謙恒 議敘八品　謙元　芝鳳　芝貴

從堂伯叔有盛 太學生　永濤　永福　永連

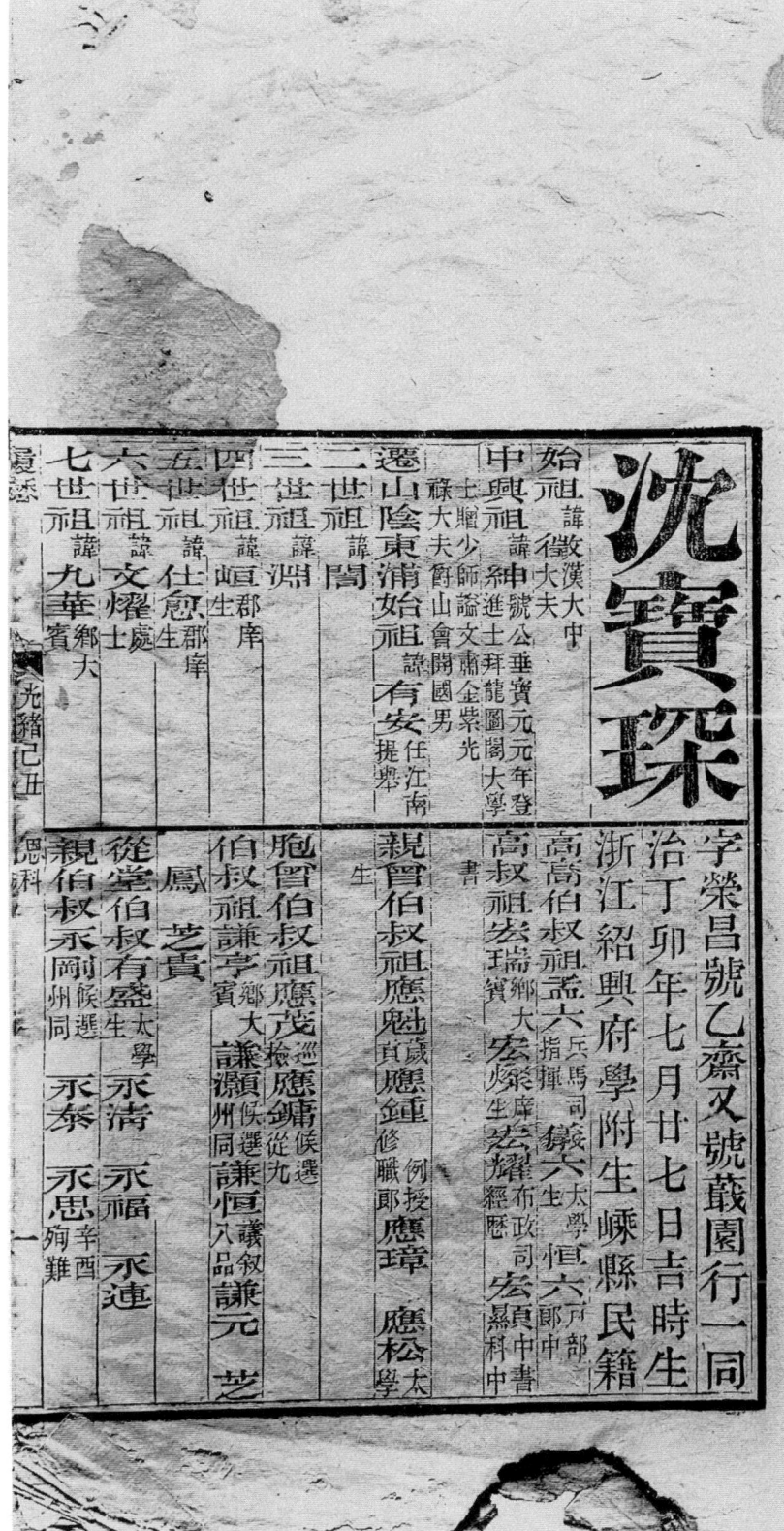

親伯叔永剛 候選州同　永泰　永思 辛酉殉難

履歷

八世祖　諱伯潤　庠生

九世祖　諱一進　庠生

遷剡始祖　諱嘉衢　號天彝　太學生　考授州同　誥授奉直大夫　著有茗戰居士詩稾八卷　精岐黃　詳載邑志

祖妣氏　朱　錢　誥封宜人

高高祖　諱威六　太學生　內閣中書　敕授承德郎

祖妣氏　余　例贈安人

高祖　諱宏愷　敕授徵仕郎

祖妣氏　駱　琬　例贈孺人

曾祖　諱應達　太學生

祖妣氏　鍾　孫　例贈孺人

祖　諱謙和　議叙八品　敕授修職郎　貤贈文林郎

祖妣氏　茹　例贈孺人

胞伯　永言

胞姑三　長適雅莊州同張志相公之子國學生名賢貴　次適雅莊太學生史義綱公之子名積洪　三適謝慕莊太學生金忠基公長子名輔超

從堂兄　春林　金松　小松

堂兄　臨淵　業儒

胞弟　淼昌　早世　鋆昌　幼讀　彖昌　幼讀

親姊一　適花園地太學生喻忠清公次子名孝政

胞妹四　長未字　次適禹山國學生李德風之孫國學生名守爵長子　三未字　四適靈鷲附貢

生笙名侶　生長子

從堂侄　森法　法長　法桂　法清　全標　俱幼讀

堂姪　載餘　載清　載固　俱幼讀

娶潘氏　太學生候選直隸州州判敕授文林郎振全公孫女太學生家昇公長女

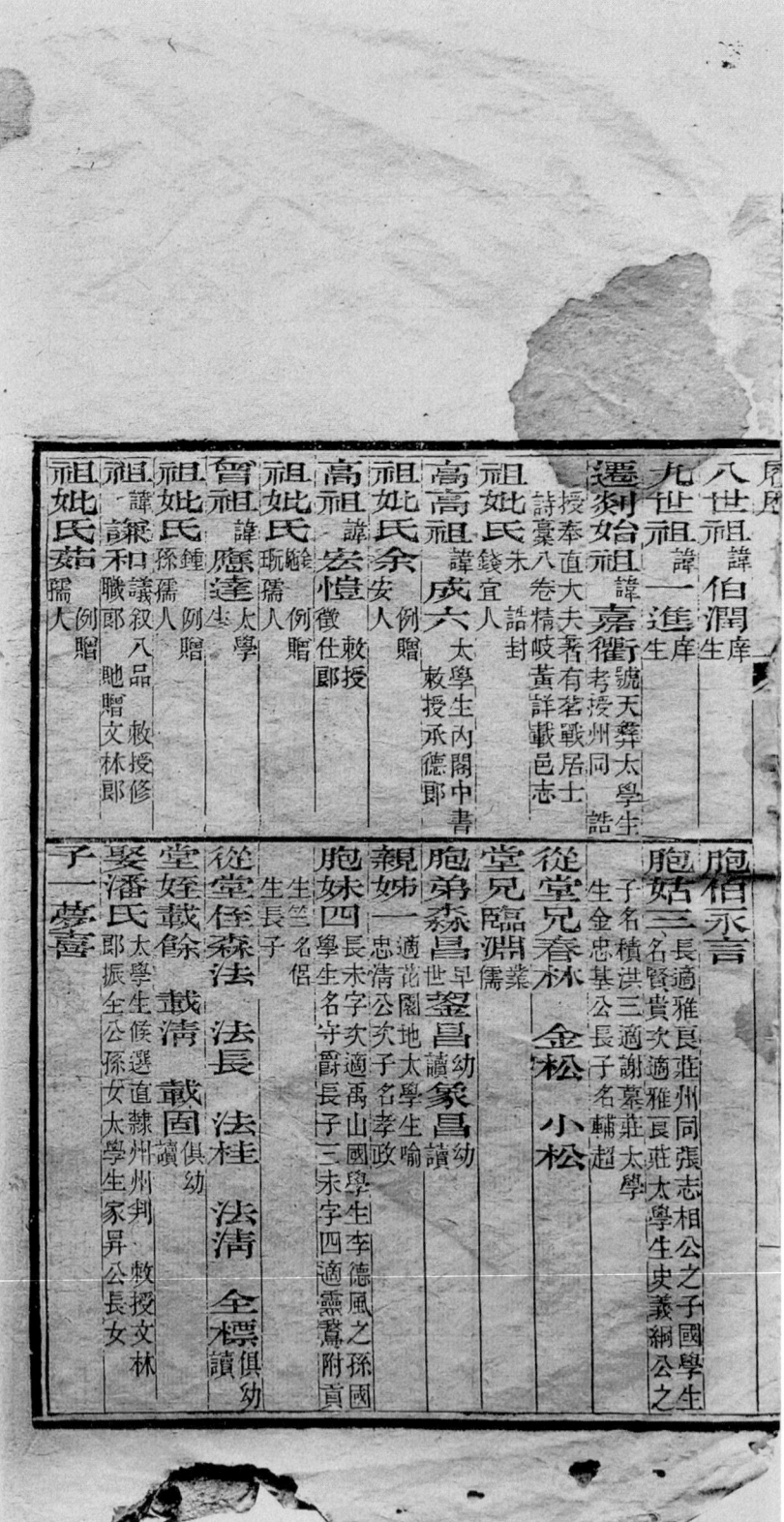

子一　夢壽

兼祧父諱永炤太學生例贈文林郎

母氏王例贈孺人

父名永德國學生例贈文林郎

妣氏徐太學生步先公長女例贈孺人

嚴侍下

受業師謹以受業先後爲次

祖庭訓

陳芹占夫子諱魯青新昌縣增貢生

馬雪堂夫子印烜廪貢生即用教諭

吳蓮橋夫子印鼎昌郡庠生

鄭東吾夫子印道東

呂象書夫子印鼎如邑庠生

茹麓泉夫子印魯廪貢生儘先訓導欽加五品

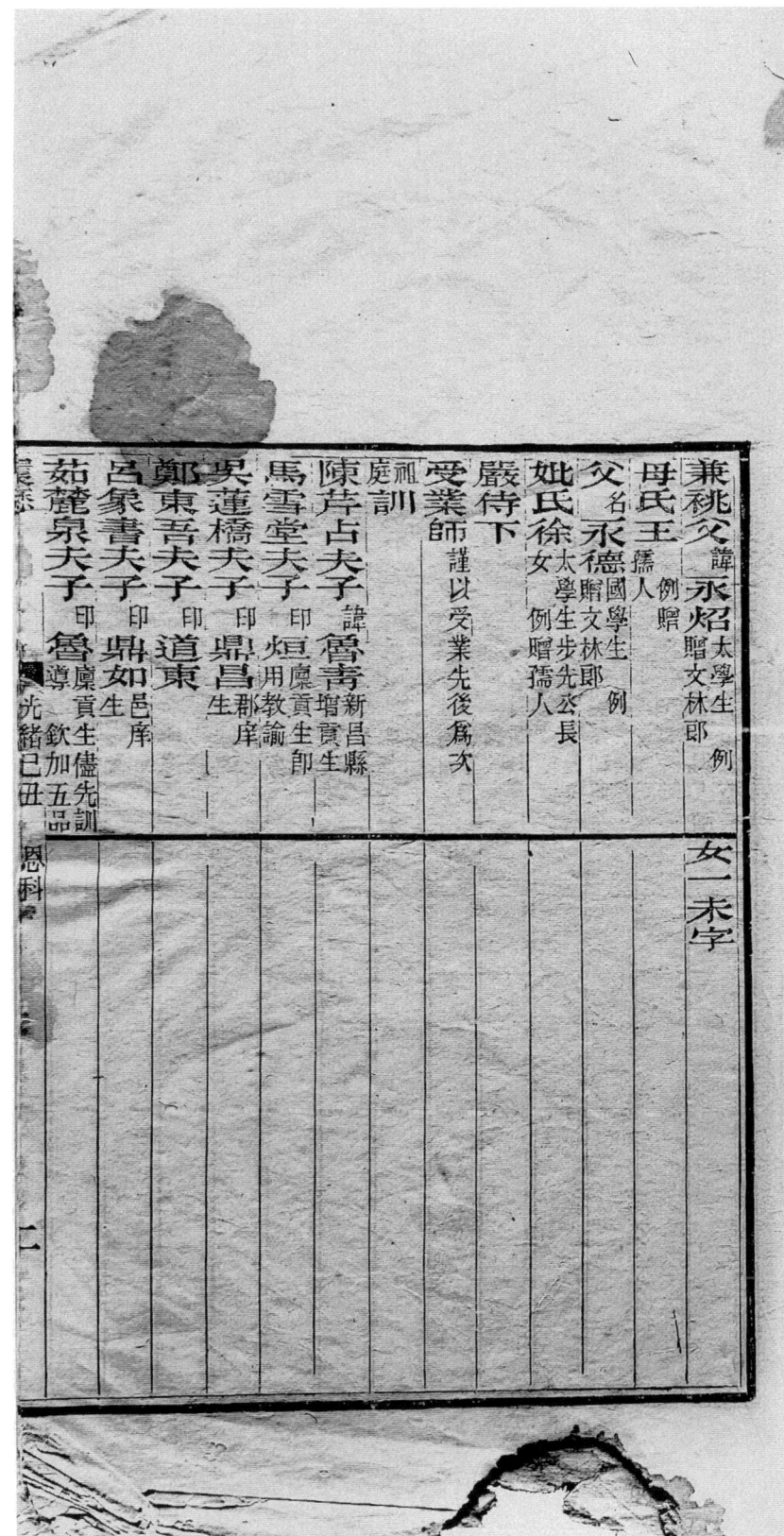

女一未字

履歷

銜

受知師謹以受知先後爲次

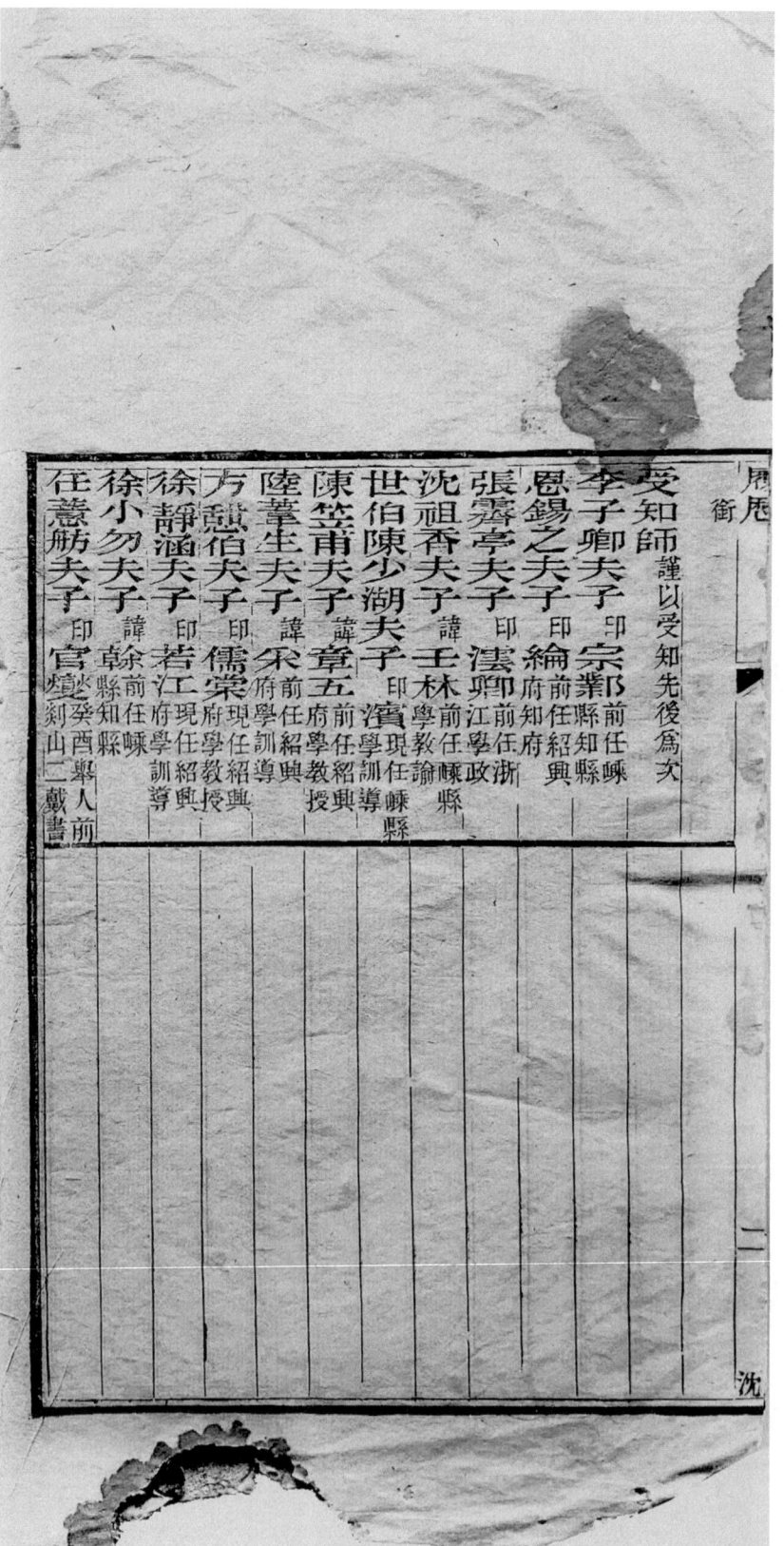

李子卿夫子印宗鄴前任嵊縣知縣

惠錫之夫子印綸前任紹興府知府

張霽亭夫子印澐卿前任浙江學政

沈祖香夫子諱壬林前任嵊縣學教諭

世伯陳少湖夫子印濱現任嵊縣學訓導

陳笠甫夫子諱章五前任紹興府學教授

陸葦生夫子諱采前任紹興府學訓導

方鬒伯夫子印儒棠現任紹興府學教授

徐靜涵夫子印若江現任紹興府學訓導

徐小匆夫子諱榦前任嵊縣知縣

任薏舫夫子印宮燮癸酉舉人前剡山二戴書

院掌教
陳蓉曙夫子　印　適聲　翰林院編修　前剡山二戴
書院掌教
潘文軒夫子　印　彬　前任嵊縣知縣
錢畊伯夫子　印　福年　即用知縣乙酉科鄉試同
考官
霍子方夫子　印　順武　現任紹興府知府
俞蔭甫夫子　印　樾　詁經精舍掌教
馬春暘夫子　印　傳煦　崇文書院掌教
王潤夫夫子　印　澤民　前任嵊縣知縣
竇鴻陸夫子　印　光儀　現任縣知縣
何崧生夫子　印　汝翰　剡山二戴書院掌教
章墨舫夫子　印　華國　剡山二戴書院掌教

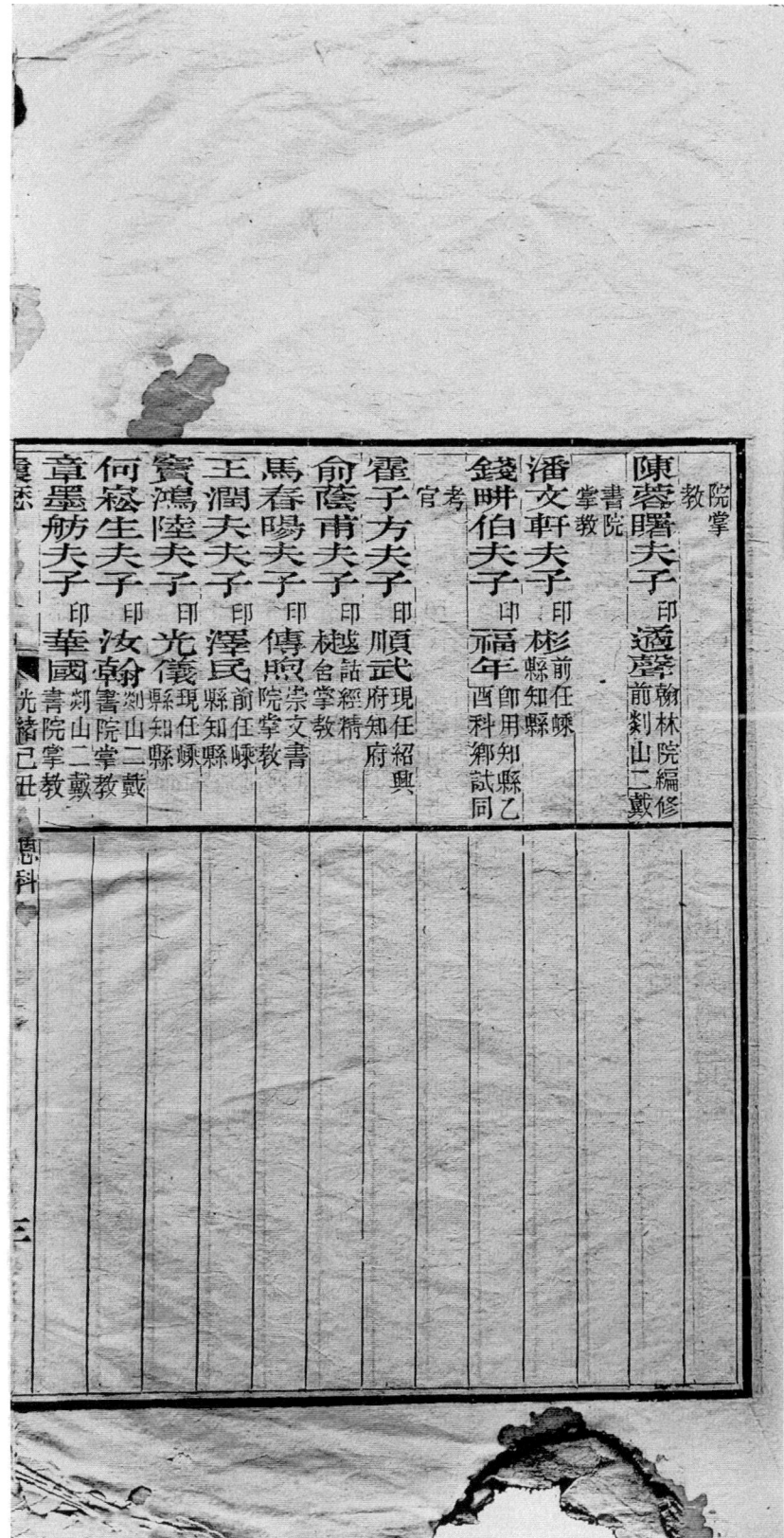

歷

潘嶧琴夫子 印衍桐 現任浙江學政

嵆鎮青夫子 印駿 浙江巡撫本科監臨

許星臺夫子 印應鑅 浙江布政使本科提調

豐雲鵬夫子 印紳泰 杭嘉湖道本科提調

廖穀士夫子 印壽豐 浙江按察使本科監試

郭谷齋夫子 印式昌 杭州府知府前本科監試

張丙章夫子 印礽烝 候補知府本科內監試

鄧芴臣夫子 印嘉純 候補知府本科內收掌

陸頌臣夫子 印繼賢 布政司經歷

鄉試中式第八名

會試中式第　名

殿試第　甲第　名

欽點

族繁祇載本支

世居嵊城龍頭街

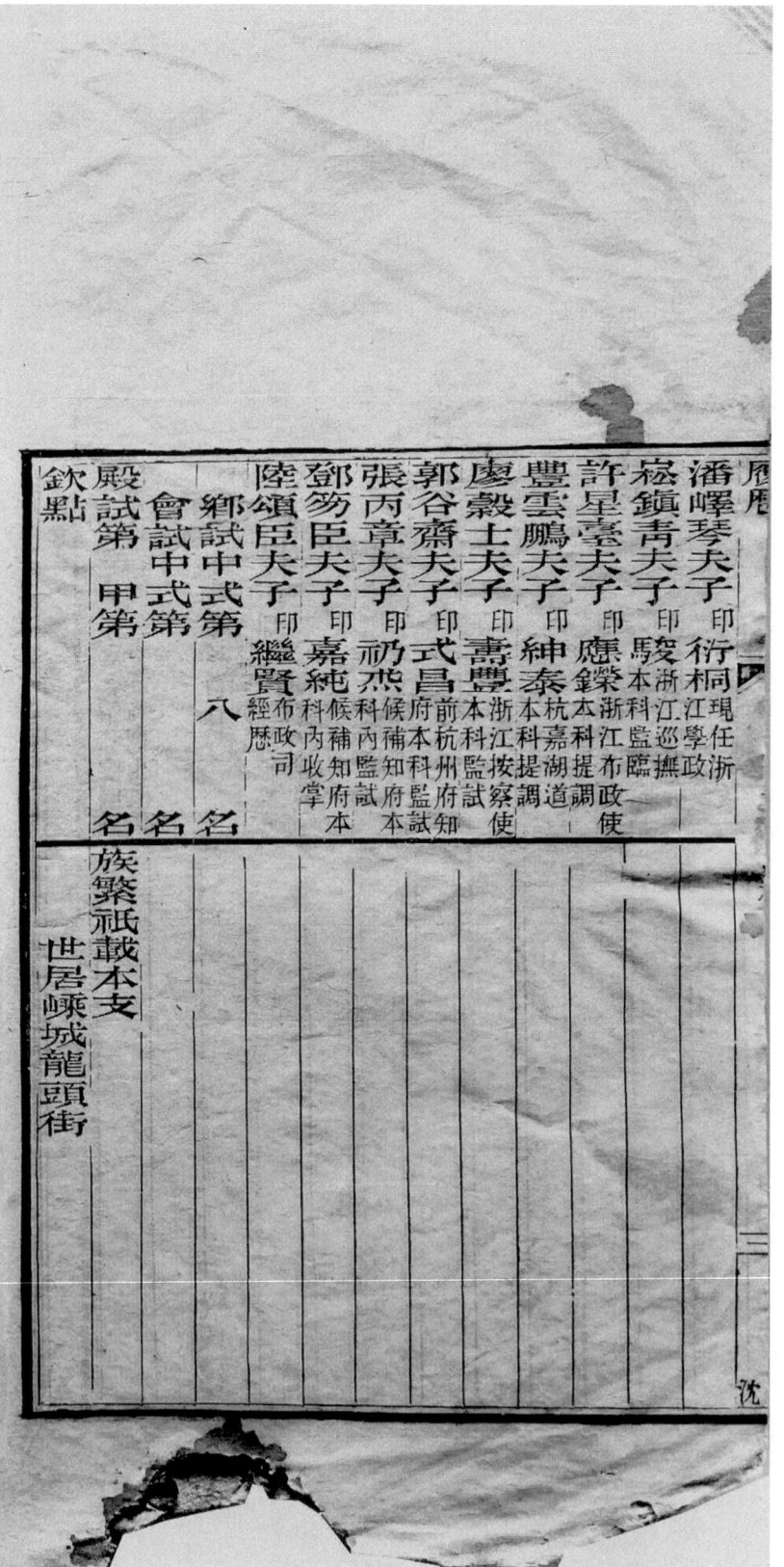

沈

浙江鄉試硃卷第貳房

中式第八名舉人沈寶琛浙江紹興府學附生嵊縣民籍

同考試官郎用縣知縣左　閱

薦批　氣盛言宜經策宏博

大主考翰林院編修　國史館協修陳

取批　神流機暢經策淹通

大主考日講起居注官詹事府少詹事南書房行走　會典館總纂李

中批　意到筆隨經策富麗

光緒己丑恩科

硃卷

批

本房原薦批

第壹場

筆情恣肆蹊徑不落尋常次

典麗三深深款款興會淋漓

詩諧

第二場

經學淹貫根柢蟠深

第三場

博洽詳明

聚奎堂原批

文筆矯拔迥不猶人次三穉

詩穩經藝殫見洽聞詞立義

舉五策洞悉源委

悉遵聚奎堂原刻

○○○○○君子之道孰先傳焉孰後倦焉譬諸草木區以別矣

沈寶琛

學鮮有先傳而後倦者、猶草木之有別也、夫君子教人之道、孰有先傳而後倦者乎、學當以次、譬諸草木、貴因區以為別矣、此古義之未湮哉、嘗觀世之學者甫親几席冀獲真傳遽示津涯反生厭倦此揠苗不免助長薄植終為棄材也商也設教西河竊恐以大道之汪洋迷及門之趨向古今來教人之法問誰有躐企精微不乘厭怠者蓋其淺深異情栽培殊致一驗之庶類之蕃昌而如或遇之矣商為言游之過誠以古聖王茆芹思魯咸樂從公棫樸歌

光緒己丑　恩科

硃卷

周不遺多士固無所謂區別也而豈所例君子教人之道哉賦質
苟非檮櫟疇不樂用其滋培由是而幼學少儀卽語以成德達材
之詣此先傳之說也然而左矣涯涘難窺望洋者徒增歎耳而倦
心中之學業遂流於荒棄可奈何此固不足爲栽植之方也隆材
本屬岐嶷夫豈容測其究竟由是而方名度數馴致其修齊平治
之功此後倦之說也然而難矣倘恍無憑登高者或滋懼耳而傳
習荒焉心性遂失其憑依可奈何此固不足爲甄陶之具也夫君
子教人之道先傳業者必先厭倦孰有先傳而後倦者乎商也環
顧及門教之學小藝焉履小節焉初非敢遺其大也實不敢紊其

序也蓋嘗近取諸身而遠取諸物也久矣大造之生物也道無二致者體有萬殊極目寥泬之區蘆葦葭菼不扶自植遊心廣莫之野臃腫卷曲不伐常存設彼草木有知當亦自咎其材質之不良而非雨露之偏及也而繩樞甕牖之貧妄以爲廊廟棟樑之選夫孰有不顇然敗乎則品彙錯出在造物亦早判其薰蕕也已吾人之育才也貴舉其大者不遺其細讀釋草之篇藾蘬蔞蔏皆闡古義入喬木之里梗楠杞梓夙號奇材此外草木何限要宜自視其種類之何如而分菀枯之殊集也苟蓬蒿藜藿之質即被以恩膏沐浴之休夫孰有不猝然萎乎則庶物芸生在人事固早權其豐

硃卷

沈

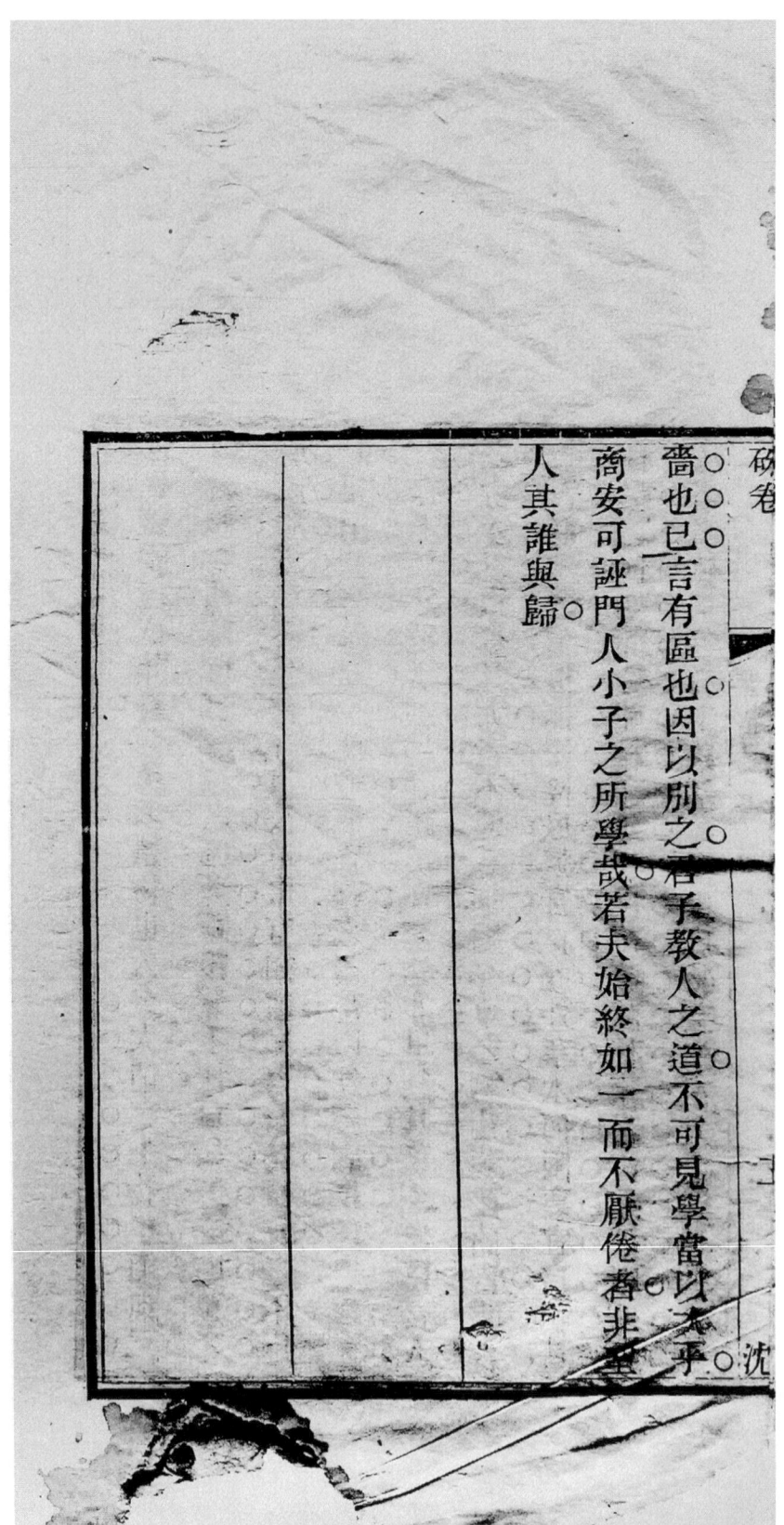

嗇也已言有區也因以別之君子教人之道不可見學當以太乎
商安可誣門人小子之所學哉若夫始終如一而不厭倦者非聖
人其誰與歸

日月星辰繫焉

沈寶琛

即所繫以言天而天已不可測矣夫日月星辰皆天之垂象也而實繫之於天不足見天之不測哉嘗觀二儀代運旋轉者三百有六旬七曜森羅舒布者八十餘萬里此步祘之精非占驗之學也探青道赤道黃道之全左旋右行各準其度考南極北極中極之數列躔分野不忒其差軌度常循者亦立成有法孰主宰是孰綱維是而令終古之運行成太虛之附麗也何以見天之無窮哉蓋嘗攷之言其高直極於二億三萬七百八十一里推其度直周於三百六十五度四分度之一或者謂日行一日不及天一度月行

一日不及天十三度有奇日月五星皆隨天而左旋顧其說不足據天左旋日月五星與恆星右旋古之言天者皆然五星即謂五緯恆星即謂辰後世所謂恆星天是也茲姑勿深攷而第言天之不測則必觀日月星辰之繫且夫日月星辰有有定之繫焉有無定之繫焉有各相爲繫焉有交相爲繫焉日者實也太陽之精月者闕也太陰之精推之星爲陽之榮辰爲天之壞而紫微太乙不易其垣析木元枵各分其次以有定者測天而九重之積氣常蒼莽於寥廓之區而繫焉者自若也則七政可察璿璣之用日南有國何僅乎西餞東賓月竈有邦奚攷其張弦生魄推之星或亂於

紀辰不集於房而彗見孛生兆占兵火嗇馳瞽奏職弛羲和以無
定者測天而二氣之氤氲仍鼓盪於虛無之內而繫焉者如故也
則五紀誰闡鴻範之精且也日生於東月生於西暘谷虞淵各殊
其域星曰分野辰曰分躔牽牛鶉火顯定其差此各相繫者也況
乎日速月遲或贏或縮星多辰少忽現忽藏而天之錯出不齊者
要未嘗有淩犯擊衝之害而經度常循似藉天樞之筦攝傾移無
慮如憑天柱之維持而且日舍於星月次於辰聚井聚奎迭呈其
瑞星從乎月辰會乎日躔寅躔丑互爲其根此交相繫者也況乎
二曜騰彩合珥重輪三垣獻祥聯珠合璧而天之並行不悖者乃

硃卷 四 沈

愈見其光華復旦之休而周髀宣夜已見測量之異同徽杪楕圓

不盡勾股之法義以此言天而天豈可測哉試進而觀萬物

○○○○○由孔子而來至於今百有餘歲去聖人之世若此其未遠也近聖人之居若此其甚也然而無有乎爾則亦無有乎爾

沈寶琛

大賢去聖未遠而隱自任其統也夫孔子至今百餘歲世未遠也況居又甚近乎苟無見知曷有聞知能無隱而自任哉且聖人生百世之上百世之下聞者興起而況德巖未邈者竟虞墜緒之湮哉乃留澤溯宗邦道範非遙宮牆如接而遺型懷故國流風將艾鐘鼓空懸天運乘除而人心絕續覺手澤猶新也而心源莫屬矣孔子既聞而知之生孔子後者不當勃然興哉然吾試即孔子而

思之由孔子而討之登尼山而左右顧憑高望氣神靈之鍾毓猶新斯郎哀定以還世風遞降而儒冠儒服東國未改其典型則素王之譜牒可屈指計也入闕里而次第稽紀月編年簡冊之輝煌如昨斯郎游夏諸子師說常分而閱世閱人後儒得尋其緒論則木鐸之聲容可想象得也況吾也東魯山川繡壤相接仰宮牆之美富而比鄰俎豆曷勝瞻拜之思鄒邦衡宇擊柝相聞對風雨而婆娑而爾室琴書如晤接談之樂是不獨去聖人之世若此其未遠也而且近聖人之居又若此其甚也今何如哉遺澤流長五世未斬悵予懷之渺渺已不勝斯道中絕之憂彼蒼鍾秀百里誰賢

撫遺緒之茫茫實不勝大道將湮之懼冉冉歲華百餘載來已無有見而知之者矣然豈復有聞而知之者乎世運伊胡底乎風會之流極既衰而列聖淵源虛無所屬空山無人其能忍而與之終古也杏壇不遠孰振其聲車服如新孰守其器脫令中流横絕竟無一人焉起而爲砥柱之資恐縱横排闔刑名法術之流皆得潰吾道之藩籬而別樹其幟並吾世而難爲繼吾心果何日慰哉吾道豈終窮乎典籍之缺殘待補而斯文統緒渺不可知問世不出能無巇焉如不終日也洙泗風流豈容歇絕章縫事業誰荷仔肩脫令一縷微茫竟有一人焉起而繫髮鈞之重則清淨寂滅虛無

隱怪之學安得竊吾學之近似而別立其門及此時而猶有待余懷不益滋戚哉噫前不見古人後不見來者撫此藐躬未免百端之交集文未喪於天道將墜於地後之覽者亦將有感於斯文此孟子之望人而卽隱以自任也千載而下鄒嶧之統所以直紹東山也夫

悉遵
聚奎堂原刻

賦得與君約略說杭州　得州字五言八韻　沈寶琛

願君停盞聽，且與說杭州。
約略懷前事，殷勤憶舊游。
景光都在目，蹤跡數從頭。
荷淨偏宜暑，蓴香正及秋。
故鄉無此好，宦躅六虛留。
枚筆詩攜袖，胥濤怒豁眸。
湖山縈客夢，花柳寫離愁。
倘得
皇恩乞，重來更唱酬。

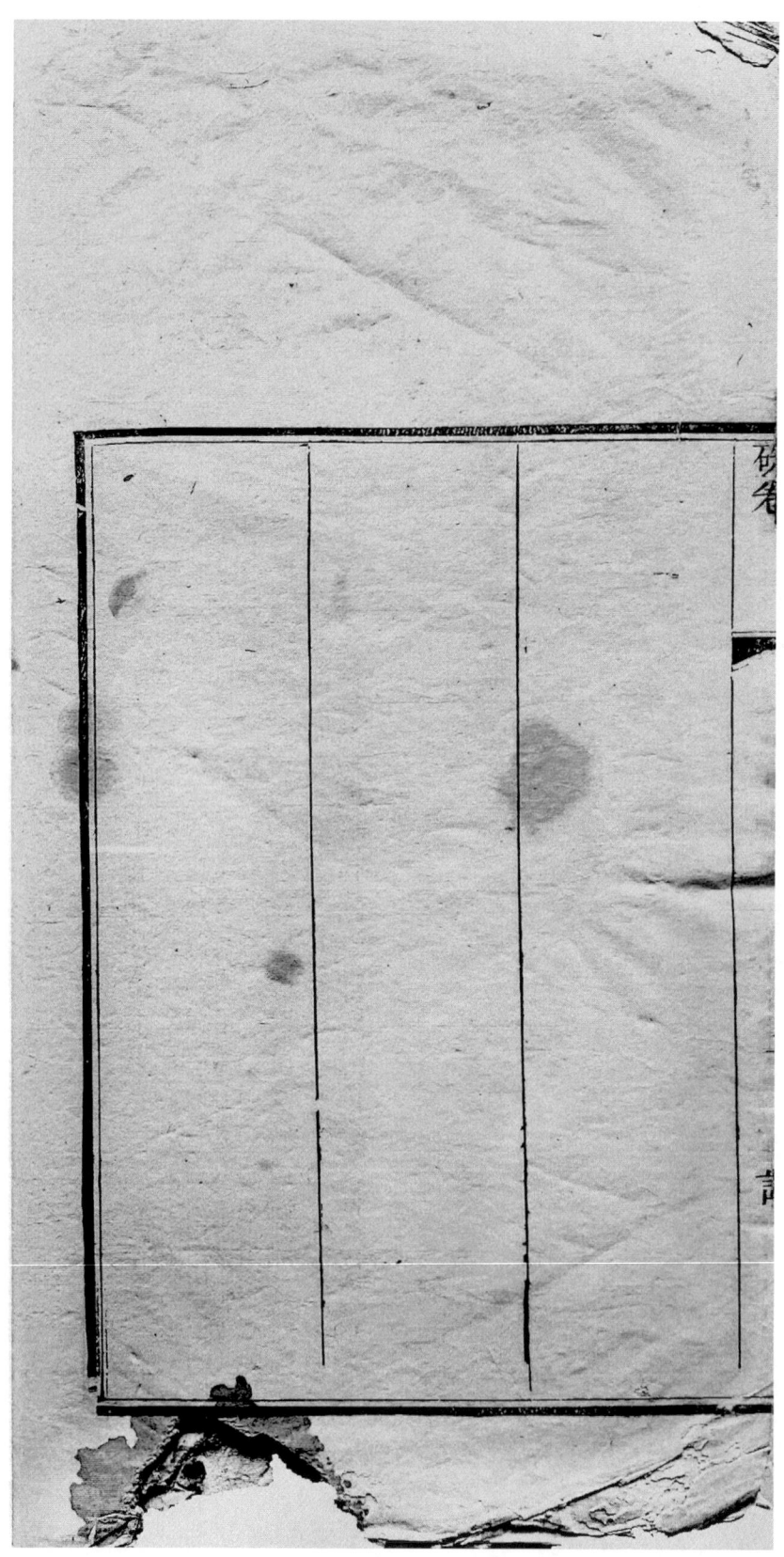

光緒辛卯　祝文修

浙江鄉試硃卷

光緒辛卯科

政

呈

老爺大

祝嵩三命子丈修頓首拜

祝嵩三命子丈修拜

光緒辛卯　祝文稿

夢西仁兄大人閣下
別芝雲兄有傑奉托
本情另持壽幛十本
祈查迴擅書名外填名
外送勾僕所有費資
者仅伍佰壽會下將受
更也壹切拜托即請
台安左　冊弟余柏高

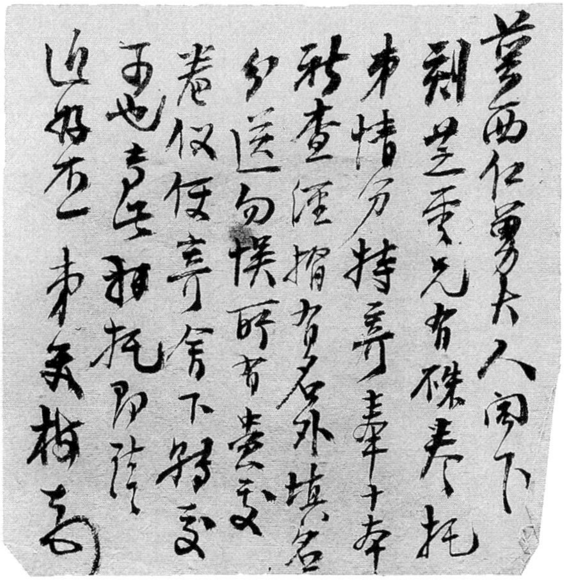

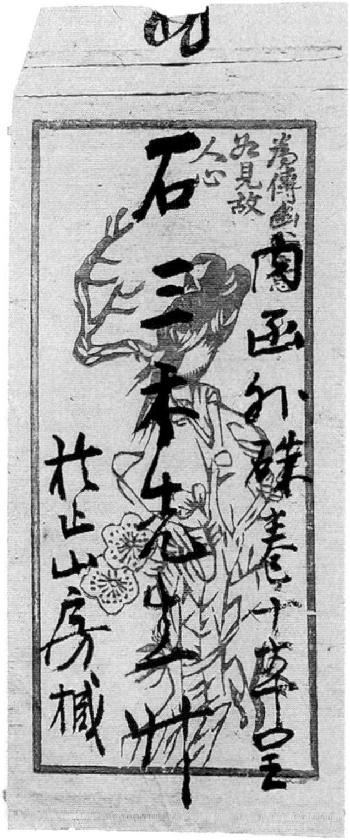

祝文修

字建標號虎霞城又號萊卿行一同
治戊辰年二月初七日吉時生紹
興府新昌縣學廩膳生民籍

始祖文恩仕唐中宗時
一世祖與宋耆英志向高明丰標特達卜里擇交鄉鄰取重詳見宗譜
二世祖溫宋處士
三世祖儉字念約號聲宇宋朱文公宗男仕國子學正爲理學名儒
四世祖鳳宋儒學齋長
五世祖桂元處士

世伯叔祖勉仕吏部尚書　柬言宋慶歷進士官拜翰林學士
世伯叔祖確字永叔宋朱文公外祖淳厚孝謹人多高其行
世伯叔祖諮邱宋太常寺少卿　宣和宋處士
世伯叔祖象明宋處士　象号仕太學名博士　貪仕崇學府教
世伯叔祖恭邑庠生　萬年順治辛卯舉人　萬亭邑庠生
世伯叔祖永璞處士　永璉處士　永珮處士　永清乾隆丁卯舉人
世伯叔祖時書　時志
高伯叔祖立綱太學生　立位　茗

光緒辛卯科

六世祖繼元彥士
七世祖萬
八世祖谥明處士
九世祖永瑥明恩例義官有孝行
十世祖世豹
十一世祖汝琦處士
十二世祖惟英
十三世祖大翊
十四世祖希彬
十五世祖思明處士
十六世祖天龍

曾伯叔祖得政　得賢　得亮　得榮　得霞
得星　得豐　得盛
嫡曾伯叔祖得覲　得久
伯叔祖有恭　有信　有敏　有根　有棟　有
杠　有瑞　有鑑　有義　金旺　金森
金來　大松
嫡叔祖有潮號金河
堂伯叔尊錢　長松　炳松　寶松　海松　錢
松　繼松　根金　文高　文光　炳銀
文昭　文元
胞伯宣三字玉松　升三字芝梅號履堂邑庠生

十七世祖時章處士
高高祖嘉華字昭美號廷紹太學生
高高祖妣氏俞
高祖立功字明耀號儀齋國學生
高祖妣氏陳
曾祖得霖號一蒼
曾祖妣氏張
祖有則字子源號西河太學生・例贈修職郎
祖妣氏金例贈孺人
父當三字芝雲號蓮坡邑庠生例封修職郎
母氏王太學生名培標胞姑例贈孺人

堂兄弟先貫　霻貫　景春　貴春　金雲　培根　洽貫　洽燦　鍾貫　銀先
親兄文炳字燧標號風若　文藻字準標號月波邑庠生兼工算學　文瀾字漣標號海若業儒
胞弟文錦字得標號繡卿
從堂侄紅產　聖衍
親侄一鈞　紹唐幼讀　良鈞　鰲鈞　紹勳　紹耆俱幼
親妹二長字恩貢生乙卯薦卷徐諱熠公次子邑庠生名宗浩胞弟名寶鑑幼字醴泉太學生高名敬謂公長孫成桂公之子業儒名蓮祿
親侄女四長適梁五老公長子名子祺幼皆未字

履歷

嚴侍下

娶劉氏 增廣生名聲公長女 業儒名漢成胞妹

子一 兆元 幼

業師

庭訓

呂小寰夫子 諱鴻壽 同治丁卯並補行甲子科舉人甲戌會試薦卷前掌教鼓山書院

呂六皆夫子 印秉謙 光緒壬午科舉人丙戌會試薦卷

趙笑梅夫子 印振甲 光緒乙酉科拔貢

陳肖蘭夫子 印之唐 同治癸酉科亞魁庚辰大挑二等歷署杭州府昌化縣處州府麗水縣教諭

受知師

楊晴皐夫子　諱正暉　前任新昌縣知縣乙酉縣試蒙取全案第七名

霍子方夫子　印繩武　現任紹興府知府乙酉府試蒙取全案第九名

瞿子玖夫子　印鴻機　前任浙江學政丙戌歲試蒙取入學

張耕雲夫子　諱輔元　前署新昌縣知縣課試蒙取屢列前茅

王復初夫子　諱貽信　前任新昌縣知縣課試蒙取屢列前茅

錢紫雲夫子　諱鍾麟　前署新昌縣知縣課

歷
試蒙取慶
列前茅
潘繹亭夫子 印衍桐 現任浙江學政庚寅科試蒙取一等
第四名補廩
桑玉衡夫子 印如正 丙子進士現署新昌縣知縣課試蒙
取屢列前茅
嚴梅先夫子 印大魁 現任新昌縣教諭
曹祝齡夫子 印鶴年 現任新昌縣訓導
鄉試中式副榜第四名
鄉試中式第　名
會試中式第　名
殿試第　甲第　名

族繁不及備載
世居西鄉山嵴頭村現住城六坊呑橋裏

浙江鄉試硃卷第十三房

中式第四名副榜祝文修浙江紹興府新昌縣學廩膳生民籍

同考試官大挑儘先知縣柳　閱

薦批　力厚思沈經策賅博

大主考翰林院編修費

取批　意高筆老經策明通

大主考稽查西四旗覺羅經學通政使司副使李

中批　局整機流經策切當

硃卷　光緒辛卯科　批

本房原薦批

以一貫詮題盡掃浮詞獨標眞諦至行文尤好在新警中仍復出以和雅次做據詳明三氣機充暢詩清新俊逸格律渾成經華實並茂策銓貫有法斷致謹嚴

聚奎堂原評

詞華朗潤步武安詳戛戛獨造尚足勝人一籌次三筆酣墨飽詩雅經藝各稱體裁策條對詳明

子張學干祿子曰多聞闕疑慎言其餘則寡尤多見闕殆慎行其餘則寡悔言寡尤行寡悔祿在其中矣

祝文修

爲務外者正其學一貫之教也夫張多聞見故務外而有所干也子以言行之學正之豈餌祿乎一貫之教耳且孔門一貫之傳獨曾氏爲最著其次端木氏則由博返約者也夫惟由博可以返約故意廣才高之士皆當進以正誼明道之功試先爲耳目祛其蔽樞機懍其修覺問心無愧者即問世有資焉而或於紛華中務外以求之則非聖人所望矣吾黨有子張非從學夫子者乎恃是學

也者分靜躁不分隱見判純駁不判窮通固統持身應世而一以貫之也則安得先有利祿之心在其中哉朝廷別無取士之經事舉言揚要必本爾室之操修以厚償其食報故功名雖可慕而有時不敢妄嘗者課心獨密也然而子張不知也下士豈有梯榮之術行成名立要必待明廷之薦剡以自展其經綸故寵利雖可居而有時不容苟蹈者律己貴嚴也然而子張未喻也日者當學而干祿蓋累於務外一心自恃其多聞見耳夫子於是爲之正其學而進以一貫之教焉謂祿以報其功而不知學之中當先分功過也學士空山嘯傲非無朝稽夕考自矜誦讀有功者無如性道少

眞知附會終多錮蔽忠孝無實據假託不免憂危則其過已伏於隱微矣功何從望乎爲學者故必置此身於無過之區以先端品詣而後功之當報者有憑矣謂祿以償所得而不知學之中貴先明得失也吾儒一室闇修非無愽採旁搜自信研窮有得者無如文章多粉飾矣口共試譏評事業尙浮夸舉動易招羞吝則其失已不及補救矣得何可期乎爲學者故必植其體於鮮失之地以先示儀型而後得之可償者不爽矣祿在其中矣雖然要非闕疑殆愼言行寡尤悔潛心正學者不至此此一貫之旨子故爲子張示之是不得拘乎數以昧乎理也伯夷盜跖之爲造物似太顚倒

而究之西山留義士千秋共仰其芳徽可知物恒旣立者雖數逢困阨理自顯榮也亦何必百計圖謀自卑其分量且不得執其始以概其終也羿奡禹稷之事當年未卜興亡而究之中古有聖王兩代大開其景運可知坊表旣端者雖始受艱屯終膺福報也又何待多方徼倖自懈其功修乎張於是得一貫之教務外之心哉而學自力趨於正矣他日者因問行而書紳殆其進境歟

邑六皆夫子評

意境別闢不落窠臼是能於文壇中獨立一幟者妙在於題之交關處勘得透絕無浮光掠影之談命中技也

旅酬下爲上　　祝文修

舉觶而行旅酬其變禮可攷焉夫旅酬特牲饋食之禮也而以下爲上則各舉觶於其長矣宗廟之變禮更若此嘗思尊者舉爵卑者奠酬此常禮也至有時變乎禮之常不以尊卑分先後并易其人之序而以下上互應酬雍雍乎令弟子不吳於言不敖於色也夫而後正祭之禮舉而特牲饋食之禮亦於是明武周於序爵序事外而更舉旅酬何哉竊嘗考之特牲饋食禮一篇所列旅酬之義有正旅酬無算爵之分而其發端則主人奠觶於薦南賓奠觶於薦北及其行正旅酬也賓有主人之酬觶則賓酬長兄弟不必

賓弟子舉觶至長兄弟酬賓則必兄弟之弟子先舉觶而後兄弟以所奠之觶酬賓此正旅酬之時說者所謂均神惠也旅酬既畢行無算爵則賓之子弟及兄弟之子同時舉觶於其長然後賓取觶酬兄弟之黨長兄弟取觶酬賓之黨此無算爵之時說者所謂交恩好也下爲上者其即正旅酬無算爵之禮乎不然何少長咸集斑斑然不紊其序也護獻以奉賓酢以答主當司尊初設要以一酌再酌之制存體統於堂階豈以童子無知漫與趨蹌之列而主就東階賓就西階凡裁弁有常貫統執籩執豆之儔效班聯之揖讓今幸捧觴有願其伸導飲之儀吾於是觀旅酬之禮而知下

者可以爲上焉迎尸九獻以還同姓之在下位者皆上進而歆鷺
振矣觥籌交錯之餘庶幾歌既醉之章相率而奉父兄之燕笑所
慮親疏或間支子不司筵几幼孫未與祼將大宗小宗其能無遺
憾也乎而武周體之本支實嫡嗣之分主黨悉懿親之數觀踰濟
於廟中亦猶是餕餘之例耳奠爵三加而後異姓之在堂下者亦
上升而効駿奔矣俎豆馨香之地方且沐至尊之賜交趄而聯堂
陛之歡欣所慮禮制未嫻號呶而忘醉止揖讓而失少儀爲賓爲
客其能無隕越也乎而武周僄之沖齡可教以成人弱冠亦居然
嘉客備儀文於祭畢仍不改觀禮之常耳所以逮賤也武周之意

非卽特牲饋食之禮哉○

序者射也

祝文修

繼庠與校而言序可曉然於射矣夫射之在序猶養之在庠教之在校也進繹其義不可曉然於射哉且澤宮之地非爲角力之場也布侯之設非爲耀武之用也先王教澤之所在可循其名以釋其義也天下風俗之所關可因其義以定其名也事本用武而道寓修文知古人比禮比樂之功又將於此而核其眞也請繼庠與校而進言序特是序之名何自仿哉東序西序先王有引年之典焉似序亦可言養不知尚齒尚功考校雖渾若一途而肄業必分爲兩地知納斯人於軌物者容修揚觶並嚴揖讓於鄉閭州序遂

序先王有成材之意焉似序更可言教不知觀志觀德六藝原無
偏重而一人各有專司知導一世於和平者禮重賓與其示儀型
於族黨明其爲射固與庠之言養校之言教同一義也以序之音
而論與射同爲諧聲古人所爲因聲定義也序與舍韻舍菜之義
可通序近尚聲尚德之風可會詠騶虞而歌貍首瀰畫布棲皮之
始知先王之遺澤長矣以序之訓而言於射則尚次敘古人所爲
因文定訓也序本近徐紓徐亦正身之象序或作榭宣榭爲講武
之區讀鄉飮而習投壺進張弓挾矢之儔見先王之流風遠矣先
王知爭競之端之不可啟也揮鋤荷笠之徒其鹵莽於志體也素

矣欲陰消其積習則必於耦進耦退者一導以雍和生而有天地四方之志丈夫何可忘其初長而繹君臣父子之經庶人亦必志於鵠血氣平斯形骸束其得力於序者何多也臣將挽尚力之鋒風而彀率納之哉先王知禮制之防之不可弛也進退周旋之節其講明於鄉黨也久矣而欲廣播其風聲則必以內正外直者夙嫻其禮節習其儀於張侯之會圜橋獲觀聽之徵効其技於樹的之場矍相動去來之慕範圍正斯趨向端其裨益於序者不少矣臣將舉止戈之盛治而道藝期之哉此序之所由稱也進考其詳不禁穆然於三代矣

賦得賞月延秋桂　得秋字五言八韻

祝文修

工部延心賞花迎桂樹幽夔闌干里月蟾窟十分秋慧業前

身證奇芬撲鼻浮杯宜斟酒對帳莫捲羅收玩極中宵眼攀

高最上頭玉壺天可駐金粟界同遊景好當筵撫香教入座

留

瓊林應更勝翔步到

瀛洲

硃卷　光緒辛卯科　詩

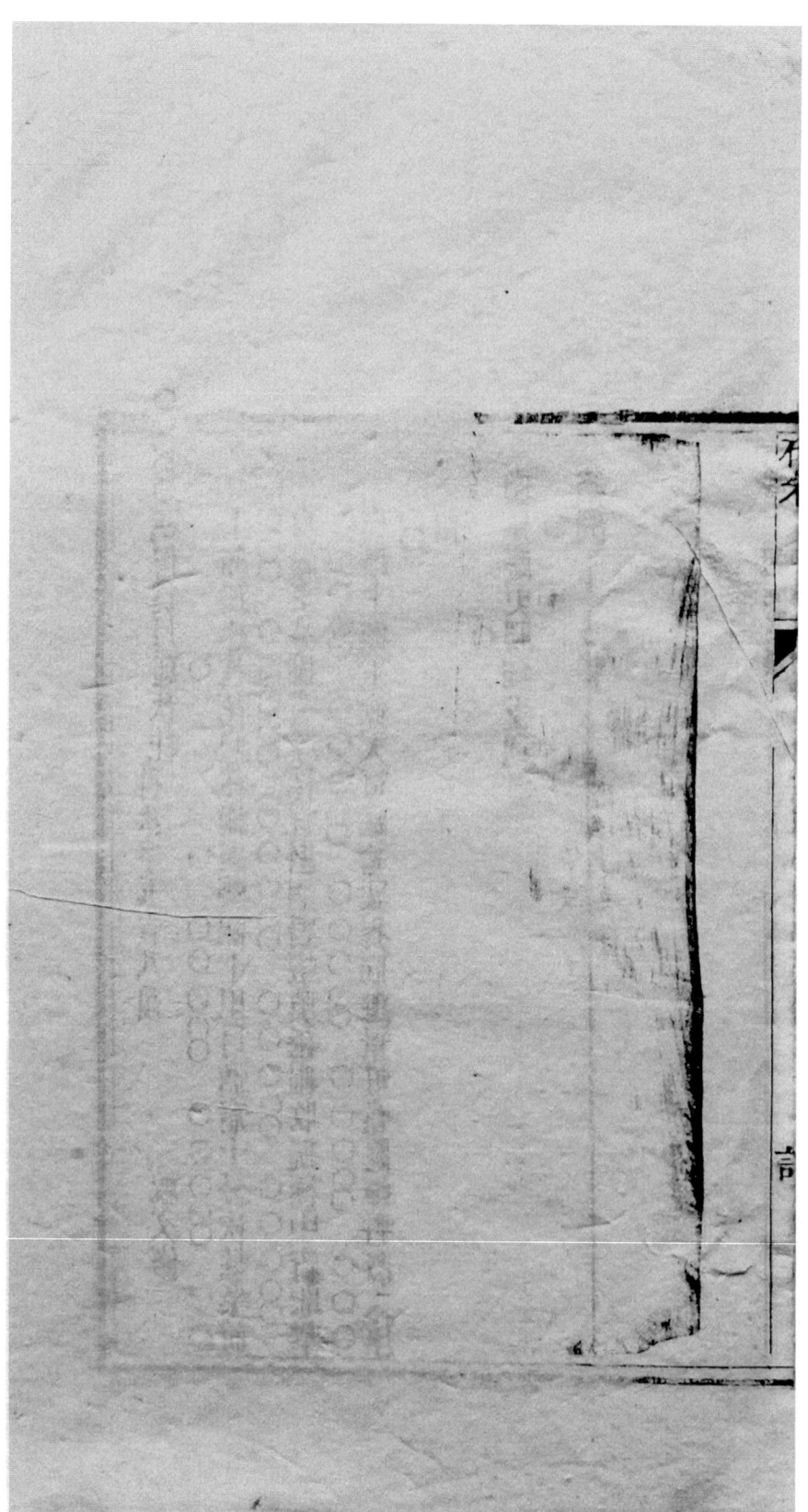

光緒辛卯　童淇瀓

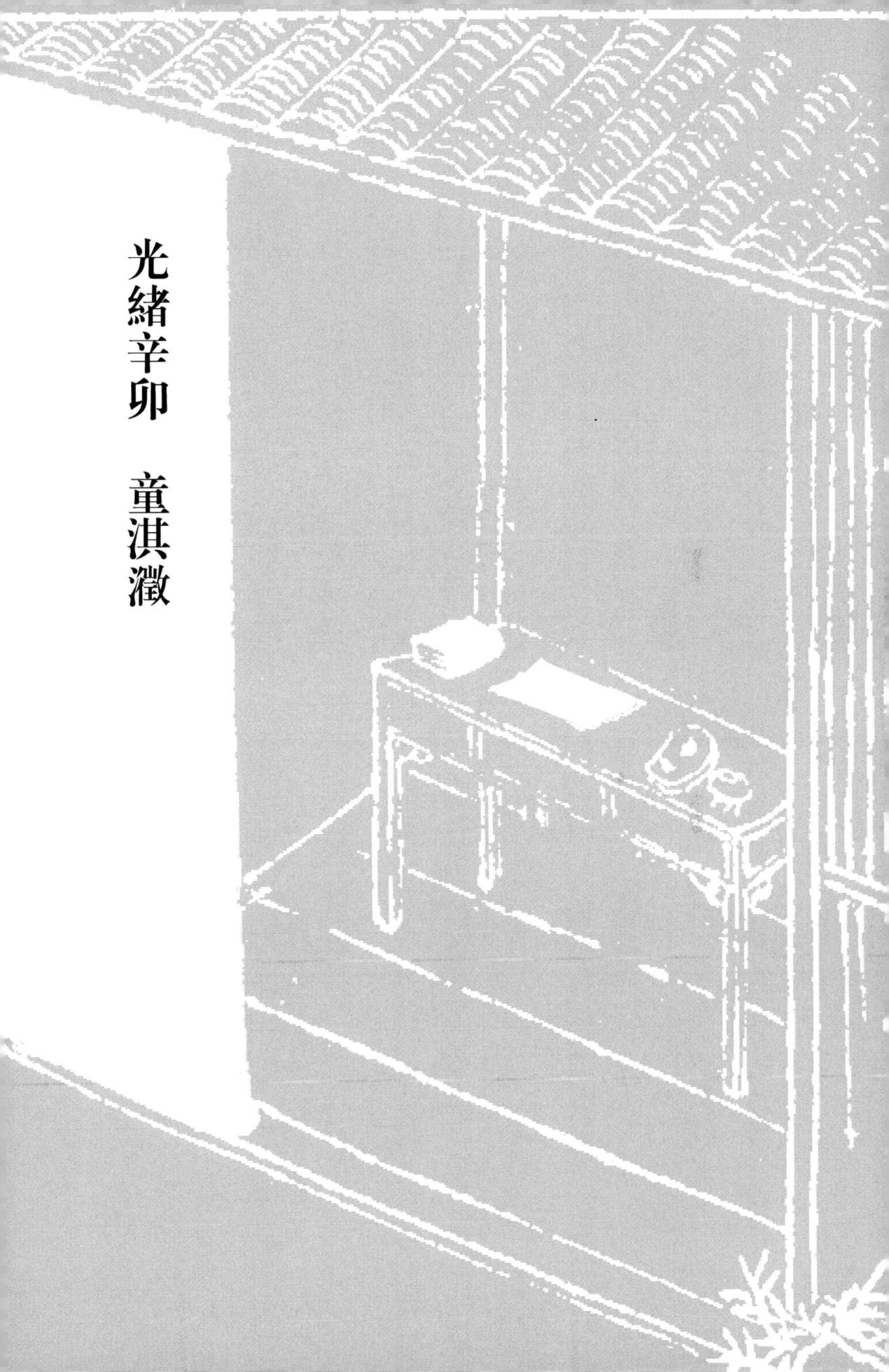

童淇瀓

始祖諱全號鑑水前明國史院修撰

始祖妣氏趙例封孺人

高高祖諱聚培號碧沚國學生考授州判敕授儒林郎貤贈通議大夫湖北按察使司按察使

高高祖妣氏陳國學生諱玉景公女貤贈淑人

字漢鑫號文波行十四咸豐己未年八月二十五日吉時生係浙江寗波府學附生鄞縣民籍

高叔祖忠鋐號月島邑庠生貤贈中議大夫通政使司副使加一級

曾伯祖孝淵號澄川貤贈奉直大夫直隸延慶州知州晉贈資政大夫都察院左副都御史加二級

胞伯恩號春海正三品廕生通政使司經歷直隸延慶州知州開州知州奉天府治中湖南道州知州茶陵州知州歷署直隸大名府同知湖南茶陵州知州瀏陽縣知縣衡陽縣知縣欽加鹽運使司運同銜誥授朝議大夫貤封光祿大夫都察院左都御史加一級

履歷

高高庶祖妣氏沈

高祖諱忠鎬號燕如國學生誥
贈通議大夫湖北按
察使司按察使晉
贈光祿大夫都察院
左都御史加一級

高祖妣氏孫國學生諱耀宗公女
誥贈淑人
晉贈一品夫人

曾祖諱孝源號甬川誥贈通議
大夫湖北按察使司
按察使貤贈奉政
大夫翰林院編修加
六級晉贈光祿大

華號薇研邑廩生道光乙未恩科舉
人戊戌進士翰林院庶吉士編修侍
講侍讀右春坊右庶子左春坊左庶子
翰林院侍講學士侍讀學士光祿寺卿
太常寺卿大理寺卿都察院左副都御
史工部右侍郎左侍郎吏部右侍郎左
侍郎都察院左都御史兼管順天府府
尹事務禮部右侍郎 上書房行走
國史館副總裁稽察左翼宗學紫禁
城內騎馬 賞加頭品頂戴歷署吏部
右侍郎兵部左右侍郎禮部左右侍郎
刑部左右侍郎工部左右侍郎歷充功
臣館纂修 國史館協修纂修提調
實錄館協修纂修提調 日講起居注
官 經筵講官道光己酉湖北鄉試正
考官同治甲子山東鄉試副考官丁卯
提督江蘇學政庚午江南鄉試監臨官
欽差查辦熱河事件大臣癸酉順天

夫都察院左都
御史加一級
曾祖妣氏陳邑庠生貤贈中憲
大夫山東兗沂曹濟
道諱犢公女　誥贈
淑人　貤贈宜人
晉贈一品夫人
祖
諱槐號萼君嘉慶戊
午優貢庚申
恩科順天舉人乙丑
進士工部都水司主
事戶部廣東司主事
員外郎山東司郎中
陝西道監察御史甘
肅蘭州道山東兗沂
曹濟道江西按察使
司按察使山東按察

鄉試副考官　欽差查辦四川雲南事
件大臣　欽差會辦畿輔水利大臣光
緒乙酉順天鄉試副考官加一級隨帶
加四級紀錄二十六次　誥授光祿大
夫　諭賜祭葬　國史有傳著有竹
石居詩文草詞草筆記雜纂如干卷
可悆號蕙湘候選布政使司理問任雲
南姚州知州加一級　誥授奉直
大
夫
胞叔揆尊號蒓舫增貢生光緒乙亥　恩
科舉人丙戌己丑會試薦卷戶
部候補主事福建司行走　欽
加四品銜　誥授中憲大夫
開號雋廷增貢生同治壬戌　恩科順
天鄉試挑取謄錄候選員外郎　誥
授奉直
大夫

使司按察使湖北按
察使司按察使通政
使司副使歷充會典
館總纂軍機處行走
方略館纂修戶部則
例館提調己卯山東
武鄉試監試官加四
級紀錄十八次誥
授通議大夫誥封
奉政大夫翰林院編
修加六級晉贈光
祿大夫都察院左都
御史加一級著有今
白華堂集六十卷應
試文四卷試帖一卷
過庭筆記一卷補雅
一卷從政筆記四卷
眉叟筆記四卷全唐

胞姑長適慈谿葉廩貢生候選訓導諱聲
聞公子江蘇布政使司理問諱元
封公
次適傳邑庠生奎文閣典籍諱作霖公
子道光壬辰 恩科順天舉人江西
上高縣知縣 卹贈知府
銜世襲雲騎尉諱自銘公
次適餘姚張嘉慶丙辰進士江甯布政
使司布政使諱志緒公子正三品廕
生四川定遠縣知縣
欽加同知銜諱嗣鴻公
次適慈谿葛嘉慶丙子舉人戶部湖廣
司郎中諱朝公子江蘇大河衛千總
貤封奉直大夫鹽
課司提舉諱惟午公
次適海鹽朱嘉慶辛酉 恩科進士翰
林院編修內閣學士兼禮部侍郎銜

文選十二卷
文游二卷
祖妣氏陸
國學生　貤
贈奉政大夫
翰林院編修加五級
晉贈資政大夫都
察院左副都御史加
二級諱慶模公女
誥贈淑人　誥贈宜
人　晉贈一品夫人
祖妣氏應
國學生　貤
贈文林郎通
政使司經歷晉贈
資政大夫都察院左
副都御史加二級諱
統權公女　誥封淑
人誥贈宜人
晉贈一品夫人

諱方增公子附貢生江蘇蘇州府通判
升用知州　欽加四品銜名秉衡公
次適慈谿應候選布政使司理問
諱鏞公子附貢生諱雲漢公
次適張國學生諱祖授公子附
貢生議敘道銜諱炳煥公
嫡堂兄鳳岡
號升伯附貢生北城兵馬司
副指揮西城兵馬司指揮戶
部候補主事貴州司行走　欽加直隸
州知州銜加四級　誥授中憲大夫
鳳翽
號吉士附貢生定海
學訓導候選知縣
鳳喈
號耕叔國學生咸豐戊午科順天
鄉試挑取謄錄太常寺典簿光祿
寺署正直隸候補知州歷署昌平州知
州香河縣知縣　欽加鹽運使司運同
銜　誥授
朝議大夫

生祖妣氏張 誥贈宜人 晉贈一品夫人

庶祖妣氏章 誥封宜人 貤贈一品夫人

父章 名號鏡涵附貢生上虞學訓導前署餘姚學訓導欽加太常寺博士銜敕授文林郎誥封奉直大夫翰林院編修加三級

妣氏范 乾隆己酉拔貢嘉慶甲子舉人

德厚 號玉庭附貢生同治壬戌恩科順天鄉試挑取謄錄國史館謄錄丁卯順天舉人議敘內閣中書刑部候補郎中福建司行走誥授奉政大夫

埏國 號厚菴例贈奉直大夫同知銜廣東徐聞縣知縣

秉厚 號芝田正三品蔭生同治丁卯科順天鄉試挑取謄錄光緒丙子舉人方畧館謄錄鹽課司大使江蘇如皋縣知縣欽加同知銜

祖謨 號瀛垞郡廩生光緒己卯舉人大挑二等即選教諭

鳳岐 號𢿙臣附貢生江蘇試用縣丞

振鏘 號蘊石廩貢生候選訓導

歷任於潛仁和學教
諭　馳贈奉直大夫
翰林院編修加三級
諱懋裕公女嘉慶戊
寅　恩科舉人諱上
廉公妹　敕贈孺人
誥贈
宜人
嚴侍下
業師
庭訓
胞叔毓舫夫子
胞叔篤廷夫子

嫡堂弟光麟號靜之郡庠生光緒
己丑　恩科副貢
鳳池號佩卿國學生廣東徐聞縣知縣
署樂昌縣知縣　欽加同知銜
臻厚號至齋
邑庠生
益厚號珊
泉
嫡堂姊妹長適陳歲貢生候選訓導諱攀文
公孫國學生諱孝望公子國學
生琳
次適鎮海鄭鹽運使司運同
銜諱熙公子同知銜芳埏
次適陳同治四年補行壬戌並咸豐辛
酉舉人五品頂戴兵部主事銜會稽
學訓導諱政鍾公子同治丁卯並補甲
子舉人揀選知縣庚辰大挑二等遂昌

履歷

嫡堂兄玉庭夫子
胞兄耳山夫子
胞兄次山夫子
朱階山夫子名昌泰同治丁卯舉人常山學教諭
陸佐邦夫子諱世宰同治癸酉舉人揀選知縣
袁以燕夫子名信芳光緒丙子舉人丙戌進士江西補用知縣

學訓導壽祚
次適慈谿葉道光丙午舉人諱維藩公子同知銜培深
次適王國學生諱士模公子國學生啟墉
次適袁道光己酉拔貢候選訓導名杰公子國學生同知銜諱烈公嗣子増貢生彭年
次適居山東章邱縣知縣廣東候補道署廣東按察使司按察使欽加鹽運使銜諱繼烈公子貢生福建試用同知宗基
次適象山歐附貢生候選訓導歷署浦江學教諭樂清學訓導福建試用同知名景辰公子候選縣丞仁徵

問業師

毛易初夫子名彥歲貢生候選訓導徵舉孝廉方正

潘紀常夫子諱成勳歲貢生候選訓導

表叔陳希彥夫子名熙光緒乙亥恩科解元揀選知縣

張米叔夫子諱慶瓚道光癸卯舉人定海學教諭

次適鎮海鄭同治戊辰進士翰林院檢討江南道監察御史直隸宣化府知府賞戴花翎諱賢坊公子光緒乙亥恩科舉人江蘇補用知縣鍾祥

次適張恩貢生國子監學正銜烏程學訓導名嵓年公子國學生家騋

次適張鹽運使司知事欽加同知銜諱德標公子光祿寺署正銜濟滂

次適趙咸豐丙辰進士翰林院編修右春坊右贊善上書房行走提督山東學政大理寺卿諱佑宸公子太常寺博士銜邑庠生時桐

次適陳道光己酉拔貢內閣中書江蘇補用直隸州知州升用知府欽加三品銜賞戴花翎諱政鑰公子守濟

胞兄鳴鑾號珥山附貢生欽加五品銜

歷

受知師
石康侯夫子 印玉麒 前鄞
縣知
縣
宗湘文夫子 印源瀚 前甯
波府
知府
張霽亭夫子 印澐卿 前浙
江學
政
林聖木夫子 印乃樫 壬午
乙酉同
考官

祥熊 號次山邑庠生同治庚午舉人光
緒庚辰大挑二等癸未進士翰林
院庶吉士編修安
徽補用道加一級
又麟 號友麐例贈修職
郎兩淮鹽課司大使
守誠 號應仁國學生兩
淮鹽課司大使
胞
姊
妹
長 適林國學生候選同知賞戴藍
翎誥贈通奉大夫知府銜加四
級諱士堂公子光緒乙亥恩科
舉人候補兩淮監掣同知鍾崍
次 適張國學生議敘同知銜
名大亨公子國學生鈴
次 適章咸豐壬子狀元國子監祭酒
上書房行走乙卯四川鄉試同治壬
戌廣西鄉試正考官福建廣東學政
誥授資政大夫諱鋆公子脩生立淸

姜雨田夫子 印應齊 戊子
同考官
朵玉衡夫子 印如正 己丑
同考官
潘嶧琴夫子 印衍桐 現浙
江學政
崧鎮青夫子 印駿 本科監臨

次字未
嫡堂姪曾壽
紹曾 號榛麓 邑庠生
曾衍
紹衣 邑庠生
煥奎 國學生
紹聞 國學生
承黻 號曾佑 國學生
曾久 號奐伯 邑庠生

光緒辛卯科　六

曾祺

紹永 號錫珊 邑庠生

重佑 號引臣 優廩生

曾齡

曾奎

曾筌

曾英

金官

啟元

曾祜
英官
曾鴻
曾荃
胞姪詩龢
瑞生
詩諧
黼冕
甯生

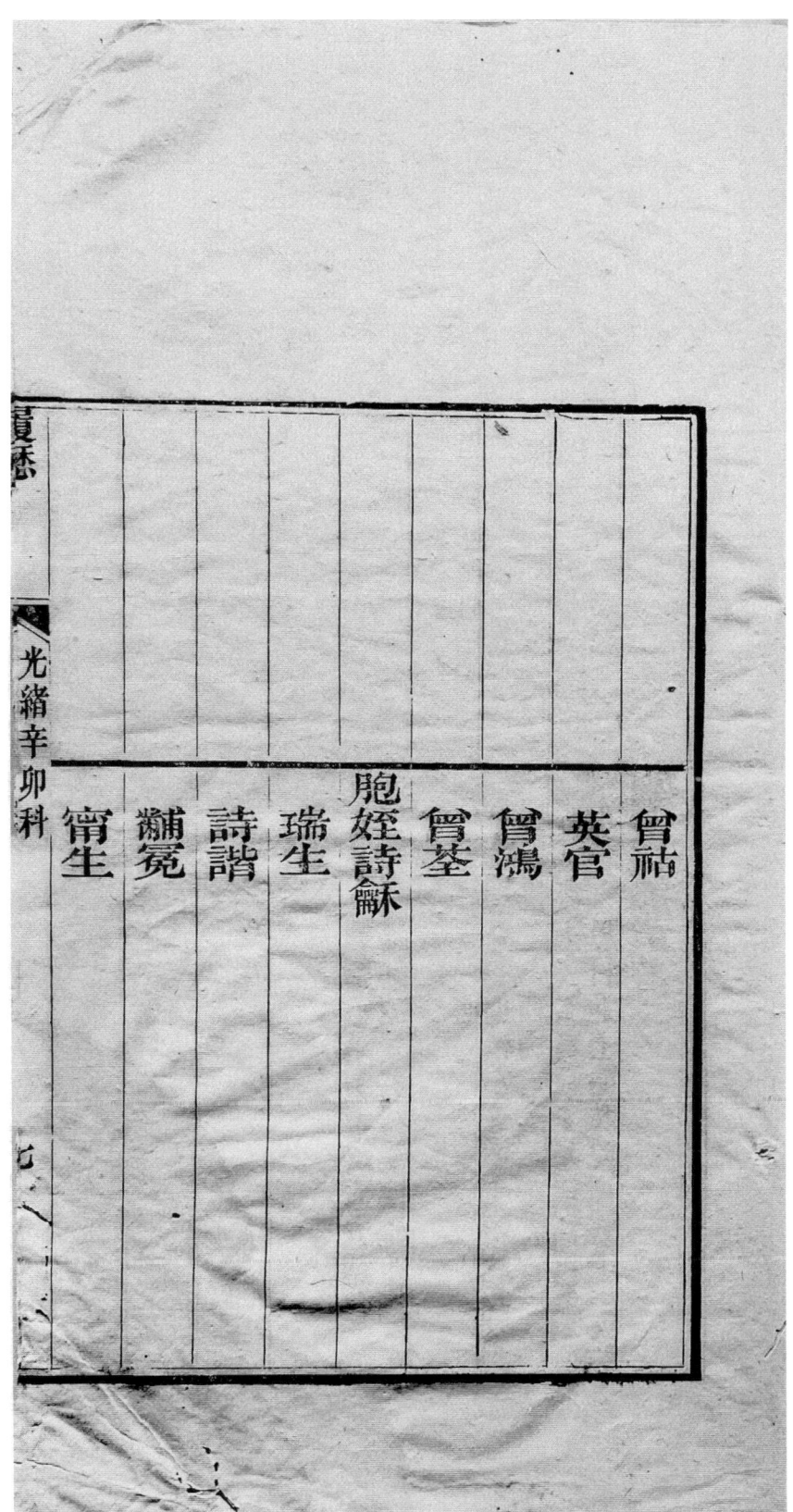

同生

午成

陽生

康齡

胞姪女長適楊同知銜 誥贈奉政大夫議敘諱益栴子國學生瀚

次適楊瀚爲繼室

次適蒸谿楊同治乙丑進士翰林院檢討庚午癸酉湖南鄉試副考官 誥授奉政大夫名泰亨子光緒乙酉舉人庚寅 恩科進士翰林院庶吉士家驥

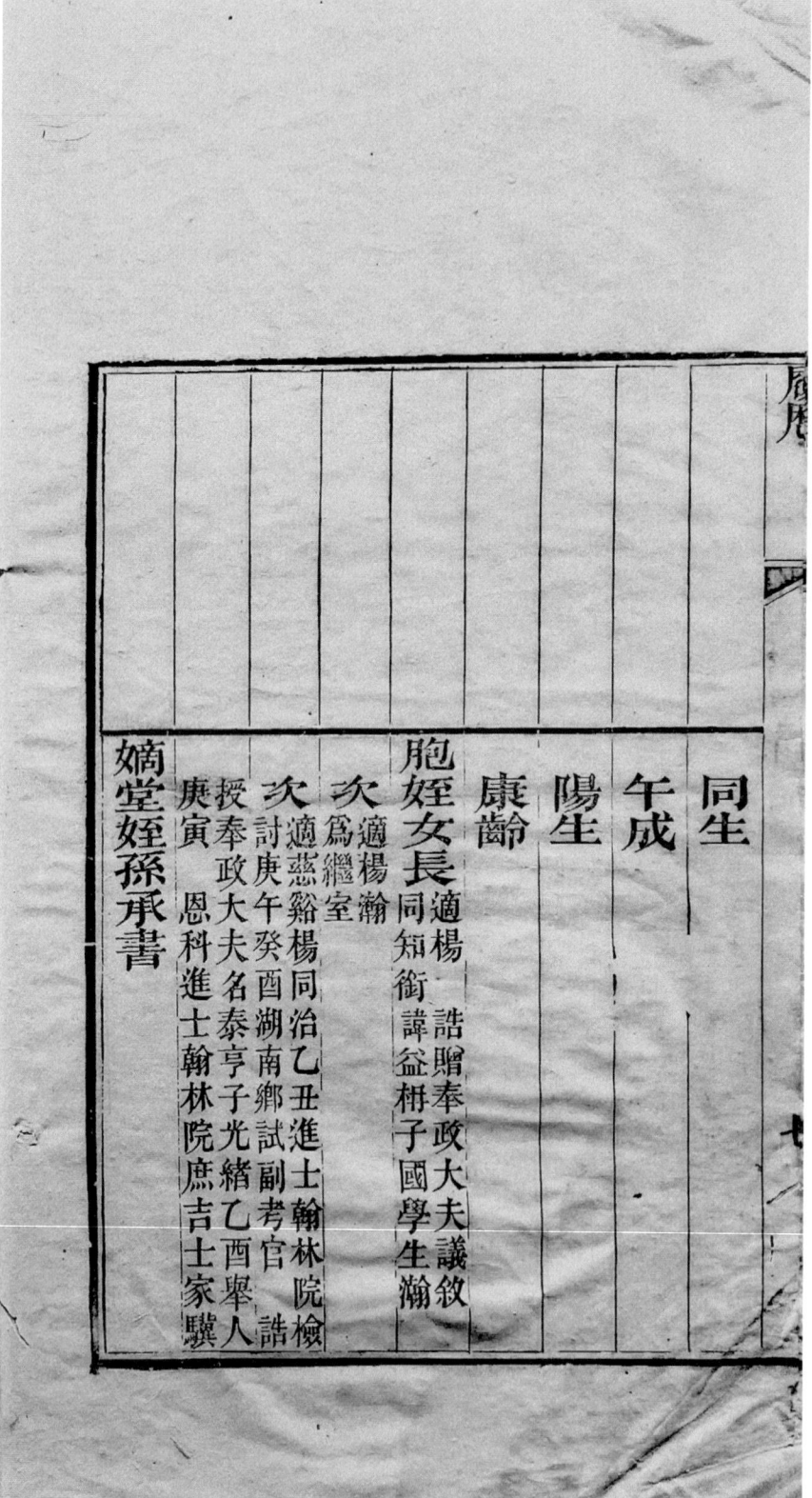

嫡堂姪孫承書

履歷

寶書
書敬
玉書
書敏

妻孫氏嘉慶戊寅恩科舉人道光壬午恩科進士山西襄陵縣知縣乙酉山西同考官敕授文林郎諱家穀公孫女道光丙午副貢己酉舉人庚戌進士翰林院編修諱學騆公女業儒名兆霖胞姊

鄭氏慈谿誥贈中議大夫候選員外郎加四級諱錫鯤公孫女國學生候選員外郎例授奉直大夫諱慶榮公女光緒己卯舉人江西南康縣知縣

履

名世璜候選府同知諱世瓘胞妹業儒

名世珩名世琛名世珪諱世瑜胞姊

娶李氏

子康壽聘陳議敘同知銜敕贈文林郎揀選知縣貤贈文林郎翰林院庶吉士諱愈守公孫女國學生候選同知諱隆藻女

翰臣

女長適毛誥授奉政大夫議敘同知銜名璋子邑庠生文坫

餘未字

族繁祇載本支　世居甯波府城西門

內醋務橋今住南門內廿四間

鄉試中式第四十三名

會試中式第　名

殿試第　甲第　名

欽點

浙江鄉試硃卷第拾伍房

中式第四十三名舉人童淇瀓甯波府學附生鄞縣民籍

同考試官准補孝豐縣知縣加三級楊批　薦

又批　神圓氣聚經渊雅策淹該

大主考翰林院編修加三級費批　取

又批　體大思精經清腴策充實

大主考稽查西四旗覺羅學通政使司副使加三級李批　中

又批　理明詞達經研鍊策光昌

硃卷

批

本房原薦批

第一場　首藝理精氣壯清刻高渾陳言爲之掃盡次三藝匀稱詩雅飭

第二場　五藝均穩暢書禮春秋尤爲明晰

第三場　繁徵博引考覈詳明

聚奎堂原批

自闢門徑無一語寄人籬下振筆直書滔滔清快次三可詩諧

○○○○○○子張學干祿子曰多聞闕疑愼言其餘則寡尤多見闕殆愼行其餘則寡悔言寡尤行寡悔祿在其中矣

童淇瀓

祿無待乎外求專其心於寡尤悔而已夫張之干祿亦欲以言行見用於世耳不知寡尤悔始足見功也祿豈待外求哉且務外之失非必營營於利達也即挾其命世之文章過人之經濟以冀發名而成業而一有急於見功之意則志氣已紛於所役其不及爲內省可知其無禆於世事更可知自責薄而人之責我必厚竊恐功無可見過即隨之而文章經濟亦遂置於無用矣不然子張學

破名

於聖門豈不知躁進之足羞而顧以干祿聞乎其所謂祿殆以樞機者榮辱之主士不可無所建白於當世則其所謂干者未必不於言行加之意也夫吾黨之學非徒使之自有餘而苟有所施即於世不爲無補此其意亦何至見非於夫子者不知廊廟之嘉謨碩畫其能集四海之耳目聲相傾注而不至有震物之嫌必其爾室之進德修辭早已本一心之戒懼默與持循而已絕夫撫躬之疚允若茲則萬化歸兩端兩端歸一念言行之外無學學之外無祿未嘗有見功之心也夫言行非不可有功正恐急於求功適足得過而尤悔已隨之至耳夫子曰尤悔伏於言行言行起於聞見

此其中蓋有序焉學者求寡尤悔則必自多聞見始而有不可不
從其闕者若疑若殆存而弗論然後其餘之數皆在可言可行之
數矣乃猶懼尤悔之易滋而愼之又愼也所學如是其所得祿亦
如是而已學莫患乎急於自見中無所得必以欺飾爲釣譽之方
而孤陋之不免轉爲穿鑿穿鑿之不免流爲支離無論人不受欺
正恐人受其欺而經術動違古訓措施滴謬蒼生至覆餗貽譏將
清夜之負疚無窮究莫釋其在已徇人之憾此所謂言不忠信行
不篤敬者也豈子張而甘蹈之學莫要乎嚴於自治外無所營必
於修省求愜心之境而淹博不可恃出以精詳精詳不可恃加以

斂抑無論積久必發即使積而不發而著作集爲成書威儀垂爲令則苟潛修可信將百世之師資有屬亦自操其行成名立之權此所謂在邦必達在家必達者也惟夫子爲切詔之其曰在其中者非以子張方加意於言行故示以致力之端而使之深造自得哉如以干祿爲躁進而貶之亦未識聖賢所學之大矣

本房加批

見解既確出以清雄駿快之筆自爾一片神行其批郤導窾更於題中層折一絲不漏大含細入夫何間然

旅酬下爲上　童淇徵

祭畢而行旅酬下忱得展矣夫旅酬之禮賓與主行於堂上而其弟子之在堂下者亦升階而與於舉觶焉非爲上而何嘗思祭有十倫其一爲上下之際祭者際也既以際幽明之交又以際上下之志也特是以上際下在乎餕餘之均惠故祭統有每變以衆之交以下際上在乎導飲之服勤故儀禮有交錯以徧之義當夫主賓飲福迭進觥籌而後生小子之助其舉觶者以强力之容申肅敬之心焉制禮者正樂觀於其際矣昭穆既序而後豈惟序爵序事已哉試進詳旅酬之禮先乎酬者謂之獻玉爵瑤尊皆主人獻

賓之典其時主黨之在阼階下者亦惟息心屏氣以默觀乎盛禮
而初不得以追隨參奉斝之班對乎酬者謂之酢朝踐饋食羅[illegible]
賓酬主之尊其時賓黨之在西階下者方且循分修儀以退處乎
一隅而并不敢以趨進佐投壺之節蓋斯時猶未及乎行酬也既
而尸飲七賓長與衆兄弟更爲加爵前獻於尸是謂酬矣然無所
謂旅也既而九獻已畢尸傳神嘏爲賓爲客獻酬交錯是則謂之
旅酬矣然亦上與上互相酬無所謂下爲上也夫宗廟之禮天子
儐尸不自爲主人使長兄弟代之以與賓敵自其弟子視之則皆
謂之上也而弟子之在下者乃不使與於執事哉武周若曰旅酬

賜酳昭爲一穆爲一以迨於羣有司之序有定制矣幼無爵而遂
遺之於情不順少不更事而遽棄之於心不安且無論其入廟觀
光有事爲榮也彼見其上之人升降奠觶僕僕亟拜而曾不得奉
觴曲跽一代其勞下恍過矣毋乃非修其孝弟以事長上之意乎
爰命主黨進焉我國家誼篤本支麟趾螽斯悉與宗親之宴好所
謂旅酬者同姓之弟子咸在矣觀梓知型諭元子以拜後翁桐待
錫許弱弟以隨行而序進有班稍申奉盥奉盤之誼三爵油油上
下交驩也卽天潢末屬弗致愆儀於嘗酎爾復詔賓黨進焉聖天
子恩周藩服鷺飛馬繫胥偕多士以祼將所謂旅酬者異姓之弟

子畢至矣鬻熊遺冑供縮酒而來王呂伋世勳佐酬尊而養老而爵行無算藉展式飲式食之思一堂濟濟上下得所也卽庶邦小侯猶荷推仁於飲醲爾禮之逮賤者以此

本房加批

有數佐有議論妙能審合題氣不徒藻績爲工

〇〇〇〇〇〇序者射也　　童淇澂

更推設序之義觀於射而知之矣夫序之爲義何必不兼養與教而其大旨則不外乎射孟子以是爲序所由名也且五射之藝掌於保氏頁以藝成爲德成之本也而必先規其地以爲角藝之區藝之精者貢王朝故中多中少天子必較射於澤宮而澤乃有擇之意吾得於讀射義者證之藝之善者萃一鄉故比禮比樂州長必會射於州序而序即以射而名吾得爲設鄉學者闡之蓋惟庠爲養校爲教哉夫言乎養則老者不以筋力爲禮或許其弛而弗張言乎教則文事似於武備難兼豈責以仁必有勇若是乎射固

在所後也而以觀於序序之制立於州統人既極其衆多宜必有
馭才之道至學記所稱更擴其規於在術有序則益以羣萃爭奇
而程能爲力之途王者遂爲之因勢而利導序之體通乎榭度地
既居於間曠方足爲講武之場至爾雅所陳更定其模於有牆曰
序則不待環觀成堵而夾道直馳之際王者特俾之比耦而呈材
且夫養庶老養國老序豈必竟異於庠而有不拘焉者血氣衰盛
之機老得所安必先壯得所用迨至恥無能而期命中而後知大
庭較藝之集益多也且夫掌教治讀教法序何嘗不同於校而有
更進焉者世運維持之理入而訓士必且出而治兵迨至易貫革

而爲舞干而後歎聖化涵濡之操術正也序者射也謂序之言緒
無異於射之言繹紬繹之得其端緒也意可會也而立法者固不
惟其意矣桑蓬爲男子之祥在懸弧而早定而究其致功之漸則
思已鵠者有之祈爾爵者有之夫孰非激厲以成乎分曹對耦而
射堂並做可證東西列序之名栗階升庭而射耦無猜亦兼長幼
有序之義成法相沿必原所自而序事辨賢序爵辨貴賤亦何妨
借擬哉謂序之有秩無異於射之有耦耦進之按其秩敘也事相
連也而觀德者又不惟其事矣蘋蘩爲士夫之節胥合樂而無愆
而溯其得力之由則外體直者於斯內志正者於斯亦何非漸摩

有素乎聚國子貴遊而合射於秋序可爲進修之地散虎賁將士而就射於郊序卽爲退息之方毓德之所咸就範圍而序賓以賢序賓以不侮不從可徵信哉鄉學之取義至是備矣

本房加批

搜剔明核仍復一氣渾淪其鍊在骨

賦得賞月延秋桂 得秋字五言八韻　童淇瀓

月地堪延爽人來桂窟游有情相競賞無景不成秋玉宇剛
飛鏡珠簾盡上鉤蟾枝看在手犀悟憶從頭光巳邀臨座香
應引入樓一輪欣照澈全樹許句留逸興與風俱發涼痕露正
浮
聖恩三接近聯步到
瀛洲

本房加批
詩筆韶秀饒有遠神

硃卷　光緒辛卯科　詩

光緒癸巳

李植楙

恩科硃卷

李植楙

始祖諱顯忠青澗人宋孝宗朝官太尉賜第京師卒謚忠襄事蹟詳載宋史

遷鄞一世祖諱守眞宋祥興間始從居甬上砌街[illegible]

二世祖諱敬譽[illegible]

三世祖諱茂山[illegible]

四世祖諱鼎號[illegible]詩見[illegible]

夏添[illegible]

譜名植椿字齡甫號琴史行二道光戊申歲六月初九日吉時生係鄞縣附貢生不論雙單月試用訓導民籍

十四世叔祖世安郡庠生

世寅國學生

胞伯厚濤字聽潮候選從九例授登仕郎敕贈儒林郎晉贈奉直大夫都察院都事加一級

胞叔厚澧字友溪候選從九

胞叔厚滋早殤

胞姑適蔣國學生諱傳培公次子國學生諱詒蘭公國學生名懷炳諱懷炬母

耆舊集

五世祖諱迪號長清工詩見甬上耆舊集邑志有傳

六世祖諱端號櫟軒博學工詩兼通天官家言郡太守請爲五經鄉校師邑志有傳

七世祖諱正華號棟塘封山東道監察御史贈中憲大夫邑志有傳

七世祖妣何氏封恭人

胞兄植楣出嗣胞伯聽潮公後例貢生例封修職郎太常寺博士晉都察院都事加一級敕授儒林郎誥授奉直大夫同治丁卯庚午癸酉科薦卷著有詩囊未定稿若干卷

一

胞弟植本出嗣胞叔友溪公後戊子科本省鄉試薦卷本年科試入縣學第一名

胞妹長適姚邑朱道光己丑一甲三名進士翰林院編修內閣學士兼禮部侍郎銜諱蘭公次子同治壬戌進士翰林院編修丁卯科順天鄉試同考官庚午山東鄉試正考官湖南學政四川學政詹事府詹事諱逌然公邑庠生諱定基邑庠生名倫基業儒名衡基鄂基母

八世祖 諱 循義 號六峯
明嘉靖
癸未科進士歷任山
東道監察御史江西
巡按湖廣衡州府知
府有鄭溪存稿珠玉
遺編行世
邑志有傳
八世祖妣劉氏 封恭人
九世祖 諱 生威 號少峯
明嘉靖
甲子科舉人 授直
隸鳳陽府推官 贈
光祿大夫太子太保
兵部尚書崇祀鄉賢
邑志
有傳

次早殤字何國學生議敘八品銜諱肇
美公孫太學生國子監典籍諱鳳翔
公長子邑庠
生名夔光
從姊適馮國學生諱永珣公孫國學
生諱星橋公子國學生諱建坊
從妹適何國學生議敘八品銜諱肇美公
孫國學生諱傳元公嗣子諱礽森
次適包國學生諱禮儀公孫從九職
員諱學安公子國學生名傳德
次適袁國學生諱朝埸公子從
九名汝鋆業儒名家櫆母
本支胞姪翊勳 邑廩生戊子科本省鄉
試薦卷本科同榜副貢
翊燕 字厥孫
業儒
翊照 讀幼

九世祖妣聞氏贈一品夫人

十世祖諱德先號龍麓邑庠生歷封兵部右侍郎贈太子太保兵部尚書邑志有傳

十世祖妣施氏贈一品夫人

十世祖妣柴氏贈一品夫人

十一世祖諱梃郡庠生

十一世祖妣全氏

十二世祖諱文約字原博郡

翊鵬幼讀

翊爲幼讀

翊然幼

翊鯨幼

姪孫慶坊幼讀

胞姪女長適同邑袁國學生贈奉政大夫欽旌孝子諱行漳公孫議敘九品贈修職郎諱照公子郡庠生諱燾公嗣子國學生諱可煥名久墀久均母

次適同邑袁國學生贈儒林郎諱行潤公孫國學生布政使司理問諱勳公子國學生中書科中書諱櫕公胞姪業儒名康年名榮官榮泉母

庠生候選分府例授奉直大夫著有棟園唱和集

十二世祖妣舒氏例封宜人

十三世祖諱高字聿登歲貢生候選訓導例授修職佐郎

十三世祖妣董氏例封孺人

十四世祖諱世宷字揆公國學生貤贈奉直大夫

十四世祖妣郭氏貤贈宜人

三適同邑陳國學生光祿寺署正貤贈文林郎揀選知縣例授儒林郎諱慶元公嗣子國學生鹽運司知事例授修職佐郎例贈文林郎揀選知縣諱鉉元公兼祧本生子國學生乙酉科舉人中書科中書銜名康鼎

四適姚邑朱道光己丑一甲三名進士翰林院編修內閣學士兼禮部侍郎銜諱蘭公孫同治壬戌進士翰林院編修丁卯順天鄉試同考官庚午山東鄉試正考官湖南學政四川學政詹事府詹事諱逌然公子邑庠生名倫基

五字同邑陳國學生誥授朝議大夫候選知府諱鉞公曾孫議敘八品諱同勳公孫國子監生諱懋公子業儒名宗煌

餘俱未字　姪孫女二俱未字

履歷

十四世祖妣陳氏貤贈宜人

高高祖諱昌言字禹聞國學生誥贈奉直大夫

高高祖妣史氏誥贈宜人

高祖諱恭玉字琫璋國學生光祿寺署正銜加二級例授奉直大夫

高祖妣史氏例封宜人

曾祖諱承時字懋哉邑庠生晉貤贈奉政大夫贈中憲大夫

妻勵氏例貢生布政使司理問直大夫諱豐公孫女議敘八品銜誥贈奉例授修職郎諱純公長女郡庠生道光乙未恩科鄉魁甲辰大挑一等歷署江蘇阜甯銅山蕭縣鹽城縣知縣補授清江縣知縣署徐州府同知補授高郵州知州加知府銜誥授朝議大夫諱綱公胞姪女邑庠生諱孝政國學生諱孝濬胞妹國學生名邦黻胞姊國學生名延炳胞姑姊

張氏國學生誥封奉政大夫諱艮岳公孫女國學生諱繼源公女國學生候選同知名繼翼國學生名繼泉胞姪女邑庠生名善熚妹國學生名善烺

余氏貤贈承德郎候選州同加一級諱慈遠公孫女國學生諱超鈴公

曾祖妣郭氏故州司馬
諱培祖公
孫女副貢生加同知
銜諱四賓公女國學
生諱祖本公胞姊國
學生諱祖祿公胞妹
貤贈宜人
晉贈恭人

祖　諱維修字鑑亭候選
從九誥贈
奉政大夫　晉
贈中憲大夫

祖妣舒氏國學生諱日
章公女國學
生諱萬清公姊國學
生諱寶森寶根公胞
姑　誥贈宜人
晉贈恭人

女　敕授宣德郎候選州同諱超鎮公
授宣德郎候選州同諱超鏞公胞
姪女業儒名承大堂
姊幼讀名承恩姊

子翊蒸幼讀

女四俱未字

義子翊煌幼

考諱厚沅字楚湘國學
生例贈文
林郎候選府同知加
二級誥授奉政大
夫例晉
中憲大夫
妣楊氏同邑例授登
仕佐郎誥贈
朝議大夫晉贈榮
祿大夫諱冠賢公女
誥贈朝議大夫
晉贈通奉大夫諱配
岳公國學生候選同
知軍功記名以道員
用加鹽運使司銜江
蘇蘇松常鎮太道
賞給二品頂戴賞
戴花翎例授資政

大夫　誥贈榮祿大
夫諱坊公貤妹國學
生　貤贈通奉大夫
諱臣贊國學生福建
補用同知　欽加道
銜　賞戴花翎　誥
授朝議大夫晉授
通奉大夫諱臣謙國
學生　欽賜舉人候
選郎中　賞戴花翎
欽加三品銜例
授通議大夫名葆鏞
胞姑　例贈孺人
誥封宜人　晉封恭
人

庶妣姚氏　待贈孺人

履歷

受業師

庭訓

叔父訓

族太叔祖藹園夫子印承綸郡增貢生

從舅徐覲光夫子印來芬邑附生

姻丈何諒甫夫子印鳳

翔太學生國子監典籍

張斂齋夫子印世安邑庠生

李小梅夫子印雲楂邑增生

黃亦泉夫子印繼濬郡廩生

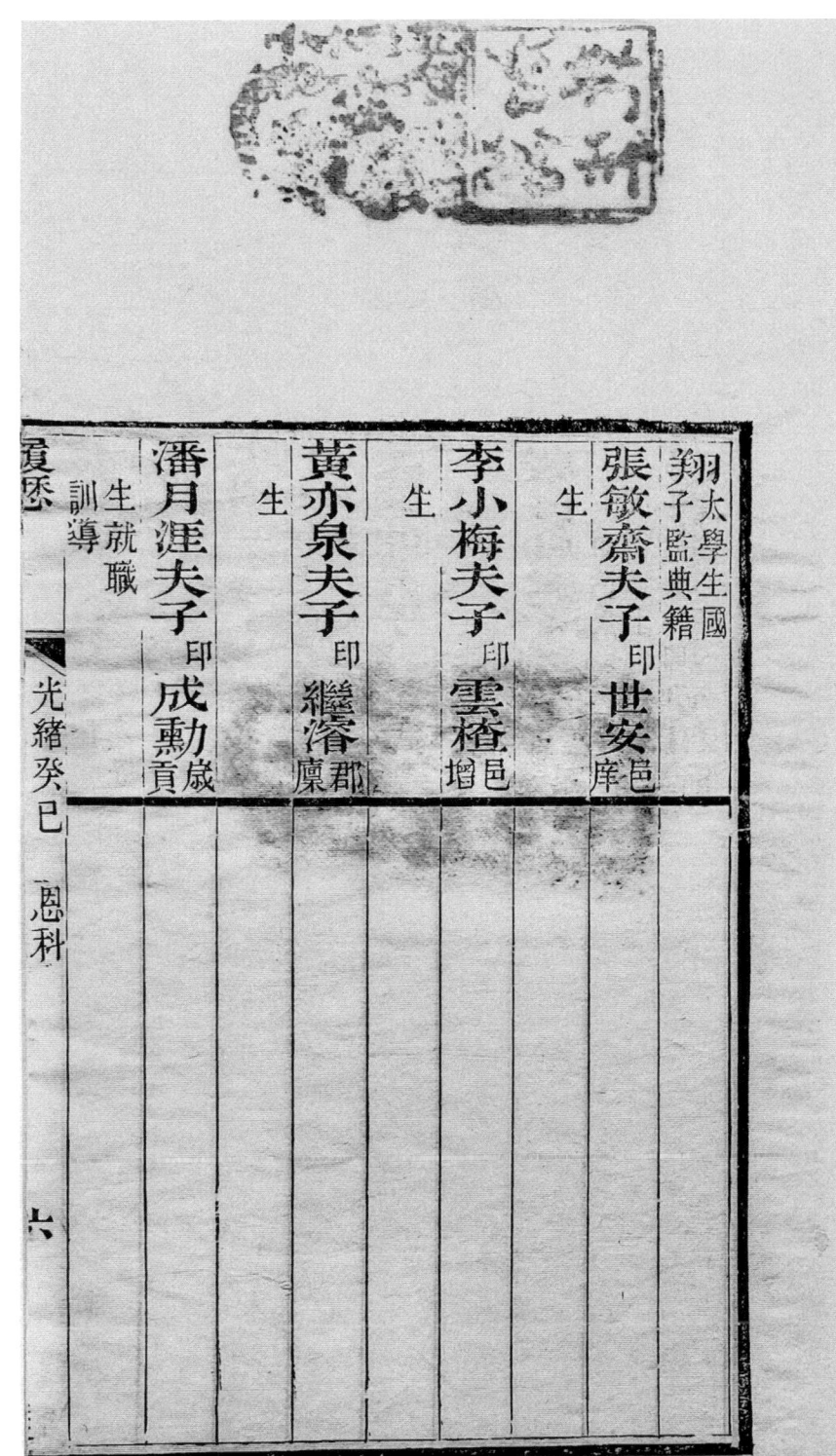

潘月涯夫子印成勳歲貢生就職訓導

履歷

毛伯璈夫子 印琨 同治乙丑科舉人石門縣學教諭

吳纘三夫子 印善述 鎮邑人道光己酉科舉人湖州府學教諭

洪蘇仲夫子 印昌許 姚邑教諭

嚴霞軒夫子 印蔚文 姚邑人同治戊辰科進士

楊春生夫子 印燮和 會稽

人同治丁卯科並補行甲子科舉人義烏訓導

劉子珊夫子印文燦錢塘人稟貢生試用訓導

蔡季珪夫子印以瑞蕭山人同治戊辰科會元翰林院庶吉士刑部主事

裘禾村夫子印性宗慈邑人咸豐乙卯科舉人

歷

徐蓮峯夫子印辰姚邑人拔貢生朝考一等光緒丙子科舉人

受知師

張鏡蓉夫子印銑前鄞縣知縣

張春䕫夫子印玉藻前甯府知府

張星白夫子謚文貞前浙江學政

邊仲思夫子 印 葆誠 前甯
府知
府

曾雨人夫子 印 國霖 庚午
科浙江鄉
試同考官

陳保東夫子 印 泰階 己卯
科浙江鄉
試同考官

劉雲樵夫子 印 喬祺 己丑
恩科浙江
鄉試同考官

李子僊夫子 印 蟠根 辛卯

覆歷

光緒癸巳　恩科

科浙江鄉試同考官

顧子珊夫子印文彬前甯紹台道

陳六舟夫子印彝現任浙江學政

鄉試中式第七十八名

會試中式第　名

殿試第　甲第　名

欽點

族繁祇載本支

祖居砌街現住鹹塘里

浙江鄉試硃卷　第捌房

中式第七十八名舉人李植楙甯波府鄞縣附貢生試用訓導民籍

同考試官即用知縣何批　薦

又批　義堅詞卓經策淵懿

大主考翰林院編修國史館協修　功臣館纂修本衙門撰文周批　取

又批　氣體高華經策古茂

大主考四品銜通政使司參議殷批　中

又批　思力沈厚經策精通

硃卷

批

本房原薦批

第一場　以復古立論樹義必堅摛辭無懦次言明且清三精警奪目詩妥

第二場　詩以制藝體爲之纏綿悱惻情見乎辭禮清詞麗句化腐爲神餘妥協

第三場　夾敘夾議舌本翻瀾

聚奎堂原批

第一場　望古遥集情采雙佳次理榦扶疏三詞條豊蔚詩錬

第二場　詩體格高古遣詞雅錬餘三藝妥貼易施春秋持論不腐

第三場　博聞彊識

○○○○○孔子曰見善如不及見不善如探湯吾見其人矣吾聞其語矣隱居以求其志行義以達其道吾聞其語矣未見其人也

李植楙

以好古而思復古見固幸不見仍望矣夫古語盡在百聞不如一見也乃潔身如彼而經世如此其何以慰復古之心哉且魯論兩記好古而於聖人復古之懷卒未之及豈今果異於古所云哉古惟有萬物不移之守而後世於以仰眞儒古惟有千秋自命之才而後世於以重名世乃傳諸古者若彼而驗之於今有與古符者有不盡與古符者此則聖人區區復古之心所不能釋然者矣不

然我夫子操春秋筆削之權善不善以古遺直爲斷本大學治齊之量隱與行以古明德爲宗復何必於古語而有感哉乃日者日吾具好古之心以期人盡復古也久矣古名儒履潔懷淸峻丰裁於一已而相士者度欽虛谷品重臨淵謂斯人行誼堪傳庶繼起有人皆得規彷遺踪披實錄而砥廉隅之節古大人明體達用布德業於寰區而衡品者學課山林治觀廊廟謂斯人經猷卓著庶後有作者亦得追摹盛烈讀遺編而挽氣數之窮則意者所見盡符所聞乎而何以功名非古廉恥合乎古勳業非古風標近乎古見善如不及見不善如探湯吾不料所見之僅是也然究不得謂

非吾所聞也則意者所聞無負所見乎而何以節概學古才德不及古操修法古經濟不若古隱居以求志行義以達道吾固望所聞之克酬也然要不能概諸吾所見也夫吾具好古之心以期人盡復古也久矣考風而歎古道之遙凡顯榮爲念而修省多疏有致是非於顚倒者非有守而欲有猷蒼生亦無補也茲於所見證所聞覺善則望切登高不善則憂深執熱是人能自進將幼學壯行之詣積漸頓發其光華一鄉之善何莫非三代之英乎潁水箕山朝廷不重此高風而陶鑄剏成大器今雖古處僅尙也不稍慰狂狷可與之衷哉論世而慨古風之遠凡耿介自持而措施乏術

有寘通塞於淡忘者不治人而專治己吾道亦太孤矣茲於所聞核所見覓隱則蓬廬養晦行則黼座宣猷若人而復生俾揚清激濁之修積久遂蒸爲風俗大地與參豈惟是鄉黨自好乎渭濱莘野晚近即無此碩彥而遭逢或有定期今既古治足憑也果誰嗣東周可爲之願哉夫吾具好古之心以期人盡復古也久矣

故君子尊德性而道問學

李植楙

舉凝道之大要尊與道無偏廢矣夫德性本於天也問學屬於人也尊之道之而凝道之君子不已得其大要哉且理之賦於天也非敬以持之則多褻理之闡於人也非參以考之則多歧存理之君子以天所命者葆懿好之良而嚴恭罔懈以人所體者殫研求之力而錮蔽自消夫是而質之於天懍然焉課之於人般然焉而理之在於天人間者遂得其大要而無或失如吾言凝道亦思道也者固合天人而一以貫之者也是果於何而凝之哉大造陰騭之原必崇奉而乃完其體有得心之德而順受正有降衷之性而

主宰嚴敬恭至則怠忽俱懲自可於元氣流行日監而早切在茲
之念古聖流傳之業必服習而始進其途有好問之意而疑竇開
有博學之情而淺見闢稽考密則紛繁咸理所當於眞機蘊積逖
志以無忘時敏之修然則德性固道中之本原也問學又道中之
功候也以尊之道之而爲凝此其故誰知之哉惟君子絕外來之
憧擾旦明倍切防閑而欲彌兩大於缺憾之時敢昧一已以靈承
之志凡所謂發育峻極之涵於斯道者其監觀固甚赫也而烏得
不尊惟君子懼獨見之拘墟事物彌深探討而不貽一身以寡聞
之誚當求萬理於散著之閒凡所謂禮儀威儀之備於斯道者其

包舉正靡遺也而烏得不道且夫天下惟最初之眞有足重耳使言德而不言性行誼或開寂滅之門使言性而不言德血氣或入偏私之地君子先所道以尊之無論後此之融貫乎一名一物者何如而有德以植其基性體亦歸於完固有性以立其本德量益覺其渾全無處非德無處非性實無處非尊也特其大意有不敢褻玩焉爾且夫天下非參助之力不爲功耳使能問而未必學採訪徒屬詞章之末使能學而未必問誦讀或來孤陋之譏君子繼所尊以道之無論前此之奉持乎良知良能者奚若而其問既虛以納好學不厭乎勤勞其學既實以求善問愈開乎覺悟隨在皆

硃卷　四　李

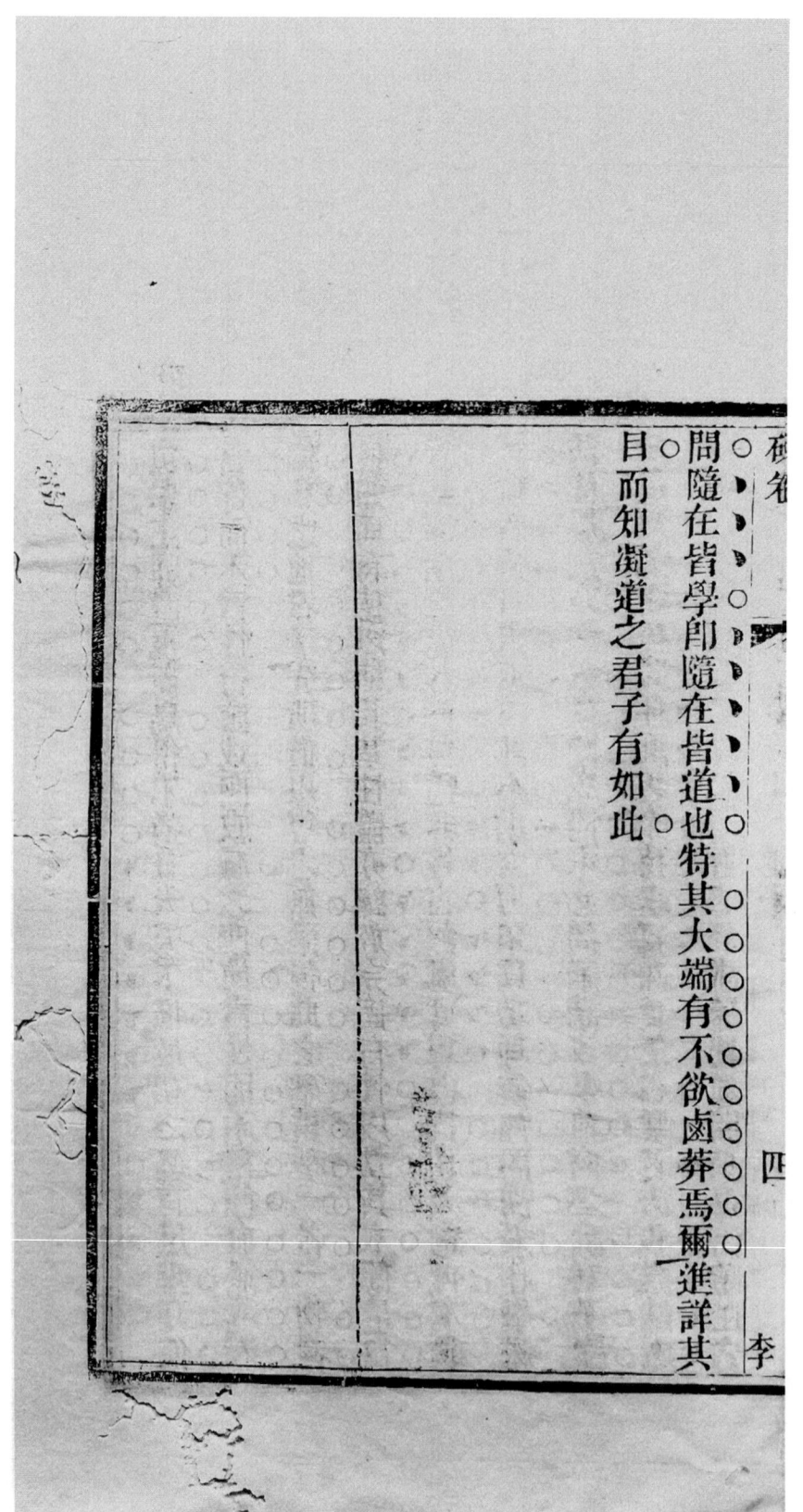

問隨在皆學即隨在皆道也特其大端有不欲鹵莽焉爾進詳其目而知凝道之君子有如此

春秋無義戰彼善於此則有之矣

李植楙

以義定春秋之戰雖善而無當於義焉夫好戰者動以春秋爲律豈知無義而有善則善亦難以義許矣讀春秋其知之且自爭城掠地之風熾而世之好戰者動援古昔之兵端以爲解豈知六月采芑諸詠特聖人不得已而爲之故雖迹熄詩亡而筆削微詞猶懍然爲談兵者戒而斷不予人以藉口之端此旨不明將作經者深旣之意與節取之條幾何不爲兵家誤也吾茲有感於春秋今夫孔子作春秋固有曰其義竊取之矣予生也晚見夫張儀蘇秦公孫衍輩肆蠶食之謀設鯨吞之計戰陣紛紛若自命以義起者

問何故則曰春秋書侵五十八書圍四十四書入十九書執三十書滅二十大抵不離乎戰者近是信斯說也則戰未有不善即善未有不義而豈其然哉予嘗慨想古初奇懷隆盛涿鹿阪泉黃帝之興義憤也南巢牧野湯武之伸義氣也春秋二百四十年閒屢言戰若未始有戰者非無戰也無義戰也而顧欲於度雄關攻上黨挾詐術以當之是非惟不得言義戰即求一彼善於此而不能矣則何如春秋之不可義之者之有其善也驪山之烽火起乎搆怨興兵遑戰爭者幾無暇日大義亦莫講矣然書意不難默會耳聞鼎者見誅豈懷遠招攜齊桓不稍酬宋望彎弓者罹罪豈敦詩

說禮晉文不偶服輿情執此以爲善雖大異王室開基表杖鉞麾
旄之盛而較之封豕生心以荐食上國者固微判低昂也數十年
由義爲懷告王莫雪喪師之恥觀春秋而知體例甚嚴其不能冒
託以惑人者皆私淑時所敬而畏焉者矣揚水之成役歸乎勞師
動衆務戰勝者莫息爭端名義幾不問矣然經旨自可徐參耳作
軍僭其分豈敬教勸學脩文不猶識上儀殺敵肆其鋒豈悔過誓
師秦穆不偷明大典執此以爲善雖迥殊天家啟業著攻車同馬
之風而較之牽羊受辱以翦滅諸姬者固略分軒輊也三千客市
義爲尚殃民多由搆釁而來觀春秋而知口誅必力其不能掩藏

以護短者皆遊說士所聞而嘶焉者矣噫羣雄並列禍變迭生知
今諸侯得罪於五霸國史所存經常不易故門弟子莫贊乎一辭
則盡於征之義以一論之乎

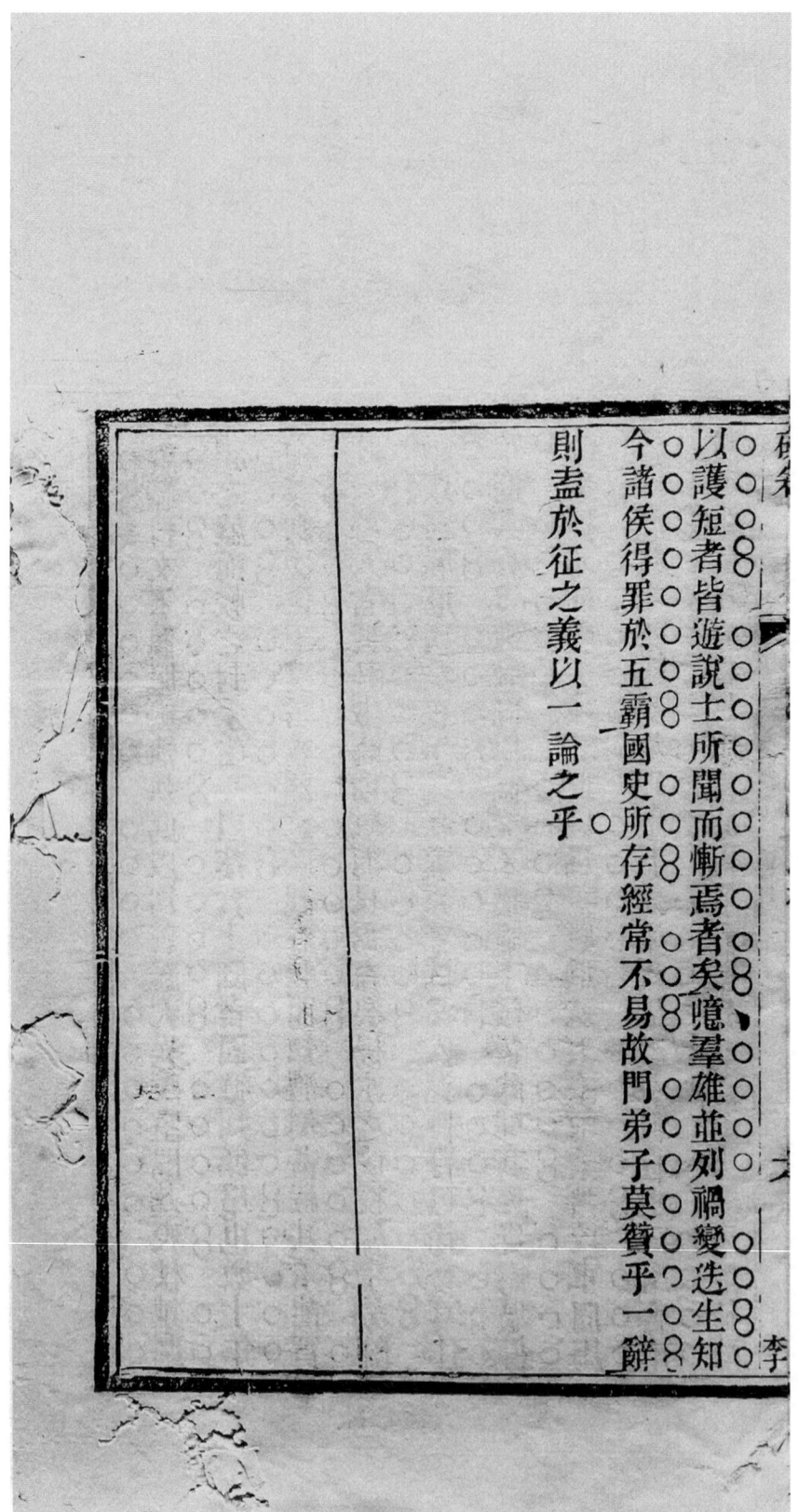

賦得畫燭秋尋寺外山　得山字五言八韻　李植楙

秉燭西湖地尋幽幾往還秋來詩入畫寺外客遊山輝映亭
臺敞奇探洞壑環月華迎蠟炬雲樹染螺鬟書檢樺燒短鐘
敲石點頑佛燈明滅處樵徑曲灣閒策杖吟情動停車俗慮
刪何如
蓬島上仰止侍
宸顏

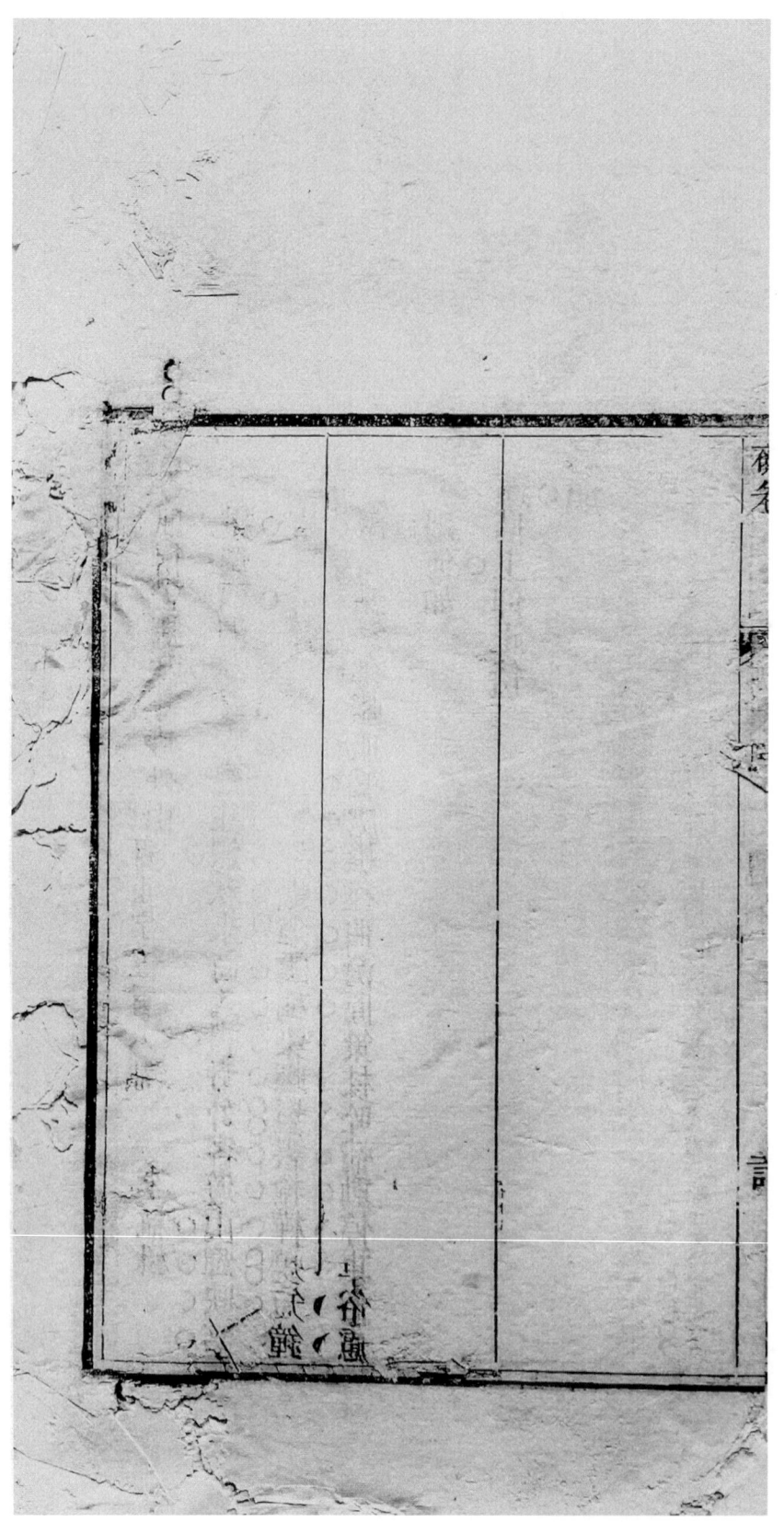

光緒癸巳　周學熙

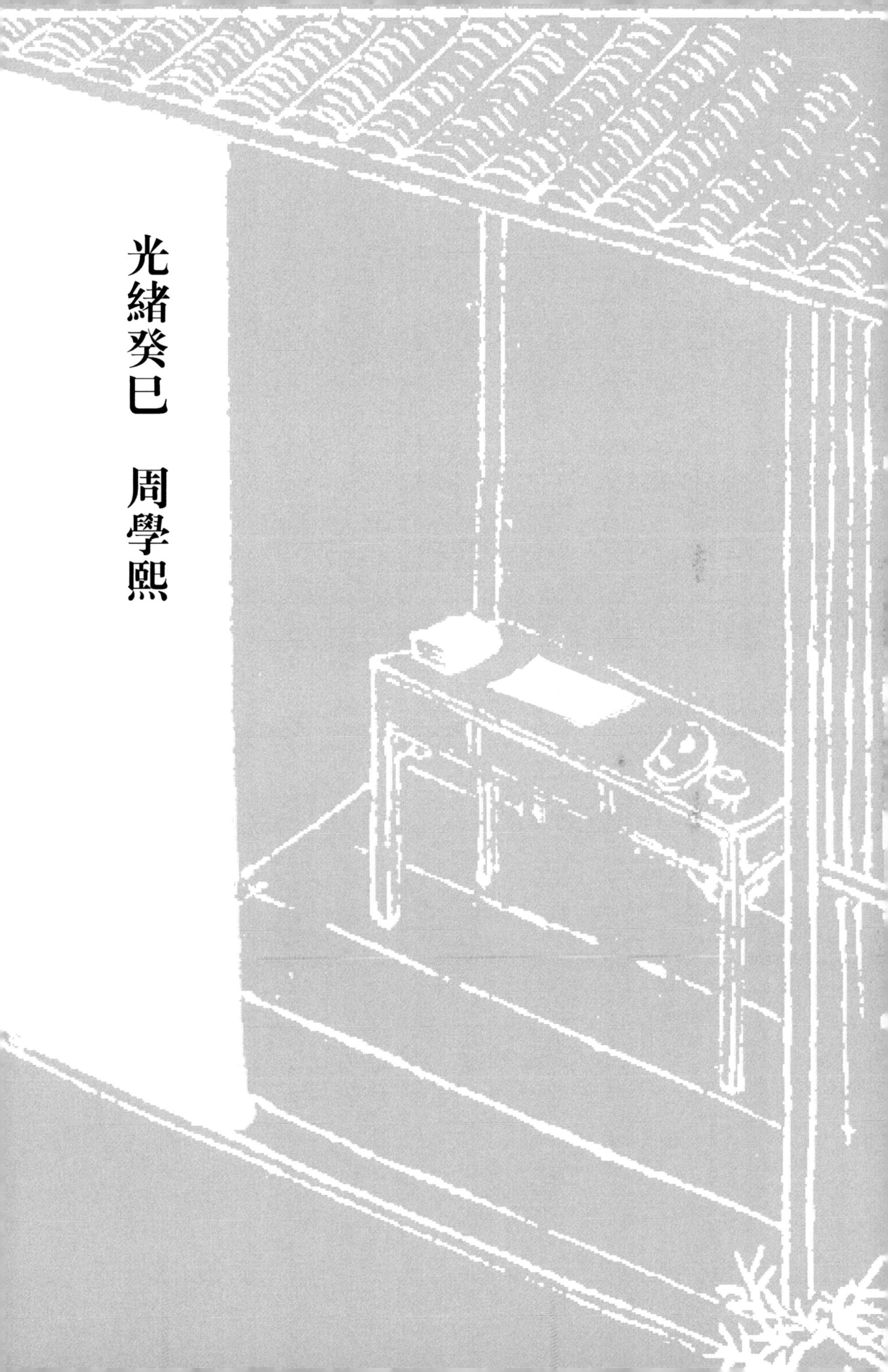

順天鄉試硃卷
光緒癸巳　恩科

欽命四書詩題

周學熙

始祖諱訪方唐貞觀中舉孝廉仕荆州刺史始自婺源遷居建邑周家山

始祖妣氏汪

六世祖諱繇唐咸通十三年進士仕檢校御史中丞始捨周家山宅爲唐山寺遷居邑城東紙坑山與許棠張喬等號咸通十哲事蹟

字緝之號定吾行四同治乙丑年十一月二十六日吉時生安徽池州府建德縣民籍廩貢生己丑科挑取謄錄工部候補郎中都水司主稿上行走會典館校對

胞高伯祖禮儀　禮信

胞曾叔祖樂慶承嗣高伯祖禮信　樂祥

嫡堂曾伯祖樂震　樂霆

胞叔祖光術承嗣曾叔祖樂慶　光徵承嗣曾叔祖樂祥貤贈光祿大夫

胞叔宗馨候選州同承嗣叔祖光徵

胞姑毋三　長適監生從九品楊諱斌蔚

履歷

載一統志省府縣志唐摭言唐詩紀事文獻通考唐才子傳萬姓統譜詩賦見欽定全唐詩全唐文崇祀鄉賢祠

六世祖妣氏閒項

六世祖諱繁隱居不仕文學與兄繇齊名著有小山集時稱至德二周崇祀鄉賢祠

六世祖妣氏姚

高祖諱禮俗誥贈光祿大夫

高祖妣氏張誥贈一品夫人

次適從九品沈印世榮

三適原任福建政和縣巡檢洪諱金和

胞兄學海乙酉拔貢戊子舉人壬辰進士內閣中書三品銜花翎補用府南河截取同知

學銘戊子副貢辛卯舉人壬辰進士刑部員外郎改翰林院庶吉士

學涵篤學早逝

胞弟學植本科鄉試堂備

學煇幼讀

胞妹一

曾祖諱樂鳴 誥贈光祿大夫

曾祖妣氏余 誥贈一品夫人

祖諱光德 國學生 誥贈光祿大夫

祖妣氏葉 誥贈一品夫人

父印馥 頭品頂戴歷任津海關道署永定河道天津河間兵備道長蘆鹽運使直隸布政使現任直隸按察使

母氏吳 勅贈徵仕郎諱光亨公女 勅贈徵仕郎諱志煥公胞妹 諱志彬公胞姊州判銜

嫡堂弟學淩 邑庠生

學湛 業儒

胞姪明啓　明達　明詒　明提

明奎　明揚　明保　明枏

嫡堂姪明楷　明幹　明圻

胞姪女六

娶劉氏 貴池 誥贈光祿大夫振威將軍累贈榮祿大夫諱兆公曾孫女 誥贈榮祿大夫振威將軍諱孝樟公孫女二品銜簡授甘肅安肅兵備道調任山東登萊青兵備道印含芳女 記名總兵現任江南淞北協鎮印長春胞姪女 印世珍 印世瓊 印世璘

印兆霖胞姑母

庶母氏吳

具慶下

庭訓

受業知師謹以先後爲序

胞姊　誥贈光祿大夫　累贈榮祿大夫振
威將軍諱孝檍公胞姪孫女　誥授光祿大
夫　欽差出使英法比義大臣廣東巡撫諱
瑞芬公嫡堂姪女候選知府戊子科舉人印
世璋從堂妹四品封職候選主事印世琛邑
庠生印世瑛郡庠生印世珩文生印世瑗從
堂姊四品銜分發補用同知
印貽讓貢生印貽謙堂姑母

叄

張鑑廷夫子諱任衡附貢生

江待園夫子諱有蘭廩貢生歷署黟縣太和縣訓導

李幼龍夫子諱世虬癸酉舉人前任宣城縣教諭

劉經畬夫子諱東皋辛酉舉人歷署河南永城羅山縣知縣

王旻亭夫子　印鵬九　丙子副榜
李菊圃夫子　印用清　乙丑翰林前任貴州布政使陝西布政使署貴州巡撫
劉丹廷夫子　印啟彤　丙戌進士兵部主事分發北洋補用道
傅子蒓夫子　印鍾麟　乙丑進士兵部郎中保送分發江西知府
李蒓客夫子　印慈銘　庚辰進士現官山西道監察御史
章琴生夫子　諱洪鈞　辛未翰林原任直隸宣化府知府
劉寶甫夫子　印立誠　丁卯舉人現官安慶府學教授
李嘯溪夫子　諱如篪　庚子舉人前任建德縣知縣
陳雲溪夫子　印兆慶　丁丑進士前任建德縣知縣現任宣城縣知縣

履歷　　　　三

歷

孫萊山夫子 印 毓汶 丙辰榜眼前任安徽學政現官兵部尚書 軍機大臣本科鄉試大主考

徐頌閣夫子 印 郙 壬戌狀元前任安徽學政現官都察院左都御史

宗室星齋夫子 諱 奎潤 癸亥翰林原任禮部尚書

翁叔平夫子 印 同龢 戶部尚書本科鄉試大主考

壽田夫子 印 裕德 刑部右侍郎鄉試大主考

陳桂生夫子 印 學棻 戶部右侍郎本科鄉試大主考

李蘭蓀夫子 印 鴻藻 禮部尚書本科覆試閱卷大臣

伯愚夫子 印 志銳 禮部右侍郎本科覆試閱卷大臣

履歷

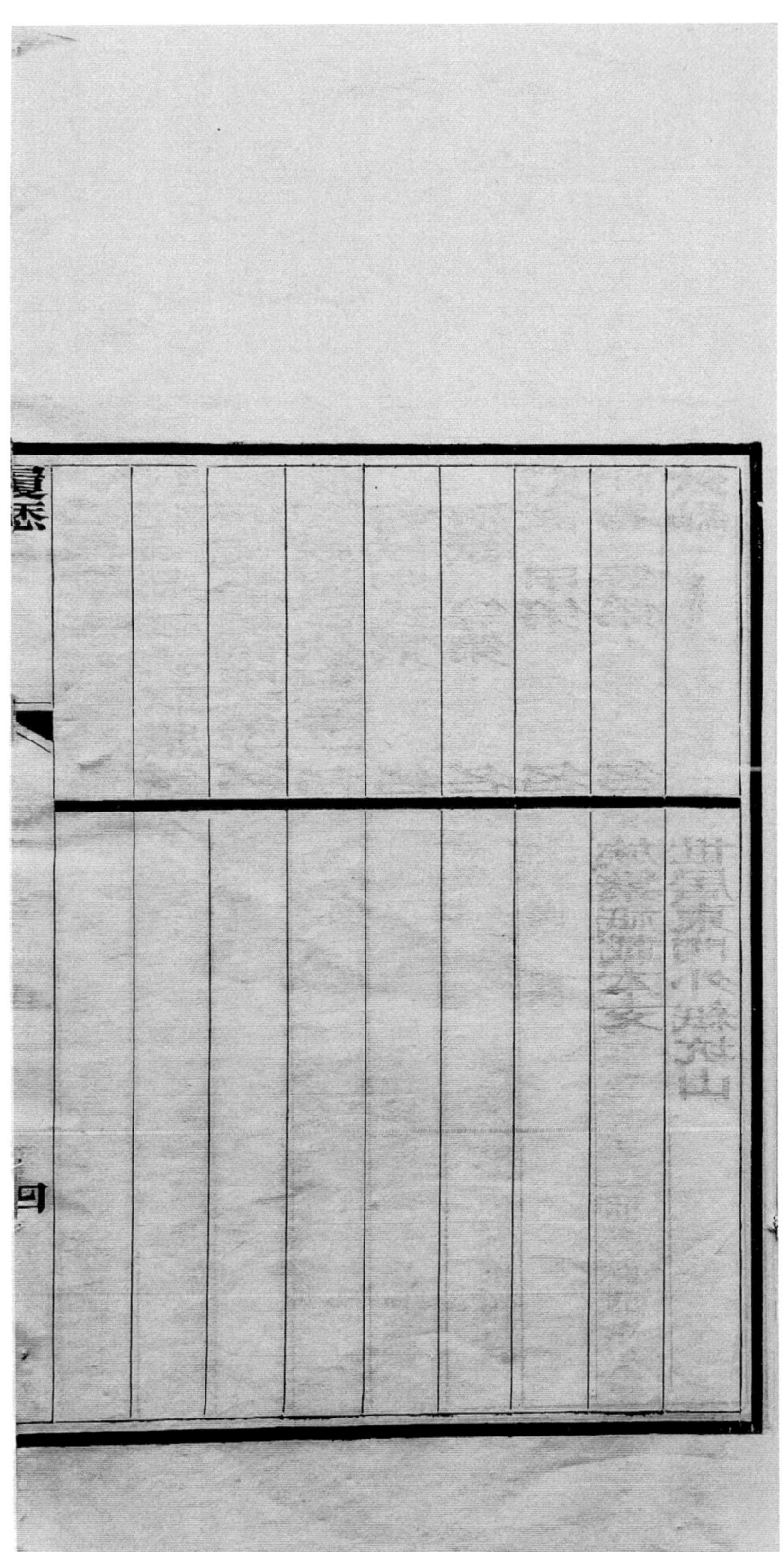

四

履歷

乙酉戊子辛卯鄉試堂備
己丑恩科鄉試挑取謄錄
癸巳恩科順天鄉試中式第十名
保和殿覆試欽取等一名
會試中式第　名
覆試　等第　名
殿試　甲第　名
朝考　等第　名
欽點

族繁祗載本支
世居東門外紙坑山

順天鄉試硃卷光緒癸巳　恩科

中式第十八名舉人周學熙安徽池州府建德縣廩貢生工部候補郎中民籍

同考試官侍講銜翰林院編修　國史館協修　會典館詳校教習庶吉士加三級劉　閱

薦　批　秀氣成采經策研詳

大主考刑部右侍郎鑲黃旗滿洲副都統管理戶部三庫事務加三級裕

取　批　清詞爲鄰經策典贍

又　批

大主考戶部右侍郎兼管錢法堂事務加三級陳

取　批　精心結撰經策英華

又　批

大主考經筵講官　太子少保軍機大臣　會典館副總裁刑部尚書管理八旗官學大臣總理各國事務大臣加三級孫

取　批　古藻紛披經策深邃

又　批

大主考經筵講官　太子少保　毓慶宮行走　會典館正總裁戶部尚書管理國子監事務稽察京通十七倉大臣加三級翁

中　批　元音大雅經策精通

又　批

本房原薦批

第一場

理精筆健局緊機圓次三酣暢淋漓愈見火候信非俗士　詩工

第二場

易井井有條詞源不竭書全從卜者立言光霽之象發于楮墨間中路止兩一段簇簇生新詩言麗㠯則春秋比事屬辭文法謹嚴禮題本枯窘能㠯腴潤之筆達緜邈之思合觀五藝才氣縱橫仍範馳驅通才無疑

第三場

通體臚陳精細見解明通合前兩場而觀允稱美備

聚奎堂原批

長江大河渾渾泡泡有一口劃不斷之盛氣溢於字裏行間而理脈之眞出落之醒又復豪髮無憾眞雄於文者次三兩作不媿中權後勁兩後場亦好

御覽

全卷進呈

聚奎堂原刻

故君子必愼其獨也曾子曰十目所視十手所指其嚴乎

周學熙

獨卽衆象愈愼愈嚴也夫君子原不待人視人指而後愼獨、然積誠生象獨實有是十目十手焉、故惟愼斯嚴非因嚴始愼且人藐焉一躬而衆理環之萬物伺之精神意象又束縛而馳驟之苟非操乎獨居深念之時則何怪敗露者之太甚也惟不以獨爲可恃而以爲可畏則其勢雖孤而實衆其形雖隱而實顯其境雖寬而實隘方寸之中積誠生象積象生誠眞覺察我抵我有不勝其迫者夫然而君子遠矣而賢人深矣不然小人之不誠意亦自幸人不我視人不我指而姑爲其縱不爲其嚴耳豈料其不善之形外竟職此之故哉然而嚴氣正性之學古人所爲懍德尤以深勖毖者使謂因是故而始借外物之森環以爲閑邪存誠之助則其意不免於紛然而嚴威儼恪之修古人所爲本臨履以怵操存者使竟昧是故而別求有形之迹象以爲動心忍性之徵則其意又涉於矯紛也矯也非愼也非君子也君子而愼獨豈因小人之故而始然哉且夫有必不可懈之精神有必不能聚之志氣有必不敢釋之顧諟有必不得恕之影象而後堅定純固以立其防惕勵戰兢以貞其守曰明曰旦以悚其心亦保亦臨以森其象是故外緣

或謝而絕也而神明實爲交而迫一目焉一手焉而猶巧於逃矣第目焉第手焉而猶巧於匿矣愼其獨則何逃也何匿也而何弗嚴也形迹可矯而飾也而神理不可渺而涉若視焉若指焉而猶以爲虛矣或視焉或指焉而猶以爲疏矣愼其獨則何虛也何疏也而何弗嚴也大抵自修之事莫患於坐馳坐馳則空寂之說與而體驗之功反不切而進德之方莫要於內蔀內蔀則鑒觀之義顯而監史之事乃有權故君子所謂獨而曾子直以十目十手形之也君子所謂其獨而曾子直以所視所指實之也君子所謂必愼曾子更以其嚴勖之也是能叅以僞乎大中至正之神原不泯

於隱微之地視指有間而神無間焉神無間而視指亦無間焉其確而徵於一獨者眞視之所眞指之所也故自曾子言之可知卽嚴卽愼而一切叢悔包羞之漸何自開是敢稍自寬乎物則民彝之理日往來於靈府之中一理卽一目手焉萬理且萬目手焉其羣而萃於一獨者奚啻十目奚啻十手也故自曾子言之可知愈愼愈嚴而一切爾室屋漏之箴猶其淺嘻曾子一愼獨君子也

聚奎堂原刻○○○○○子曰爲政以德譬如北辰居其所而衆星共之子曰詩三百
一言以蔽之曰思無邪　周學熙

聖人以德端政本因以無邪明詩教焉夫政者正也與無邪之旨通故取譬以明爲政而又一言以蔽詩教且治世治心之道在明其正而已得其正之原以治世而化神得其正之旨以治心而情治自夫雜霸之風熾箋註之習靡一時世變所趨遂競尚張皇羣事穿鑿有心者欲上追郅治下課性天一歸之於正而其道無由大聖人所爲兩揭其要以告諸天下何則人心邪正之故世道之盛衰繫之而敎猷有本端在明堂藻火之先治術升降之間風雅

之正變由之而嫩惡攸分卽在禱刺褒譏之際然則爲政之原其貴務本乎本曷正正在以德吾觀鄭衞之風淫而知其政之失板蕩之詞激而知其政之衰王者深宮育德每於三百篇內究其善敗之故於以遏邪志而養和平至於仁敬孝慈温柔懿恭之美實備於己而以臨民布教法令一本乎修行斯被其政者乃不言而自喻然則以德者之政其可譬北辰乎北辰曷譬譬在居所而衆星共我思箕斗謠而民困於役星罶詠而人寫其憂古人因天垂象常於三百篇中著其悲慼之端欲其覩象緯而廑修省若夫璇樞靜鎭周天躔度之行胥環其外以視庶民惟星所好悉符乎風

兩而歸於德者乃取象而攸同顧政本於德象可取譬以明而德根於心理必由思而正夫子曰吾嘗刪詩而存其三百矣今如欲以言蔽之且以一言蔽之則吾謂非思無邪不可斯言也斯意也雖未明及乎政而吾黨類誌之者蓋以詩而論未始無邪其邪也德化之衰也二南以外皆變風幽厲以還無正雅備陳之而使人讀而生畏故貞淫錯出要各動其天命之性而底德於成然以思而論要歸無邪其無邪也王政之隆也雎麟皆本身之化三頌皆陳德之詞敬錄之而使人詠而生慕故逸志潛消胥惕然於明旦之天而罔悖於政是故政以正人之不正而邇德乃身者先去其

縣試硃卷

四

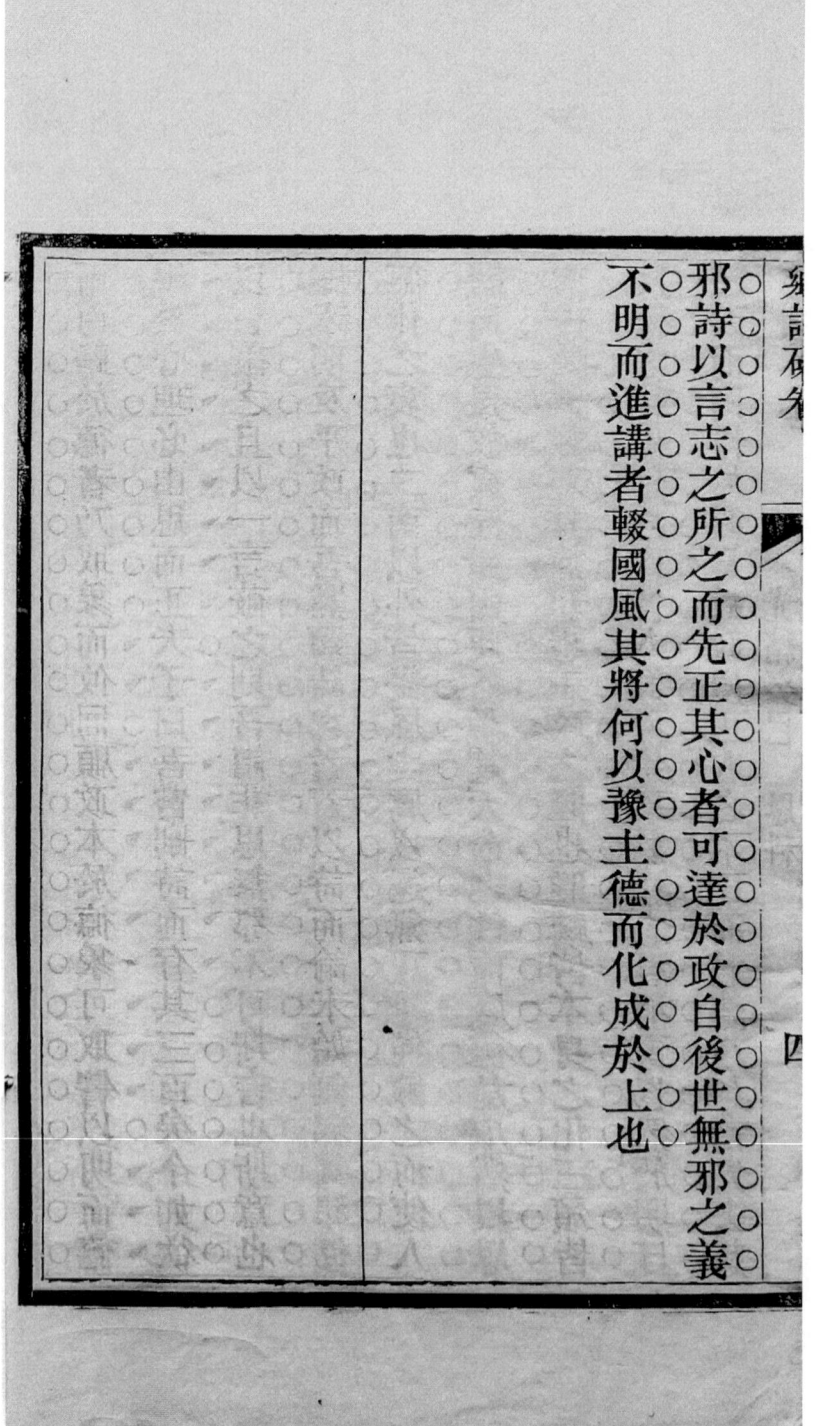

邪詩以言志之所之而先正其心者可達於政自後世無邪之義不明而進講者輟國風其將何以豫主德而化成於上也

聚奎堂原刻

伯一位子男同一位　周學熙

更詳伯與子男皆奉天子者也、夫伯繼公侯、子男繼伯、一位同位、其次殊、其奉天子則無殊、且時自春秋而降秦鄭抗王者之師矣楚爭中原之勢而幾忘列爵之初其七命五命固有昭然軒輊者矣故其始事大之風先泯而公侯莫恤既挾摟伐以爭誇其繼尊王之誼就湮而天子無嚴輒擅雄師以吞并論世者遂慨然議封建之非漫謂當日之躬圭蒲穀差別過嚴階之厲也而抑知不然今夫公侯者所以輔天子者也而其次豈遂無奉天子者乎故班爵至是猶未已也則有其德足以體仁長人者此必七就七斿所當酌隆殺之宜者也夫唐虞命官水火工虞早傳其號成周典禮神人上下復迓其和此聖人肇錫嘉名之本意耳師其意而别出之於是曰明曰白之說彰焉謂夫詠膏黍以好歌爾其繼郇伯之陰雨紹甘棠於遺澤爾無忘召伯之休風郎至聚於明堂朝於方岳爾惟是循上以西階詔以東面之儀予一人實嘉乃績焉而孰知迄于今其位竟不可守也且夫刈麥取禾其禍雖甚於繻葛而究之王室是依之輔交惡之漸果誰開車鄰駟驖其聲實壯於小戎而究之西垂凋敝之餘雄長之威果誰助迴思周先王剖符伊始振鐸弟友且不聞逾分之優崇而至於郕奔於魯曹執於宋以

及曲沃爭强北燕進號皆王室東遷以前天子所不容濫干之典此可知戎伐書凡其意較公侯尤切維持矣吾得而繼詳之曰伯一位則又有其德足以養人安人者此必毳冕絺冕所當準尊卑之分者也夫宣德奉恩獨於斯民有父母之義任功立業適於鄉封聯兄弟之情此聖人交相維繫之深心耳本其心以統同之於是訓孳訓任之解通焉謂夫肅趨蹌於壇坫爾同遵三介之周旋嚴服物於宗彝爾同懍五章之藻繪即至宗覲有儀會同有典爾惟是守入諸門東入諸門西之禮予一人實被乃休焉而孰知迄於今其位竟莫可詳也且夫黃池先歃中邦之盟主云遙而何以

○○○○○○○○○○○○○○○○○○○○○○○○○
董褐數言猶能挫鴟張之燄肇路開基荒服之書名無定而何以
○○○○○○○○○○○○○○○○○○○○○○○○○
召陵一役不能正鑾號之非遂令周先王方策無徵杞始邢終且
○○○○○○○○○○○○○○○○○○○○○○○○○
莫解轉移於氣數而至乎許降入鄭驪伐入晉以及藉稻而襲爭
○○○○○○○○○○○○○○○○○○○○○○○○○
桑而攻皆五伯以降天子所不能節制之師此可知將發賜樂其
○○○○○○○○○○○○○○○○○○○○○○○○○
制尤當與伯同期規復矣吾得而終述之曰子男同一位

賦得秋鷹整翮當雲霄　得才字五言八韻

周學熙

六翮凌霄整鷹揚曠世才當空秋色迴顧盼暮雲開舊說鳴
鳩幻新隨獵馬回雄心橫紫塞壯志出紅埃風勁修翎疎霜
寒晝角催摩天眞颯爽逐電幾徘徊碧海鵬同運黃沙雁共
來扶搖欣得路咫尺近
蓬萊

鄉試硃卷

十

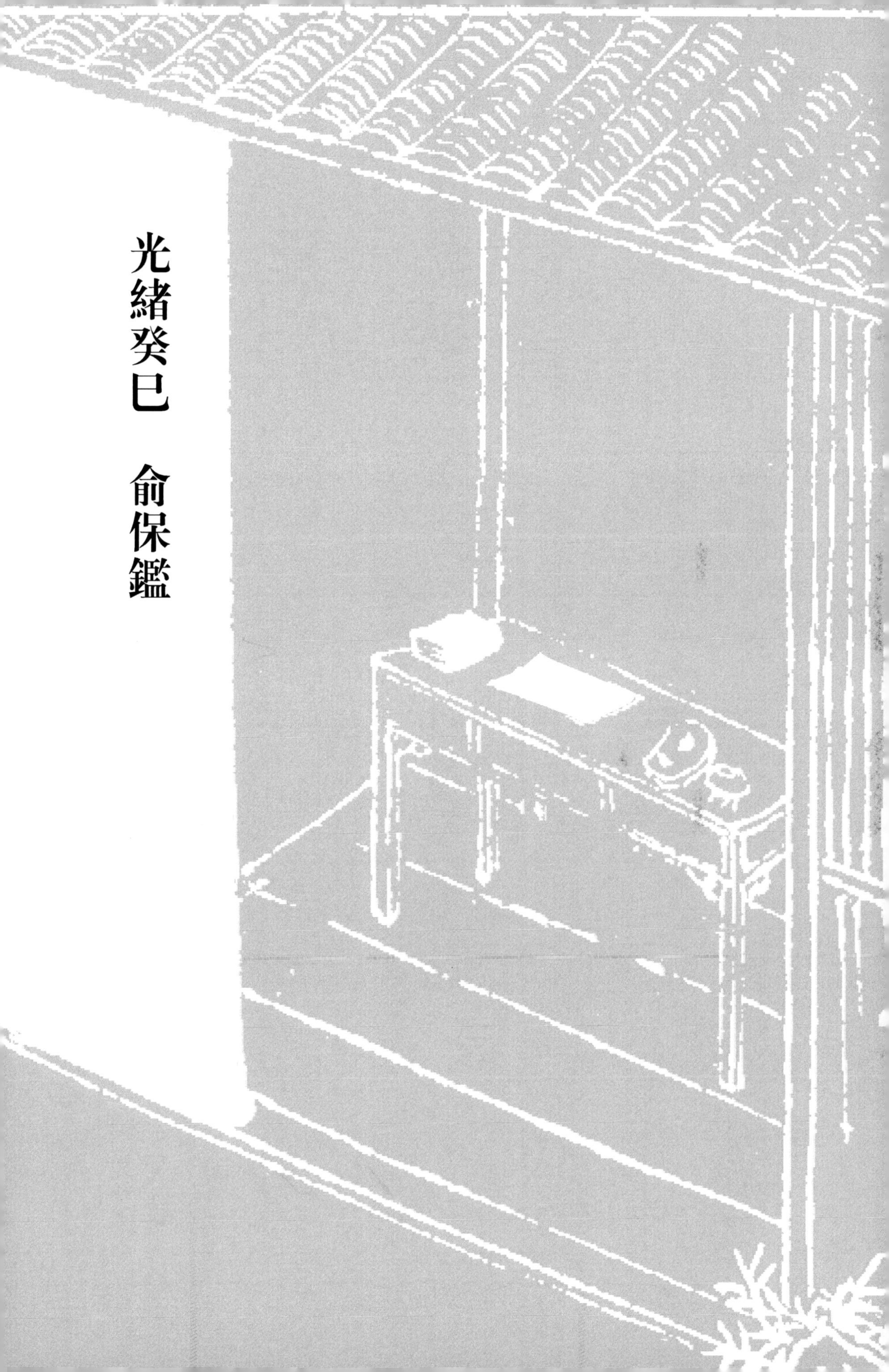

光緒癸巳　俞保鑑

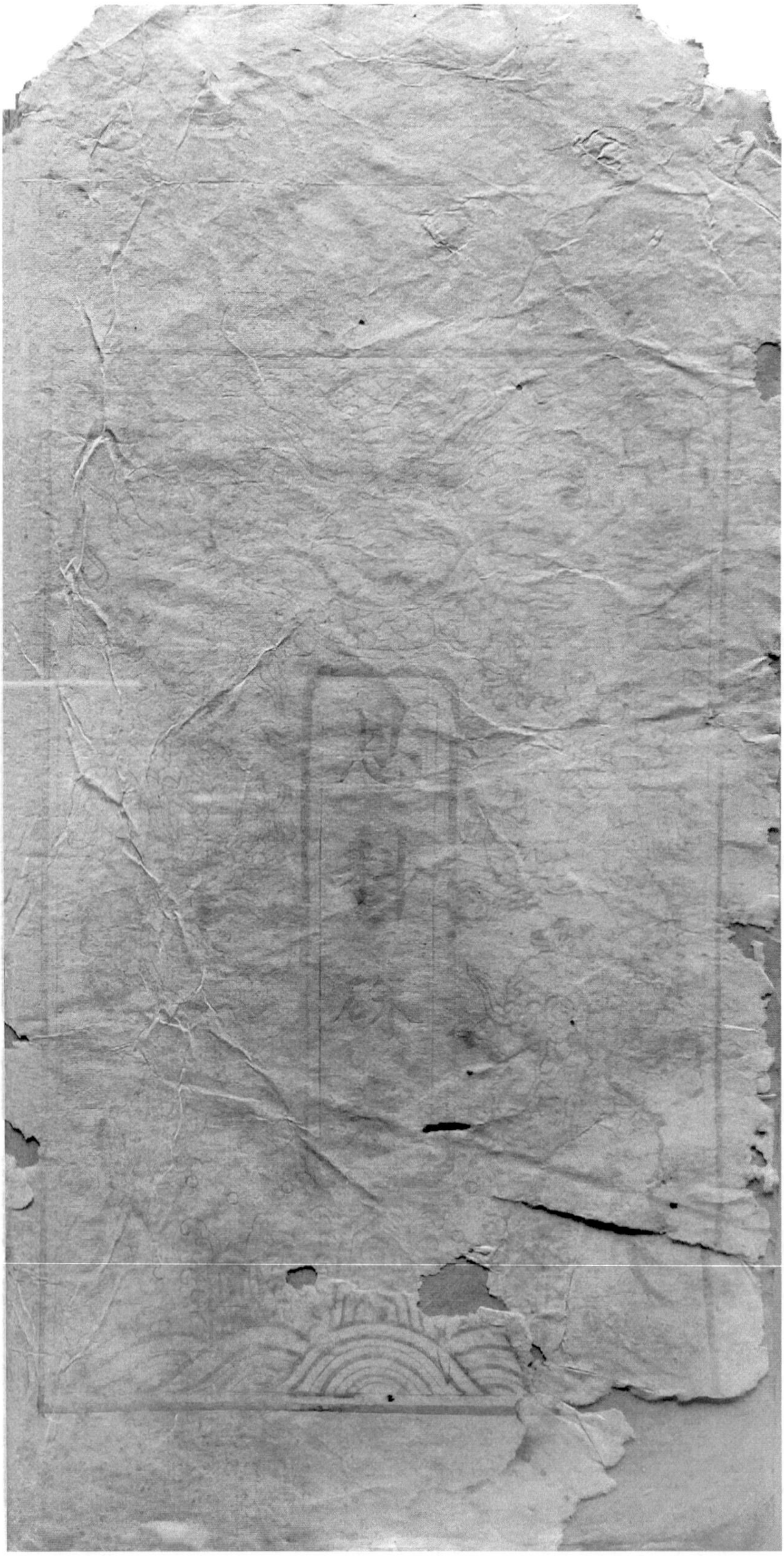

俞保鑑

字純鎔號銘三別號小菴行一咸豐乙卯年十二月初六日吉時生

浙江紹興府新昌縣學附生民籍

始祖稠 唐懿宗時進士仕睦州刺史

二世祖珣 唐進士剡縣令贈通議大夫

三世祖承志 唐進士仕龍圖閣侍制

四世祖仁裕 宋長安州尉

五世祖伯深 宋六合縣長

世祖文興

世祖全秘 宋明經薦舉

世祖永 宋鄉貢

世祖天與 宋徵召名賢

世祖政 恩授迪功郎

世伯叔祖保 元至正戊子鄉貢授確山縣尹 僧 元處士隱居樂道

世伯叔祖松茂 洪武時仕右都督府經歷奉議大夫

世伯叔祖鐸 正統己未進士仕雲南左布政司 欽 景泰辛未進士翰林院庶吉士歷官正議大夫資治尹禮兵二部左侍郎崇祀鄉賢 振才 成化乙未科進士仕廣西道監察御史歷任湖廣按察司崇祀鄉賢 振英 成化甲辰進士仕尚寶司正卿崇祀鄉賢 振強 嘉靖癸未進士仕工部員外郎

世伯叔祖深 成化乙未進士歷官南京工部左侍郎 朝宸 贈監察御史 朝文 嘉靖癸未進士仕工科給事中崇祀鄉賢 朝安 崇安縣學教諭

世伯叔祖集 正德辛未進士仕河南道監察御史崇祀鄉賢 則全 嘉靖乙未進士仕雲南道監察御史陞按察司

還歷

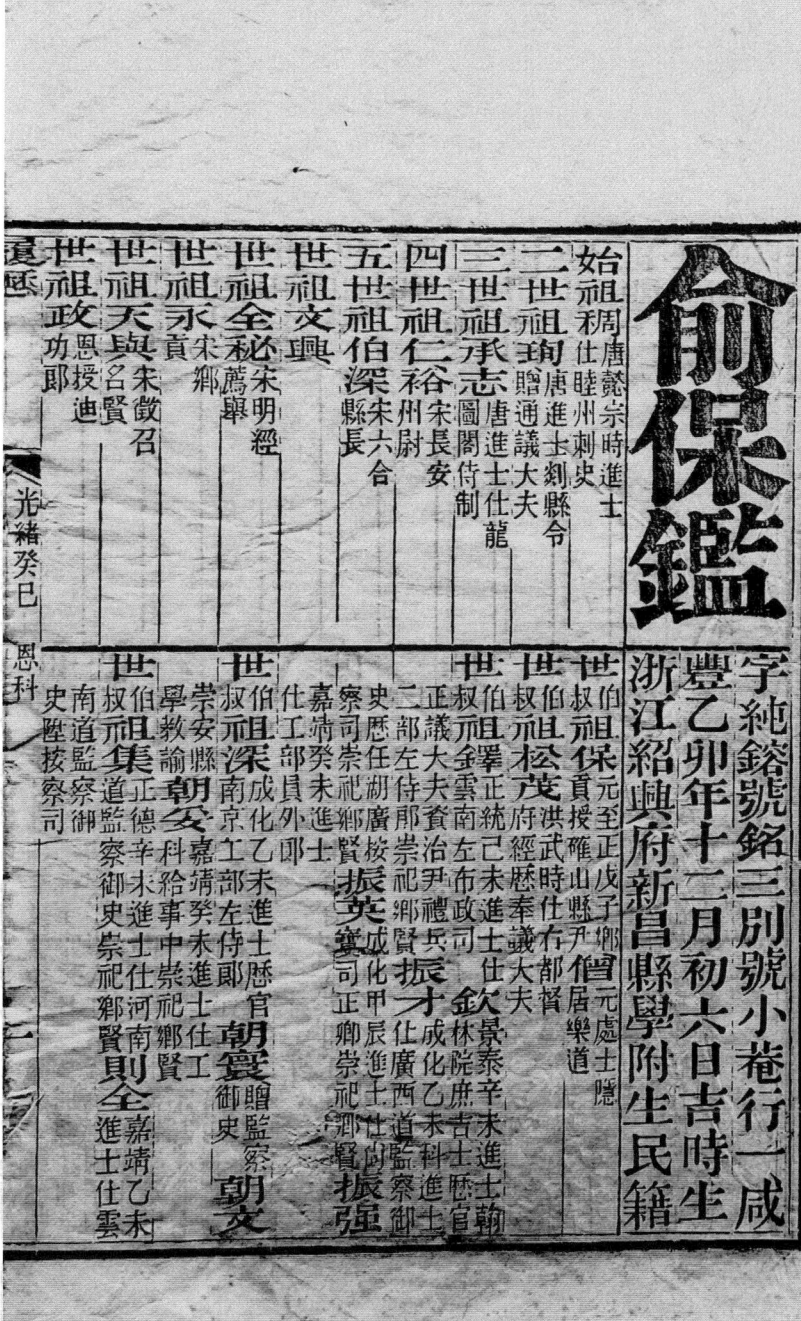

光緒癸巳　恩科

世祖叙 恩授迪功郎
世祖樞
世祖希顏
世祖曰美
世祖光渡
世祖標
世祖伉
世祖輪道
世祖祿同
世祖亭
世祖享
世祖俛
世祖谷文

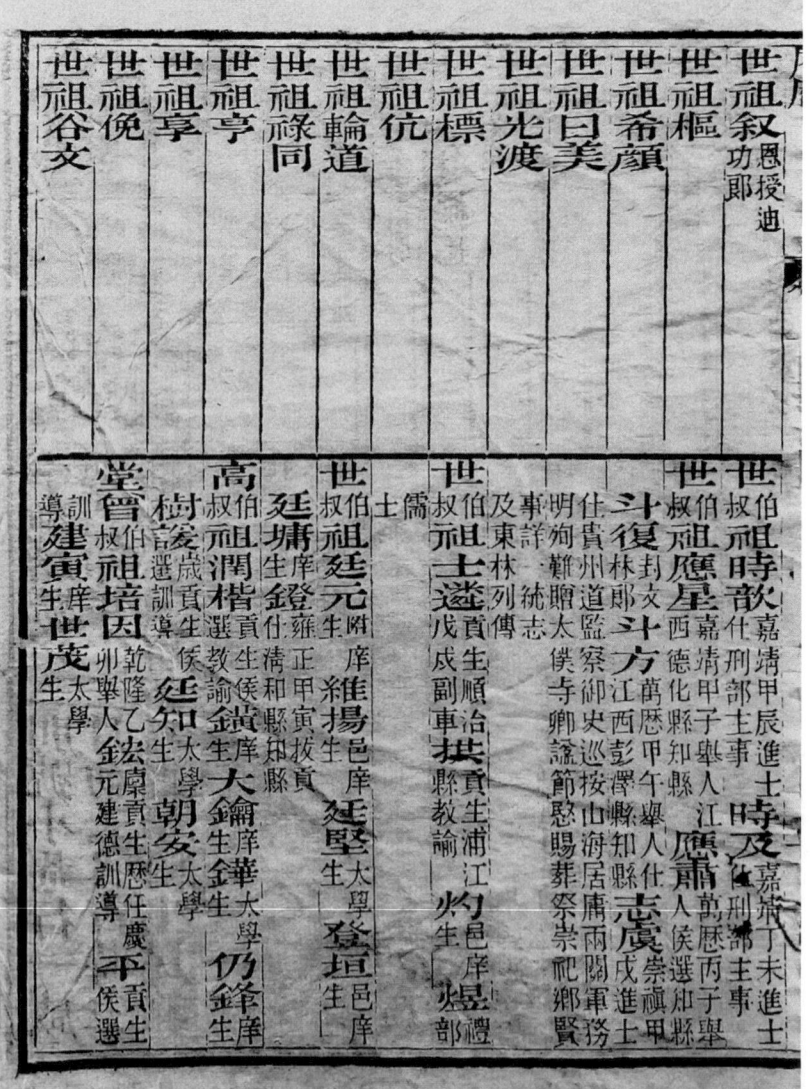

世伯叔祖時歆 嘉靖甲辰進士仕刑部主事 時及 嘉靖丁未進士仕刑部主事
世伯叔祖應星 嘉靖甲子舉人江西德化縣知縣 應爵 萬歷丙子舉人候選知縣
斗復 封文林郎 斗方 萬歷甲午舉人仕江西彭澤縣知縣 志虞 崇禎甲戌進士
仕貴州道監察御史巡按山海居庸兩關軍務明殉難贈太僕寺卿謚節愍賜葬祭崇祀鄉賢事詳一統志及東林列傳
世伯叔祖士遂 貢生順治戊戌副車 琪 貢生浦江縣教諭 灼 邑庠生 煜 禮部儒士
世伯叔祖廷元 附庠生 維揚 邑庠生 廷堅 太學生 登垣 邑庠生
廷墉 庠生 鐙 雍正甲寅拔貢仕清和縣知縣
高伯叔祖潤楷 貢生候選教諭 鑕 庠生 大鑰 庠生 鏵 太學生 仍鋒 庠生
樹諼 歲貢生候選訓導 廷知 太學生 朝安 太學生
堂曾伯叔祖培因 乾隆乙卯舉人 鋐 廩貢生歷任慶元建德訓導 平 貢生候選訓導 建寅 庠生 世茂 太學生

世祖則玉

世祖盼該

世祖斗相明迪功郎

世祖一鏕庠廩生

世祖禧國學生

世祖煒邑庠生貤贈文林郎

世祖妣氏呂貤贈太孺人

高祖廷坡太學生敕贈修職郎晉贈文林郎

高祖妣氏呂敕封太孺人青年守節欽旌節孝

高祖鎬乾隆乙酉拔貢補考方略舘謄錄歷任江蘇崑山無錫江陰上海丹陽山西大同等縣知縣敕封文林郎

高祖妣氏陳敕封孺人

曾祖際堯太學生刊有關化錄功過格人譜行世

親曾伯叔祖應堯庠生　贊堯庠生　勷堯庠生著有古文詩鈔採入全浙輶軒錄　履堯太學生　臣堯增廣生　戴堯太學生

堂伯叔祖汝本道光丙申進士歷任貴州獨山黔西州知州丁酉科鄉試同考官誥授奉直大夫著有北徵詩鈔燼餘存稿退思堂雜著　貞道光乙未舉人甲辰大挑一等歷任山西甯鄉繁峙縣知縣　紹輅道光乙酉拔貢　炯廩生　應儀恩貢生　應昌恩貢生州同銜候選教諭道光己卯癸卯薦卷　觀歲貢生道光乙未己酉堂備　煥模道光己亥恩科解元　鑑庠生　齡太學生　觀濤增廣生己酉薦卷　觀瀾廩生癸酉薦卷　觀型附貢生　觀旭履歷詳上　履庠生　爵齊廩膳生道光甲辰己酉薦卷　鍾靈邑庠生　鍾英邑庠生　鍾岱太學生獎五品銜　鍾喬附貢生　文謨邑庠生　問奇邑庠生　文濬太學生　正齡太學生

堂伯叔祖嶧太學生　峨太學生　岷附貢生　崗邑庠生　嶠　岐佾生　岍

親伯叔祖煥霞邑庠生　煥榮增生　煥魁　煥德

曾祖妣氏呂潘

本生祖燦誥太學生

本生祖妣氏陳邑庠生元燮公女太學生于洲于澧公胞姊

祖燦文邑庠生

祖妣氏陳太學生耀章公長女廩膳生蘭谷公胞姊癸酉經魁庚辰大挑二等歷任涫安麗水遂昌訓導之唐胞姑

父坤邑庠生例贈文林郎

母呂氏例贈太孺人附貢生諱基緒公曾孫女太學生倓公孫女太學生敦謨公長女

永感下

受業師謹以受業先後爲次

庭訓

從堂伯叔蒼湘議敘布政司經歷 鍾杰邑庠生 鍾傳同治癸酉拔貢丁卯庚午己卯乙酉薦卷前掌教温州府玉環廳環山書院台州府仙居縣安洲書院現掌教嚴州府闔屬雙峯書院 偉建廩貢生 雨鈞同治辛酉壬戌副貢 鴻逵履歷詳上 鴻賓優廩生丙子薦卷 邦達咸豐乙未亞元揀選知縣 士達太學生 翊志邑庠生 翊邑庠生 鴻勳邑庠生 一壽邑庠生 一正邑庠生

堂伯叔翼雲邑庠生 彤雲太學生 嘉言恩貢生庚午乙酉薦卷候選訓導 慶雲廩貢生候選訓導獎五品銜 繼芳邑庠生 連芳邑庠生 向成 向瑩 向庚 向正 向球 向桂 向椿 向瑞

親伯叔垓太學生 坻例貢生 埠太學生 堋 堂太學生 封 培 坦

胞叔繼壎太學生號伯吹 壎號梅城癸酉舉人庚辰大挑一等分發直隸候補知縣欽加同知銜

陳春波夫子　名福昌　邑庠生

呂雲涯夫子　名錦江　軍功保舉六品銜候選巡檢

堂叔祈臣夫子　名嘉言　履歷詳下

族叔叔儀夫子　名鴻逵　庚午舉人庚辰大挑一等前任開泰縣知縣欽加同知銜壬午黔闈同考官

姑丈陳渭祥夫子　諱之璜　廩膳生

族叔祖曉山夫子　名觀旭　癸酉舉人庚辰會試薦卷大挑二等前署嚴州湻安縣訓導現任建德縣訓導

駱鈞孫夫子　名葆慶　同治丁卯並補行甲子科舉人前掌教鼓山書院

章芝生夫子　諱昌俊　道光乙酉舉人前掌教鼓山書院

履歷　光緒癸巳　恩科

從堂兄弟聘三　廩貢生辛亥戊午薦卷　師臣　附貢生　學曾　邑庠生　憲曾　郡庠生　紹曾　廩貢生　煥若　附貢生　炳若　廩膳生　熙若　邑庠生　綬若　太學生議叙州同　伯旭　前署貴州思南府經歷　維則　廩膳生　瀛洏　邑庠生戊子呈薦　維章　庠生　學乾　庠生

堂兄弟松濤　吏員獎給五品頂戴　邦彥　金煥　涵濤　諧欽　太學生　往欽　優邑庠生　葆元　太學生　葆恆　邑庠生　葆光　優廩生乙酉己丑薦卷辛卯堂備　葆善　附貢生　葆忱　邑庠生　葆龢　葆初　葆誠　俱業儒

親兄弟朗鑑　太學生　偉鑑　太學生　純鑑　太學生　藻鑑　清鑑　善鑑　業儒　文鑑　古鑑　分鑑　水鑑　洪鑑

從堂侄鴻學　邑庠生　宗謙　廩膳生　鴻儀　邑庠生　錫疇　邑庠生　官梅　優廩生己丑本科呈薦　爾熾　邑庠生　霖　邑庠生本科呈薦　慶華　庠生　震陽　庠生

呂小寰夫子 諱鴻熹 同治丁卯並補行甲子科舉人前掌教鼓山書院

王　夫子 名嘉瑞 前任新昌縣知縣

戴幹庭夫子 諱枚 前任新昌縣知縣

吳薆甫夫子 名頻炎 現掌教鼓山書院

受知師

龔幼安夫子 名嘉儁 前任紹興府知府

胡筱泉夫子 名瑞瀾 前任浙江學政

瞿子玖夫子 名鴻禨 前任浙江學政

霍子方夫子 名順武 現任紹興府知府在任候選道

姜雨田夫子 名應齊 前任龍泉縣知縣戊子同考官

堂侄國璜 國琛 國楨 國華 公才 公器
公輔 俱業儒

親兄師旦 號志民增生丙子戊子堂備己丑壬午薦卷

親侄鼎襄 鼎贊 鼎臣 俱業儒 鼎成 鼎謙 鼎
壽 幼

胞弟表鑑 號叔虞太學生出繼鼎公為嗣

娶陳氏 太學生毓青公長女應煊胞妹例貢生振瀛胞姊邑庠生念祖胞姑

子二 鼎炘 業儒 鼎煊 幼

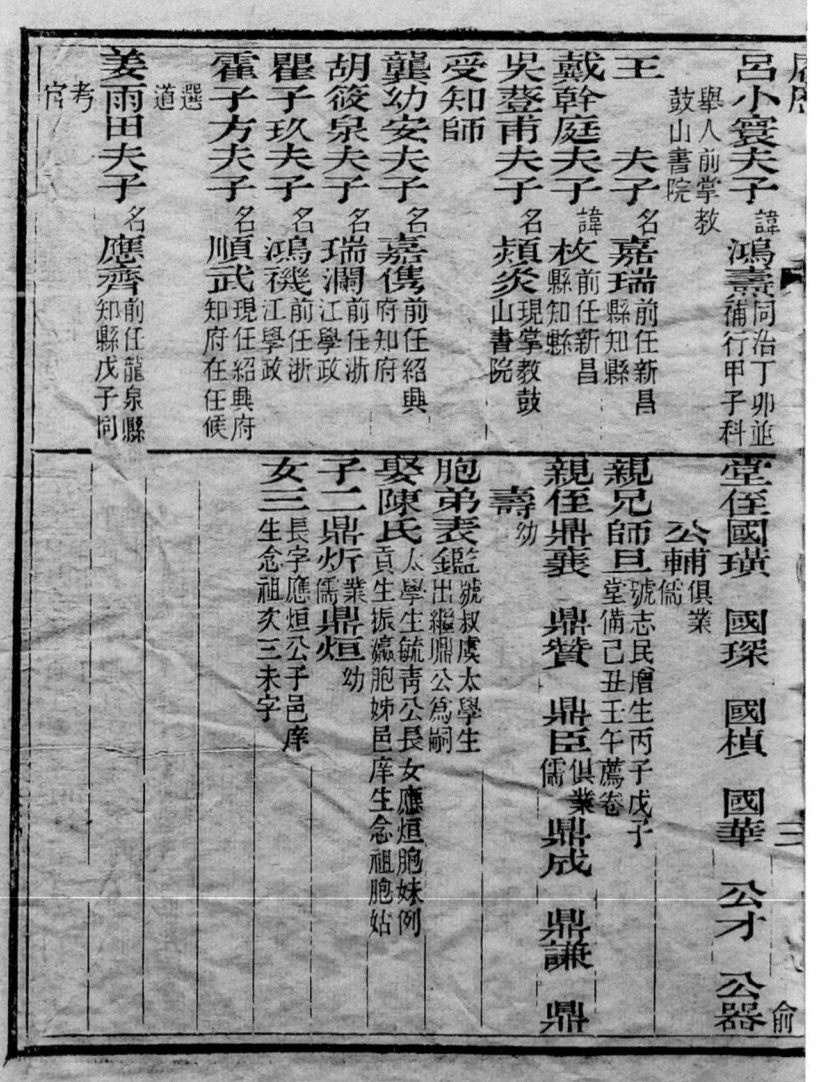

女三 長字應煊公子邑庠生念祖 次三未字

俞竹樓夫子 名鳳岡 現任會稽縣知縣己丑同

考官

濮幼笙夫子 名文曦 現任新昌縣知縣

嚴梅先夫子 名大魁 現任新昌縣教諭

曹祝齡夫子 諱鶴年 前任新昌縣訓導

張星南夫子 名襄 現任新昌縣訓導

陳六舟夫子 名彝 現任浙江學政

鎮青夫子 名崧駿 現任浙江巡撫本科監臨

劉景韓夫子 名樹堂 現任浙江布政使司本科

提調

趙展如夫子 名舒翹 現任浙江按察使司本科

監試

王心齋夫子 名祖光 現任杭嘉湖道本科提調

屋師

任逢辛夫子 名錫汾 前署杭嘉湖道本科監試

郭縠齋夫子 名式昌 盡先郎補知府本科內監試

鄉試中式第六十九名

會試中式第　名

殿試第　甲第　名

欽點

族繁不及備載

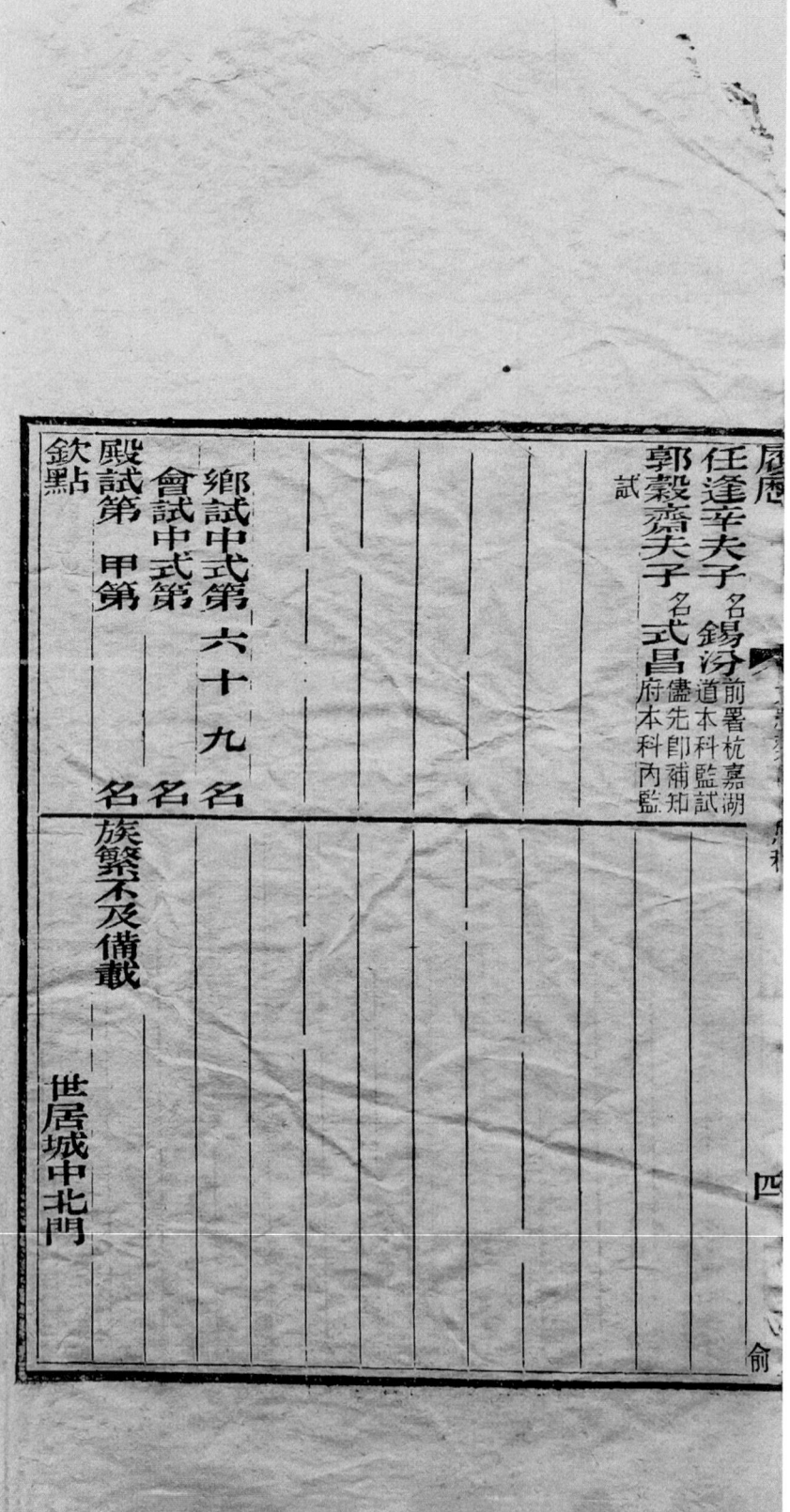

世居城中北門

浙江鄉試硃卷　第拾陸房

中式第六十九名舉人俞保鑑紹興府新昌縣學附生民籍

同考試官儘先即用知縣黃　閱

薦批　清眞雅正經策條鬯

大主考翰林院編修國史館協修功臣館纂修本衙門撰文周

取批　沈實高華經策該洽

大主考四品銜通政使司參議殷

中批　整錬堅卓經策精詳

硃卷

光緒癸巳恩科

硃卷

本房原薦批

氣象光昌詞旨明潔次理脈清

眞三亦不拾人牙慧詩秀

易蓄素弸中散采彪外詩清麗

餘亦考證精碻議論正大

卷軸羅胸鑪錘在手不徒以淹

博見長

聚奎堂原批

精神滿腹筆力清剛

五藝明辨以晰

五策條貫無遺具徵樸學

孔子曰見善如不及見不善如探湯吾見其人矣吾聞其語矣隱居以求其志行義以達其道吾聞其語矣未見其人也

俞保鑑

聖人盱衡士品幸與惜有異焉夫均是古語也而好惡之誠所見如此求志達道未見如彼聞同而見異子能無慨哉且士一出而天下之耳目屬焉非惟好善惡惡之誠有以傾動乎一世也退而宅之野藏其身以裕經綸進而立之朝顯於世以宏經濟聖人聞之久而冀得一觀焉而何爲愛憎獨誠者猶獲遇之而體用咸備者竟莫得而實之也是可慨矣今夫好惡未摯者不可以潔己行

硃卷

藏無具者不可以經世獨行之儒與三代之英皆爲吾子所願見者也因不禁述所聞而有言曰古者世風純一士之生其間者皆有以端趨向而謹持循故履潔懷清或卽此揚激特嚴爲採其刻勵之深衷俾流傳於百世古者道學昌明士之出其中者自有以儲才猷而宏德業故乘時濟世或卽此指揮若定爲揭其潛見之全量俾豔述於千秋不嘗並聞其語而竊願並見其人哉乃何以好善惡不善者吾得而見之而求志達道者吾不得而見之也國家之選士也大川廣谷類皆朝取暮取以拔其尤而求諸見善若驚疾惡若仇曾不得一二焉感時者應不無世道之憂矣而吾乃

幸焉幸夫今所見者猶得實之古所聞也設令宏其抱負展其謨猷則耕莘釣渭之襟期陶殷育周之事業何不可復覩乎古亦日月今亦日月遙遙若接有不勝深慕焉耳儒者之潛修也浴德澡身既有公好公惡以礪其行將期之運量之充經猷之遠均不足難易焉觀世者亦或動風會之思矣而吾乃惜焉惜夫古所聞者而不得爲今所見也設令勢由此窮運由此極則天地民物之大綱常名教之防將復何所賴乎天竟何如人竟何如茫茫世宙有付之一嘅焉耳是雖有好善之誠恍如不及惡不善之切儼若探湯豈遂足慰願見之私哉嗟乎圖沈鳳杳五百年名世不生微特

呂傅勳名今難再覩恐并此存理遏欲之士亦等諸風微人往而子焉靡遺矣予心不滋慟乎然而殷輅夏時二三子自命不薄或者貞元會合時有可爲不難本揚清激濁之懷出而爲後樂先憂以挽回大局矣予懷不大慰乎

本房加批

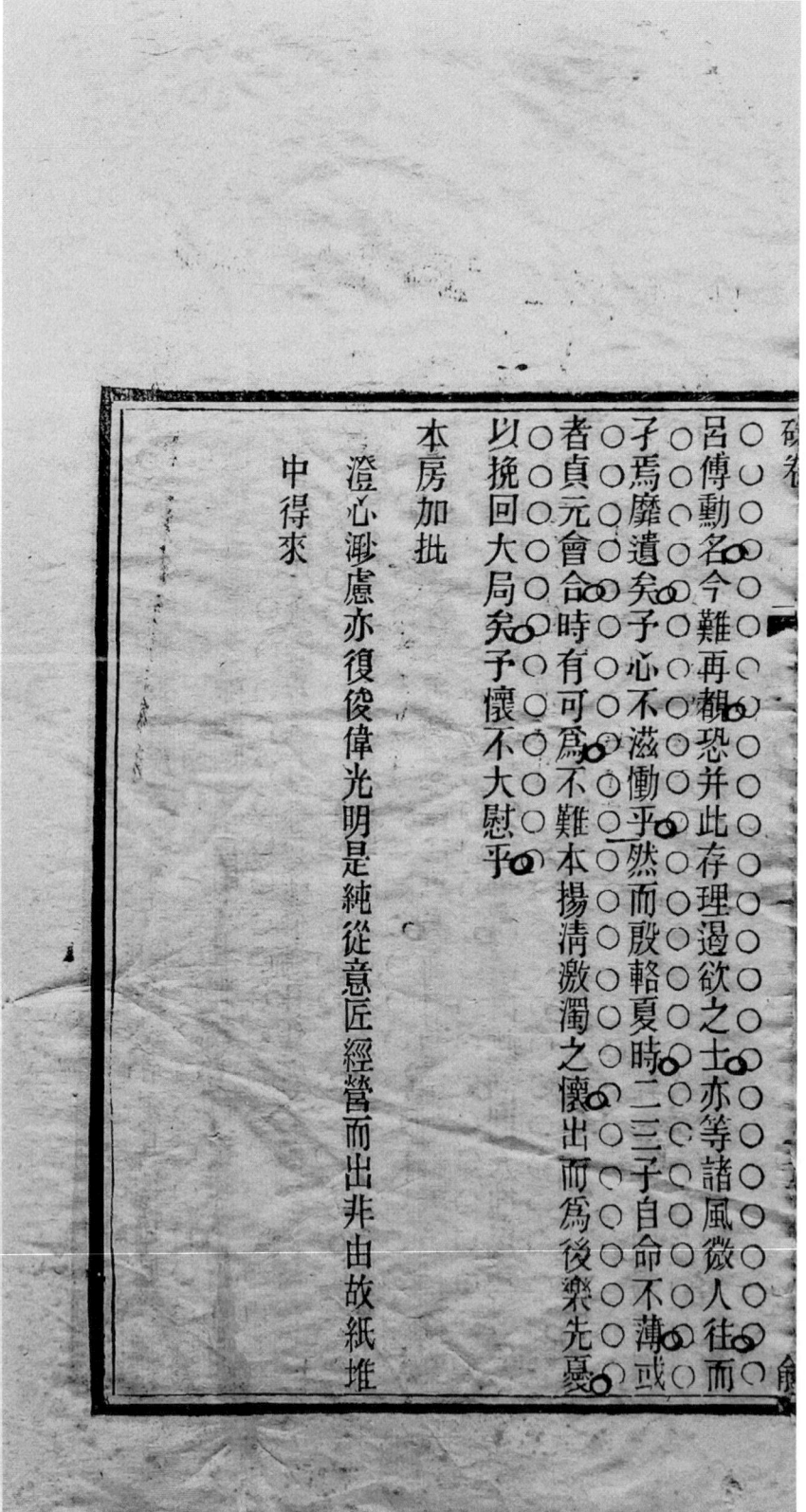

澄心渺慮亦復俊偉光明是純從意匠經營而出非由故紙堆中得來

故君子尊德性而道問學

俞保鑑

原凝道之功○天與人貴交勵焉○蓋德性者道所由出○問學者道所由備○尊之道之○而至道於是乎凝○且道也者原於天而盡於人者也○自後世主良知之說○而道始晦焉○自後世矜博物之名○而道益浮焉○一則遯於空虛○一則流爲穿鑿○分門戶○樹黨援○紛紛聚訟○使天人一貫之理○卒不明於天下○此其故蓋未奉教於修凝之君子矣○君子者○盡人以合天者也○天者何○則德性是○人者何○則問學是○性爲彼蒼之賦畀○盡人所同○至性而冠以德○而其體至崇焉○以存德者爲存性○未可使矯揉造作○致大失民秉之彝也○則奉持宜謹

也學本一己之功修吾儒所貴至學而先以問而其途自正焉惟好問者能好學非徒誦默識靜觀莫由獲切磋之益也則率由勿失也亦惟尊之道之而已心不謝絶乎萬物不足言尊君子正以黜邪理以屈慾任斯世之紛華靡麗牽引於寤寐者無窮而吾惟一奉乎恆衷覺此外皆堪卑視焉尊何篤也尊在立朝之君子而四海仰維皇之福尊在宅野之君子而千秋崇原道之書功苟離合於終朝不足言道君子諮諏必審參考必詳任斯道之曲折精微紆緩其程途者甚苦而吾惟一貞其邁往覺此身未可歧趨焉道何勤也道在乘時之君子而風雨不輟其懋修道在俟命之君

子而顛沛不荒其故業然而尊與道蓋有未可偏廢者侈語閒存之輩即在曰明曰旦恆不敢懈其欽崇而終日乾乾幾若物則民彝允切靈承於上帝究之本眞雖蓰而課以名物象數卒施措而鮮得其宜君子嫌其無實矣惟有道以濟其所尊事物博而義理愈明斷不至寂滅虛無致類明心之異教留心訓詁之家止此一義一名恆不憚竟其源委而窮年矻矻幾欲箋經疏傳獨誇宏博於後儒究之考訂雖精而問以固有天良卒梏亡而絕無所守君子嫌其無本矣先即尊以端其所道懿兼留而研窮自正斷不至支離傅會竟同記醜之聞人君子之天人交勵也如此試更詳其

目◎

本房加批

精理微言澹思濃采

春秋無義戰彼善於此則有之矣

俞保鑑

求義戰於春秋不得以較善者當焉夫春秋之戰皆非義戰也雖有彼善於此豈遂無歉於義哉且佳兵者不祥卽事非獲已猶不忍殘萬人之命以成一將之功況武畧自誇妄欲爭雄於列國亦盍思誰司命討而乃以名分之均遽起憑陵之念耶吾是以反覆麟經覺兩國相持固不無畧勝一籌者而要難逃筆削之嚴也今天下善爲戰者爭城以戰爭地以戰不義固無足論卽春秋一書始隱桓終定哀二百四十年間其執鞭從事者豈無是非曲直之分明昧强弱之判哉而求一聲罪致討無慚義舉者吾知其必無

矣修舊則書造邑則書爲其殃民也戰則殃民孰甚焉同爲伯叔甥舅之國而小忿不忍竟欲以一矢相遺義何在也滅國則書取地則書爲其虐人也戰則虐人匪輕矣並列桓躬蒲穀之班而王命不遵妄思以兩軍相抗義何居也顧於無義中求義而於彼於此亦或有內切於兼并外托爲尊攘者論世者所爲降格相求乎羊牽鄭而鄙爲俘牛奪陳而夷爲縣薦食者何足道哉他如師進召陵責包茅於荊楚功高城濮弔諸姬於漢陽敵愾奮雄心縱令權詐難辭猶足振當年之國勢修怨也而取禾京師奪政也而集矢王肩陵上者何足言哉他如畧勤孤竹獻捷而來宗邦盟背令

狐致書而絕嬴氏服戎懷壯志縱使聲稱未協猶見原後代之經師彼善於此則有之矣其在春秋之初政柄猶操自諸侯後則逮於大夫矣帥師而黜子翬專將已開其漸救江而名處父擅兵共憾其非世運日陵夷恐馴至毀冕裂冠復何有優絀之可判哉及至春秋之末威福已掌自大夫漸且移於陪臣矣戒都車而擅發痛深蒲圃之師萃邊邑以相仇悖甚宮臺之逼遷流何底止恐直至揭竿斬木亦奚有軒輊之分哉伏維聖主當陽諸侯用命仁風廣播兵萌盡消雖在窮邊化外莫不懷德畏威智勇戴天王焉懿歟休哉何道之隆歟

本房加批

才情煥發議論堂皇

○○○○○○賦得畫燭秋尋寺外山　得山字五言八韻

俞保鑑

○○○○○○○○○○○○○○○○○○○西湖眞畫景古寺亂峯環秉燭宜秋夜扶節覓好山落花添

○○○○○○○○○○○○○○○○○○○旅思餘靄鎖禪關燈影搖紅樹詩心繞翠環僧歸黃葉裏樵

○○○○○○○○○○○○○○○○○○○指白雲閒光射千疊門敲月一彎霜鐘琳宇澈星火佛頭

○殷送爾杭州去○吟情未許删○

本房加批

端莊流麗風雅宜人

硃卷

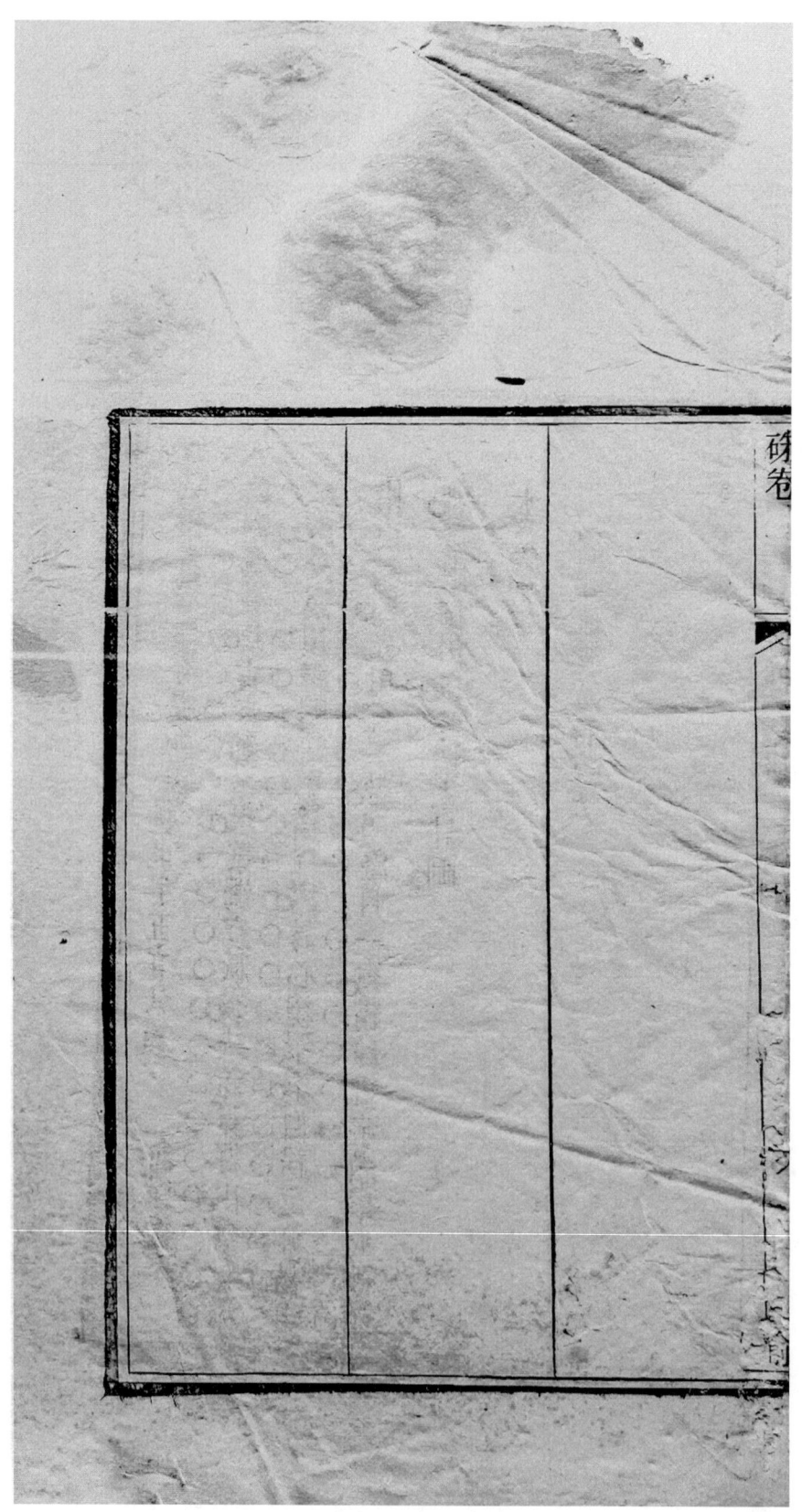

光緒甲午　呂家騏

政

呈

呂家騏

字馥蓀號建侯又號仲卿行二

咸豐乙卯年二月初十日吉時

生紹興府新昌縣學附生民籍

始祖由誠　宋靖康初知襲慶府會金人入寇城陷盡節贈通奉大夫詳宋史傳本朝奉恩詔入忠義祠

一世祖億　宋蔭大理評事隨駕南渡卜居新昌

一世祖妣氏袁　宋封孺人

二世祖集　宋贈武翼大夫殿前都指揮使

二世祖妣氏吳　宋封太安人

三世祖齊　宋處士爲睦宗派

三世祖妣氏吳　剡東樓下

四世祖瑾　宋贈承事郎晉贈朝散大夫

十世伯叔祖升　明洪武初以孝弟力田應聘授江陰主簿奉使山西定版籍予告歸隱崇祀鄉賢詳郡邑志

諒　明初常州府學教授

模　開行御史臺知事

十一世伯叔祖文玢　明洪武十五年舉明經授江西按察司僉事分治信豐瑞金石城三縣實授福建按察司僉事

必寶　明洪武以耆德赴京將授職舉弟自代

必恆　由兄薦徵試吏部擢湖廣綏甯令

不用　明初徵授本學訓導崇祀鄉賢敭入名宦詳郡邑志

九思　明初薦授行人轉江西袁州府經歷載邑志賢孝傳

九疇　明初應辟

十二世伯叔祖迪　明永樂丁酉鄉薦授連江縣學教諭

談　明贈南京兵部侍郎

總　明洪武初舉人才授胙城知縣

寶　明洪武辛未由監生授山西曲沃縣丞

章　明永樂三年貢任揚州興化縣知縣

術　明贈奉直大夫南京工部員外郎

履歷

光緒甲午科

履歷

四世祖妣氏闕宋贈太宜人

五世祖沖之宋慶元五年進士授南康軍僉判賜緋銀魚袋贈朝散大夫著辟經宗旨詩文罷妙詳郡邑志

五世祖妣氏潘宋封宜人

六世祖惟通宋嘉定己卯鄉舉贈朝散大夫

六世祖妣氏徐宋贈太宜人

七世祖秉南宋紹定五年進士累遷司農卿主仙都觀賜緋銀魚袋贈朝散大夫詳郡邑志政績傳

七世祖妣氏董宋封柔嘉懿順淑德宜人

八世祖嶸宋寶祐四年進士授台州司理參軍

八世祖妣氏姚晉溪姚自愛老人之曾孫女

九世祖价宋處士齒德並尊鄉里敬愛

十三世伯叔祖彧明永樂鄉薦 鵬明正統丙辰進士任湖廣平江縣知縣 昌明正統辛酉壬戌聯捷進士任南京雲南道監察御史陝西按察使司 鳳明順天己卯庚辰聯捷 鳴明順天己卯舉人蘇州府通判 逵明成化辛卯舉人授九江府同知

十四世伯叔祖初明成化辛卯舉人鎮江府河間府通判 獻明成化甲午經魁甲辰進士授刑科給事中賜一品服出使安南任順天府丞府尹南京兵部侍郎崇祀鄉賢詳明史傳 卿明成化丙午舉人廣信府通判 廷儁明宏治乙卯舉人淮安府長史

十五世伯叔祖大川明成化甲辰進士廣東惠州府知府 信明成化癸卯舉人

十六世伯叔祖本明嘉靖壬辰進士由翰林院仕至武英殿大學士誥授光祿大夫柱國少傅兼太子太傅贈太傅謚文安 光洵明嘉靖辛卯壬辰聯捷進士由翰林院庶吉士知崇安溧陽二縣行取河南道監察御史游升都察院右都御史巡撫雲南督師四川軍功任兵部尚書改南京工部尚書崇吉祀鄉賢

十七世伯祖繼儒明萬曆乙酉歲貢授湖州府學訓導

九世祖妣氏劉 同邑郭南
十世祖模 號疎懶翁避難居東師山平淡莊明初復舊址金菴邵衷撰銘
十世祖妣氏黃 黃同邑前山根黃公奇孫女
十一世祖九成 號皆山以文學隱居禮讓範俗詳郡邑志傳浙江大參胡公續宗行縣樹逸民碑崇祀鄉賢
十一世祖妣氏沈 丁
十二世祖翊 庠明贈雲南道監察御史再贈奉議大夫江西按察司僉事
十二世祖妣氏梁 明誥封宜人
十三世祖吉 庠崇孝友工詩翰詳邑誌傳
十三世祖妣氏潘

十八世伯叔祖若愚 明嘉靖辛丑北榜舉人乙巳進士南京兵部車駕司郎中 奇策 明萬歷己未進士授行人任淮安南雄兩郡知府
十九世伯叔祖新周 明萬歷丙午舉人任滁州知州歷大理左寺副衡府左長史 爾華 明崇禎庚辰舉人 景參 順治甲午副榜拔貢河南衛輝府胙城縣知縣陞雲南鎮南州嵩明州知州 廷雲 康熙己酉經魁癸丑進士 彪 康熙丁未舉人
二十世伯叔祖正紛 順治丙辰舉人任河南南陽縣知縣 正音 順治甲午乙未聯捷進士康熙丙午廣東正主考歷任江南按察司僉事徽甯等處兵備道崇祀鄉賢詳郡邑志 起津 康熙戊午舉人 師時 康熙甲子北榜舉人 秉 順治丁酉舉人 夏音 康熙丙午舉人任湖南潛江縣知縣詳郡邑志
太高伯叔祖日永 乾隆戊子舉人湖南穀城縣知縣 廷炳 庠生 廷鐸 庠生 廷鋕 歲貢生候選訓導 廷錡 庠生例授衛守備 廷鏊 太學生
高伯叔祖佔 康熙甲子舉人內閣中書改授甯波府鄞縣教諭 司壎 歲貢杭州府仁

履歷　光緒甲午科

十四世祖廷竂 築東溪草堂著石城小隱稿詳邑誌傳
十四世祖妣氏徐甄
十五世祖中濟 著有散齋稿及雲莊詩集詳邑誌傳
十五世祖妣氏趙
十六世祖光賓 明鳳翔府經歷敕封修職郎
十六世祖妣氏俞 明敕贈孺人
十七世祖玉河 由監生授徵仕郎鳳陽府武平衛經歷
十七世祖妣氏程敕封陳孺人　側室孫氏
十八世祖會棫 邑庠生
十八世祖妣氏王
十九世祖新芬 明季處士
十九世祖妣氏姚

和縣訓導山臺 嘉慶辛酉拔貢 仁信 庠生 應兆 增廣生 觀光 庠生 迪光 太學生 思光 庠生 繼光 國學生 重光 庠生 榮光 庠生 式沼 太學生捐助賑濟欽賜縣丞職銜 式泮 太學生議叙登仕郎 式波 太學生議叙修職郎

曾伯叔祖璋 丙午順天舉人國史館謄錄議叙知縣加五品頂戴 學萊 太學生 學鎣 太學生 爕 庠生 文炳 庠生 承堅 庠生 承期 庠生 讜 庠生 椿 太學生議叙修職郎 櫨 太學生例授修職郎 梓 庠生議叙縣丞銜 慶申 歲貢生候選訓導 楷 庠生 聲和 庠生

堂伯叔祖煌 太學生 煇 庠生 瀛 增廣生議叙縣丞銜加五品頂戴 乃埏 庠生例授修職郎 乃煊 太學生例授府知事 乃烔 庠生 乃煋 附貢生 乃煥 太學生例授直隸州同知 乃煌 貢生 乃秋 監生 乃烱 歲貢生候選訓導 乃煌 庠生 玉綸 庠生 大鏞 乙酉舉人 大鏕 辛卯舉人 炌 煥

二十世祖有純 太學生
二十世祖妣氏張 任
太高祖廷綉 太學生
太高祖妣氏潘
高祖式津
高祖妣氏陳
曾祖棫 太學生例贈修職郎
曾祖妣氏瑜 例贈孺人
祖乃燭 字懷玉號調元例贈徵仕郎晉贈文林郎例貤贈文林郎
祖妣氏商 欽旌節孝例封太孺人
父恭詔 字廣宇號德卿咸豐戊午副榜候選直隸州州判前
光緒甲午科
覆歷

乃熉 例貢生加五品銜 欽
稻棣 增生
胞伯祖乃燿 邑庠生
堂伯叔之棠 庠生 晉 戊子舉人甲辰大挑二等永嘉縣訓導 鴻熹 同治丁卯並補
行甲子科舉人甲戌會試薦卷前學教玉環廳環山書院本邑鼓山書院 鴻春 庠生乙卯
薦卷 鴻標 太學生 兆鬆 庚辰舉人歷署陝西鳳縣沔縣褒城宜川等縣特授韓城縣知縣
垣 增廣生 駿 庠生 昌 庠生 葆昌 庠生 衷謙 壬午科舉人癸未會試薦卷
基 丁酉拔貢候選直隸州州判 奎光 庠生 龍光 庠生 錦江
軍功保舉賞戴藍翎五品銜候選巡檢 佐昌 庠生 仁堯 附貢生 仁喬 廩膳
生 仁圻 庠生 仁墹 貢生
堂叔志德 志和 儒業 志章 志虞 瑞雲 耀雲
堂兄弟偉 丁酉拔貢署雲南麗江府分防維西通判 冠瀛 咸豐己未恩科舉人庚辰大挑二等前署仙居縣教諭特授鎮海縣教諭 錫師 歲貢生癸酉科薦卷 錫時 同治

履歷

掌教玉環廳環山書院嵊邑陽山書院 例授文林郎 例贈文林郎

母氏陳 世奎公幼女 例封孺人 例晉太孺人

承感下

業師 諱以先後爲次

庭訓

宗衡堂夫子 諱垣履歷詳下

宗南城夫子 諱乃炯履歷詳下

宗福卿夫子 名錫時履歷詳下

俞秋舫夫子 諱觀濤增廣生

宗硯卿夫子 諱汝熙歲貢生

徐鏡亭夫子 諱炤歲貢生

丁卯並補行甲子科舉人戊辰會試薦卷揀選知縣前掌教玉環廳環山書院 錫昌 增廣生 錫恩 庠生辛卯薦卷 錫文 增廣生 漢宗 歲貢生 濬 歲貢生 超

丙子武舉 文臣 廩貢生己丑恩科薦卷 文炤 廩貢生 鍾杰 郡廩生己丑

恩科癸巳恩科薦卷 毓昌 太學生 拊南 庠生 應祥 增生丙申科試一等

一名 錫庚 庠生

堂兄 芬來 芬周 芬榮 芬英 芬和

堂姪 鍾蕃 直隸南樂縣典史 佩璣 庠生癸酉薦卷 瀚清 附貢生 佐清 庠生 贊清 增廣生辛卯癸巳甲午俱薦卷 秉常 戊子亞魁 秉哲 廩膳生己丑恩科薦卷

堂姪孫 桂芬 乙亥恩科舉人庚辰會試薦卷大挑二等現署天台縣訓導 秉鈞 廩膳生 灼 太學生

堂再姪孫 麟鏕 歲貢生同治丁卯並補行甲子科己丑恩科薦卷 師周 廩膳

受知師
胡筱泉夫子 諱猷瀾 前任浙江學政
徐季和夫子 印致祥 現任浙江學政
戴幹庭夫子 諱枚 前任新昌縣知縣
霍子方夫子 印順武 現任紹興府知府
廖穀似夫子 印壽豐 現任浙江巡撫本科監臨
趙展如夫子 印舒翹 現浙江布政使本科提調
惠菱舫夫子 諱年 署浙江布政使本任鹽運使本科提調
郭穀齋夫子 印式昌 護理浙江糧儲漕務道台
州府知府本科提調
王心齋夫子 印祖光 署浙江按察使本任杭嘉

光緒甲午科

生辛卯 薦卷 壽樸 廩膳生
胞兄家駿 字福保號念元太學生 家驥 字福增號厚川業儒
胞姐四 長未字故 二適嵊邑後山竺榮高公長子太學生國喜 三 四未字故
胞姪潤清 業儒 榮清 殤
胞姪女二 未字
聘張氏 太學生聖謨公次女
娶胡氏 根芳公女
再娶石氏 森林公女
再娶黃氏 嵊邑加全公次女
子二 長澄清 業儒 次熙清 幼
女一 未字

履歷

湖道本科監試

黃子畬夫子　印祖經　前署浙江金衢嚴道候補道本科監試

劉玉延夫子　印至喜　浙江補用道候補知府本科內監試

侯偉人夫子　印琫森　現任新昌縣知縣

嚴梅先夫子　印大魁　現任新昌學教諭

徐墨卿夫子　印福昌　現任新昌學訓導

鄉試中式第十五名

會試中式第　名

殿試第　甲第　名

欽點

族繁不及備載

世居城中吞橋裏現居忠信坊川堂頭

浙江鄉試硃卷 第拾貳房

中式第十五名舉人呂家騏浙江紹興府新昌縣學附生民籍

同考試官鹽運使銜道員用候補知府截取同知姚　閱

薦批　澄心渺慮經策安詳

大主考翰林院編修　國史館協修秦

取批　佩實銜華經策淹雅

大主考內閣學士兼禮部侍郎銜文淵閣直閣事梁

中批　稟經酌雅經策贍賅

硃卷　光緒甲午科

硃卷

本房原薦批

第壹場

推勘入細筆善於轉深入顯出元箸超超不矜才不使氣是文以品勝者木鷄養到時矣次藝經箱之光鎔以健筆不同稗販三藝機局一新腹笥又足以佐之是謂有筆有書詩妥

第貳場

本經旨而立言取達意而已止

第叁場

按題引證删繁就簡格老氣蒼論斷有識

聚奎堂原批

筆妙如環次三持滿而發詩妥

○○○○○知之爲知之不知爲不知是知也

呂家騏

知有其眞惟不欺其心而已甚矣知必求其實也合知不知而皆不欺焉其知不在是哉子若曰人心之明物所不得蔽者也物不能蔽吾明而吾先自蔽其明則心之明愈蔽而物之蔽愈深始也强物以爲明繼也逐物以爲明而其究也心與物相角而明常不勝於是明之事爲無權而明之理乃愈晦爾之從事於知久矣一若識量所至天下事無不入其中者盖必以如是而爲知則有所左也吾試與子言知知以鑒物亦以審幾盡物物而釋其蔽聖人亦不能也惟旁搜博覽以澄其燭照之神則耳目心思皆實用矣

知以燭事亦以見心蓋事事而得其明天下無是理也惟反觀內
證以清其虛明之體知窮理格物猶緩圖矣雖然要有毅然不易
之操以闕疑者存信而存信即所以察幾以去妄者全真而全真
乃可以達變其故不外知與不知兩端其審知與不知惟在知之
一念既已知也何容匿其知已知而匿其知矯也雖古來明道之
儒不敢具曰予智而必體驗於迷悟之兩途誠若於知不知之介
較然也即此為吾儒明心之實學既已不知則必求其知不知而
求其知勞矣然聖賢不蔽之衷不過因物以付要必靜參於明昧
之一心故能於知不知之途斷知也即此為學者析理之有基萬

物之理之未有以盡也易一境焉而其情變矣更易一境焉而其情愈變矣物自有無窮之妙而吾之所知僅執一境以自封無論所知已得否也即有所得而其知亦隘矣是必挾其全體之靈明以勝之而後知此境之未可盡執即以知彼境之更有可通而知之事盡矣而不知之端絕矣人事之變之未可以執也易一地焉而所處難矣更易一地焉而所處愈難矣事豈有一定之程而吾之所知僅執一隅焉以自終無論所知已盡否也即有所盡而其知亦小矣是在擴吾大公之全量以推之而後知此事之猶有權衡者即以知彼事之尚煩擬議而知之境變矣而不知之惑泯矣

是吾性中自有獨知獨覺之眞不妨對人以對己斯世間不少可信可疑之事要無欺世以欺心如是雖不盡爲知而其於知也則幾矣予其勉之

本房加批

渺慮澄心清剛雋上浮煙漲墨一掃而空想見經營慘淡時不復以得失存諸胸臆獨彈古調竟遇知音彼盈耳箏琵徒淆人聽魁選得此足以振式浮靡挽回風氣矣

君臣也父子也夫婦也昆弟也朋友之交也　呂家騏

以君臣冠人倫之首而內外可遞舉矣夫君臣人倫之首也然不有父子夫婦昆弟朋友在乎是可遞爲舉之且易首乾坤論者謂天澤之分嚴位莫尊焉義莫重焉固非羣倫所得而並矣不知其超乎羣倫之上者即可統乎羣倫之全以立乎朝者作之先即以脩諸家者推而暨覺倫外無身也即身外無倫也臣請爲君遞詳其目且夫堂廉之義固族類不能而越也喜起之朝即彝常所爲攸敘也問嘗觀君臣之一身而知父子夫婦昆弟朋友諸大端即各繫之是在有以端其本焉是在有以備其脩焉有如公魯之君

也爲王臣鄰作民父母其責豈云易盡哉孰卑而俯於公乎瞻之
孰倡而隨於公乎則之又況深宮置酒不乏懿親與國聯盟無非
同好也昔在穆考彈羑里之琴孤臣飲泣視寢門之膳世子脩儀
其時天妹嗣徽河洲式化夕永三星之雅朝聯二號之歡而虞芮
聞風有偕四十國而共投玉帛者無他倫紀飭也今日者離黍降
矣誰念君臣乘舟詠矣誰念父子以至綠衣作而夫婦之道苦騂
弓反而昆弟之誼衰谷風習而朋友之交廢讀詩者感慨流連遂
疑上下親疎至性不關乎天授豈知人在斯倫在名存斯義存二
南不爲正二雅不爲變也縱使異端蠭起高清淨以亂彝倫而究

之陷溺雖深，一動以君臣父子夫婦昆弟朋友，未有不心羨者。乃知自古迄今，其相維而相繫者，恃有此也。即如某魯之臣也，以先君之遺耆，愧孝子之作忠，此外尚能無負哉。誦蓼莪之什，自為神傷；賡荇菜之章，有懶德化。久況伯氏家居，吹壎莫和；同人話別，傾蓋何時也。昔在昭考，戎衣一著，天下遂戴君王；冠帶三朝，聖主依然子弟。其時邑姜佐治，椒寢宜猷；后父以從龍著績，母弟以胙土分封，而豐鎬來同，遂使八百國而共陳壤奠者，無他，天秩嚴也。今日者禾麥玖矣，君臣非昔；金玦寒矣，父子難言。以至柏舟刺而怨深夫婦，蔓草圖而戕及弟昆，車笠寒而信衰朋友，讀史者低徊惋惜方謂尊卑遐邇至此無復有人心豈知天地一日不毀人倫一日不廢中天非有憾我周非有異也就使曲學朋興侈空談而外名教而究之天良難昧一念夫君臣父子夫婦昆弟朋友未有不心感者蓋雖自今而往其相聯而相屬者亦循是也合是五者而達道全矣

本房加批

綱舉目張大含細入訓辭樹骨氣盛言宜

周公思兼三王以施四事其有不合者仰而思之

呂家騏

元聖思存道統至不合而思彌切矣夫三王四事有周公之兼與施道亦自此存矣然勢有不盡合者其能無仰思哉且人當千百餘年之後而欲監千百餘年之成憲以體諸一身其以一身任之者無非一心運之者也顧以後紹前心可由虛而核實而以今法古心又欲即而仍離雖極殫精竭慮之勞不能無時易勢移之患此固多材之家相所爲翹首焉而如見其心者矣禹湯文武而後乃有周公周公固仰承三王之道而後先若合符節者也第道必

有所麗則徵諸事事必期其成則見諸施而施亦不能漫然爲應
也則必先豫諸思惟周公乃有以兼之公思爲昭代普王猷惟此
禹鼎湯盤常昭法守而仰惟穆考率時昭考河山同手訂家法復
上懔夫父兄則知先代有良謨要悉本精神以兼運公思爲歷朝
綿治統惟此文謨武烈代有留貽而監於有夏監於有殷德業溯
心傳淵源且遠規夫子姒則知先王傳制作必具憑稽慮以兼搜
周公之思亦思見諸施耳亦思見諸施而無有不合耳承累朝之
治法統既紹乎三王接羣聖之心淵道勿遺於四事亦安見有所
謂不合者然而事未可一概論也蓋欲紹前聖之薪傳一代道可

綜數代則心與心相印而其中之契慕良深而必執成規以墨守
宜古或未必宜今則世與世相殊即此際之乖違不少夫不有不
合者乎公能勿仰而思之且夫禹須祗台湯傳齊聖文著緝熙武
歌執競煌煌乎久垂紀載矣此亦何事於深思者第公以一身任
負扆之勞創制顯庸何事不規諸成法而其間不能無異同者勢
爲之也思之哉事在交命何以如禹之敷四海事在表正何以如
湯之及萬邦事在謨烈何以如文與武之丕顯丕承昂首而籌乎
治之規易簽仰觀有不同此景象也哉且夫夏享鈞臺商誓景亳
文造區夏武會盟津赫赫者常昭耳目矣此亦何煩於精思者第

公以一人荷寄託之重設官定禮隨事盡率夫舊章而有時不免
有依違者世爲之也思之哉施之六府何以如禹之奏平成施之
九圍何以如湯之式帝命施之六服何以如文與武之大烈耿光
傾心而慕動猷之遠詩歌仰止有不共此欽承也哉觀於思則得
之坐以待旦洵足兼三王而施四事矣道統不由是存哉

本房加批

機圓局緊舉重若輕題字一一點醒課虛責實想見振筆疾書
之樂

賦得雨過潮平江海碧得平字五言八韻　呂家騏

雨過長天碧秋潮怒乍平鏡淸滄海水環拱浙江城湧月涼
無影流雲溼有聲岷峨靑嶂接渤澥綠波生楊柳涵春色蓬
萊絢晚晴杳冥空蕩漾界畫不分明鐵弩憑神力錢塘憶昔
名
皇威寰宇徧如砥句重賡

本房加批

細膩熨貼館律正宗

光緒甲午　祝文修

浙江鄉試硃卷
光緒甲午科

政

呈

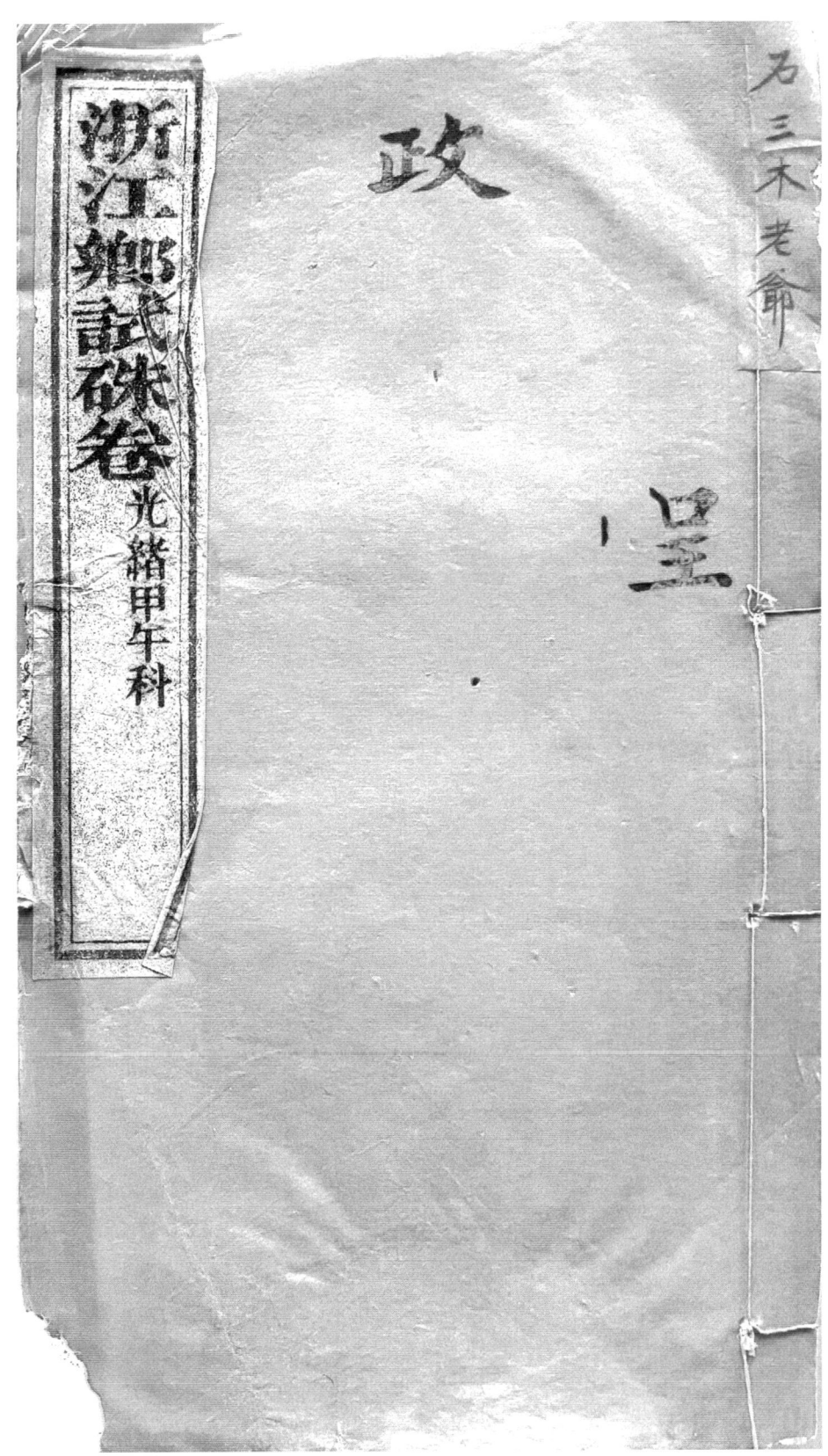

石三木老爺

祝文修

始祖文思仕唐中宋時

一世祖興宋耆英志向高明丰標特達卜里擇交鄉鄰取重詳見宗譜

二世祖溫宋處士

三世祖儉字念約號聲宇宋朱文公宗舅仕國子學正爲理學名儒

四世祖鳳宋儒學齋長

五世祖桂元處士

六世祖繼元彥士

字建標號霞城又號來卿行一

同治戊辰年二月初七日吉時

生紹興府新昌縣副貢民籍

世伯叔祖勉仕吏部尚書　諫宋慶歷進士官拜翰林學士

世伯叔祖確字永叔宋朱文公外祖淳厚孝謹人多高其行

世伯叔祖諮邱宋太常寺少卿　宣和宋處士

世伯叔祖象明宋處士　象器仕太學博士　念良仕崇學府教

世伯叔祖恭邑庠生　萬年順治辛卯舉人　萬亭邑庠生

世伯叔祖永璞處士　永謙處士　永珮處士　永清乾隆丁卯舉人

世伯叔祖時書　時志

世伯叔祖立綱太學生　立位　立名

世伯叔祖得政　得賢　得亮　得榮　得霞　得星

履

七世祖萬

八世祖溢

九世祖永瑥 明恩例義官有孝行

十世祖世豹

十一世祖汝琦 處士

十二世祖惟英

十三世祖太翊

十四世祖希彬

十五世祖思明 處士

十六世祖天龍

十七世祖時章 處士

高高祖嘉華 字昭美號廷紹太學生

得豐 得盛

嫡曾伯叔祖得觀 得久

伯叔祖有恭 有信 有敏 有根 有棟 有杠

有瑞 有鑑 有義 金旺 金森 金來 大

松

嫡叔祖有潮 號鈖河

堂伯叔尊錢 長松 炳松 寶松 海松 錢松

繼松 根金 文高 文光 炳銀 文昭 文

元

胞伯宣三 字玉松又字芝蘭 升三 字芝梅號履堂邑庠生

堂兄弟先貴 雲貴 景春 貴春 金雲 培根

洽貴 洽燦 鍾貴 銀先

高高祖妣氏俞
高祖立功字明耀號儀齋國學生
高祖妣氏陳
曾祖得彝號一蒼
曾祖妣氏張
祖有則字子源號西河太學生例贈文林郎
祖妣氏金例贈太孺人
父萬三字芝雲號蓮坡邑庠生例封文林郎
妣氏王太學生名益謙胞姑例贈孺人
嚴侍下
受業師
庭訓

親兄文炳字燧標號風若　文藻字準標號月波邑庠生工算學　文瀾字漣標號衎若
業儒
胞弟文錦字得標號繡卿業儒
從堂姪紅產　舜衍
親姪一鈞　紹唐幼讀　良鈞　鰲鈞　紹勳　紹耆
和鈞俱幼
親妹二長適恩貢生乙卯薦卷徐諱炤公次子邑庠生名宗浩胞弟名寶鑑幼字醴泉太學生高名薇謂公長孫成桂公之子業儒名達祿
親姪女五長適梁五老公長子名子祺次字軍功保舉六品銜候選巡檢呂名錦江公長孫廩膳生名文炤公胞姪增廣生名文臣公之子幼皆未字
娶劉氏增廣生名聲公長女業儒名韓城胞妹
子兆元幼讀

履歷

呂小寰夫子 諱鴻[illegible]院 同治丁卯並補行甲子科舉人甲戌會試薦卷前掌教鼓山書

呂六皆夫子 印袁謙 壬午舉人丙戌會試薦卷

趙笑梅夫子 印振甲 乙酉拔貢

陳肖蘭夫子 印之唐 癸酉舉人庚辰大挑二等歷署杭州昌化縣處州麗水縣教諭

楊晴臯夫子 諱正暉 前任新昌縣知縣

吳玉衡夫子 印如正 前署新昌縣知縣

受知師

霍子方夫子 印繩武 現任紹興府知府

瞿子玖夫子 印鴻機 前任浙江學政丙戌歲試蒙取入學

張耕雲夫子 諱輔元 前署新昌縣知縣

王復初夫子 諱貽信 前任新昌縣知縣

錢紫雲夫子 諱鍾麟 前署新昌縣知縣

潘繹庵夫子印衍桐前任浙江學政庚寅科試蒙取一等第四名補廩

濮幼笙夫子印文曦現任新昌縣知縣

柳質卿夫子印商賢補用同知准補甯海縣知縣辛卯科鄉試同考官

費屺懷夫子印念慈辛卯科浙江大主考

李肖巖夫子印端遇辛卯科浙江大主考

鎮青夫子諱崧駿前任浙江巡撫辛卯科監臨

徐季和夫子名致祥現任浙江學政本科監臨

廖穀似夫子名壽豐現任浙江巡撫本科監臨

趙展如夫子名舒翹現任浙江布政使本科提調

菱舫夫子名惠年現任浙江布政使本科提調

郭穀齋夫子名式昌丙子科監試本科提調

王心齋夫子名祖光現任浙江按察使本科監試

黄子畬夫子　名祖經　前署浙江金衢嚴道本科監試

劉玉延夫子　名至喜　浙江補用道候補知府本科內監試

辛卯科鄉試中式副榜第四名

本科鄉試中式第六十四名

會試中式第　名

殿試第　甲第　名

欽點

族繁不及備載

世居西鄉山嘴頭村現住城六坊石橋裏

浙江鄉試硃卷第五房

中式第六十四名舉人祝文修浙江紹興府新昌縣副貢民籍

同考試官試用知縣徐　閱

薦批　力厚思沈經策賅博

大主考翰林院編修　國史館協修秦

取批　意高筆老經策明通

大主考內閣學士兼禮部侍郎銜文淵閣直閣事梁

中批　局整機流經策切當

硃卷　光緒甲午科　批

硃卷

本房原薦批
切仲氏着想是深入一步行間亦圓澈不支次明適三朗暢詩工穩
言明且清氣疏以達五策典贍氣亦疏達

聚奎堂原評
語有鍼對發揮切實次總發亦有意議三整鍊

○○○○○知之爲知之不知爲不知是知也

祝文修

進勇者以誠知不外是矣夫人各有知有不知也果能自知其知不知則誠矣而知何嘗外是哉故子爲子路勗之且斯理本無盡知之蘊而吾心貴有自知之明知其所已知則以心窮理而理可潛通知其所未知則即理課心而心無終昧蓋心之察識既周即理之顯晦自見而知之本體不誣矣非然者挾其果毅之姿第求於理而不求於心吾恐知之源不清即知之眞不出則自欺之一念誤之也今者有誨於由豈欲由事事皆知而無一不知也始得盡其爲知乎非也則試明辨於知不知可焉會通之事在己非不

自明第恐知者居其少不知者居其多則迫於知恥之心而大懼旁觀之竊議遂併其所知者而亦掩蓋之其用意非不深也然而矯矣錮蔽之端當躬何敢曲恕第恐不知者不自疑知者先自信則負其兼人之志而豫期異日之能通遂併其不知者而亦渾忘之其加功非無自也然而夸矣矯則欺其所知夸則欺其所不知是皆非眞求知者也由乎昜不明辨於知不知乎必也實其心於見聞既到之途而深爲考驗但使故文雅記索解有由則得力可其明不妨直陳梗概所謂知之爲知之者若是且必虛其心於理道深藏之境而靜爲鑒觀倘使大義微言探求未盡則前修猶有

待無容遽詡淹通所謂不知爲不知者又若是是詣也無所爲矯
亦無所爲夸也則雖不能盡知而知豈外是哉名理之甚深也極
研窮探索之勞猶恐難窺其秘奧倘謂得一已多知者無復加勉
半途欲廢不知者即可自荒將奚以盡知之量乎然躁氣固宜急
除也小儒格致窮年往往有記誦乎方名象數昧實理而務囂張
者果合知不知而如分以處庶幾志氣不流於躁妄而或得或失
一心自判從違則藐躬燭照之功不難由此見矣是早握致知之
原也夫義蘊之靡盡也貿果鋭高明之質不難漸造於精深況乎
聰明既啟知者自信貫通窒礙無多不知者不待隱諱夫何難引

硃卷

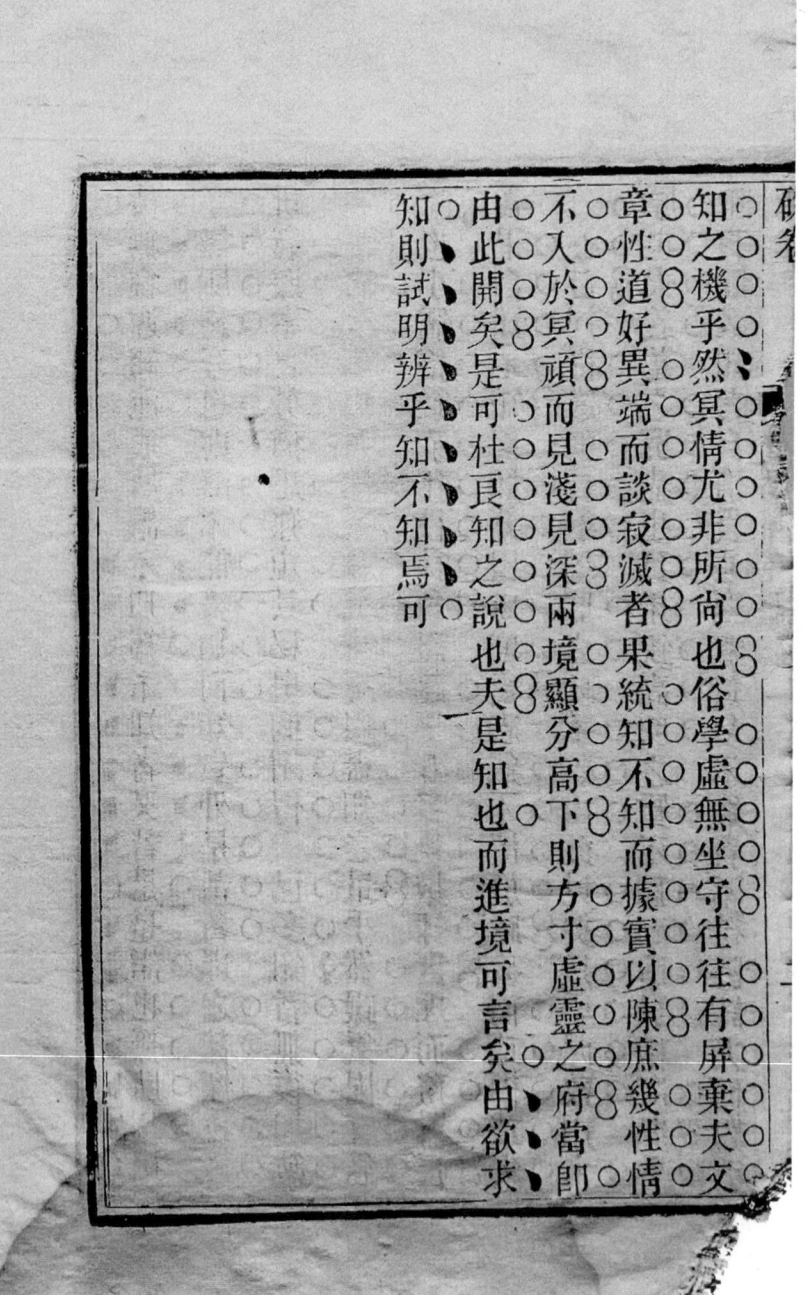

知之機乎然冥情尤非所尚也俗學虛無坐守往往有屏棄夫文章性道好異端而談寂滅者果統知不知而據實以陳庶幾性情不入於冥頑而見淺見深兩境顯分高下則方寸虛靈之府當即由此開矣是可杜良知之說也夫是知也而進境可言矣由欲求知則試明辨乎知不知焉可

君臣也父子也夫婦也昆弟也朋友之交也　祝文修

舉達道之目遞觀之而人倫全矣夫君臣父子夫婦昆弟朋友皆人倫也故謂之達道是可舉而遞觀之昔我周自君臣遇合而後一堂交贊四海永清於是立父子之道則寢門視膳矣立夫婦之道則淑女好逑矣立昆弟之道則因心則友矣下至二老就養四友迪功交朋友之道亦立隆於千古煌煌五大典其傳諸方策者可次第稽焉請爲君言達道夫達道卽五倫之道以其可通行也故謂之達耳而果何所專屬哉蓋彝倫之攸叙運用無窮有時主於有義有時主於有親有時主於有別有時主於有序更有時往

來酬酢而以有信爲主此皆至性至情所統屬也道可以並衡也
而品分之懸殊稱名各別主於義者何人主於親者何人主於別
者何人主於序者何人即往來酬酢而以信爲主者又何人此有
天合人合之分途也道貴乎遞驗也則嘗觀朝廟之中元首明而
股肱良君臣其一也門庭之內考死咎而子克家父子其一也而
且閨房燕樂則夫婦亦其一伯仲諧歡則昆弟亦其一帶衣縭好
車笠盟心則朋友之交又其一噫吾知此君臣父子夫婦昆弟朋
友有合之見爲同者焉有分之見爲異者焉有同而各呈其異者
焉有異而適得其同者焉忠臣在孝子之門則君臣與父子相通

新婚有如兄之詠則夫婦與昆弟相通至於燕饗有慶者共列倫常是朋友之交亦不外君臣父子夫婦昆弟也其同也以合而見也廷獻與家修異候則君臣父子難並論兩姓與一本殊途則夫婦昆弟難並論況乎傾蓋言歡者但聯聲氣是朋友之交愈難比君臣父子夫婦昆弟也其異也以分而見也曷言乎同而異也謂天下共此君臣而何以堯舜賡歌武湯伐暴謂天下共此父子而何以朱均不肖元愷同升謂天下共此夫婦昆弟而何以關雎綠衣殊其遇角弓常棣異其情推之朋友之交其爲德爲怨者更難一概論也則安得統而觀之哉曷言乎異而同也謂君臣之類

一而何以堂廉對越共示敬恭謂父子之類不一而何以寢室趨承首推慈愛謂夫婦昆弟之類不一而何以共牢留合體之文同氣結連枝之誼推之朋友之交其相應相求者亦並居五常內也則何必歧而視之哉五者天下之達道也

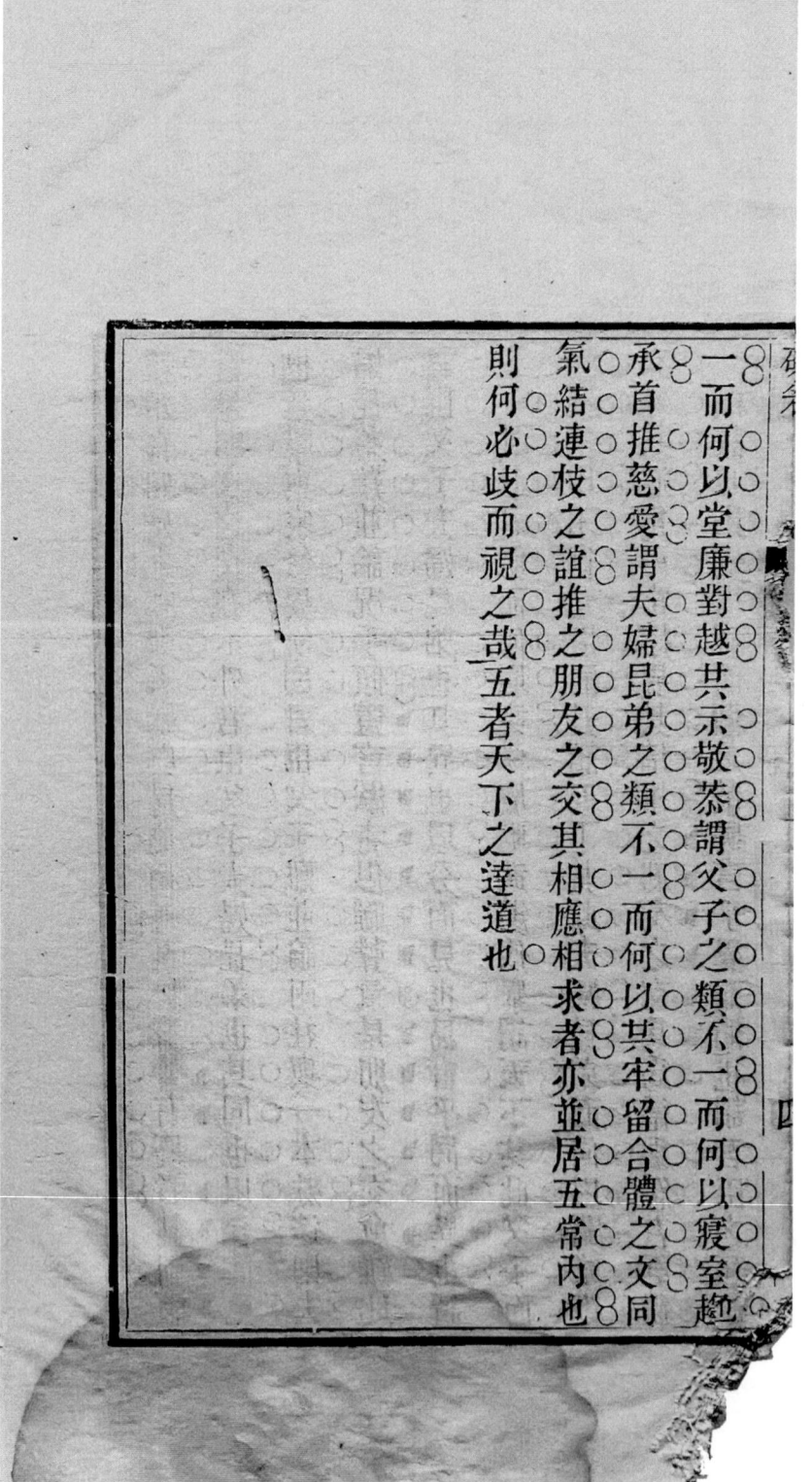

○○○○○○周公思兼三王以施四事其有不合者仰而思之

祝文修

有所以兼羣聖者求合之心切矣夫周公生三王之後而欲兼施
其四事則於不合者能弗仰而思之乎且我周自冲人嗣位以來
法鑒夏殷而統承昭穆論者咸謂周之善於圖治焉顧章程大備
元子實享其承平而創制顯庸元公倍深乎擘畫迄今溯家相芳
徽覺當日之總集羣聖有拮据並形者矣由禹湯以迄文武是謂
三代之王夫三王既生不同時即事難盡合則欲承幾希之統者
終有賴於周公焉謂周公翊輔興朝似乎偶懈神明亦無慚聖[illegible]

然而道貴集其成也想三王之制作早彪炳於兩間周公欲有以兼之故不獨禹鼎湯盤足資本朝之潤色也卽文治武功之盛亦費經營謂周公生逢聖代似乎自安暇逸亦無損世風然而法必求其備也想四事之休明本留遺於千古周公欲兼而施之故非特禹謨湯誥可見古聖之精神也卽文謨武烈之全同勞斟酌兼三王以施四事周公思之蓋欲求其合也雖然揆幾度務原不憚勤勞而世變風移終有憂睽隔蓋艮相救時窮神尤宜於達化仰惟前代思我先王方寸之區皇可想也則仔肩大道原不嫌心計之過煩而先朝舊制法古未必其準今王業雖存事功頓改此中

之窒凝猶多也則緬想鴻猷何以見化裁之盡善其有不合者恐
三王四事不可兼施也周公於此蓋仰而思之云自來創垂雖善
而宇宙未必率從者不合於時耳憶周家治定功成豐水之舊章
原與鎬京並著然欲兼受夏受殷之局參酌焉以自審其權衡則
內念之圖維難緩也思之思之合三王之實錄而竭力研求若與
吐哺握髮之文同其勞瘁矣自來德業雖隆而寰區尚多背逆者
不合於勢耳想周室禮明樂備雎麟之雅意本與官禮並傳然欲
兼尚忠尚質之朝會通焉以顯昭爲法戒則衷藏之裁度宜深也
思之思之合四事之遺規而潛心探討可於瘏口曉音之外再

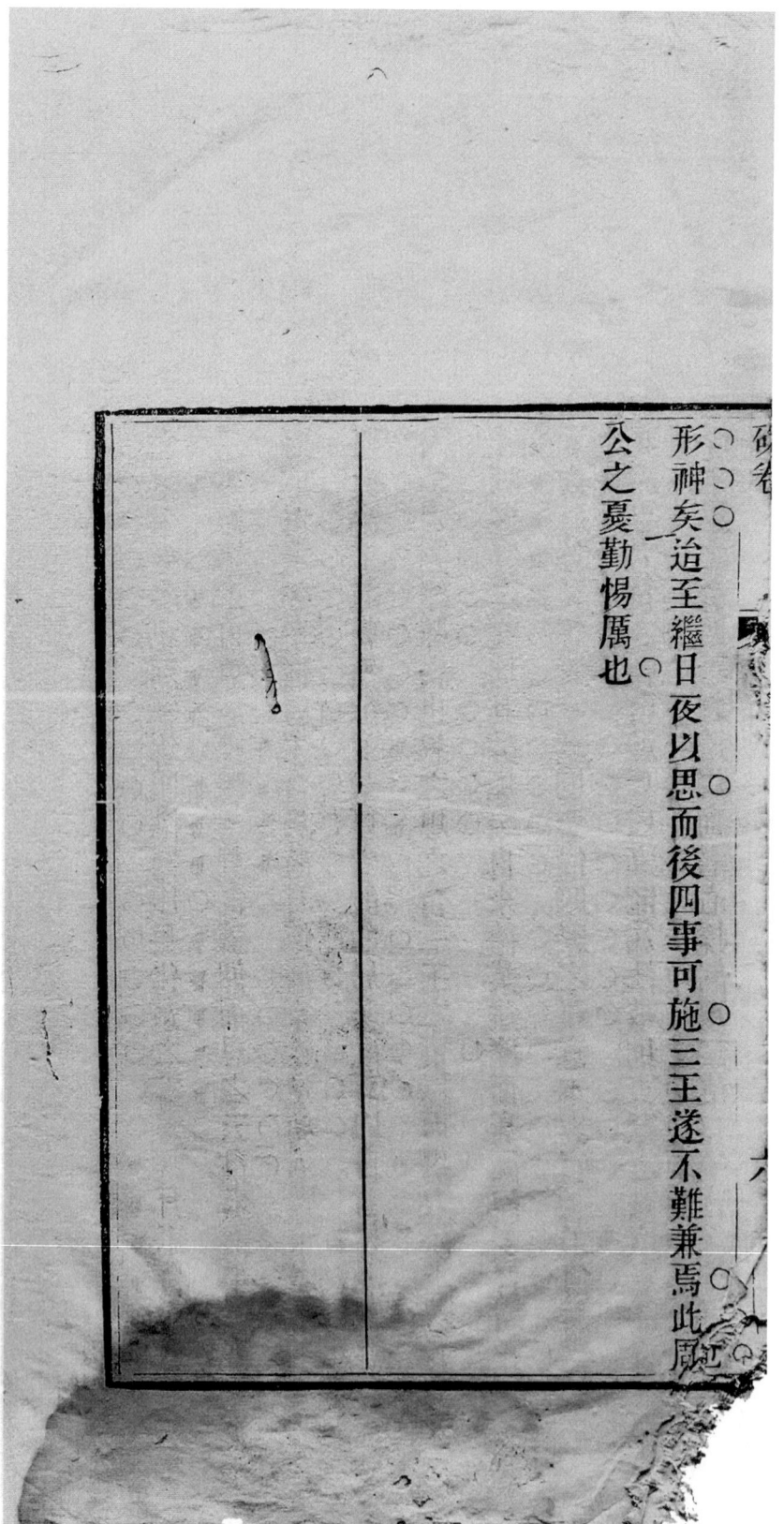

形神矣迨至繼日夜以思而後四事可施三王遂不難兼焉此周

公之憂勤惕厲也

賦得雨過潮平江海碧　得平字五言八韻

祝文修

急雨樓前過潮頭起又平煙雲銷碧落江海慶澄清天地青
何限魚龍出不驚黛痕波外斂漲影畫中明頓失跳珠亂初
開寶鏡瑩琉璃秋有色水月夜無聲洗甲休徵兆乘槎逸興
生安瀾逢
聖世坡老句重賡

硃卷

此處

光緒甲午　俞函三

呈
政

俞函三

俞函三

始祖雅
二世祖祥正
三世祖賀亮
四世祖彥暉唐御史中丞
五世祖致昱唐進士仕太子少師
六世祖稠唐進士仕睦州刺史
七世祖珣唐進士剡縣令贈通議大夫
八世祖承志唐進士仕龍圖閣侍制

譜名朝陽字春山號一卿又號雪巖
行二同治甲子年正月初十日吉時
生浙江紹興府新昌縣廩膳生民籍

世

伯叔祖鐸正統己未進士仕雲南布政司欽景泰辛未進士翰林院庶吉士歷官正議大夫資治尹禮兵二部左侍郎崇祀鄉賢振才成化乙未進士仕廣西道監察御史歷任湖廣按察司崇祀鄉賢振英成化甲辰進士仕尚寶司正卿崇祀鄉賢振強嘉靖癸未進士仕工部員外郎深成化乙未進士歷官南京工部左侍郎朝妥嘉靖癸未進士仕工科給事中崇祀鄉賢集正德辛卯進士仕河南道監察御史崇祀鄉賢則全嘉靖乙未進士仕雲南道監察御史陞按察司時歆嘉靖甲辰進士仕刑部主事時及嘉靖丁未進士仕刑部主事應星嘉靖甲子舉人江西德化縣知縣應蕭萬歷丙子舉人候選知縣斗方萬歷甲午舉人仕江西彭澤縣知縣志虞崇禎甲戌進士仕貴州道監察御史巡按山海居庸

履歷

九世祖仁裕宋長安州尉
十世祖伯深宋六合縣長
世祖文旺
世祖全禮
世祖侶宋仕慶元府經歷
世祖天逵
世祖賢
世祖傳義宋仕承事郎天台縣尉
世祖惟聰宋仕荆湖南路安撫使
世祖希建
世祖榮祖

兩關軍務明殉難贈太僕寺卿諡節愍賜葬祭崇祀鄉賢事詳一統志及東林列傳
鏗雍正甲寅拔貢仕清和縣知縣 鎬乾隆乙酉拔貢仕江蘇崑山無錫江陰上海丹陽山西大同等縣知縣

世伯叔祖顯祖溫州司戶 君輔金谿尉轉定海丞 克己邑庠生 復祖解元
瑞字公美宋進士慶元府通判賜緋魚袋 浙字季淵宋進士德祐時除太常丞不就除監察御史不就促命入臺首奏三疏痛陳時病除大理少卿又不就浩然而歸著五經孝經離騷審問共數十卷
公愷邑庠生 秀文廩貢 宏鉞邑庠生 嗣宗邑庠生 策邑庠生
智孫邑庠生 元長邑庠生 志林荆州府同知 宗積惠安縣丞
志學太學生 鑑英邑庠生 宗儀邑庠生 宗儼邑庠生 成號渭濱康熙十四年平亂有功仕直隸王慶坨協鎮詔封懷遠將軍 玉相太學生 本才邑庠生
掄邑庠生 德元太學生
高伯叔祖培因乾隆乙卯舉人 鋐廩貢生歷任慶元建德訓導

世祖公沼
世祖宏鑑
世祖元暉
世祖程翁
世祖德輿
世祖貴恩
世祖源祥
世祖聞透
世祖濱
世祖曾二十
世祖環

履歷

高伯叔祖景亮太學生　景高邑庠生　景超職員　昌南職員　學易太學生　學詩附貢生　學書太學生　廷龍邑庠生　廷爵邑庠生

曾伯叔祖汝本道光丙戌進士歷任貴州獨山黔西州知州丁酉科鄉試同考官誥授奉直大夫著有北徵詩鈔燼餘存稿退思堂雜著　貞道光乙未舉人甲辰大挑一等歷任山西甯鄉繁峙縣知縣　紹轄道光乙酉拔貢　煥模道光己亥恩科解元　鑑郡庠生光緒癸未重遊泮水　觀旭癸酉舉人庚寅會試薦卷大挑二等前署嚴州淳安縣訓導現任建德縣訓導

伯叔祖學恩太學生　清麒太學生　孝邑庠生　烈邑庠生　士魯邑庠生　士鈺太學生　鏞附貢生　士鐘太學生　士鉦太學生　士墉太學生

堂伯叔祖鍾儁同治癸酉拔貢丁卯庚午乙卯乙酉本科薦卷前掌教玉環環山書院仙居安洲書院現掌教嚴州府合屬雙峯書院現署理處州府松陽縣訓導　爾鈞同治辛酉壬戌副貢

世祖德光
世祖本祥
世祖瑞斗
世祖鑑麒太學生
世祖玉城太學生
高祖景科
高祖妣氏陳
曾祖學獻
曾祖妣氏孫李
祖仕鎬優行廩膳生
祖妣氏何介宣公女邑庠生衢公胞姊

鴻逵庚午舉人庚辰大挑一等前任開泰縣知縣欽加同知銜壬午黔闈同考官邦建咸豐己未亞元揀選知縣壎癸酉舉人庚辰大挑一等分發直隸候補知縣欽加同知銜代理晉州知州

堂伯叔祖邦定邑庠生邦玉太學生邦寅邑庠生邦彥太學生安邦邑庠生淞太學生騏太學生邦驊太學生藎庠生邦魁庠生邦楷庠生邦安庠生國泰庠生

堂伯叔祖聖化太學生聖常太學生

親伯叔祖聖裁聖昌保衡邑庠生府試第一

堂伯叔保鑑光緒癸巳恩科舉人

堂伯叔永昌邑庠生隆昌太學生爾昌太學生聖昌太學生立山例授五品頂戴世襲雲騎尉立基太學生例捐奉直大夫

本生父學仁 邑庠生例贈文林郎

妣氏唐 起鸞公女庠生起鵬公太學生例贈奉直大夫起虞公姪女經邦公胞姉庠生賡颺賡藻占瀛登瀛堂姉先進胞姑增廣生景輝庠生景雲景化堂姑例贈孺人

母氏韓 海中公女錦章公胞妹錦恆翁胞姉錦容翁親妹錦蓮翁親姉例贈孺人

繼父學成 邑庠生例贈文林郎

繼母氏唐 太學生先芹公女太學生載啟載君載正載品載貴胞姉例贈孺人

慈慶下

受業知師 謹以先後為次

覆歷

堂伯叔賢儒 太學生　賢闢 太學生　學中 邑庠生　俊 優行廩膳生府試第一丁丑癸未甲申丁亥己丑一等

親伯叔學熏 太學生　相釗　學平 邑庠生　相鈞　學藩 邑庠生

堂兄弟鳳昌 太學生　鳳藻 貢生　汝諧 太學生　汝欽 太學生　元廷 太學生

堂兄弟朝綱 太學生　朝封 太學生　品三 邑庠生　鴻奎 業儒

親兄弟奇三 字岐山邑庠生縣府試第一癸未丙戌一等　慶三 字錫山邑庠生　濟山　崧山 業儒　虹三 字洪山太學生　正山　爐山　芝山 字建洪　兎山 業儒

堂侄麒祥 太學生

堂侄廷章 太學生　廷楨 業儒

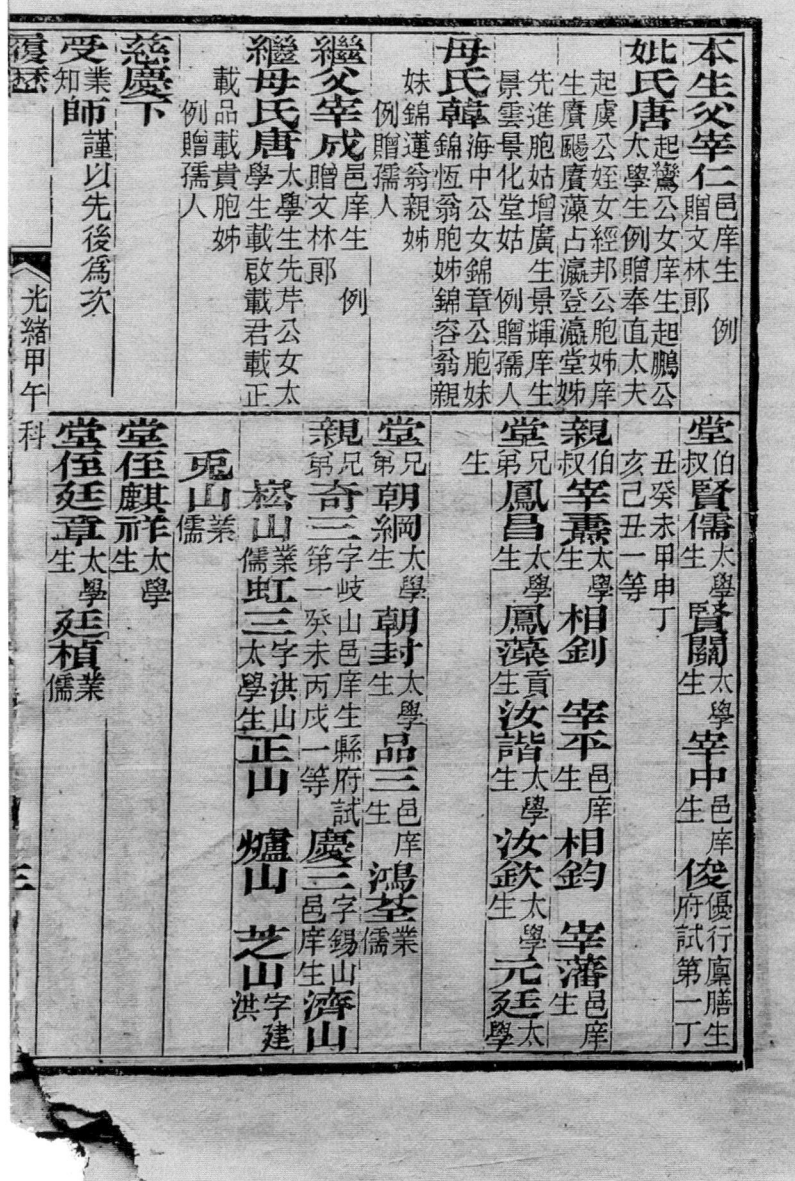

光緒甲午科

庭訓

親叔鐵髹夫子 諱寀平 邑庠生

親叔次侯夫子 名寀瀋 邑庠生

石煥堂夫子 名以翰 歲貢生候選教諭

梁西園夫子 印葆仁 庚寅進士湖北即用知縣辛卯癸巳本科鄂闈同考官

董覺軒夫子 印沛 丁丑進士前任清江縣知縣現掌教崇實書院

吳福茨夫子 印引孫 現任甯紹台道

呂小竇夫子 諱鴻燾 同治丁卯並補行甲子科舉人前掌教鼓山書院

胞兄德三 字嵩山 太學生

嫡姊二 長適邑庠生胡士莪公長子邑庠生錫蕃辛卯科備薦次適邑庠生孫鳳池公長子邑庠生春臺癸巳科薦卷

胞姊二 長適胡廷桁公子太學生維明次適孫學鳳公長子邑庠生貽謀

親侄廷昇 廷鳳 廷揚 廷諤 業儒

娶張氏 邑庠生爲勦除逆匪 旨獎翰林院待詔銜正輝公孫女太學生九錫公女增貢生九成公邑庠生九皋公侄女

子二 廷韶 字小鶴 廷蘐 字小鳧

三

俞

黎嘯嵩夫子　印　宗幹　前新昌縣知縣

霍子方夫子　印　順武　紹興府知府

祁子禾夫子　印　世長　前浙江學政

瞿子玖夫子　印　鴻禨　前浙江學政

陳六舟夫子　印　彝　前浙江學政

濮幼笙夫子　印　文曦　現任新昌縣知縣

徐季和夫子　印　致祥　現任浙江學政本科監臨

廖穀似夫子　印　壽豐　浙江巡撫本科監臨

趙展如夫子　印　舒翹　浙江布政使本科提調

惠菱舫夫子　印　年　署浙江布政使本任鹽運使本科提調

慶

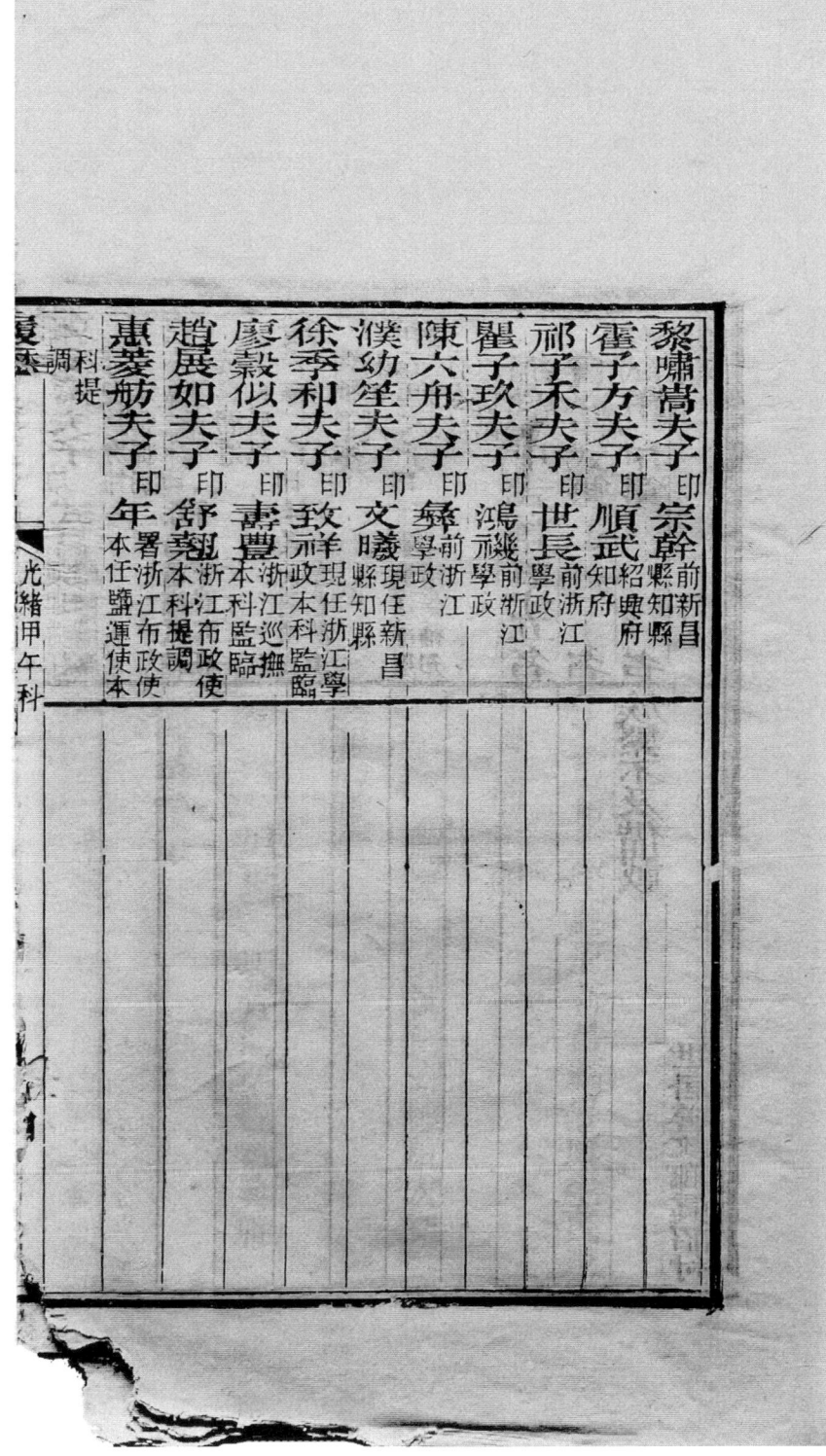

光緒甲午科

屬員
郭穀齋夫子　印　式昌　護理浙江糧儲漕務道台州府知府本科提調
王心齋夫子　印　祖光　署浙江按察使本任杭嘉湖道本科監試
黄子偁夫子　印　祖經　前署浙江金衢嚴道候補道本科監試
劉玉延夫子　印　至喜　浙江補用道候補知府本科內監試

鄉試中式第五十五名
會試中式第　名
殿試第　甲第　名
欽點

族繁不及備載

世居善政鄉眞詔村

浙江鄉試硃卷第十一房

中式第五十五名舉人俞函三紹興府新昌縣學廩生民籍

同考試官開化縣知縣潘　閱

薦批　清眞刻露經策宏深

大主考翰林院編修　國史館協修秦

取批　天骨開張經策典雅

大主考內閣學士兼禮部侍郎銜文淵閣直閣事梁

中批　精力瀰滿經策鮮明

硃卷　光緒甲午科

本房原薦批

以戒欺作骨發揮切實次清

氣往來三斟酌飽滿詩妥叶

五藝條暢當行出色

原原本本殫見洽聞

聚奎堂原批

章妥句適志和音雅次三一

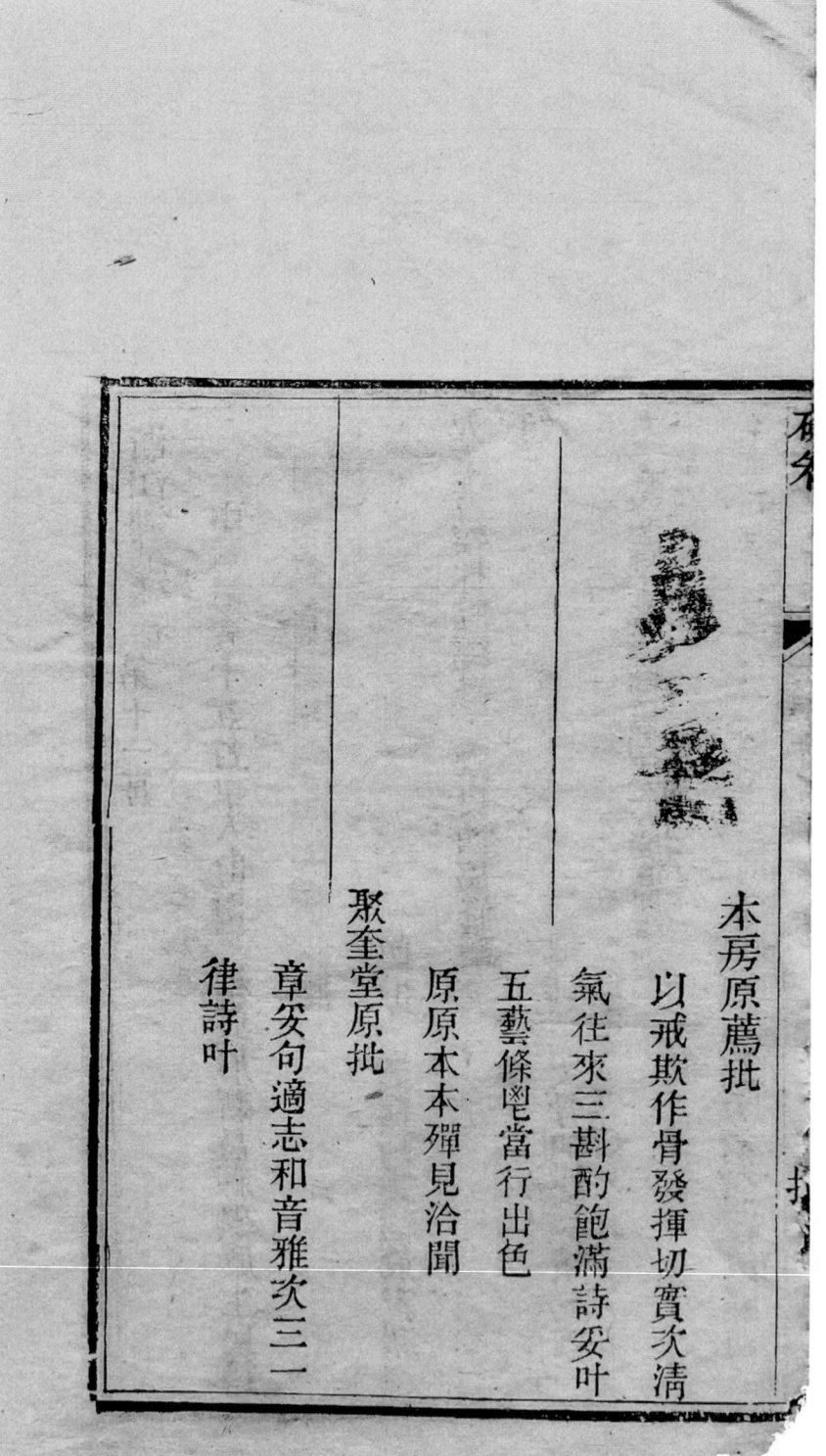

律詩叶

知之爲知之不知爲不知是知也　俞函三

學者致知之道亦戒其自欺而已蓋自致知義湮言知者紛紛矣豈知致知之道宜課之知不知中也告子路實以告萬世云昔子路初改服入見子卽示以致知之道曰人非愚人不皆茫然而無知也人非聖人不皆灼然而盡知也自夫人界於知不知之間已知者或爲之自歉未知者或爲之自盈卒之所知者日益淺不知者日益深凡此皆自欺者之所爲也此則吾儒所不敢由矣由乎子知爲學之道當自致知始乎夫所謂致知者宜知所不知以求至乎知者也萬物之理義無窮或顯或微已明昧之交集由其明

以察其昧明者明昧者亦明自造乎有明無昧而後已也而其功果何自基也一人之識力有限爲常爲變更疑信之相參由其信以釋其疑信者信疑者亦信必臻乎有信無疑而後快也而其途果何自入也無他亦戒其自欺而已吾嘗見夫世之自欺者殫畢生之勤苦未必無心得之端乃或拘於私見卽來穿鑿之憂或錮於偏心適敵紛更之患恃所知而誤於所不知則其所知者亦陋矣此固非致知之道也集朋輩之推求諒必有見解之處乃學士數典無忘究其理則多誤文人詞華並著叩其義則未詳狃所知而棄其所不知則其所知者亦隘矣此亦非致知之道也甚矣自

欺之心學者所不可有也知者曰知不知者曰不知又何患不曰
進於知乎是知也想由也具剛健之姿蔑不至予智自雄墮吾道
干城之寄特恐亢直太甚急於求進而所造之域或有精微未審
曲折未周已遺此蒙昧之譏也惟察之於知不知知者則當任邅
回之意不參不知者則當辭掩著之情不起率眞而往遂無在不
用其果敢之才也夫想由也勵黽皇之學亦不至師心自用玷吾
儒圭璧之修特恐邁往無前勇於自期而所到之程或有析義未
精辨理未當已留此闊疏之病也惟體之於知不知知者不自遺
足驗操修於爾室不知者不自負亦借攻錯於他山坦白而前遂

無在不殫其精勤之力也夫由欲致其知乎則自欺之心當先戒之矣

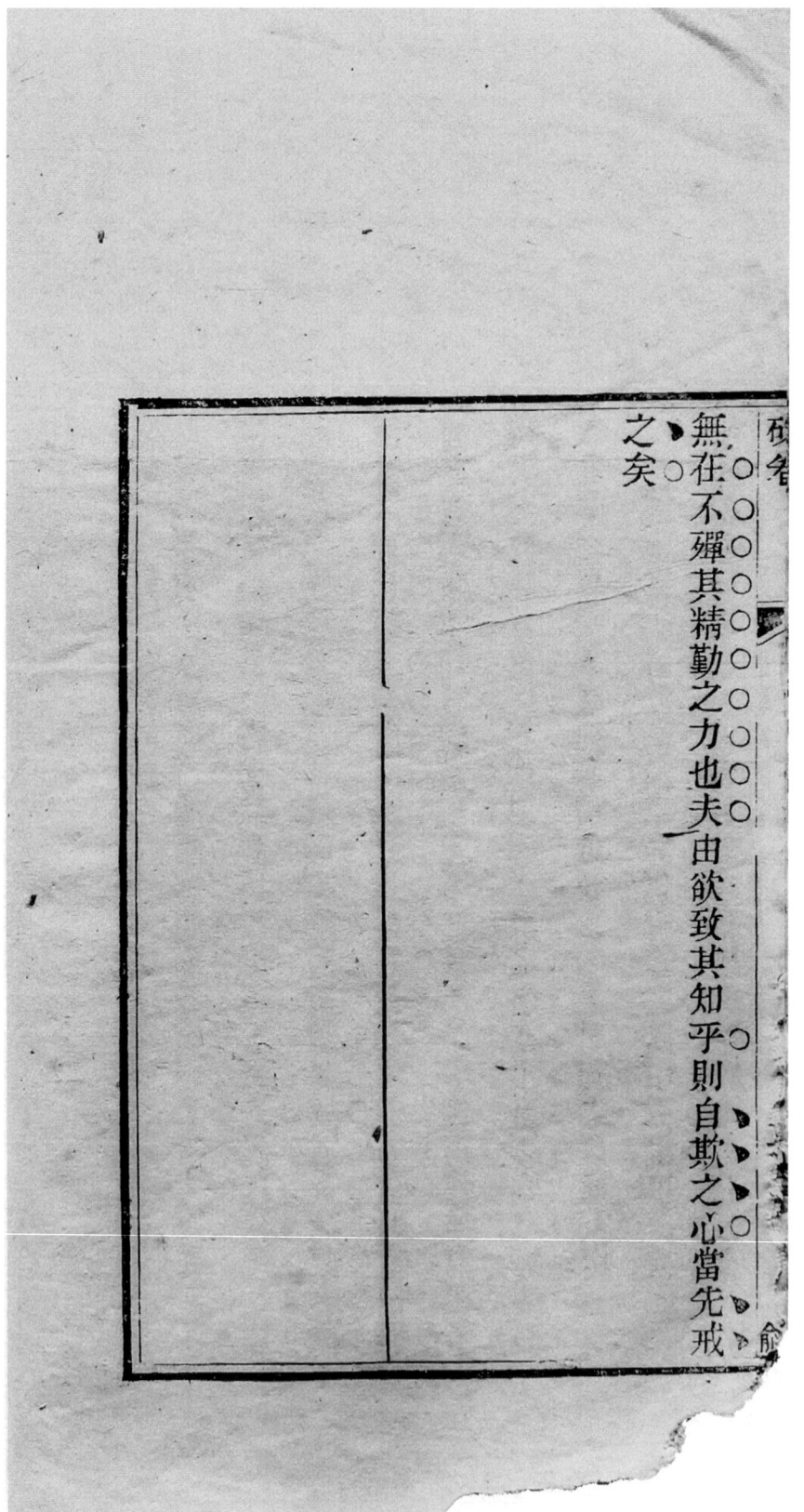

君臣也父子也夫婦也昆弟也朋友之交也　俞函三

人盡在倫類中爲政者宜備舉之焉夫天下之人皆倫類中人也君臣父子夫婦昆弟朋友夫子因爲哀公備舉之且天下之人紛紛矣而顧名思義則無非倫類中人也況人主身操政柄責在治人固宜合家國之人渾涵於胞與之中亦宜分家國之人詳列於綱常之內其性則相聯也其情則相屬也而其名則又相類也臣竊爲吾君屈指而數之公問政乎夫政者所以治人也則試舉天下之人而論天地生人之數曰尊曰卑曰親曰疏聽諸氣運之循環則陰陽磅礴之交大造各巧爲位置而後斯人得以鼓舞於其

中帝王造士之心曰忠曰孝曰節曰義播諸絃歌之化導則上下安全之日聖人更善爲設施而後斯人得以優游於其內曰君臣曰父子曰夫婦曰昆弟曰朋友斯人也皆倫類中人也是可以分而驗之是可以合而觀之名之不可假也舉斯人而各爲品評則君臣父子夫婦昆弟朋友之名自顯君臣之際主乎敬都俞交警吁咈交咨惟於君臣見之父子之際主乎恩堂構相承箕裘相守惟於父子見之至於樂以鐘鼓友以琴瑟陽唱陰和之聲惟於夫婦見之設以籩豆登以酒醴伯壎仲篪之奏惟於昆弟見之契以金蘭合以苔岑投桃報李之文惟於朋友見之即君臣父子夫婦

昆弟朋友而分驗之而其名固已班班可考矣義之不可失也舉斯人而共爲推闡則君臣父子夫婦昆弟朋友之義自彰君臣中有父子舜爲虞君而齊慄之風終成底豫君臣也而父子兼之父子中有君臣文爲季子而敬仁之德自見緝熙父子也而君臣兼之至於宴新昏則通於昆弟見如賓則通於朋友夫婦也而昆弟朋友兼之尊冢婦則通於夫婦戒乾餱則通於朋友昆弟也而夫婦朋友兼之館貳室則通於夫婦齒雁行則通於昆弟朋友也而夫婦昆弟兼之即君臣父子夫婦昆弟朋友而合觀之而其義固又歷歷可思矣公爲魯政亦當念君明臣良之世敷孝慈之教而

衆知其爲父子矣宣義聽之化而衆知其爲夫婦矣申友恭之訓而衆知其爲昆弟矣推之占麗澤深講習而朋友之交亦罔或睽也何也天下之達道也

周公思兼三王以施四事其有不合者仰而思之

俞函三

元聖存三王之道其致力於思者深也夫三王四事周公所欲兼而施也無如限於時勢其不合者亦多矣又何能已於思乎且天下所其思者聖人也吾謂善於用思者則又莫如聖人古人著一朝之盛德垂萬世之休風自當爲法於後人及乎時勢推遷經權則異其宜常變則殊其用雖以聖人之事終當酌量於其間矣此聖人所爲般般致思者也禹湯文武而後其繼起而相天下者周公也夫周公固以紹述禹湯文武爲事者也赫赫經綸垂諸宇宙

硃卷

矣緬聖主而深向往事事俱足關懷子姒之制炳千秋昭穆之功煥兩代勳猷不可墮思所以繼其業者殷煌煌道德炳如日星矣念哲人而屢流連事事盡堪繫念尙質尙忠垂其訓曰謨曰烈著其經道統不可忘思所以傳其緒者切兼三王而施四事此周公之所思也然由周公之世而思文武之世則已更一二代矣由周公之世而思禹湯之世則已更千百年矣合乎夏者未必合乎殷也合乎殷者未必合乎周也其不合也若此尙何能已於思乎蓋嘗仰而思之云人情當百計圖維之際則殫精竭慮而神明志氣已爲之一凝世事當萬難措置之交則壹志凝神而耳目官骸更

爲之一歛然後知公之沈思獨往者皆其不合於時者也夫夏尚
黑殷尚白周尚赤一朝之制度均各有其深情況數閱千年安見
先後之皆合轍乎思之思之昔厚而今薄思厚之何以漸薄也昔
樸而今華思樸之何以漸華也往復彽徊有不敢自惜其況瘁者
繫易而得仰觀之象體察必精公之仰而思也亦居然仰觀之義
而已矣然後知公之馳思廣鶩者皆其不合於勢者也夫夏在兗
殷在豫周在雍一代之典章均各有其精意況地隔千里安見彼
此之盡同符乎思之思之昔所重者今亦重思其禮之何以必因
也昔所尚者今不尚思其義之何以必革也纒綿婉轉有不敢自

憚其劬勞者誦詩而賡仰止之章景行維切公之仰而思也亦居然仰止之意而已矣至於思而有得則其理亦初不相異矣周公繼禹湯文武而存之若此

○○○○○○

賦得雨過潮平江海碧　得平字五言八韻　俞函三

一帶錢塘水悠然碧且清江深秋雨過海闊暮潮平殘靄層
層化餘波漸漸行影涵雲際活光透鏡中明玉宇塵初淨銀
山浪不驚烟凝看有色月湧聽無聲已藉蒼龍馭曾經白馬
迎登樓憑眺晚蘇句喜重賡

硃卷

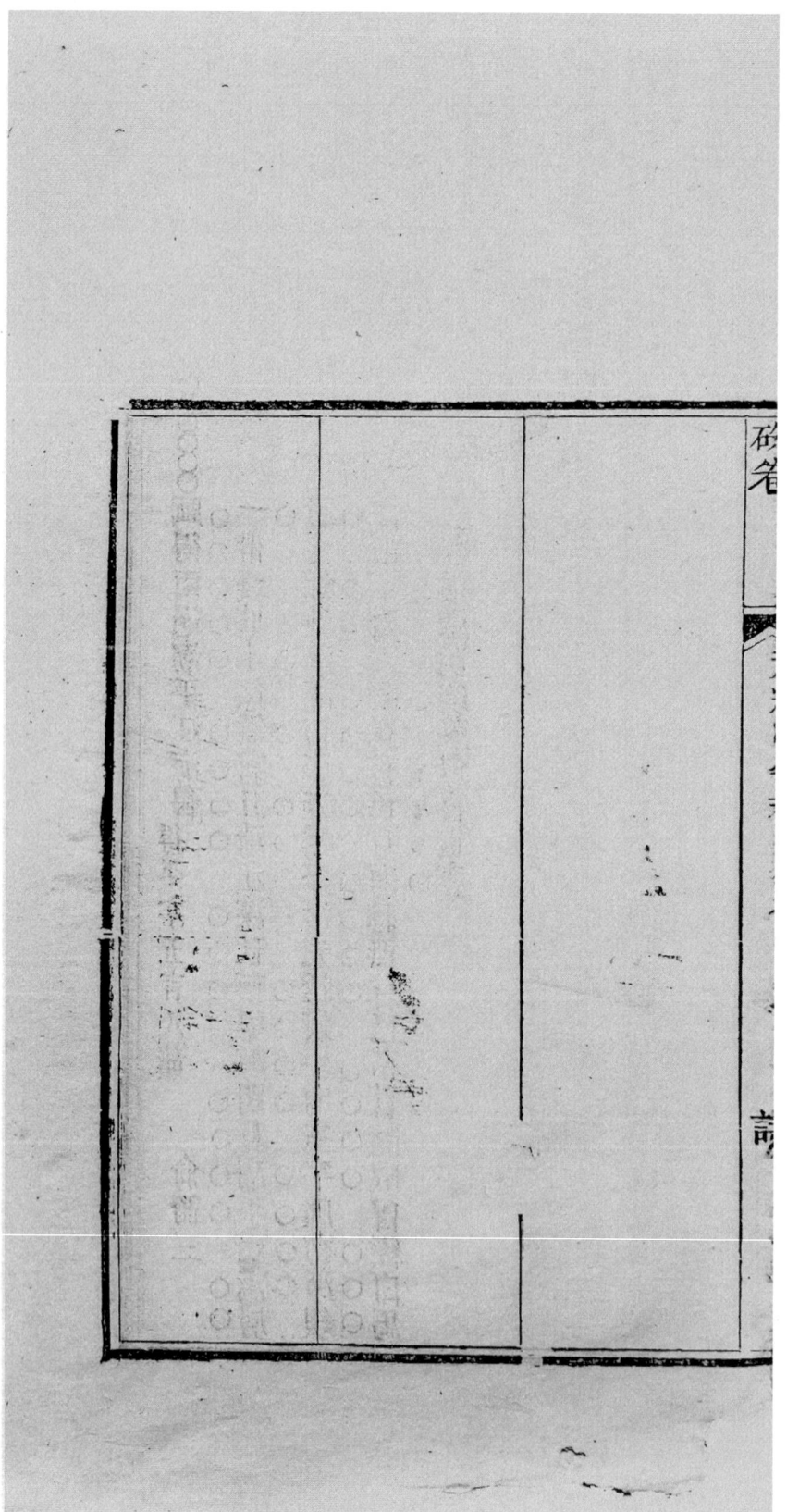

光緒丁酉　陳震

致　　呈

浙江選拔貢卷

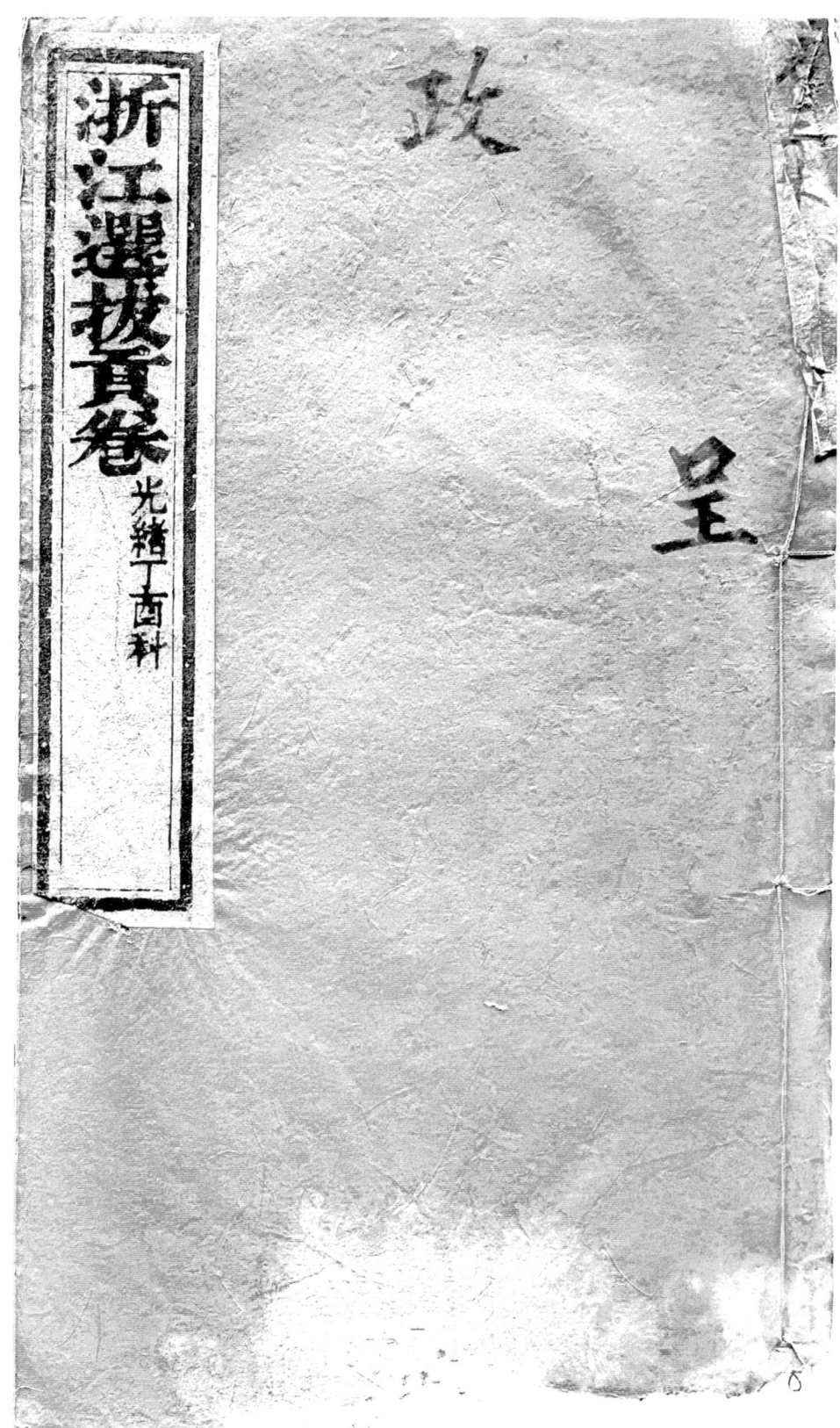

光緒丁酉科

陳震

江州遷剡始祖諱昱宋咸淳進士任處州僉判
宋末殉節鄉諡忠烈明青田劉
基撰傳　國朝雍正三年詔
祀學宮孝
弟忠義祠
二世祖諱頤著有高
頤齋集
三世祖諱國濚轉運使
從事
四世祖諱彥輔
遷新始祖諱孟誠萬石
長
二世祖諱泰平

小名陽生字復臣號又春一號亦舟行一
同治庚午年十一月朔日冬至吉時生紹
興府新昌縣學咨　部優行廩膳生民籍

世叔祖堯明成化乙酉舉人授山東濮州學正大明成
丁酉陝西主考庚子順天同考官　虞化庚
子舉人授江
西寄都知縣
世叔祖大楨事父篤孝詳郡
邑志孝行傳　鏳廩生授益　鐏歲貢生任
金王府典膳　鎮淮安府訓
導
詔恩貢生候
選訓導
世叔祖子恒貢生任江西
東鄉縣尹　子瑚廩膳生薦拔內閣中書
制行端愨慷慨好施事
詳縣
志　子立任福建松溪尹
調湖廣大尹　昌鼎歲貢
生　心銘拔貢
生
世叔祖宏中拔貢生任廣東感恩縣知
縣陞雲南師宗州知州　鴻濛明天啟甲
子舉人
宏綸邑庠生由軍功授增城縣
教諭海康龍門等縣知縣　宏豸歲貢生任德
清縣訓導　宏

履歷

三世祖諱儀 秉禮尚義耄年 肥遯年登大耋

四世祖諱巖 郡庠生

五世祖諱杉

六世祖諱鐠

七世祖諱元則 捐穀賑饑年登大耋薦鄉賓 題贈 恩褒德壽

八世祖諱子光 壽登百歲兩舉鄉賓 恩賜冠帶

九世祖諱藹言 邑庠生富而好施周恤不吝

十世祖諱宏論 處士

十一世祖諱希貢 著有訓子箴

十二世祖諱其越 太學生壽登大耋

勳 歲貢生 宏煥 歲貢生任永康縣訓導

世叔祖錫組 歲貢生任仁和縣訓導 錫綬 康熙壬子應 詔特取拔貢候選知縣

其超 歲貢生任義烏縣訓導 捷 康熙丙午亞魁己未進士 御試第一名授翰林院編修 丁卯河南正主考崇祀鄉賢 撰 歲貢生候選訓導

世伯叔祖克湜 太學生 文緒 邑庠生 克治 太學生 克泉 太學生 克湛 太學生 一桂 乾隆癸卯武舉署德清錢塘蕭山營千總本縣駐防特授衢州左營守副 爲光 歲貢生 承然 恩貢生候選州判著有南崖詩草

高伯叔祖珺 太學生 璿 太學生 璋 太學生 朝椿 國學生 誥封奉直大夫戶部主事加一級 樹鎮 廪貢生歷署泰順安吉教諭嚴州府訓導 敕贈儒林郎翰林院庶吉士加一級 誥封奉直大夫戶部主事崇祀鄉賢 金鑑 嘉慶癸酉拔貢辛卯舉人乙未進士歷署山西潞城曲沃知縣己亥甲辰鄉試同考官著有四書易書詩三禮之傳說己丑科潘學憲有詩採入輶軒錄

十三世祖諱大鏞邑庠生
高高祖諱克淳太學生貤贈儒林郎翰林院庶吉士
高祖諱樹鈞邑庠生貤贈翰林院庶吉士
高祖妣氏俞節孝欽旌
曾祖諱廷燮邑庠優廩生著有塢影山房制藝詩稿駢體文集
曾祖妣氏呂節孝欽旌
祖諱子埒號古尊邑庠增廣生
祖妣氏呂國學生議叙修職郎諱廷璠公女
全嵊邑國學生諱明先公女

輝琮附貢生　兆齡貢生
曾伯叔祖序烈邑庠生　汝燮邑庠生例贈文林郎　宇燮歲貢生敕授修職郎候選訓導著有駢體文集亦雅邑誌山川考古錄高人高僧考詩薈局促吟館詩集沃州古蹟圖序與諸子聯吟一葉舟詩課行世　熒燮嘉慶丙子舉人庚辰進士欽點翰林院庶吉士授戶部廣東司主事著有一葉舟詩課　寀燮歲貢生候選州判著衡鄉經書塾文稿駕鄰山莊詩集一葉舟詩課
濟燮邑庠生著有寸魚園十詠唱和集得月山房試草歷朝人物考　徵燮邑庠生　宸燮附貢生署嘉善縣教諭樂清縣訓導　恩燮增貢生　履燮庠生　鼎燮庠生　鑑清廩膳生　其謨庠生　宗蕃郡庠生　廷煥太學生
堂伯叔祖鎔在邑廩生　維翰布政司理問粤匪竄新甯難旨卹恩賜世襲雲騎尉著有蘊石山房詩賦鈔待梓　沛蘭附貢生　暄波庠生例授宣武都尉　于坪優廩生己未庚子甲辰己酉呈薦例贈文林郎　于型庠生乙酉癸酉呈薦　于泮庠生　于灝庠生　于洛歲貢

履歷

呂國學生諱聲閭公女

父名之鋐號鐵舟邑庠增生例封修職郎著有一房山莊詩稿

母氏呂國學生諱鳳書公女例封孺人

本父諱之鍇號亞卿太學生例贈修職郎

妣氏呂國學生諱鴻書公女例贈孺人

母氏呂國學生諱簡書公女例封孺人

具慶下本生慈侍下

受業師謹以受業先後爲次

庭訓

韞玉石夫子諱輝山邑庠生

生候選訓導　于笏附貢生　鳳彪同治庚午武解元署甯波漁溪汛千總賞戴藍翎　疇

邑庠生　廷綵邑廩生　廷珍邑廩生癸酉堂備　廷璐郡庠生　嘉玉太學生

廷銓太學生　嘉榮太學生

親伯叔祖于疆國學議叙修職郎　于逵太學生　于塏議叙修職郎　于垣道光庚子恩科舉人癸丑大挑二等考取覺羅教習以知縣用　于埏　于堉邑庠優生　于圻邑庠貢生　于鼎學佾生　于坦學佾生　于時議叙登仕郎　于基國學生

胞伯祖于墀邑增生著有卓筆對吟樓詩稿　于坡邑庠生

堂伯叔之璜廩生丁卯堂備庚午薦卷　之鑑增廣生丙子薦卷　錫敘歲貢生候選訓導　之珍邑庠生　之藝附貢生　之唐同治癸酉亞魁庚辰大挑二等歷署麗水遂昌縣學

讀同治乙丑補行辛酉並壬戌恩科副車庚午副元署湻安縣教諭詁經精舍監院光緒乙酉舉人

詒乙亥恩科舉人大挑二等癸未己丑會試呈薦前署湻安縣教諭現署海甯州訓導　福堂

親伯禹石夫子諱之鋆詳下
親兄雪江夫子名善詳下
親伯晉青夫子諱之銑詳下
堂兄玉臺夫子諱文俊詳下
皇甫俞夫子諱文梓邑庠生
堂兄岐侯夫子印錫周詳下
梅泉陳夫子印錦榮甯波慈邑同治丁卯並補行甲子科舉人現任蕭山學教諭
季和徐夫子印致祥現任浙江學政
問業師諱以問業先後爲次
叔祖聯年夫子諱于洛詳下

優增生兼襲雲騎尉戊子薦卷炳榮庠生之鉦例授文林郎考選委署奎文閣典籍之鑣
議叙登仕郎之錩庠生之鐈太學生之鏗庠生之鐸太學生福徵庠生
之鏻太學生之鋮太學生廷瓚庠生秉鈞庠生之昻太學生之昊
太學生星麒太學生星庚太學生展珍庠生
親叔伯之鋆議叙登仕郎之銜太學生之鏊太學生之鎜太學生之銑
庠生之鎊　之錀太學生之鎬庠生之鏜
胞伯之銓號衡士學附生之錕號蓮鍔議叙登仕郎
胞姑四長適太學生沈公培忠次適太學生呂公廼鼎三適庠生沈公樹屛四適附貢生
余公以鎬
堂兄洽陽廩膳生已酉科未薦卷錫周歲貢生候選訓導乙酉辛卯癸巳薦卷鳳鳴廩貢
堂弟
候選訓導文俊庠生廣偉太學生光灼太學生維新太學生庠英廩膳

履歷　光緒丁酉科　三

履歷

譜香俞夫子印官梅優廩生

曾叔祖匊椒夫子諱宗藩詳下

小寰呂夫子諱鴻壽同治丁卯並補行甲子科舉人前鼓山書院掌教

堂叔藹卿夫子印福詳下

六皆呂夫子印袁謙壬午舉人

子香呂夫子印桂芬乙亥恩科舉人大挑二等現任天台學訓導

梅先嚴夫子印大魁現任新昌學訓導

祝龢曹夫子諱鶴年前任新昌學教諭

星南張夫子印翼昌前任新昌教諭

生 蓀蕖庠生 蓀鼎庠生 念祖庠生 景明庠生 璡庠生 時庠生 曾庠生 福

灝太學生 福藻太學生 福源例貢生 福淵太學生 泮例貢生 福浩

太學生 日俊庠生 恪庠生 美太學生 英太學生 芬 綱 繹 綸

經 福涇 福沖 福游 福洪 福潢

親兄善優廩生壬辰癸巳乙未本科一等癸酉癸巳薦卷

胞弟謙號益臣邑庠生 彝 觀業儒

親姊一適太學生袁鳳儀

胞姊一適太學生沈咸通

堂侄長材 長楨 長校業儒 桂初 德泉 德章 德

中 德輝 德升 德裕俱幼

胞侄鑑明幼

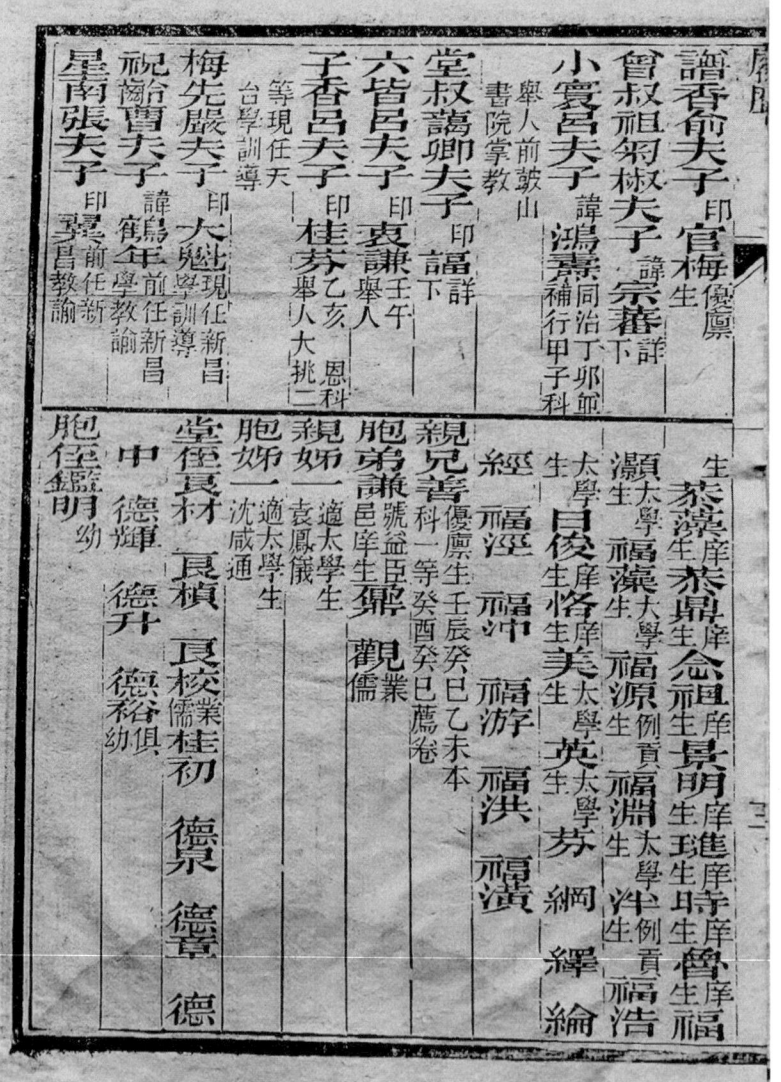

三

澄夫吳夫子 印 忠懷 前敳山書院掌教
墨農徐夫子 印 福昌 現任新昌學教諭
麥香馮夫子 印 一梅 前敳山書院掌教
叔儀俞夫子 印 鴻逵 敳山書院掌教

受知師謹以受知先後爲次
紫雲錢夫子 印 鍾靈 前任新昌知縣庚寅縣試 蒙取全錄二名
子方霍夫子 印 順武 現任紹興知府庚寅府試 蒙取全錄八名
嶧岑潘夫子 印 衍桐 前任浙江學政庚寅院試 蒙取全錄二名入學

親侄女三 長適附貢生余公鳳藻子庠生烇 次適太學生余公鳳梧子梓江 三適附貢生沈公葆祺子

娶呂氏 太學生呂公廼鼎女

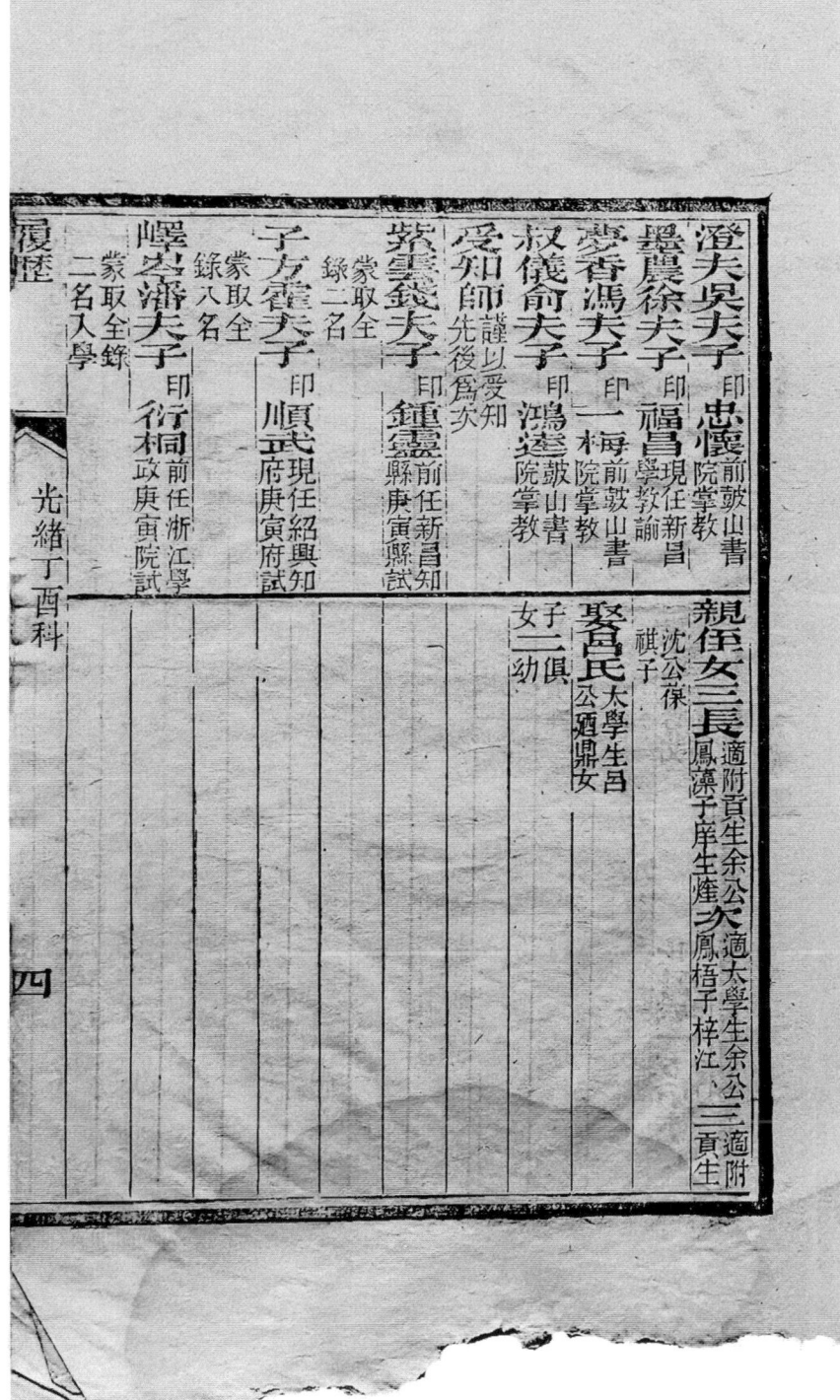

子一 女二 俱幼

六舟顧夫子印彝前任浙江學政癸巳科試蒙取

一等四名補廩

穀似廖夫子印壽豐現任浙江巡撫

選拔第一名

朝考第　等第　名

族繁不及備載

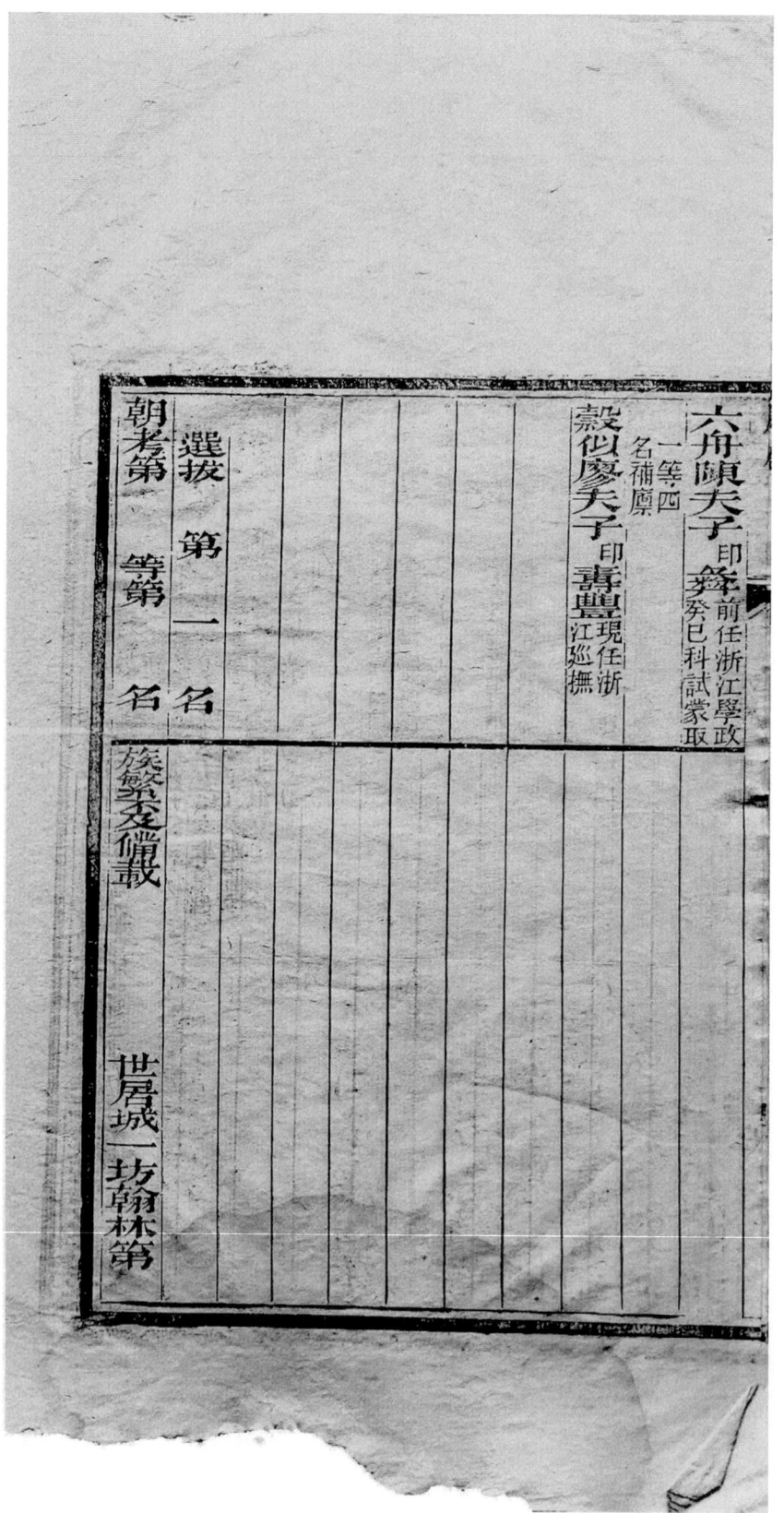

世居城一坊翰林第

選拔貢卷　光緒丁酉科

選拔第一名陳　震係紹興府新昌縣學咨　部優行廩膳生民籍

欽命大理寺卿提督浙江全省學政徐　批　取

總批　氣局閎整議論精深首藝骨力堅凝詞華沈着允實能從交關處勘出足見精心結撰次搏局靈空措詞綿邈解根柢湛深策

履歷　光緒丁酉科　五

詳明簡賅論較短絜
長別饒光焰律正喻
來寫興贍大方此造
雷起氷手段鈍根人
那能辨其一二勉之
望之

禮樂不興則刑罰不中

陳　震

不興斯不中、弊所必及也、夫禮樂者刑罰之所從出也、其有不興而能中者乎、名不正之弊又如此、且陶淑之權與科條之設理本相爲維繫也自制作之義不明致令涵育薰蒸操之無術至無術而思別求一術以勝之於是工刻覈尚權宜而一切法術刑名之禍由此烈無惑乎教化日衰而枉橈日甚也斯亦勢所必至焉由名不正而至於禮樂不興夫禮樂者刑罰之大原也撻記侯明帝世詎無彝憲惟有禮樂以端其本斯根鼓舞爲勸懲而隱以維治術之窮即顯以絜人情之正鈞金束矢盛朝亦有明條惟有禮樂

以宰其先斯本性情爲法律而默以體好生之德卽明以彰天討
之公無他刑罰之中要由禮樂之興也而奈有不興者此其弊僅
以不興止哉抑不僅以不興止哉朝野和平之福養之百年而不
足傷之一事而有餘夫非一事之遽傷也一事既見其乖違遂無
事不形其顛倒窮其勢直使姦回漏網而巽懦遭殘外此而黠吏
奸胥乘其勢以陰圖魚肉者不待言已國家忠厚之遺積之數世
而猶離墮之一端而甚易夫非一端之卽墮也一端既成於悖戾
遂無端不出於矯誣究其終直使宵小倖生而善良懼禍下此而
強徒悍役竊其威以力肆鴟張者可無論已刑罰不中有斷然者

則見夫綱密秋荼威嚴夏日人將歸其咎於刑罰乎而刑罰無權
焉仁風翔洽之朝觿撻鞭笞無庸盡黜而黼座原操簡易自堪召
一世之和祥遽忍桁楊從事哉木之有本也枝葉於是乎茂斷未
有本之既擢而能茂其枝葉者此誠咎有攸歸矣則見夫政逾虎
猛虐比鷙驅人將專其責於刑罰乎而刑罰不受焉至治馨香之
世墨幪鑽笮不必胥捐而深宮極建中和巳足造萬人之福命敢
云棘木爲功哉水之有源也支流於是乎清斷未有源之既濁而
能清其支流者此誠責有專屬矣夫惟聖王在上百禮暨萬樂備
澤曾氾而無私法含宏而不殺於斯時也流荒之貊華裔之夷嚮

風而聽隨流而化猋然興道而遷義詎惟是動容發音而觀者抃舞乎康衢謳吟乎聖世云爾唐哉皇哉皇哉唐哉其疇能亟之哉

堂叔藹卿夫子評

不興所以不中純從此處盤旋而出南華所謂批大郤道大窾也至於危言篤論宛轉關生猶其餘事

有官守者不得其職則去有言責者不得其言則去

陳震

因不得而去去之未嘗不速焉夫有官守有言責似未可去也乃職與言俱不得焉去之亦何不速哉且合則留不合則去人臣大抵然也乃外似無可去之名內實有可去之實雖虛與委蛇未始不可以旦暮羈留亦思此旦暮之羈容有補於分內事乎是誠不若見幾之早矣齊人以蚳鼃之去例吾吾聞人之所以不去者蓋必有官守者而後可有言責者而後可尤必有官守者得其職有言責者得其言而後可夫今日之蚳鼃固明明有官守有言責者

也人不任股肱之寄雖贊襄有志原難效命而分猷若既躬列班
聯則補過盡忠自有難寬之責備豈得以高言鎮靜坐貽曠廢之
譏人不膺喉舌之司雖獻替有方更難陳書而奏牘若既議闕君
國則犯顏逆耳自有莫諉之仔肩詎容以謬托頌揚致蹈逢迎之
習奈何不得其職也既不等總已徂桐匡救而廸嗣王之德乃出
師未捷猜嫌立起於深宮弊政將除貶謫頓加於中路於此而復
縈情豢養也有適長仕進之卑汚焉爾奈何不得其言也復不等
嘵音瘏口綢繆而陳陰雨之詩乃策上治安計出萬全而不用疏
陳政事書經十上而無功於此而猶繫戀鼎鐘也有適啟旁觀之

訾議焉爾則去之而已謂臨事既多掣肘而進言訥誨尙可希藥石之投則去以職者或不必去以言乎而不得者則其職也夫投簪遠適豈眞志士所樂言特以釋褐而還保障繭絲誰不欲各伸其擘畫而乃旁撓側阻每思稱職而無從縱寵辱俱忘不至生心於觖望如必待門除蔭錄聲名辱及祖宗身奪官階非奚貽於鄉里蓋至是而始作歸山之計亦已遲已謂諫書動輒留中而任職授能猶足冀事權之屬則去以言者或不必去以職乎而不得者則其言也夫解組歸田豈直人情所甚願特以彈冠而後旬宣出納疇不思盡獻其悃忱而乃舌結口緘屢欲建言而無自縱升沈

隨遇不至有出於譏訕如必待罪坐越官靦顏而對妻子譴干謗政無辭以謝友朋蓋至是而始爲返籍之謀亦太晚巳而齊人乃以是例吾也是誠不知吾之進退矣

堂兄岐侯夫子評

氣象崢嶸確是少年文字至中比寫兩不得後比寫兩則字妥帖中尤見包孕此才那堪斗計

賦得刻鵠類鶩得高字五言八韻　陳震

刻想攻堅木垂箴效伯高鵠形雖未肖鶩類尚相遭遠舉雲千里羣棲水半篙兩般皆羽族一樣是皮毛心有真難得功成似缶操摶鵬期我輩凡鳥任兒曹雁帛規繩切鴻箋氣魄豪所逢欽

聖世鵷鷺樂翺翔

親兄雪江夫子評

題面題意相映互發刻劃中饒有渾成氣象

紹城清道橋
許廣記刻印

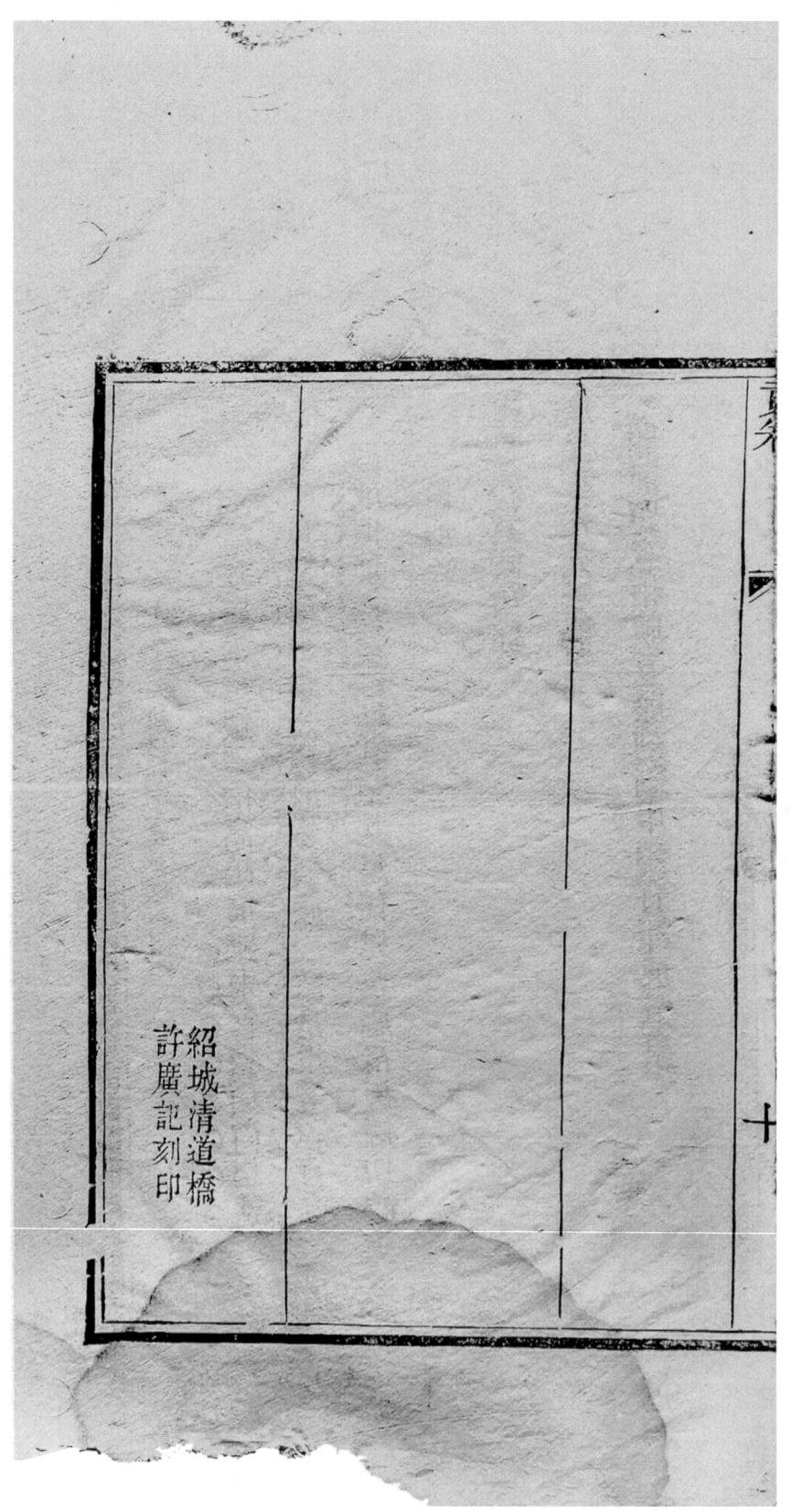

光緒丁酉　梁葆成

浙江鄉試硃卷

光緒丁酉科

政

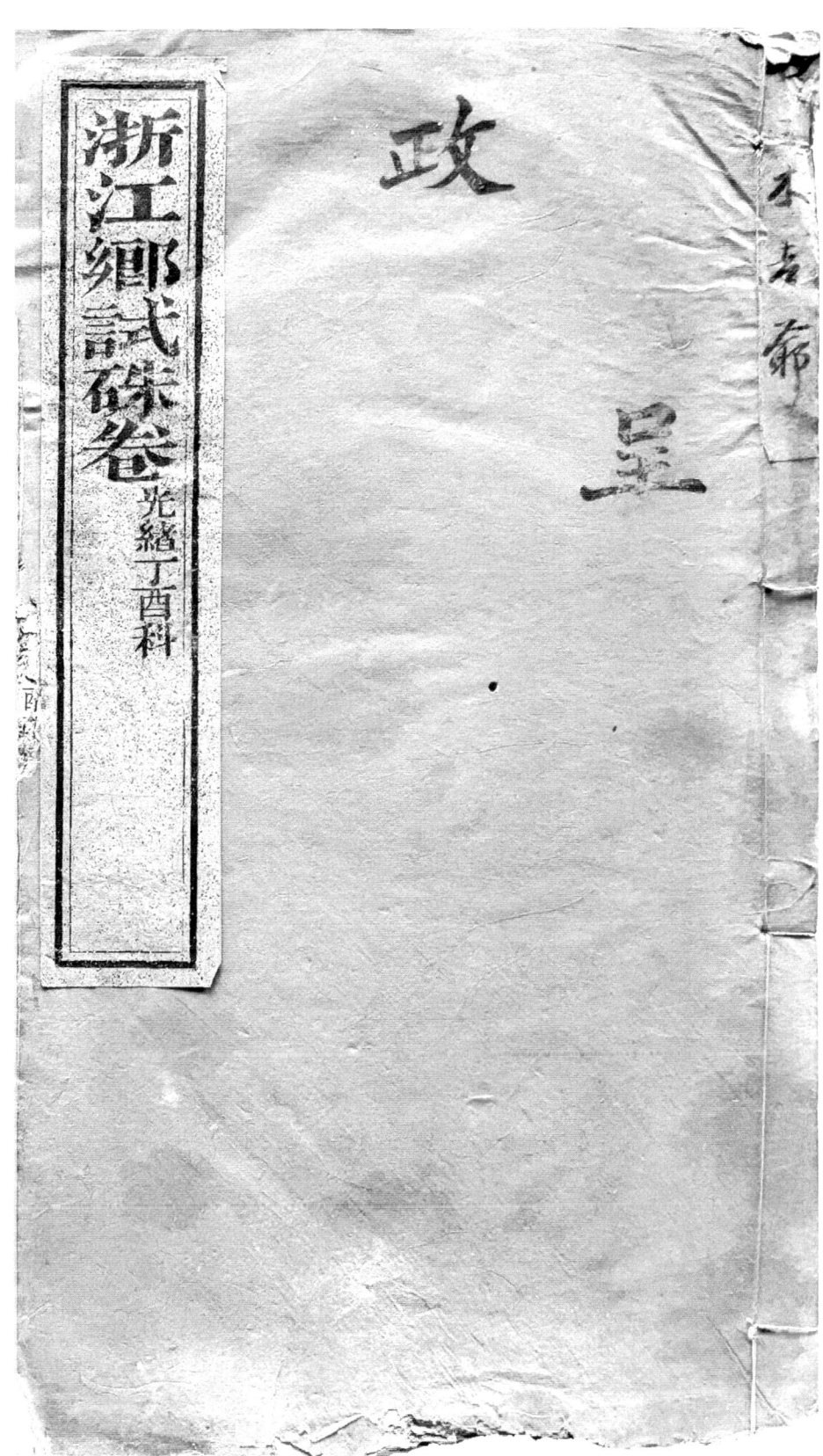

呈

梁葆成

原名葆篁字菉禮號華香又號蜨龕行三同治癸酉年五月二十四日吉時生浙江紹興府新昌縣學附生民籍肄業紫陽書院詁經精舍己丑恩科甲午正科薦卷著有崇疋堂古文駢文彙

始祖萬 晉壽州刺史遷行營招討使總督中外諸軍事肅宗時出巡兩浙按越州遂家於剡之前梁

二世祖逸光 晉升平間散騎常侍

三世祖猛

四世祖達 晉興甯間益州刺史

五世祖澧 贈吏部侍郎

六世祖日孔 晉義熙間吏部侍郎

世伯叔祖容光 仕羽林大將軍遷居府城東郭　昇光 任象山縣令即居四眺

世伯叔祖威 仕至侍御史　翰 進士仕兵部郎中徙居上虞　豪 任慈谿縣令

世伯叔祖璋 任羽林大將軍　勳 桐廬縣令　璆 臨海縣令　瑜 任羽林大將軍　珪 烏程縣令

寬 太常寺左丞

世伯叔祖日忠 仕司農卿　日俸 仕青田縣尉

世伯叔祖延成 任樞密副使　延祚 禮部侍郎

世伯叔祖居富 烏程縣尉

履

七世祖汝嘉 贈刑部侍郎
八世祖守常 仕刑部侍郎
九世祖安敬 仕迪功郎贈刑部尚書
十世祖允 贈刑部尚書
十一世祖昂 仕刑部尚書
十二世祖懷達 仕撫州刺史
十三世祖佳
十四世祖國器 由前梁遷查林
十五世祖景
十六世祖琳
十七世祖洪

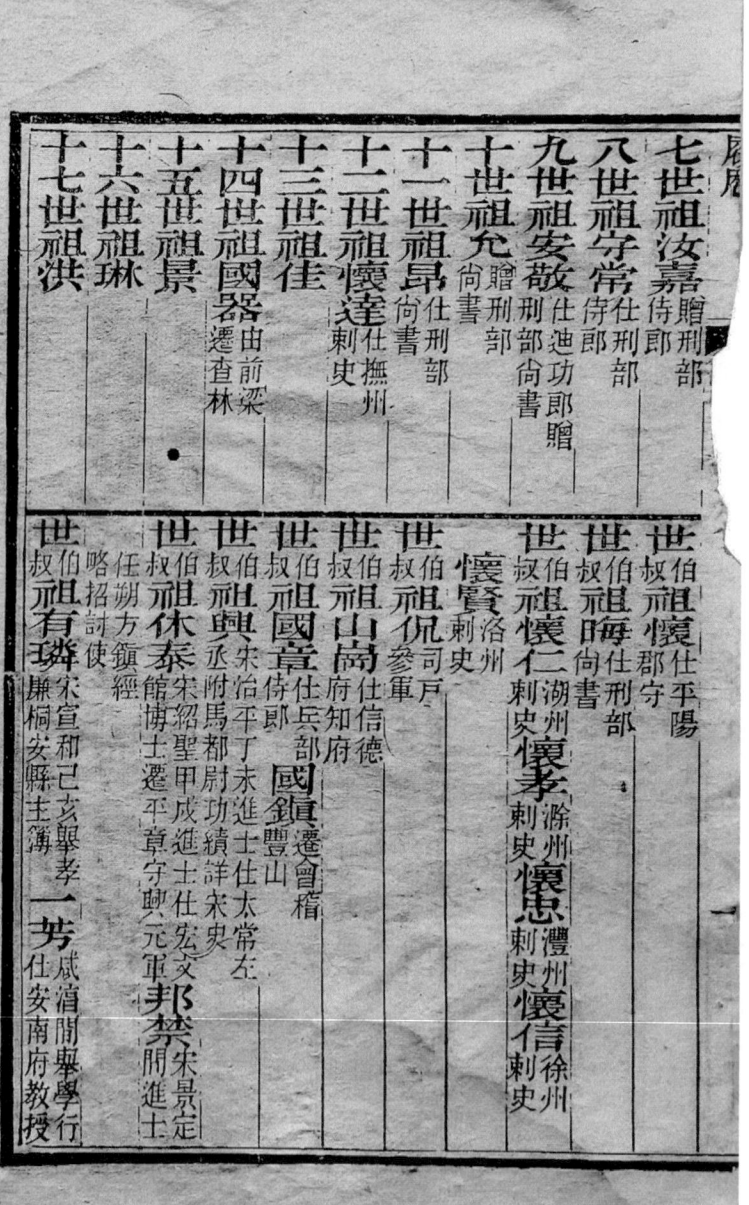

世伯叔祖懷 仕平陽郡守
世伯叔祖晦 仕刑部尚書
世伯叔祖懷仁 湖州刺史 懷孝 滁州刺史 懷忠 澧州刺史 懷信 徐州刺史
懷賢 洛州刺史
世伯叔祖侃 司戶參軍
世伯叔祖山崗 仕信德府知府
世伯叔祖國章 仕兵部侍郎 國鎮 遷會稽豐山
世伯叔祖興 宋治平丁未進士仕太常左丞附馬都尉功績詳宋史
世伯叔祖休泰 宋紹聖甲戌進士仕宏文館博士遷平章守興元軍 邦禁 宋景定間進士
任朔方鎮經略招討使
世伯叔祖有璘 宋宣和己亥舉孝廉桐安縣主簿 一芳 咸淳間舉學行仕安南府教授

十八世祖世祿 龍純節度使
十九世祖志學
二十世祖巢
廿一世祖炳
廿二世祖墉
廿三世祖國鑑
廿四世祖準
廿五世祖皓
廿六世祖增
廿七世祖利見
廿八世祖拱之

文資 遷居臨海百步
世伯叔祖文 宋乾道壬辰進士仕高州刺史　斐 元舉人　貞 舉人明開國國子監祭酒功績詳南雍志郡縣志　淵明 仕國子監司業　得全 歲貢任四川按察司僉事　觀文 舉賢良方正仕萊陽縣知縣
世伯叔祖灌 明永樂戊子舉人仕河間府滄州學正遷魯府伴讀江西按察司僉事　沂 明永樂戊子舉人仕鹽山縣教諭　湧 歲貢任四川按察司僉事　伋 歲貢南州通判　僑 歲貢南昌教授　華 成化甲午舉人仕兵部員外郎　寵 宏治乙酉舉人　若孚 歲貢開州州判　應星 任江邊督糧道　應斗 任魯府駕前將軍　振虬 庠生　志銳 庠生　志鎰 庠生
茂勉 庠生
世伯叔祖宏雁　宏鵬 介賓　宏琬 庠生　宏裕 庠生　煥 庠生　宏祖 庠生
宏毅 明處士　挺駿 庠生　越 庠生　豫 庠生　垣 庠生　鼎玉 庠生　鼎珮 庠生

廣東

廿九世祖有敦宋承事郎
三十世祖丞敏遷居彩烟
三十一世祖夢弼宋廸功郎贈禮部侍郎
三十二世祖汝明宋進士仕禮部侍郎
三十三世祖雲程
三十四世祖孔新
三十五世祖紹宗
三十六世祖光祖
三十七世祖宗茂
三十八世祖濟
三十九世祖佐

啟隆歲貢烏程教諭 安虞膳生 皤庠生 宏濤庠生
太高伯叔祖廷諫庠生 廷訊 廷誨庠生 廷讓太學生 廷訓庠生
廷謨庠生 廷諴庠生 廷誠庠生 廷謀太學生 廷謜庠生 廷諧太學
生 廷魁庠生 廷楫庠生 廷翰庠生 廷珍庠生 廷彥庠生 廷崧庠生
廷墀庠生
高伯叔祖尚惠 尚紘 尚任 尚鋒太學生 尚勤庠生
尚儉庠生 尚寬 尚仁庠生 尚嶽國學生 尚倫國學生 尚秩庠
生 尚葵國學生 尚修庠生 尚洽庠生 尚志增廣生 尚全增廣
生 尚容郡庠生 尚敏太學生 尚惠太學生 尚秀庠生 尚麟庠生 尚
錫庠生 尚晳庠生 裕邦庠生 尚深恩貢生 尚燧庠生 尚焯庠生 尚
烈庠生 尚炯庠生 尚鰲庠生 尚吟庠生 尚哲庠生 怡虞膳生 玫贈

四十世祖釗
四十一世祖滙累次輸賑恩授義宰
四十二世祖瓛累次輸賑恩授義宰
四十三世祖偲累次輸賑恩授義宰
四十四世祖譽
四十五世祖舜元邑庠生
四十六世祖可昌
四十七世祖汝晏
四十八世祖志文明鄉介賓
四十九世祖宏鸞
五十世祖廷謙

通奉大夫上治歲貢生尚泰增貢生
高
伯叔祖祖裕庠生祖禐介賓祖履庠生祖緒介賓嘉樹庠生祖覆
太學生旂庠生祖載太學生祖球增生祖琅庠生祖瑛國學生璠
庠生祖珩國學生祖琪介賓祖唐庠生祖虞庠生祖參庠生祖熹
太學生祖鑑增生祖文太學生祖郊庠生祖橋庠生祖成乾隆壬子舉人
毅士庠生文士廩膳生裕士庠生棟歲貢候選教諭贈奉直大夫堂
庠生鍾庠生鈞庠生器恩貢生曙曦庠生祖湛庠生祖夏庠生祖益
庠生維雄武生祖穮
曾
伯叔祖榮君榮親太學生榮友榮春國學生榮耀國學生
繼材號樅亭增廣生撫辰國學生保奏登仕郎拱辰廩膳生振辰庠生
榮奎國學生榮詩國學生榮超國學生桂增廣生榮林附監生

高高祖尙魁太學生
高高祖妣氏潘
高祖禎材太學生
高祖妣氏張
曾祖世珍號冠亭邑庠生例贈修職郎
曾祖妣氏王同里南山村附貢生諱士甯公長女
邑庠生誥贈武德騎尉諱
大鶴公胞姊例贈孺人
祖諱鑑號鏡吾歲貢生候選教諭例授修職郎歲科試七優等鄉闈八薦卷
祖妣氏王同里南山村邑庠生贈武德騎尉諱大鶴公女太學生諱國亨公國標公胞妹邑庠生諱國輝公

榮欽庠生榮森太學生榮宗庠生鍾靈庠生珍生歲貢鰲庠生誥
贈通奉大夫宗垣庠生宗泰太學生遇清庠生均泰太學生濟泰
太學生世濂廩膳生雨春庠生宗孟增廣生師孟庠生步魁武生
鳳鳴庠生鶴鳴武生
伯叔祖昌順號焯人太學生昌熾號平齋昌謨號留耕昌茂號有年昌
達號有幹昌昇號谷鄉毓芝辛卯副貢蔭槐邑增生昌鑑太學
昌衡國學生景鴻附貢生安徽候補巡檢品三太學生梓材太學
殿椿太學生廷椿太學生昌荊軍功從九品昌明介賓昌守軍功
從九品靈椿太學生震增廣生昌印太學生昌昴太學生敦懷
由議敘任洪雅雲陽彭縣知縣軍功賞戴雙眼
花翎歷陞綏定府知府四川鹽茶道廣西按察使
司雲南布政使司內召太
僕寺正卿誥授通奉大夫觀瀾任信陽州巡政廳署信陽州州

履歷

誥封武德騎尉諱國㑺公
邑庠生諱國耀公胞姊武生
際唐際安太學生際元際虞
邑庠生際周丙戌武進士
欽點衛守備際春庠生安
邦安瀾胞姑　例封孺人

父賓棻號樵伯附貢生候選訓導　例贈文林郎

妣氏王同里南山村太學生諱國定公次女武生炳森
太學生炳宸煥宸胞姊　例贈孺人

母氏呂本城邑庠生　誥授中憲大夫諱周緒公曾孫
女邑庠生　誥授朝議大夫諱保公孫女邑庠生直隸州同知　誥授儒林郎諱喬蔭公長女太學生諱茹謙茹讓
茹恭茹敬茹寬茹葵公胞妹
太學生茹信茹義茹棻公胞姊太學生邦楷邦盛邦禧邦熹廩膳生壽標邑庠生壽椿

判

大鼎庠生　巨川庠生　猷太學生　覲庠生　榮昌道光癸卯武舉任杭州衛營千總候補守備　以蕃庠生　昌源庠生　鳳彙庠生　之棟庠生　冠虞廩膳生　乃雍庠生　文翰庠生　國元同治丁卯科並補行甲子科舉人己丑大挑二等即用教諭　夢彪庚午武舉　芬庠生　建中庠生　緝堂庠生

從堂伯叔

積祺候選直隸州州判　軸任廣東廣州府通判　軫任兩淮鹽課大使　應祥庠生　夢庚增貢生辛亥壬子薦卷　夢鈞貢生　軏太學生　棠郡庠生　松增生　大容歲貢生候選訓導　正容州同知　榮庠生　其貞貢生　振煜癸酉武舉　振源咸豐壬子武舉乙卯進士候補守備　景和附貢生　步雲同治丁卯並補行甲子科武舉　有壬庠生　夢飛庠生　安邦太學生

堂伯叔

夢松附貢　欽加同知銜江蘇候補知縣　夢湘庠生　其運增生　蔭南庠生
餘森太學生例贈文林郎　仲賡太學生

光緒丁酉科

四

壽松胞姑例贈孺人

具慶下

受業師謹以受業先後爲次

祖訓

庭訓

友教

吕谷蓀夫子諱雍如

吕見吾夫子名襄臣

俞曉雲夫子名鴻賓廩膳生丙子科薦卷

吕六皆夫子名秉謙壬午舉人丙戌會試薦卷

親叔書瑞庠生　其枝　其條　其樞

從堂兄弟槐林辛酉拔貢壬戌恩科舉人戊辰會試薦卷　華林庚午舉人　承祖

附監生　友仁歲貢生候選教諭　承暄廩膳生乙卯戊午己未庚午乙亥薦卷　承時太學生　承榮郡庠生　錦林貢生　上林庠生　銓庠生　錫齡乙酉武舉

立仁太學生　國彪己丑恩科武舉　廷銓庠生

堂兄弟承謨　承禧　承棻　承邦　承烈　承緒

葆元太學生　葆貞太學生　葆仁丙子舉人庚寅進士現任湖北天門縣知縣辛卯正科癸巳恩科甲午正科同考官著有綠芬軒古文藝　潤璜附貢生安徽候補巡檢

葆琦號柳生庠生　世貽庠生　世名庠生

從堂姪日耀太學生　星耀太學生　瞻達庠生　修庠生己丑恩科甲午正科薦卷　炳丹郡庠生　照太學生　瞻庚太學生　炳青庠生

俞祁臣夫子諱嘉言恩貢生庚午乙酉
薦卷候選訓導
呂雪坡夫子諱漢宗歲貢生
俞筱卿夫子諱憲曾郡增生己卯壬午戊子薦卷
堂兄西園夫子名葆仁履歷詳下
呂小寰夫子諱鴻熹同治丁卯並補行甲子科舉人揀選知縣甲戌會試薦卷前掌教玉環廳環山書院本邑鼓山書院
俞叔儀夫子諱鴻逵庚午舉人庚辰大挑一等前任貴州開泰縣知縣欽加同知銜壬午乙酉黔

從堂姪孫巖庠生
胞姑一適固山村太學生楊公諱春榮
胞兄葆英號若香邑庠生辛卯正科薦卷癸巳恩科房備葆章號簡香邑廩生辛卯科經魁壬辰會試堂備甲午恩科會試薦卷掌教嵊邑北山書院著有鉛割贅言一枝軒古文藁
胞姊三長適上宅村邑庠生楊品三公次子貢生名煦春次適南山母舅太學生王煥宸公長子太學生諱芸河三適城中母舅太學生呂茹棨公長子廩膳生名壽橲
胞姪三文濟號心渠邑庠生文浩業儒文爲幼學
胞姪女三長字上宅村武舉楊祖畸公孫庠生以成翁次子幼學景元次未字三未字
娶沈氏嵊邑敕授廸功郎誥封中憲大夫四品衔諱謙和公孫女國學生誥封中憲大夫四品衔名永德公女己丑恩科亞魁庚寅進士欽點主事籤分兵部主事武選司兼武庫司行走名寶琛胞妹國學生名寶璩業儒名寶璿胞姊幼學夢喜胞姑

履歷　光緒丁酉科　五

履歷

閩同考官前掌教本邑鼓山書院

石康侯夫子 諱玉麒 歷用同知歷署新昌縣知縣玉環廳同知鄞縣天台縣知縣

楊晴皋夫子 諱正暉 同知銜賞戴花翎前任新昌縣知縣

受知師

吳左泉夫子 名超 前紫陽書院山長

富蔡氏子方夫子 諱霍順武 前任紹興府知府

瞿子玖夫子 名鴻禨 前任浙江學政

俞振嚴夫子 名鳳岡 己丑恩科鄉試同

子

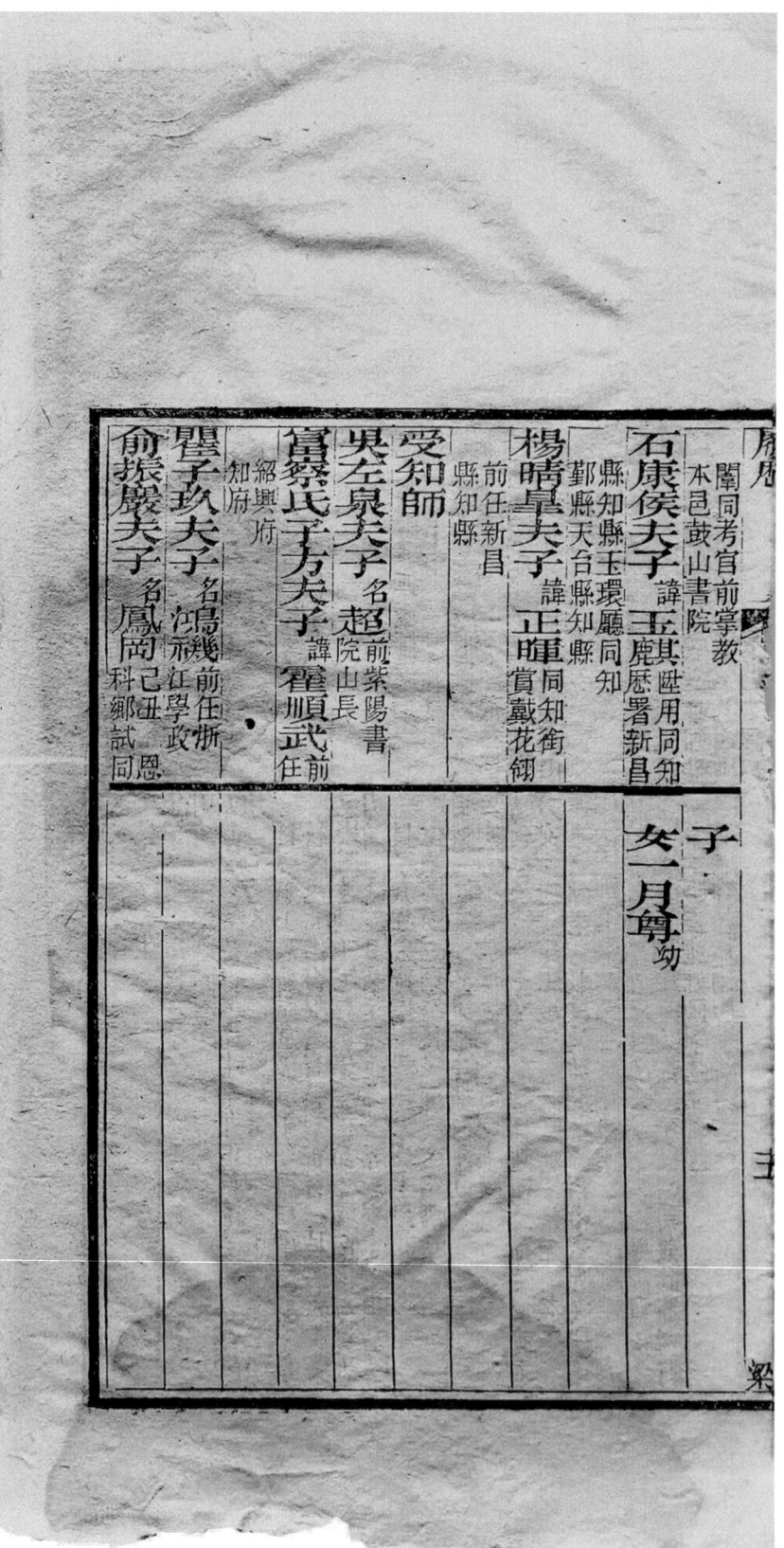

女一 月尊 幼

考官

潘嶧琴夫子 名衍桐 前任浙江學政

俞蔭甫夫子 名樾 現詁經精舍山長

薛絅銘夫子 名應樞 甲午科鄉試同考官

徐季和夫子 名致祥 現任浙江學政

侯緯辰夫子 名琫森 現任新昌縣知縣

嚴梅先夫子 名大魁 現任新昌縣學教諭

徐曇農夫子 名福昌 現任新昌縣學訓導

廖穀士夫子 名壽豐 本科監臨

惲菘耘夫子 名祖翼 本科提調

丁潛生夫子 名峻 本科監試

黄子畬夫子名祖經本科內提調
郭馥卿夫子名集芳本科監試
劉海臣夫子名宗標本科內監試
吳鏡汀夫子名睿本科內收掌

鄉試中式第三十三名
會試中式第　名
殿試第　甲第　名
欽點

族繁不及備載

世居南鄉彩煙山樟花村現遷居邑城長祥街

浙江鄉試硃卷第玖房

中式第三十三名舉人梁葆成浙江紹興府新昌縣學附生民籍

同考試官升用同知直隸州截取知縣趙　閱

薦批　博大昌明經策淹貫

大主考翰林院編修起居注協修國史館纂修功臣館總纂教習庶吉士　吳

取批　端莊流麗經策名通

大主考經筵講官禮部右侍郎調補吏部右侍郎署理左都御史兵部左侍郎管理馬館事　徐

中批　典貴高華經策淵懿

硃卷 批

本房原薦批
志和音雅氣象渾淪次沉浸醲郁三
興會悠揚尤難三藝一律詩諧
大氣蟠鬱藻繢斑斕詩藝摹騷尤極
纒綿之致
剝蕉抽繭層出不窮

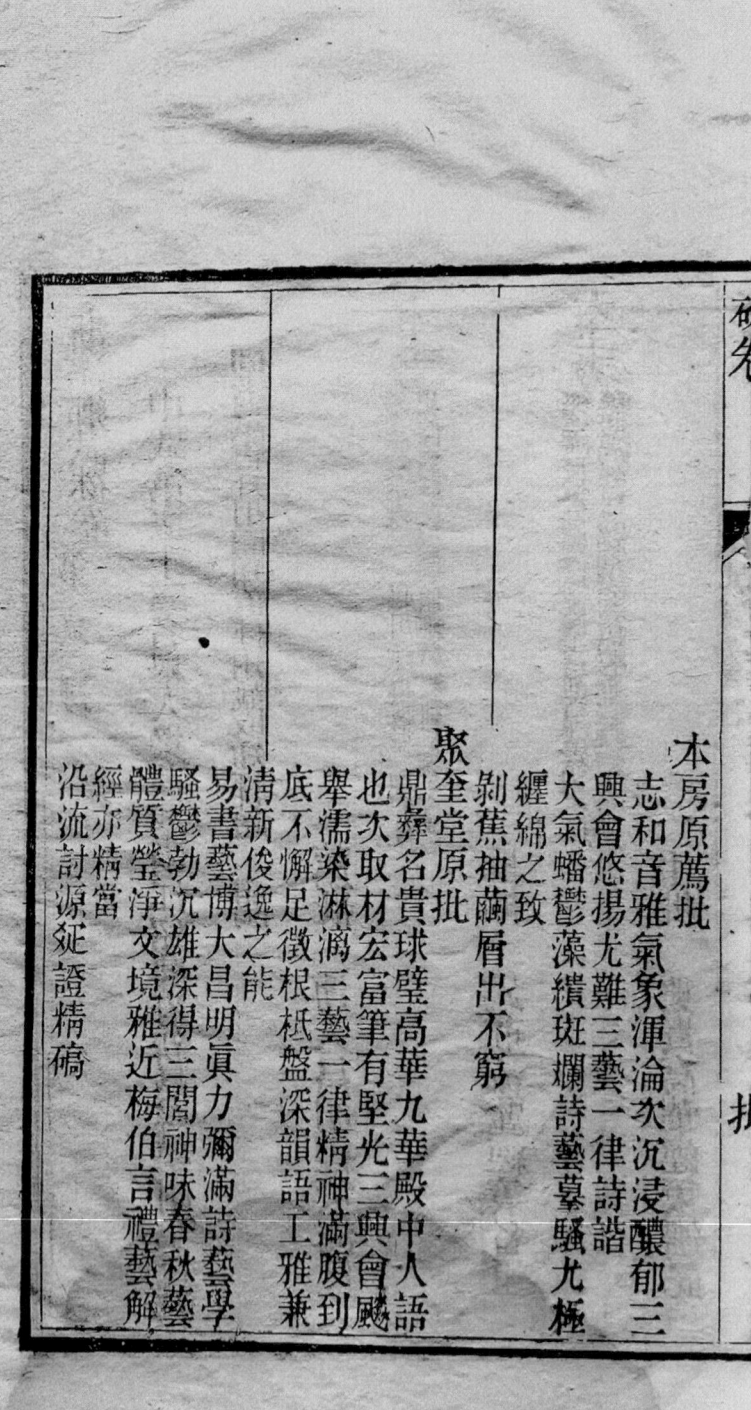

聚奎堂原批
鼎彝名貴球璧高華九華殿中人語
也次取材宏富筆有堅光三興會飈
舉濡染淋漓三藝一律精神滿腹到
底不懈足徵根柢盤深韻語工雅兼
清新俊逸之能
易書藝博大昌明真力彌滿詩藝學
騷鬱勃沉雄深得三閭神味春秋藝
體質瑩淨文境雅近梅伯言禮藝解
經亦精當
沿流討源延證精碻

聚奎堂原刻

○○○○○子曰道之以政齊之以刑民免而無恥道之以德齊之以禮有恥且格子曰吾十有五而志于學三十而立四十而不惑五十而知天命六十而耳順七十而從心所欲不踰矩

梁葆成

治術與性功一致所以告萬世也蓋德禮所以格民外此固未能也七十而不踰矩前此固弗逮也豈非治有源而學有緒乎且以治術性功之原無二致也苟且牢籠之具近以自囿者非從容變化之功驟以相期者妄必兢兢於教化淵源而皇極光明巳兆羣生之丕應勉勉於層累曲折而聖修粹美終期時措之咸宜自非

然者任文法以愚黔首務矯誣而語安行聖人惑焉今夫盛世有
大同之治而黔黎之風雨斯從吾儒砥獨至之修而淬厲之光陰
足貴此夫子所以明揭夫治功而自道其學術也屋漏影衾之地
糾察難周而被以厚澤深仁固足返斯人直道之遺而還之三代
然後知深文密網拘其迹者未浹其心而主術判純疵惟此貍首
騶虞實爲千古治平之要敏求好古之功精粗畢貫而加以優游
涵泳斯足極至聖時中之妙而寓諸寸心然後知少壯年華始於
勉者未臻於化而功修判深淺逮至桑榆晚景始極萬年道學之
宗則子之言格民者民正未易格也苟以政而嚴以刑倖免者仍

多佚志被以德而施以禮有恥者絶少違心民非有異道與齊者不同矣故卽此爲治功之龜鑑則子之述志學者學非以志止也由立而不惑守之固而辨之明知命而耳順見之精而感之速矩之不踰從夫心者悉合矣故卽此爲學術之眞詮蓋嘗舉而論之黎庶有相孚之肺腑而阻於繁瑣之科條吾人有必歷之功程而已覺年華之遲暮則溺政刑之中而未遑德禮歷志學諸境而未及不踰駁而不純闕而不備治與學之隱憂矣然遵而循之初無異法也捐除夫苛法繁文於變自釀維新之化致力於日積月累持久終收中道之功彼小補不足言亦冥悟不足病矣生靈之水

火須援而道術之狂瀾待挽我夫子能寬責備矣乎自名法刻覈之議興而王道受廷疏之目自鹵莽滅裂之風熾而儒學多淩躐之虞則薄德禮而政刑之積習難回義不踰而志學之全功反輟逆而施之倒而置之治與學之大病矣然矯而厲之固自無難也精誠感而天良頓發洗心革面在顓蒙造詣深而故步難封蓬化窮神關性命彼煦嫗何足尚亦高遠不必矜矣斧柯旣難假手而薪傳必待吾徒吾夫子其殷願望矣乎故曰治術與性功無二致云

及其廣大草木生之禽獸居之寶藏興焉　梁葆成

以廣大言山生物幾同於天地矣夫山之廣大亦自天地生者也而所生所居所興者若此不益見天地之廣大哉間嘗躡足泰岱策杖崆峒見夫危巘削成蔽虧日月林巒泱漭呼吸雲煙則有柔姿旖旎古幹輪囷勁翮戾天軼材走壙以至孕秀毓奇之品含英吐曜之珍璀燦陸離星羅棊置然後知峛崺坱圠之中信乎亭毒千端牢籠萬有也卷石之多亦未極山之廣大耳及其廣而綿亘延袤非復蟻垤培塿之細彼名流好事而縋幽鑿險屐齒終無徧歷之區曠博無垠豈章亥所能推步也而岡巒忞孕育形形色色

固又僂指難計更僕難終及其大而穹窿寥廓並擅方壺員嶠之奇彼人主封禪而玉檢金泥翠華終有未經之處坤輿厚載豈令娥足顯神通也而巖岫萃精華種種林林固又焉不能名皐不能記其廣大也蓋有生焉居焉興焉者也則試徵諸草木蘼蕪匝地芊芊呈競秀之姿松柏參天鬱鬱挺後彫之節故無論神芝煥彩譎狀殊形奇木交枝五光十色其生也夫固炎帝所未及周嘗匠石所未能偏覩耳至於滋蘭樹蕙寫騷人忠愛之心絳色霜皮想前哲遭逢之盛則更謂草木之可敬也而生之者自爾蕃蕪矣則又驗諸禽獸入林營風雨之巢飄搖不懼穴處識陰晴之候鋌走

無虞故無論鸞鷟鴟鴞妖祥異族犛牛偃鼠大小殊形其居也夫固志博物者所未及詳賦羽獵者所不能盡耳至於歌黃鳥於秦風或集桑而集楚賦鳴鹿於周雅亦食苹而食蒿則更假禽獸以抒情也而居之者固多孳息矣則又徵諸寶藏榮光起而燭天華嶽之生金可辨白虹輝而映地崑崙之產玉尤奇故無論毓秀含精望氣者已經默識騰輝耀景采琛者不厭遐搜其興也大固典瑞所未能盡登貢賦所未能盡識耳至於神靈効順煥國華而益貢瑰奇卝務講求因民利而仍歸鎮靜則更謂寶藏之無遺也而興焉者益萃秀靈矣夫然而所生所居所興者各適其常也草木

自遂其土宜禽獸自安其榛柸而寶藏亦僅含貞抱璞伏榛莽以
韜光而巖谷直還其無事夫然而所生所居所興者各呈其異也
草木以靈秀而指爲瑞禽獸以珍異而實於庭而寶藏更將以特
達圭璋並球刀而稱重而山林亦自覺增光試進徵諸水

○○○○○悅周公仲尼之道北學於中國北方之學者未能或之先也

彼所謂豪傑之士也　梁葆成

悅道者莫之能先而其名可定矣夫悅道而北學異矣而何以莫之能先也目為豪傑之士誰曰不宜且無志於古人者貽笑於今人者也士君子落落自命欲孟晉以追羣遂圖新而舍舊勿拘地脈簦笈而戾中土遐荒亦有聞人勿讓時髦鉛槧而志聖賢大道原為公器則緬嵑起之英賢加以邁羣之品目始知磊落奇偉者流其識量過人遠也良為楚産則良特一楚之士耳篳路藍縷之遺規功勛彪炳而律以盛朝憲典則霸圖潛啟已戾先王封建之

心瑣瑣者何堪紹述也而瀟湘風雨寤言懷之子之繡裳沅芷澧蘭之寄託文采喧騰而例以垂世鴻篇則騷客修辭何與儒者立言之要靡靡者未足欽承也而夢澤山川引領望尼山之禮器蓋艮固悅周公仲尼之道者也而於是三月聚糧而於是千里命駕驅車過九疑之麓欲問重華之故壟而遺老盡矣渡漢水至昭王沈舟處慨然想周家之餘烈而弔其不終蓋艮至此遂北學於中國矣詢故家閭遺俗覩柱史方策之藏而後知天下之制作莫大乎此也覽魯史刪定之筆而後知天下之文章莫大乎此也艮亦人傑矣哉然而學於北者艮也北之學者不止艮也夫不有北方

之學者乎夫亦妄必其莫先乎以彼詩書禮樂夙擅中原文獻之傳則上國有通才豈容僑寓儒生妄許一時之驂靳孰意會悟貫通默窺斯道傳薪之秘而同堂賫講貫直欲追踪時彥不分爾室之荃茅非所謂豪傑之士哉正學慨淪胥而異端外道之流翻思別樹一奇壞吾道藩籬之寄至愚極妄豪傑所深嗤矣叵也生長荆蠻素無教澤涵濡之益而瓣香有自覺輪蹄車馬莫易高山景仰之情而西京鐘鼓匡居緬想夫休風東魯宫牆私淑薿沾夫化雨則中邦宿學久難誇奇秘而自著先鞭此豈猥瑣者所堪同語也謂非曠世之英姿乎江河嗟日下而素隱行怪之子不憚別張

一幟敢斯世簧鼓之風迂謬荒唐豪傑所必斥矣良也生居僻陋
素乏切磋指引之人而振拔有心覺道路山河益增弧矢壯遊之
志緬創制於辟雍耳濡目染企流風於洙泗入室升堂則鄒魯儒
生更難私宗派而妄矜先覺此誠振奇者所自仔肩也謂非軼羣
之俊品乎獨無解於子之兄弟始事之而終倍之也

賦得又見承平大有年　得年字五言八韻　梁葆成

獲侍坤成宴詞頭雅句傳承平仍紀盛大有又書年野息金
戈警場登玉粒圓三邊銷劍戟百室足囷廛琛賮來重譯坻
京續舊篇星輝瞻北極露積徧東阡王會開圖日豳詩納稼
天河清逢
聖世
舜陛布薰絃

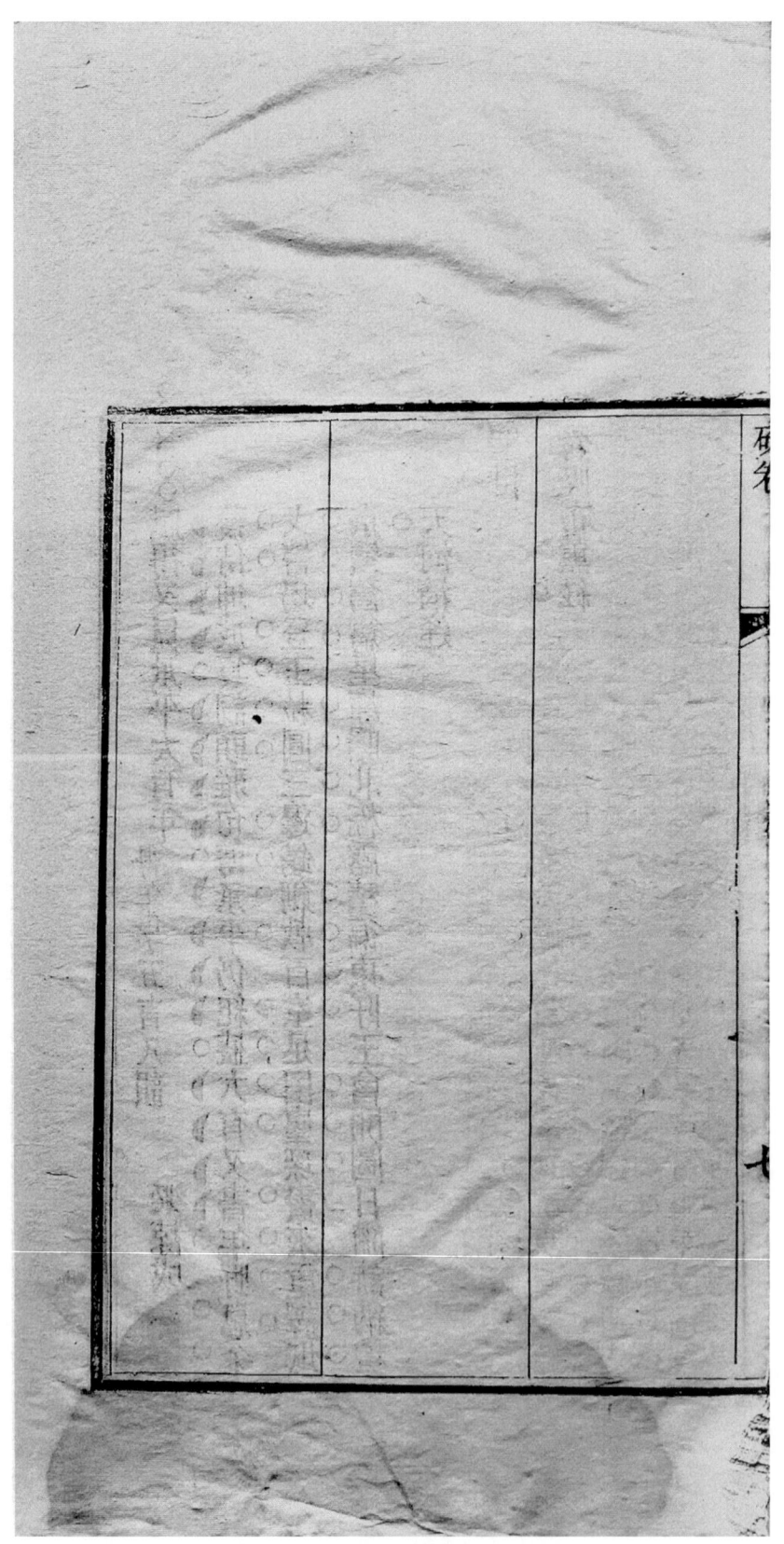

御覽進呈

聚奎堂原刻

公車千乘朱英綠縢二矛重弓公徒三萬貝冑朱綅烝徒增

增　梁葆成

載詠魯詩軍威猶可想焉夫車則千乘也徒則三萬也弓矛之飾
冑綅之華如增增者之接於目也可謂極寫狀之工云翳我公之
神武兮非有志於觀兵順蒐苗以大閱兮儼眾志之成城忽雲屯
而霧集兮車隱隱而雷聲矛犀利以霜皎兮角弓勁而風鳴車千
乘而砰訇兮徒三萬而縱橫維烝徒之增增兮洵扞禦之精兵羽
檄霄馳軍書伏讀整我旅於如山兮蓄兵威於破竹將軍則大樹
其容君子亦小戎其屋維出車之彭彭兮固委蛇而相屬既煇映

朱卷　光緒丁酉科

於道迻兮亦照耀於山谷戰士錦衣兮元戎繡服戴月披星兮霜
淒露宿駕騂騮而驂驌驦兮紛郊原之馳逐命王良以策駁兮使
造父以登僕驅千乘之公車兮固駕輕之就熟多公徒之猛鷙兮
陋烏獲與賁育固吾魯之干城兮而我侯之心腹日色慘淡兮馬
鳴蕭蕭壯士髮指兮大帥旗招欲奮矛以致師兮思彎弓以射雕
緣縢煇映兮朱英飄搖野空闊以莽蒼兮天氣清而寂寥歌變徵
而激昂兮羌煩冤而不消耀軍容於荼火兮絕行伍之塵囂時日
暮而迻遠兮或水闊而山遙寄豪情於劒戟兮騰殺氣於斗刁志
公忠而敵愾兮氣厚重而不佻著戎容之仡仡兮揚道左之鑾鑣

咸聚觀而屬目兮雜黃髮與垂髫維公車之千乘兮將敵行於崇
朝塞柳秋紅陣雲畫黑戈戟如雲馬蹄似織貝冑賁首兮旌旗爭
珍玩之光綴以朱綬兮燦爛教文章之色維三萬之公徒兮皆孔
武而有力壯烝徒之增增兮將同心而報國揚貔虎之靈威兮見
怒蛙而憑軾固駕馭之得宜兮亦理壯而師直取武庫而有餘兮
何淫巧器械之足惑重曰明明我公永流芳兮澤沛春露威秋霜
兮公赫斯怒我武揚兮士皆虓虎軍龍驤兮犂庭掃穴僭殭梁兮
國無弱小在自強兮赤縣神州四夷之望兮願自奮迅為天下倡
兮

梁晉棻命子葆成拜

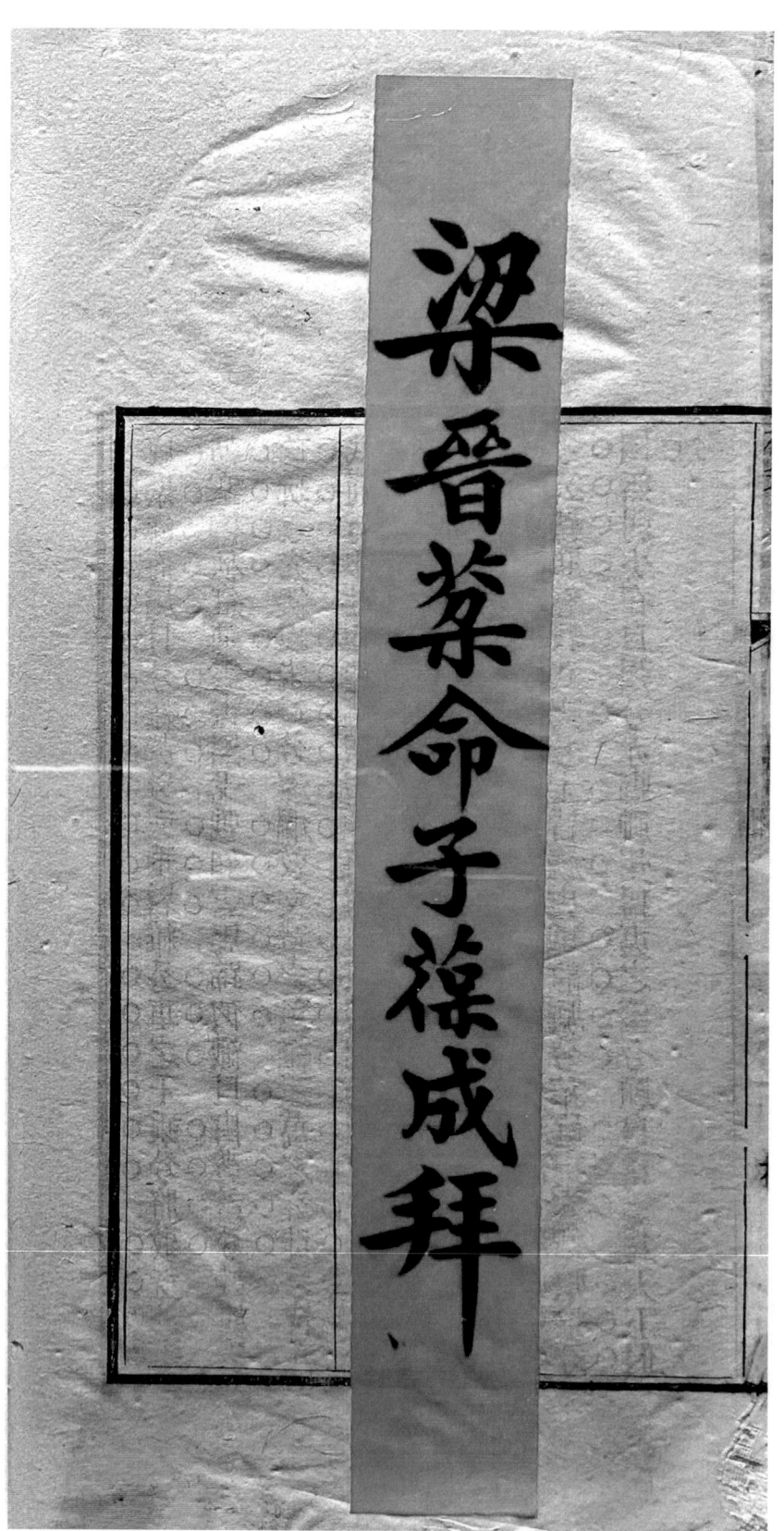

宣統己酉　王毓崑

王毓崑

號讓耕行一湖南長沙府攸縣廩生肄業嶽麓城南兩書院思賢講舍留學日本早稻田大學

始祖該 居江右

二世祖餘 居江右

三世祖頊 居江右

叔祖順 唐吉州刺史係六輪陂房祖

遷攸始祖蓁 元進士誥封通奉大夫由江右遷嶺遷居攸縣鸑山高厚嶺

二世祖崇德

本房尊屬

凱 元越州協鎮　暹 廩貢生　廣雄 邑庠生　廣隆

廣忠 邑庠生　萬邦 邑庠生　萬祿　太範 邑庠生

大箴　大筠 崇仁縣丞　大簡　大簾

尚友 明天啓辛酉科恩選進士授直隸池州監軍同知　純錙 康熙庚子科舉人雍正癸卯科進士揀選直隸保定府安肅縣知縣

希詰 從九品

希麒 從九品　家馨 從九品　文茂 國學生　國香

履歷

叔祖崇善 遷居大江邊派分深田

三世祖纘祖

伯祖慶祖 居南水

叔祖繩祖 係蘭村房祖

四世祖從誠

五世祖武龍

六世祖文羣

七世祖顯明

八世祖瓊

九世祖佩昆

文

國學生 文麟 國學生 文廣 國學生 文魁 文

柏 貢監 文松 例授修職郎 典薰 國學生 典樂

布政司理問銜 典淸 克寬 秉綱 業儒 澤槐

肄業省垣明德學堂師範部

本支尊屬

棋 禁 祥 祿 尙柏 尙梧

尙懷 海宇 濤臣 首臣

玉臣 藎臣 士闈 士閑 士

闓 士園 士乾 士麒 士閔

贊梅 從九品 贊棟 例授主簿 贊桃 國學生 紹

2

十世祖楨
十一世祖尙松
十二世祖魯臣
十三世祖士闢
十四世祖贊極
太高祖澤 誥封奉直大夫
妣氏艾 誥封宜人
高祖廷奎 例授儒林郎 誥封奉直大夫
妣氏劉 誥封宜人
繼妣氏賀 誥封宜人

溥 例貢生 紹燮 紹熹 紹炫 紹
煇 紹烘 紹燃 紹煥 紹勳
國學生 紹烈 紹沛 例授登仕郎 世璋 世
英 例貢生 世賢 從九品 世諳 從九品 世培 國學生
廷瓚 邑庠生 廷泰 例授登仕郎 懋釧 鳳
章 邑增生晉授中書科中書 懋鑑 懋錩 從九品 懋鑁
懋鈴 懋鋙 懋鈺 懋鏞
懋鎧 從九品 懋鎘 懋鎔 懋鎰
懋鉞 建寅 例貢生 懋銑 懋鎬
懋鐸 懋鑣 懋釗 希錩 國學生

履歷

曾祖作賓 例授儒林郎 誥封奉直大夫

妣氏劉 誥封宜人

繼妣氏尹 誥封宜人

繼妣氏丁 誥封宜人

庶妣氏賀 誥封宜人

祖邦燮 例授翰林院待詔 誥授朝議大夫

妣氏賀 誥封恭人

繼妣氏陳 誥封恭人

父從周 例授國學生 誥封奉直大夫

妣氏文 附貢生諱世濂公長女國學生諱步

希烈國學生 希蕃國學生 希孟 希球

希琳 希瑍 希珥 希傳

希琮 希齊 希譔 希龔 希範 希周 希顏 希奐 希宗

希鰲 希麟 希偉 希賜

希汾 希禮 希軫 希海 希洵 希仁 希義 希智 希信

希廉 希思 希軾 希轍

希軌 希轄 希援 希軒 希銓 希武 希契 希旦 希奭

青之姑母 誥封宜人

嚴侍下

庭訓

王繼新章

受業知師 謹依先後為序

鄧任卿夫子 邑庠生

尹蘭清夫子 廩貢生

曾堂叔祖藹含夫子 邑增生

歐陽嘯雲夫子 邑增生

陳福宇夫子 附貢生

嫡堂叔祖桂清夫子 邑儒士

希陽　希嶽　希崇　希瀆

希洨　希清　希洋　希海　道

南 國學生　希尹　希康　化隆 國貢生

榮炳 從九品　希崐 國學生　希璀　文綺

文萌　文理　文蕙　文定　文

璨　文琛　文琦　文福　文襄

文肅　文穆　文瑨　文琪

文瑞　文虞　文薈　文善　文

祿　文芫　文壽　文禧　文薪

文繡　文權　文正　文慶

屬

分叔祖珂廷夫子 廩貢生
廖書林夫子 邑儒士
丁冰瑩夫子 廩貢生
劉銘甫夫子 丁酉科舉人陝西補用知縣
陳珍躐夫子 副貢生候選教諭
王益吾夫子 掌教嶽麓書院
劉采九夫子 掌教城南書院
蔡玉珣夫子 掌教思賢講舍
大世伯龍芝生夫子 前任刑部左堂
大世伯張寄農夫子 前任攸縣訓導

文端 文雲 文機 文淵 文
光 文範 文璇 文璣 文璟
文德 文平 文明 文炳
文緯 守正國學生 典策 典籍
典熙 典榮 典華 典貫 典
斌 典傳 典惇 典詔 典富
典玉 典金 典謨 典訓
典誥 典謙 典試 典燦 典
煇 典煥 典燿

五世親屬

大世伯尹棫樵夫子 恩貢生部選滬
州慈利教諭
徐研甫夫子 前任湖南學政
柯鳳蓀夫子 前任湖南學政
吳子修夫子 現任湖南提學使
端午樵夫子 前任湖南巡撫
張筱圃夫子 前任湖南學務處
楊星垣夫子 前駐日本出使大臣
胡惟德夫子 現駐日本出使大臣
岑堯階夫子 現任湖南巡撫

曾胞叔祖作宰 例授翰林院待詔晉授光祿寺署正
嫡堂叔祖宗鼎 國學生 宗旦 邑儒士積學未售
癸森 國學生 宗仁 國學生 宗鍪 國學生誥封奉直大夫
宗導 國學生
胞叔祖邦傑 例授翰林院待詔誥封奉直大夫
堂叔文誕 國學生 國楨 邑儒士積學未售 文禛
國學生 冕旒 邑庠生馳封奉直大夫 文達 國學生 業駿
州同銜誥封奉直大夫 文俊 國學生 文傑 國學生
嫡堂叔文珍 州同銜誥封奉直大夫
胞叔星煥 五品銜誥授朝議大夫 鏞 五品銜誥授朝議大夫

履歷　四一

榮華卿夫子 學部尚書本科會考大臣

嚴範孫夫子 學部侍郎本科會考大臣

寶瑞臣夫子 學部侍郎本科會考大臣

聯春卿夫子 本科閱卷大臣

張在初夫子 本科閱卷大臣

李柳溪夫子 本科閱卷大臣

塔木菴夫子 本科閱卷大臣

堂弟毓鍾 肄業省垣明德學堂師範部 澄湘 槐

庭 嘉言 鹿元 龍元 善元

菊芬 樹松 樹梅 鴛生 均幼讀

從弟毓漢 毓麟 毓湘 均業儒

嫡堂姪慶元 慶雲 均幼讀

胞祖姑母三長適陳 國學生諱剛甫 次適

賀 國學生名齊爵 三適陳 武庠生諱元齋

姑母一適陳 國學生諱先剛之妻國學生名猷誥之母

姨母二長適尹 誥封奉政大夫諱自英公之妻州同銜名作訓之母 誥封宜人

次適余附貢生江蘇補用知縣諱家瑞公之妻國學生名康棋之母誥封宜人

胞姊一適邑庠生補用縣丞文名澤蘭

妻文氏刑部主事署理四川遂寧縣知縣諱以禮公孫女誥封中憲大夫諱植棋公次女誥封奉直大夫諱忠國五品銜賞戴藍翎名忠純丁酉科拔貢補用直隸州知州現署四川綿州直隸州知州名德龍之胞妹湖北補用縣丞名毓輝湖南高等學堂畢業生名在棟國學生名昂先之姑母

子二長天錫幼讀聘邑庠生補用縣丞文名澤蘭之長女

次天保幼讀

族繁不及備載

世居攸東地都鸞山高厚嶺

學部考試留學畢業生卷宣統己酉科

留學日本早稻田大學專門部政治經濟科畢業生王

毓崑湖南長沙府攸縣廩生民籍由駐剳日本出使大

臣胡　咨送學部考試合格奉

旨賞給法政科舉人　恭候

廷試

學部考試留學畢業生卷　宣統己酉科

[illegible]

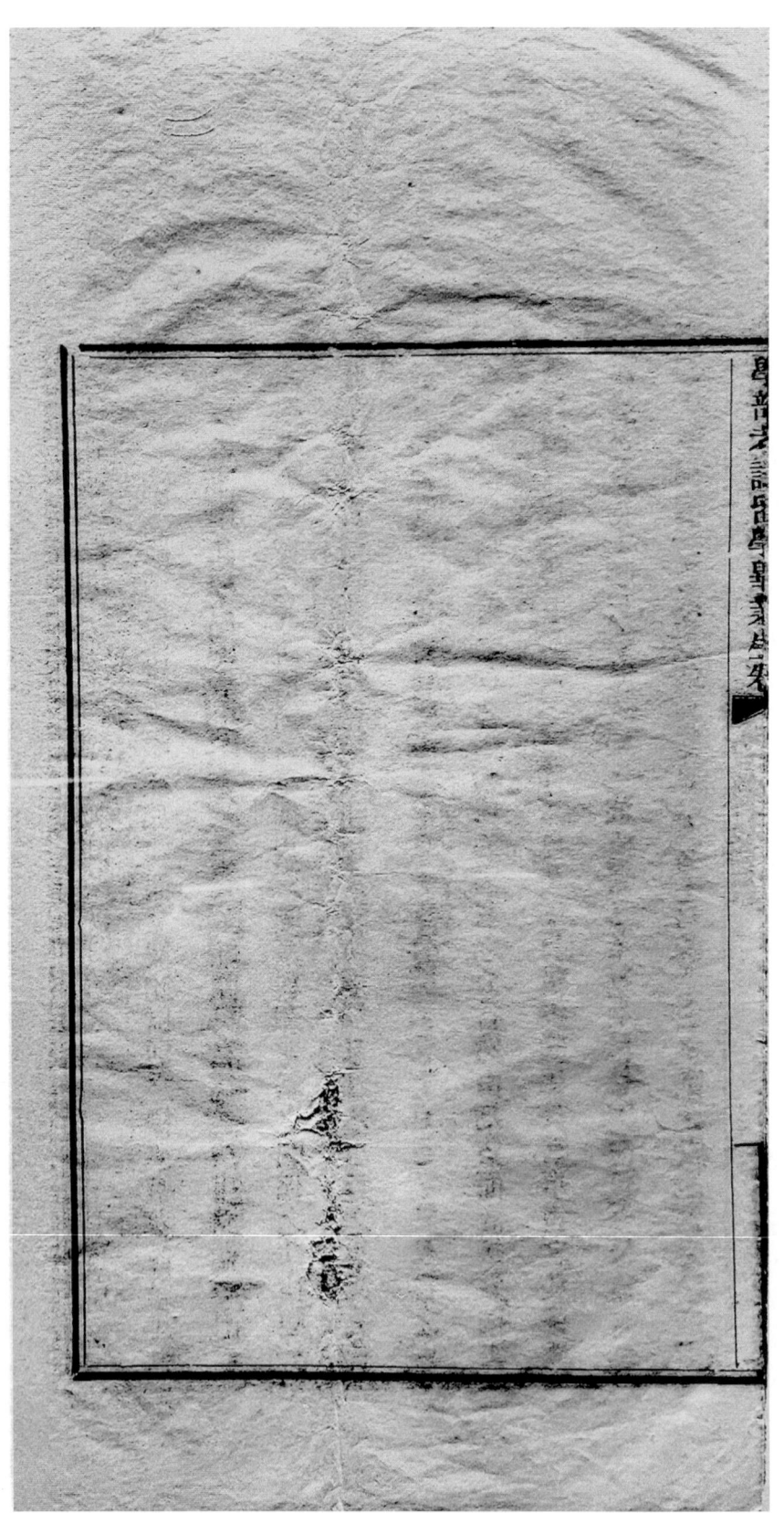

公法私法之區別學說不一試比較諸說而評論之　王毓崑

公法私法之區別由法律之關係如何而立然此區別之標準學者各異其說羅馬之威爾比亞以關於公益之法律爲公法關於私益之法律爲私法德意志學者亦多採用其說信斯言也則規定國家與犯罪者之關係之法律屬於公法規定賣買貸借親族相續等關係之法律屬於私法然事件之果爲公益或私益無明確區別之標準關於公益之事件時或含有私益關於私益之事件時或含有公益譬之刦盜固關係於國家之公益然由刦盜而直接蒙損害者爲個人是公益中而含有私益者也又如貸借固關係於當事者之私益然因債務者之不履行義務一國之經濟爲之紊亂是私益中而併有公益者也必欲區別何者爲公益何者爲私益是不可能之事也則此說之不足採也審

矣而英之霍爾拉脫德之伯倫知理法之普拉弗得里等以規定國家與人民之關係者爲公法規定人民相互間之關係者爲私法然所謂國家與人民之關係及人民相互間之關係亦不能了然區別何則人民相互間之關係關係於國家者甚多國家與人民之關係關係於他之人民者亦不少例如選舉法固規定人民與他之人民之關係者也然不能不以之爲公法人民應國家所募集之公債由此而生權利義務固爲人民與國家之關係者也然不能不以之爲私法其明証也於是或學者以規定人民爲國家之一員而爲之關係之法爲公法規定人民爲社會之一員而爲之關係之法爲私法吉爾克沙比尼及其他德意志學者等大都主張此說然就一行爲其果爲社會之一員而爲之行爲乎抑又爲國家之一員而爲之行爲乎甚苦於判斷之無從則其說之

曖昧也可知矣近世學者迺分權力權利二者爲公私法區別之準則以定權力關係者爲公法定權利關係者爲私法然凡權利云者據國內法而言必有國家之權力而後發生權力關係與權利關係原不可歧而二之且其所謂權力關係係指服從而言所謂權利關係係指對等而言果如[illegible]云以定服從關係之法律爲公法則親權者爲親對於子之權利而定子之一身及財產當服從其親者也故規定親權之民法亦不可不謂之公法以定對等關係之法律爲私法則選舉權與被選舉權亦定選舉人與被選舉人間之對等關係者也故規定選舉權與被選舉權之選舉法亦不可不謂之私法其淆亂不亦甚乎要之公私法區別之議論各國學者間今日尚聚訟紛如比較論究信可爲吾人研究法理之補助守一家說而不知變通者是又安可與言哉

有住所於敵國之本國人在敵船內載有商品時其貨物可沒收與否試據各國所採之主義而判斷之

王毓昆

海戰法規無保護敵國私有財產之條故遇敵船中所載貨物除屬中立國所有而非戰時禁制品外均可視為敵貨以沒收之若其船雖為敵船而其內所載商品原屬本國人所有僅以其人有住所於敵國之一事遂行沒收似非所以保臣民而利商務也審矣然各國所採之主義不同則判斷此問題亦宜區別而論英國以有住所於敵國者為敵人而戰爭進行中[illegible]人與敵人通商本此主義則論其人之住所既在敵人之列而詢其所載在敵船之貨物又為國法所禁科以沒收夫復何辭若大陸諸國則不然定人之國性不以住

所而以國籍故其人而即有住所於敵國尚不失爲本國臣民而本國人與敵人之通商貿易向亦無戰時禁止之例是即以本國船舶積商品而航行敵國日不能指爲違反國法況乎其所載商品之尚在敵船也則據大陸主義之不能沒收也蓋彰彰矣雖然吾於此問題不能不贊美大陸[illegible]而歎英國主義之有缺點也何則國籍者爲區別內外人之標準住所者僅爲居營業之本據今以其有住所於敵國之故遂以本國人爲敵人使其人有住所於敵國而同時有住所於中立國則奈何此據英國主義所當發生之疑問也又以通商而論主張英國主義者以爲禁本國人與敵人通商者以妨害敵國爲目的然貿遷有無各得所求本國人與敵人之通商其利未始專在敵國也如以其爲利敵國而必禁之則滯在於敵國之本國人勢不能不皆禁之其生活尚

能自全乎要之據純理則以大陸主義爲善就現勢則各國所採不一判斷之方蓋不可以一概論也

徐澍嘉

徐澍嘉

始祖諱一桂字梓巖行其六元初自奉化聯山卜居上虞縣之南鄉下管

妣氏汪

二世祖諱德昌字君王行昌四

妣氏周

三世祖諱宗輔字舜傑行真七詳宗譜鄉望傳

妣氏王

四世祖諱成字用成行完六

妣氏王

字景棠號海樵行一道光戊戌年四月十八日吉時生紹興府上虞縣學優行附生民籍

二世伯祖珪誥贈奉直大夫江西路提舉著有君璋集

三世伯叔祖宗亮應至正宏才聘江西路提舉著有舜臣集宗夔誥贈武畧將軍宗韶

四世伯叔祖椿應至正明經聘著有雍年集松公一字喬年應洪武明經聘福建按察使僉事著有喬年集德鎮撫司鎮撫啟洪武丙辰聯捷會魁遼東蓋州衛武畧將軍以勳功世襲禮應洪武儒術聘著有用和集裕應洪武孝廉聘著有崆峒等集道應永樂儒術聘鄉飲大賓道泰遼東錦州鎮撫復例贈七品散官著有聽泉集

五世伯叔祖皓廪生建文己卯舉人庚辰會試副榜廣西橫州學正著海雲集亨光祿寺監事著有無爲集肅世襲武畧將軍良候選主簿恩七品散官心廪飲大賓例贈七品散官著有竹溪詩宿鴻螢等集行世詩入古虞選

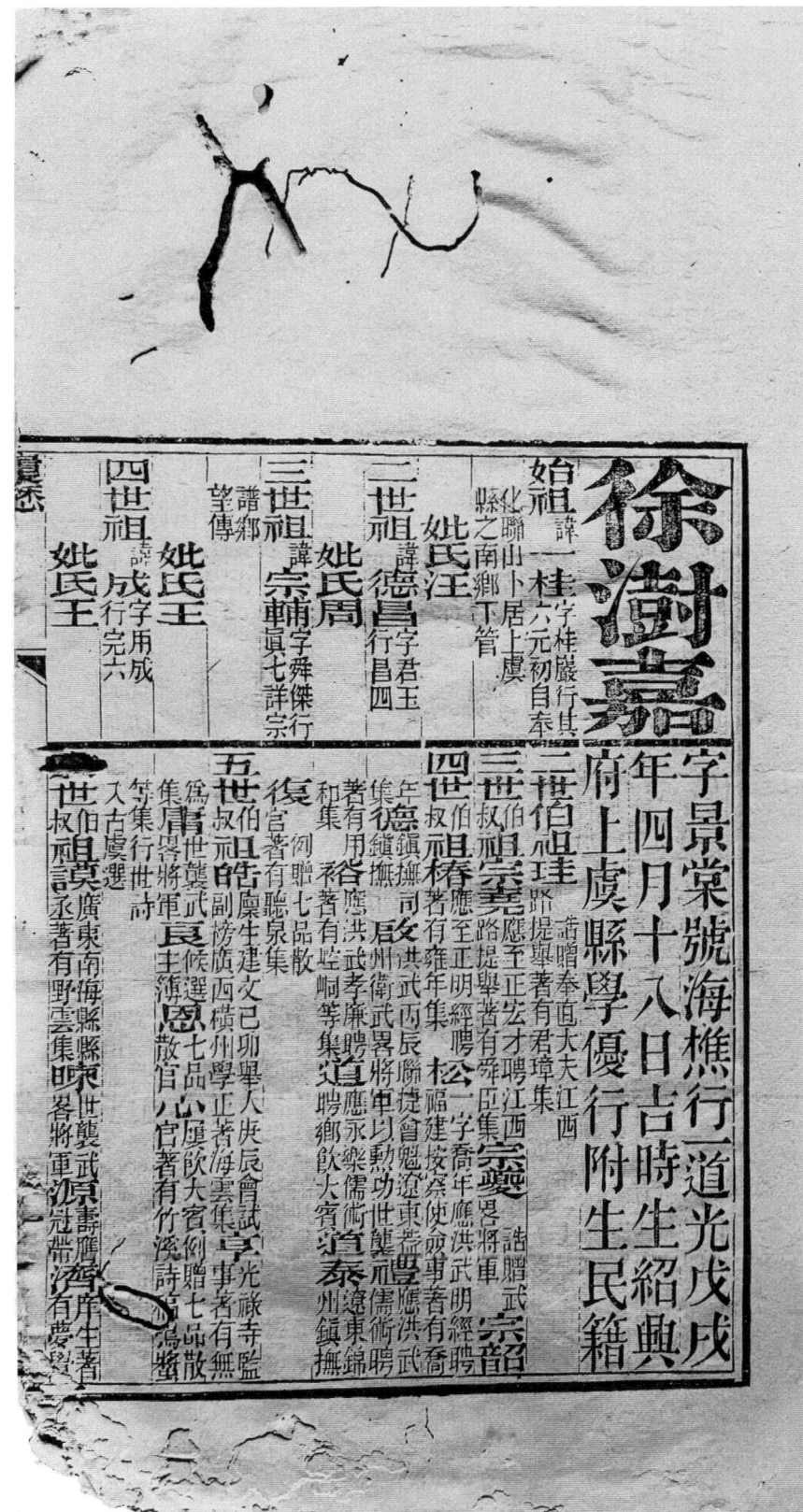

[illegible]世伯叔祖謨廣東南海縣縣丞著有野雲集暕世襲武畧將軍源壽應冠帶濟庠生著有夢

氏金
五世祖諱璿字叔璿行琚
三壽九十五
歲詳宗譜
鄉望傳
六世祖諱行字序衍
行衍一
妣氏丁
七世祖諱琛字章之號月
溪行聰三
妣氏任
七世本生祖諱珮字珮之
號雪泉
行聰六讀書通古善
楷書詳宗譜文學傳
妣氏屠
八世祖諱价字世藩號中
山行傑六邑
庠生誥贈大中大夫
廣東布政使司右參政
妣氏吳

松南定英宏治己未進士山准特授七
雲等集樸東青州府知府品散官
七世伯叔祖杰薦辟南直英山縣主簿誥贈奉政閥世
夫光祿寺少卿著有淡菴集特祀名臣紹襲
武畧棠邑庠生著安廣東陽春縣紳庠生遼東守中
將軍有玉輝集古良巡檢州衛千戶
庠金鄉飲敎屢飲大賓壽膺冠帶誥贈奉直大夫雲
生大賓學南陸涼州知州著有拱北稿地理辯說等
書事載梗成化辛文彪正德丙寅應經明行脩聘對策
通志卯舉人仵劉瑾廷杖謫戍鎮番後璽敗
有歸敎贈承德郎南直池州府通判著有附說效鳴
拾遺等集行世事載明史世稱貞晦先生崇祀府縣鄉
賢諭文卿兩膺賓薦例贈山東朝城縣琇壽一百九
祭學訓導著有雲山八景等集歲榮膺冠
帶

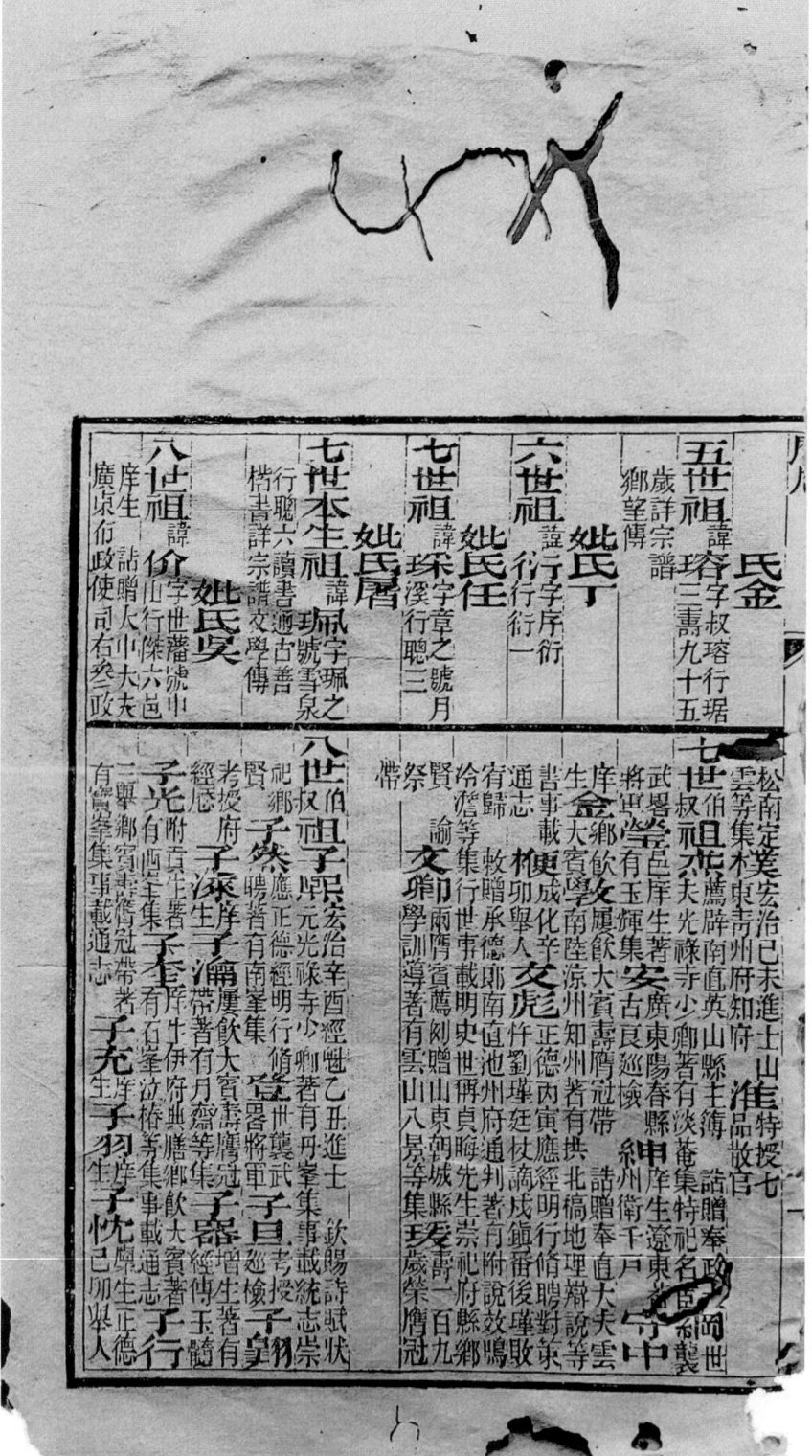

八世伯叔祖子眠宏治辛酉經魁乙丑進士欽賜詩賦狀
元光祿寺少卿著有丹峯集事載統志崇
祀鄉子然應正德經明行脩登世襲武子旦考授子翺
賢聘著有南峯集畧將軍巡檢
考授府子滦庠子潚屢飲大賓壽膺冠子器增生著有
經歷生帶著有月齋等集經傳玉髓
子光附貢生著子奎庠生伊府典膳鄉飲大賓著子行
有西峯集有石峯泣椿等集事載通志
三舉鄉賓壽膺冠帶著子充庠子羽庠子忱庠生正德
有賞峯集事載通志生生己卯舉人

九世祖 諱秉文 字美中號敬齋行達 九邑庠生 誥封中憲大夫廣西潯州府知府 晉贈大中大夫廣東布政使司右參政崇祀鄉賢

妣氏陳 誥封淑人

十世祖 諱良謨 字國勳號守素行宰 三例授禮部儒士

妣氏王 誥封淑人

妣氏王

氏王

十一世祖 諱景鈺 字式祁行謙七 邑庠生

妣氏金

雲南安甯州知州進階朝列大夫著有兩峯集崇祀鎮江寶慶名宦 子宦 廩生正德己卯舉人南直池州府通判著有玉峯等集崇祀名宦 子恆 屢飲大賓親歿廬墓三年塚旁忽生奇樹人傳爲異捐貲以立祭產糾族以置義倉臬憲殷公慕其德檄縣建坊表其閭曰孝義里著有任眞集事載通志 子厚 正德己卯副榜著有燕峯等集事載通志 子麃 嘉靖壬子賓貢山東朝城縣學訓導 誥封奉直大夫湖廣蘄州知州屢飲郡邑大賓著有留餘堂稿閒筆等集行世崇祀鄉賢 子奇 庠生 子元 庠生 子俊

正德丁丑聯捷進士著有方山集事載通志崇祀鄉賢 子翮 庠生

九世伯叔祖大中 庠生 誥贈中憲大夫貴州按察使副使著有正山集崇祀鄉賢 子球 嘉靖辛卯選貢南直廬州府教授著有後齋集 應坤 七品散官 應升 庠生 應豐 庠生欽授內閣中書特陞禮部主客司郎中鄉飲大賓 應師 庠生 應需 庠生 應學 庠生

工書法著有平山集事載明史 之綱 庠生福建福州府左衛經歷崇祀羅源名宦 之經 庠生 之綸 增生著有仲山集 之緒 四川西陽宣撫司經歷 之縉 誥贈正治卿中奉大夫兵部右侍郎 之繹 南直蕭縣訓 學禮

瑀 庠生 希明 增生嘉靖辛酉副榜甲子舉人福建興化府同知事載通志著有諭俗膚言 學詩 字以言號龍川嘉靖甲辰聯捷會魁南京通政使參議贈大理寺少卿謚

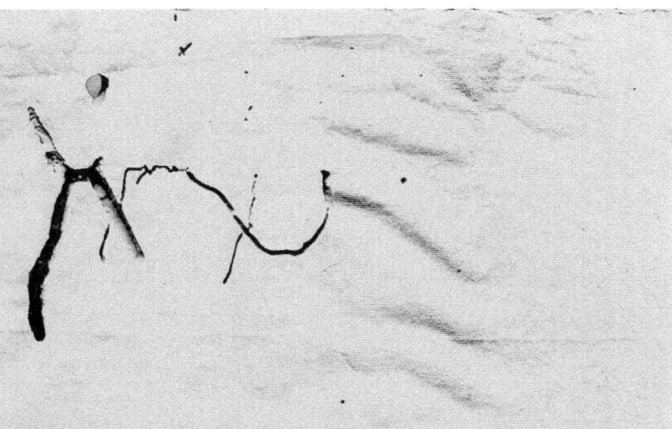

附監生授光祿寺監寺

高高祖諱美貞字翰甫行標二十九

妣氏許

高祖諱繼詩字亮工譜行詩五十鄉飲大賓例贈廸功郎

妣氏趙孺人例贈

曾祖諱心簡原名選字西友譜行書五十八鄉飲大賓例贈廸功郎

妣氏成孺人例贈

氏陳孺人例贈

祖諱南剛原名字具南號蔭亭譜行史六十二職員例授脩職郎敕贈承德郎直隸州州同

妣氏陳例贈孺人敕贈安人

忠裕論祭葬著有龍川集石龍菴詩稿因彈劾嚴廷杖前職京都有不學詩無以言等諸事詳明史崇祀越中四諫詞　大文庠生　廷勳庠生　學顏副貢生授光祿寺監事著有洙川集　學官北直河間縣尉　學道醫官　學成湖廣龍潭安撫使吏目　璋庠生　堯卿增生　希周貢生　希文庠生　希孟貢生淮府丁正　希張貢生廣東雷州府經歷　希邵庠生　希武福建壽甯縣巡檢　希殿廩生鄉飲大賓著有柏軒集　希濂庠生誥贈朝議大夫山西布政司參議著有鳳鳴岡集崇祀鄉賢　汝資庠生　克新庠生　紹明庠生　大壯庠生　民澤庠生　紹宗庠生　汝儀庠生　汝濂庠生　逢辰考授中都史　近辰庠生

十世伯叔祖惟賢廩生嘉靖甲午舉人甲辰進士貴州布政使左參政著有五橋集太虛論事載通志崇祀沽頭閘保甯名宦　敬仁敕贈文林郎南直池州府推官　方寅庠生嘉靖辛酉舉人南直盧江縣教諭　師文庠生　鳴旦庠生　啟東隆慶丁卯舉人戊辰會試副榜又中萬歷甲戌副榜工部營繕司主事著有光裕堂集綱鑑評崇祀句容名宦　鳴望廩生　鳴玉庠生南直池州府照磨誥封奉直大夫工部清吏司員外郎　鄰增生萬歷壬午舉人四川保甯府同知誥贈正治卿中奉大夫兵部右侍郎鄉飲大賓著有麟經主意崇祀府鄉賢徐州保甯名宦　為光郡庠生　宏庠生　鳴鳳

欽旌
節孝
父 諱兆麟字玉書號一溪
鹿譜行紀十一國
學生直隸州州同
例贈承德郎
例贈安人
母氏錢
氏王 例贈安人
慈侍下
業師 以受業先後爲次
庭訓
聽憒甫老夫子 諱亮弼 廩生
族鹿莘老夫子 名慶階 監生
陳瑜峯老夫子 諱廷玉 庠生
王循陔老夫子 諱秉權 道光
辛卯 恩科舉
人揀選知縣

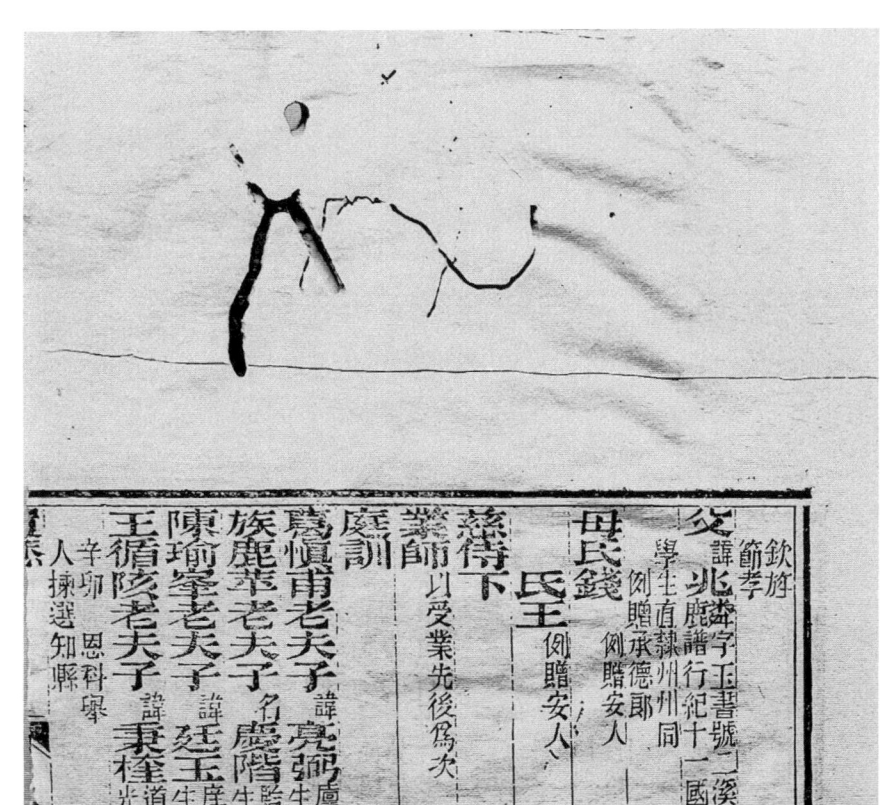

庠生祖庚 誥贈中順大夫福建建甯府知府 祖述 吏員 祖行 吏員 如圭 郡增生著有古
文詩賦象岳
等集行世 宗孛 庠生 里 河南滎澤縣主簿 元翰 庠生 宗元 庠生 宸 庠生
宥 四川瀘州州判署合江縣知縣崇祀名宦 邦 鄉飲大賓 官 北直甲庫大使改榮府典儀 衮車 郡庠
生良棟 萬歷丁酉舉人辛丑進士任南京刑部主事轉工部督權荆關仟廣東潯州府知府復補青州
歷任廣東惠潮副使四川按察使司 良柱 庠生 良梓 庠生 元佐 庠生 及賢 庠生 三暘
庠生鄉飲大賓 三才 庠生 三槐 庠生 三德 庠生 三謨 庠生 如金 萬歷甲午副榜 三
卿 庠生 三祝 庠生 三仕 增生 如山 庠生敕贈文林郎山東道御史 如璋 郡庠生著
有興鹿居稿木石居等集 如玉 萬歷庚子副榜 如翰 萬歷丁酉舉人辛丑進士陝西平涼兵備左參
政巡撫江北都察院副都御史鄉飲大賓崇祀府鄉賢大同太原潼關天津名宦著有秦遊草 如斗 庠生
著有無同齋雲光等集 如閜 庠生例贈大中大夫廣東高肇兵備參政巡撫金衢嚴都察院副都御史
如璧 潼關把總 如龍 庠生鄉飲大賓著有蟻封小築隨抄 惟能 庠生 惟聰 庠生 啟達
庠生 惟仁 庠生 爲梁 郡庠生 惟明 庠生 學經 庠生 啟文 庠生 鳴 庠生 朝
鳴 庠生 啟明 庠生 啟端 庠生

履歷

王讜堂老夫子 諱寅采 廩生

陳星橋老夫子 諱景祺 咸豐壬子恩科進士辛酉年賊陷殉難奉旨照四品官議卹世襲雲騎尉罔替

宗振堂老夫子 諱麟 邑廩生

周小雲老夫子 諱鼎祚 咸豐辛亥恩科舉人揀選知縣

族兄穎香老夫子 印作梅 咸豐己未恩科舉人覺羅教習揀選知縣

沈肖巖老夫子 印闓崑 現上虞縣學訓導

楊雪堂老夫子 印學程 前署上虞縣學教諭

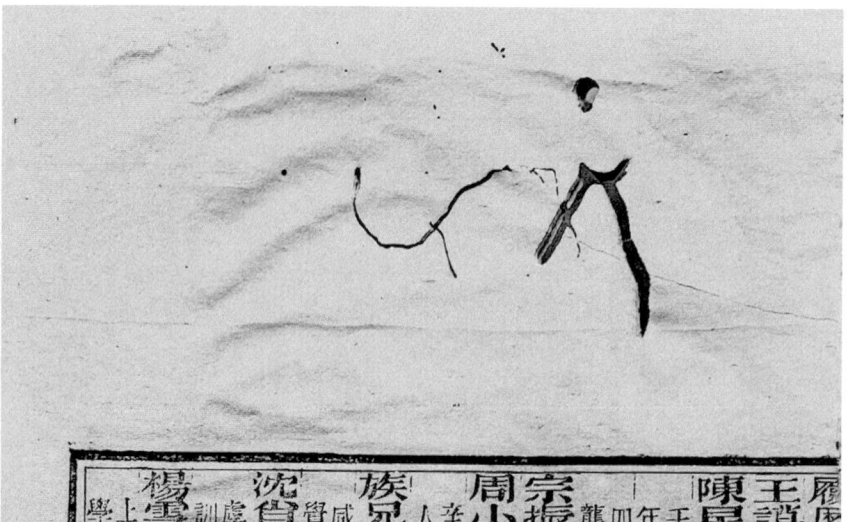

十一世伯叔祖性成 庠生南直溧水縣主簿 鯨 庠生 振紳 禮部儒士 振龍 庠生 振綱 郡庠生 化鯉 庠生 鳳翥 郡庠生 滄溟 庠生 震 隆慶丁卯舉人雲南鹽運使按察使 廉使 卿龍 萬曆乙酉副榜 兆龍 廩生萬曆丁酉副榜 瑞龍 庠生 見龍 庠生 蘭復 原名顯 廩生萬曆庚戌聯捷進士禮部主客司主事著有囂囂草學獨宦獨禪獨等集 景行 原名鴻儒萬曆壬子舉人山東德平縣知縣 景銓 庠生 景爻 庠生 廷櫝 庠生誥封中憲大夫北直順德府知府 宗孺 萬曆己酉順天鄉試副榜又中壬子副榜丙辰進士工部營繕司員外郎著有奪命草事載通志崇祀陳州名宦 八龍 增生萬曆丙午經魁丙辰進士兩京兵部右侍郎戶部尚書著有綠雨軒詩文等集崇祀湖南南安贛州等府名宦 覲龍 庠生 爲龍 庠生 廷龍 北直蠡縣尉 循吉 原名荀龍貢生福建邵武府通判著有翠微集 斌 庠生 宗龍 庠生監紀推官 光龍 督理嘉湖漕餉游擊 一龍 山海關倉大使 賢龍 北直永平府倉大使 仲龍 郡庠生 學龍 郡庠生 景麟 廩生萬曆庚子副榜再中己酉副榜己未聯捷進士太常寺少卿事載通志 景龍 庠生 爾一 原名憲龍萬曆戊子舉人光祿寺少卿著有管溪逕牘臨汝罪言蘿巖狂爐等集事詳明史 廷之 庠生 廷槐 增生 廷梧 庠生 一掄 原名廷英廩生天啟甲子舉人山東道御史巡按陝西茶馬著有綠蕓軒

受知師

林怡如老夫子諱鈞前任甯波府知府

劉芸齋老夫子印畫前署上虞縣知縣

胡蔭庭老夫子諱堯戴原任上虞縣知縣

李樹棠老夫子印言榛現署紹興府知府

陶晴初老夫子印雲升現署錢塘縣知縣

楊豫庭老夫子印叔懌前紹興府知府

集

廷策庠生廷琳庠生廷瑜廣東徐聞縣尉廷俊庠生著有元珠微論廷玠郡增生巡兵御史兵部職方司郎中著有覆瓿草

廷珨庠生著有鹿溪集鴻逵庠生景和庠生

景賢庠生景焻庠生文燿庠生廷琦庠生廷瑚庠生景煒庠生煇庠生至

美崇禎辛未進士崇祀府縣鄉賢景宸崇禎丙子舉人陝西岐山縣知縣景雲順治戊戌恩

貢山西平陽府衛經歷陞知縣景勞庠生翔龍庠生從龍庠生必綬庠生必奎庠生

國楨庠生順庠生渭庠生猶龍庠生泰龍郡庠生禎復庠生廷獻郡庠生

之龍庠生憲辟庠生周麟庠生雲麟庠生時龍候選主簿祚龍例授[illegible]育

成庠生策成庠生自成庠生竟成庠生考成郡庠生嘉成庠生九成庠生

嘉成附貢生國柱庠生國彥附貢生觀宸附貢生國英監生國瑞監生

十二世

伯叔祖宏聲庠生宏泰廩生萬歷己酉亞魁南直巢縣教諭著有觀瀾集羲經註疏揲著堂

宏聞庠生敕贈文林郎翰林院編修宏春台州錦塘山屯田都司僉書宏基庠生

宏勳庠生太學生例授江西南康府照磨陞湖廣黃州衛經歷署黃安縣知縣言達天啟辛酉

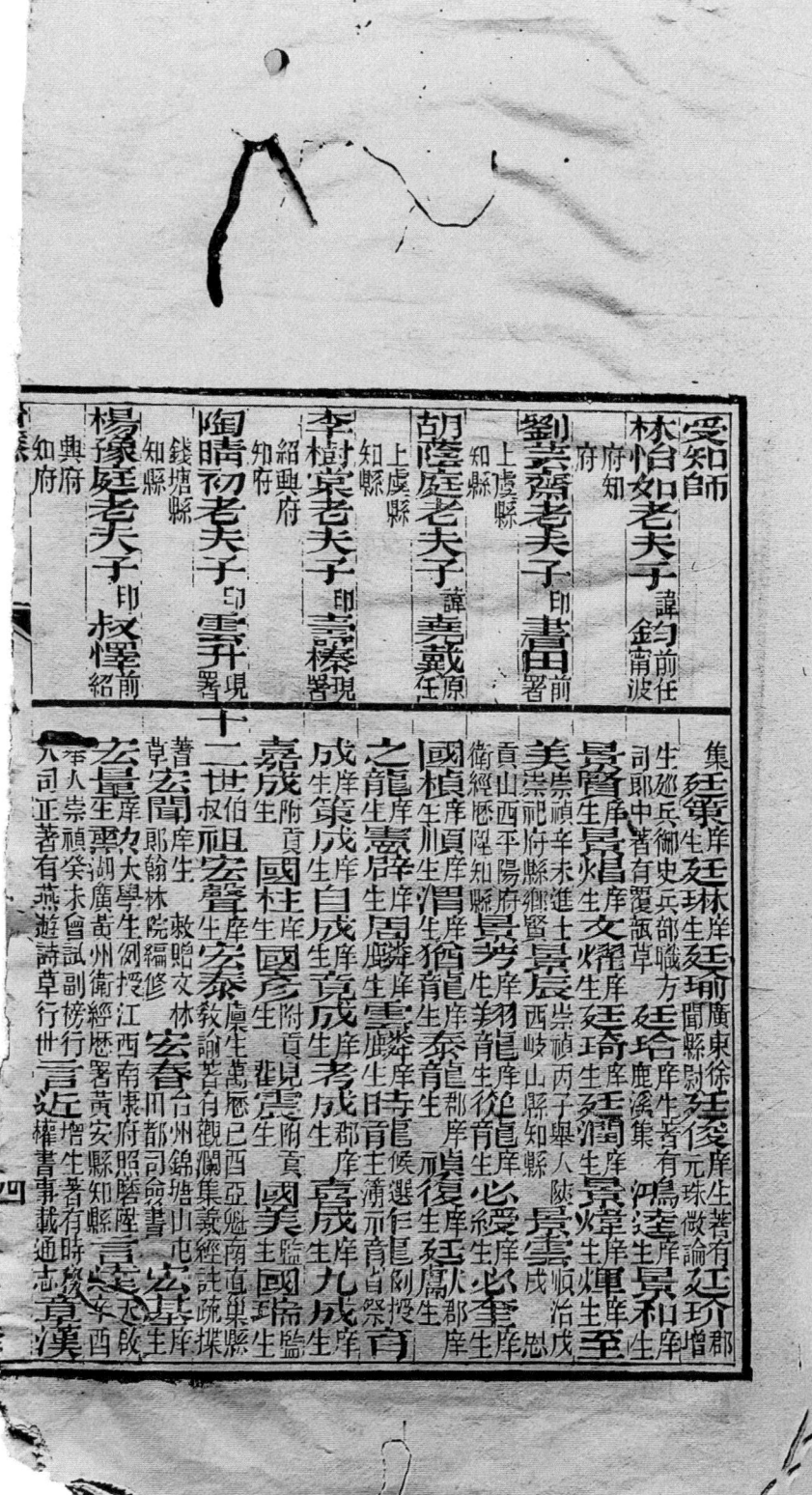

舉人崇禎癸未會試副榜行人司正著有燕遊詩草行世言近增生著有時務權書事載通志章漢

履歷

吳和甫老夫子 印存義 現任浙江學政

王友山老夫子 印嘉銓 現任上虞縣知縣

會雨人老夫子 印國霖 現任湖州府烏程縣知縣王戌恩科並補行辛酉科同考試官

庠生廣明 增生養粹 庠生飛鵠 庠生允遲 庠生允昇 崇禎戊辰聯捷進士廣東高肇

兵備參政巡撫金衢嚴都察院副都御史 允晃 庠生 咸滋 增生恩蔭官生 仲超 庠生廣東都司

僉書 芳流 庠生 芳牆 庠生監紀通判著有一鳴驚集 芳泓 庠生著有楓冷集 日洛 庠生

東洋 庠生著有燕臺文集 允章 順治丁亥選貢陝西西安府前衛經歷著有恕齋集 伯霖 順治

辛丑歲貢廣西宣化縣縣丞 彪 康熙已酉舉人 建芳 庠生 建璧 庠生 建奎 庠生 建宗

庠生 建賓 庠生 建華 庠生 建崇 庠生 慶源 郡庠生 建勳 庠生 仲升 郡庠生

伯桂 庠生 引嵩 [illegible]西把總 慶滙 庠生 慶潔 庠生 仲深 庠生 萬傚 廩生 萬春

庠生 萬元 庠生 士標 庠生 叔樾 庠生 萬衡 庠生 言申 庠生 言巽 庠生 言法

庠生 言敬 庠生 言揚 庠生 聞韶 庠生 沖漢 庠生 鴻名 郡庠生 遠條 庠生 肇

昇 廩生 明禎 庠生 星燦 庠生 維飛 庠生 鑫斯 庠生 衍爰馬庠生 濟美 庠生 志

達 庠生 元 庠生 恆佐 庠生 朝周 庠生 朝伊 郡庠生例授刺國公標下總兵 朝傳 庠生

宦宏 庠生 朝呂 庠生 朝夔 庠生 偀 庠生 旦 庠生 溶 庠生 朝能 庠生 咸治 庠生

用吉 原名咸池郡庠生福建布政使照磨敕贈儒林郎山東濟南州州同著有茗柯集 咸清 字仲

山庠生康熙己未應博學宏詞聘著有資治同文傳是齋文集生才女名昭華師毛西河工詩畫適暨邑駱公加叅著有花間集採入西湖志及書蝶屏嶂行世　咸漢庠生　咸澄庠生　咸澋庠生　美元

庠生　美章庠生　美宏廪生　朝恆庠生　朝訓庠生例授經歷　陳斌庠生屢飲郡大賓

敕贈文林郎河南息縣知縣著有一肩挑等集　允茂增生　允芳廪生　允烜庠生　允初庠生

允仁庠生　允定康熙癸亥歲貢著有更齋集　允元庠生貴州吏目温州照磨　允祐庠生

允湜庠生著有漫遊集　允達郡廪生著有學圃九言管溪卽景四十二詠　允文庠生例

贈承德郎　美義庠生　遵庠生　有聲庠生　雯達庠生著有小隱集　伊佐庠生　志遠

庠生　史汗庠生

十三世伯叔祖　承龍增生誥封奉直大夫刑部廣西司員外郎著有行散草　承清庠生著有

管溪記鐵崖集事載通志　旻庠生著有空明子集　僎庠生　泰漕運都司同知　元錫貢生江西永豐

縣縣丞　長源庠生　逢源貢生南直太倉州州判選江西永豐縣縣丞　增燦順治辛丑恩

貢考選縣丞　增燿增生　增煜康熙辛巳歲貢　增燮庠生　駿如鄉飲大賓　文遠庠生

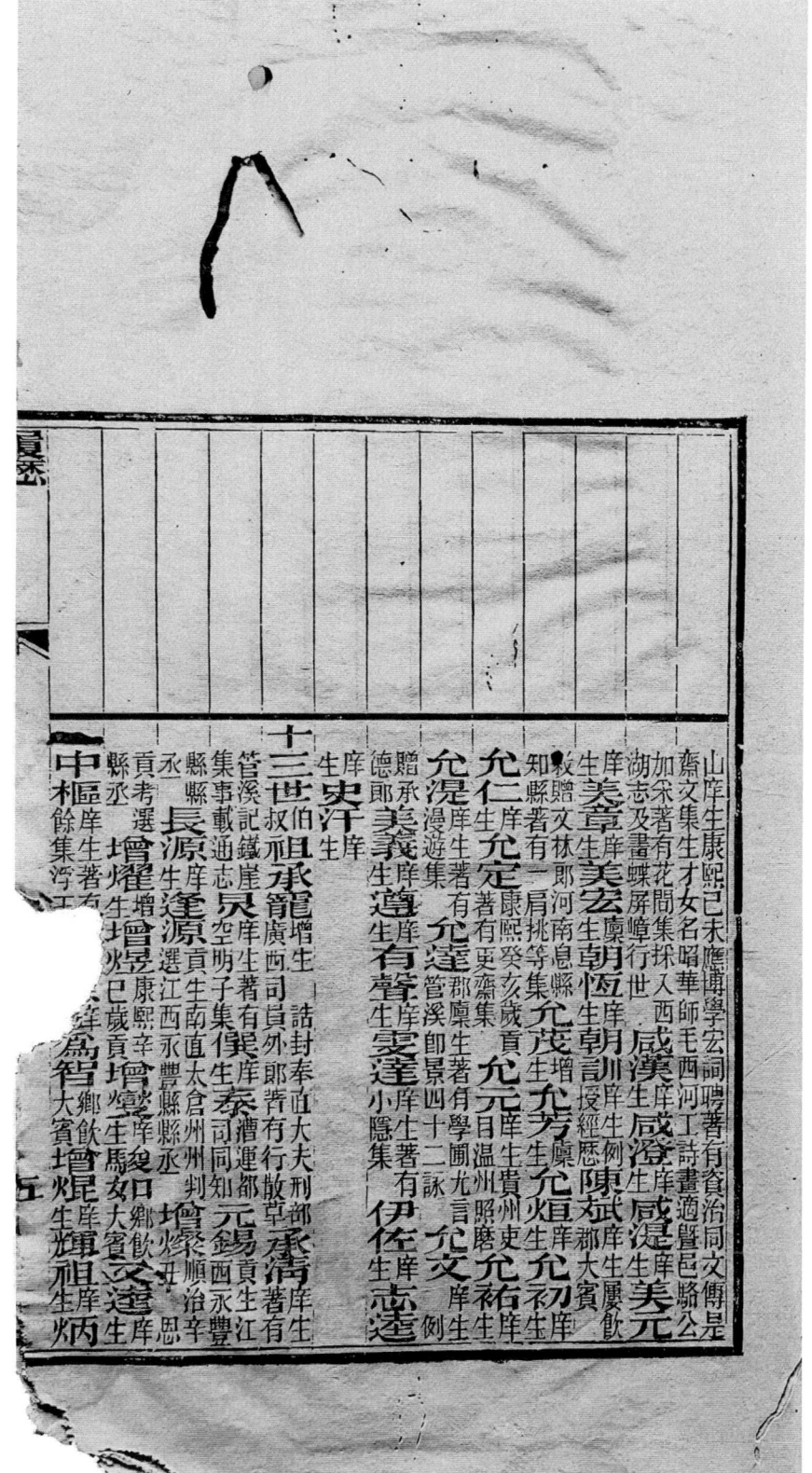

中樞庠生著有……餘集汚工……庠　為智鄉飲大賓　增焜庠生　輝祖庠生　炳

祖郡庠生遵祖增生光昌庠生裕祖庠生鍾恒庠生錫蕃庠生愾祖庠生
循祖太學生泉源庠生涵庠生殷生庠生翼聖廩生翼宣廩生翼文康熙
壬申歲貢正元敕封文林郎翰林院編修杲庠生集廩生閔郡庠生杲增生采太學
生東增貢生東貢生順天房山縣知縣鳴球庠生著有效顰詩餘靖和庠生孚光
庠生慶祖庠生百度太學生山東濟甯州州同自衆太學生兆驊國學生念祖
庠生揚祖庠生祖學增生鴻圖庠生自起庠生鴻業福建同安縣尉自任康熙
辛卯舉人雍正癸卯恩科進士河南息縣知縣著有南樓藏否禹再齋文集汝鹽太學生自修
庠生自信增生雍正乙卯舉博學宏詞著有半坡集吼青罫我集于一草自假庠生一耆庠生
倬庠生之勉雍正甲辰河南副貢驤庠生城縣知縣敕贈文林郎山東朝誥封奉直大夫驥
庠生例贈承德郎節庠生驊庠生元愷順治甲午舉人晟范康熙丙午解元袞候選州同
而萃候選州同瑤庠生例贈徵仕郎承宣庠生承憲庠生雋庠生煜庠生承宏
庠生棐庠生始庠生炫庠生國士郡庠生志聖國學生炌庠生漢幟增生琰
庠生漢度廩生世祺庠生世禮庠生玠庠生例贈文林郎榮祖廩生光祖庠生

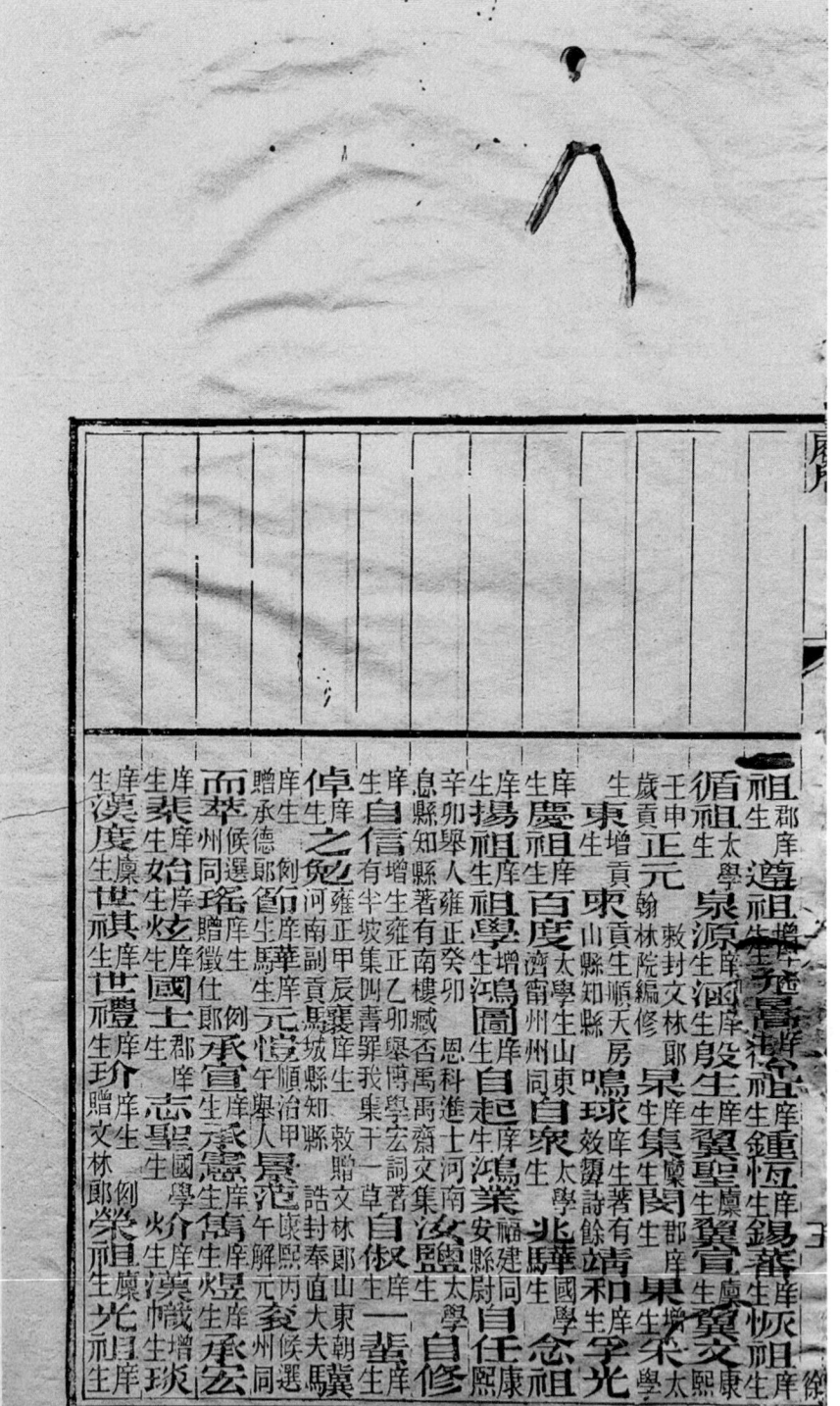

八

完諫候選主簿灝候選通判宏祖庠生

十四世叔伯祖復儀崇禎癸未聯捷進士刑部廣西司員外郎改授翰林院學士宏光乙酉雲南大

主考試畢明亡殉難國朝賜謚節愍崇祀郡城七賢祠著有丹石居稿自鳴等集復超庠生榮清

貢生湖廣麻城縣縣丞署縣事時泰庠生雲祥廩生康熙癸巳恩科鄉秋會聯捷進士武英

殿纂修廣東新安縣知縣雲瑞康熙壬午舉人壬辰會魁翰林院編修雍正甲辰陝西正主考諭敘閑坊

泰運庠生泰衍郡庠生匡國郡庠生羽儀庠生元玫庠生君謨庠生奠

國庠生元玹廩生元瑾郡庠生全鳳庠生全龍庠生志凝庠生晉爵增生

賢士候選經歷曰燿太學生候選縣丞大綸太學生候選州判若裴庠生佩珂

太學生佩璐太學生來復雍正乙卯歲貢著有學庸私存集制義藏稿來儀廩生斯

棫太學生敕封修職郎山西大同府經歷允善庠生徵庠生綿基郡庠生鎔基庠生

惟炤庠生惟灼庠生惟新郡庠生曾得字應速庠生以醫學行世著有溫熱心書十卷

增訂四書辨疑二十四卷英棨庠生躬修庠生會基庠生惟斗太學生登雲乾隆

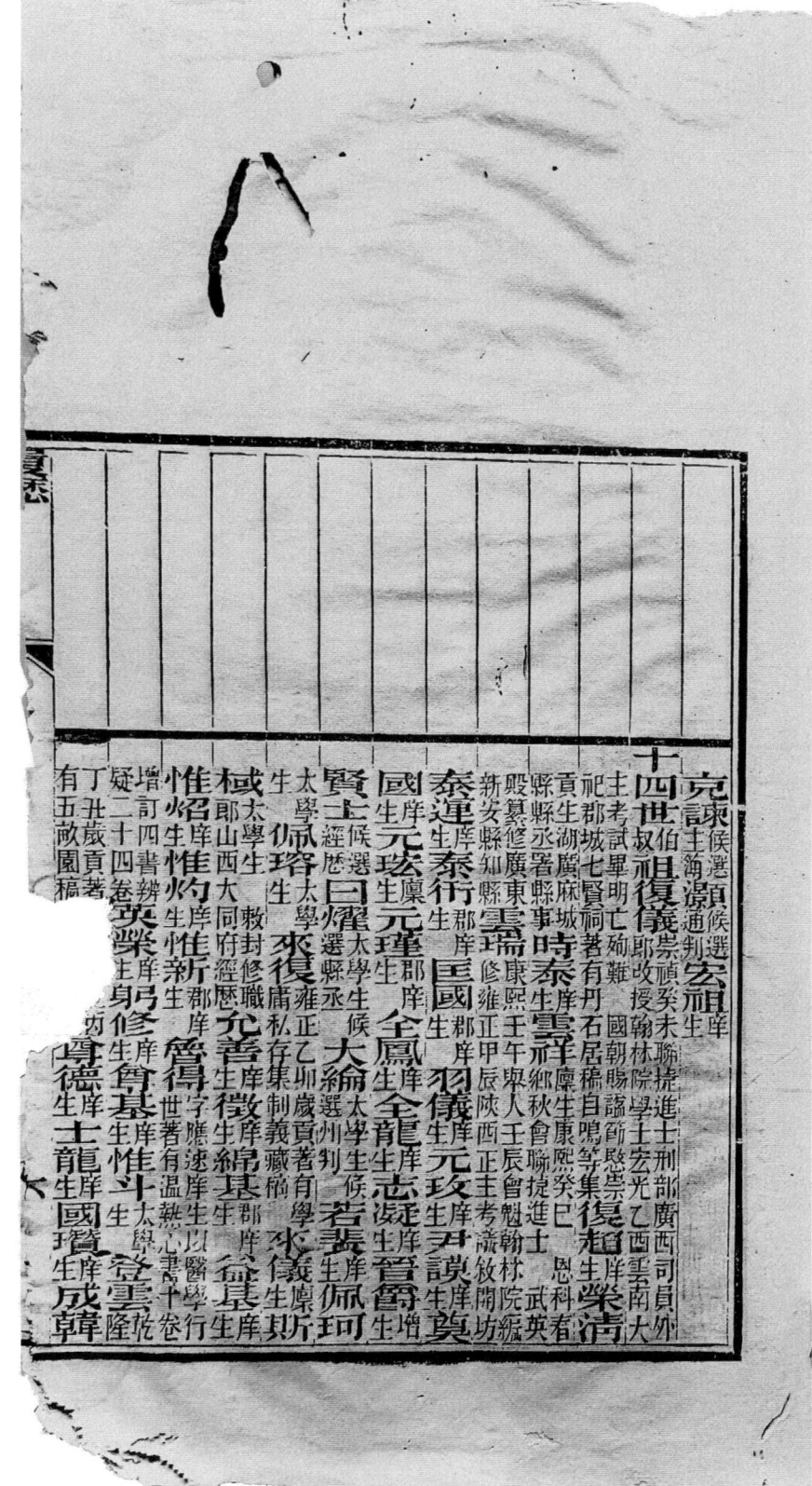

丁丑歲貢著有五畝園稿[illegible]酉尊德庠生士龍庠生國瓚庠生成韓

歷

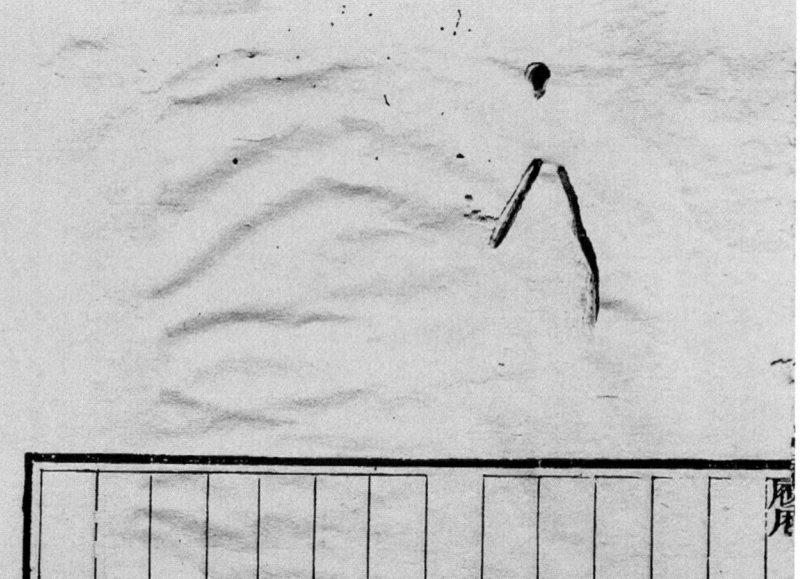

庠生復旦廩生光[illegible]庠生九高庠生堯光候選經歷志遠候選縣佐志昇廣東登海
縣尉十治喜善縣尉繩武廩生繩玉庠生繩佐庠生光濟庠生繩模庠生繩
宜太學生繩金太學生繩槐庠生繩樞庠生華廩生洪業誥贈奉政大夫江
西南昌吳城同知大純誥贈奉直大夫翰林院庶吉士大綬例贈文林郎玄仁乾隆
丙辰舉孝廉方正戊午歲貢欽加六品服大經敕封文林郎山東朝城縣知縣玄道庠生
著有姑溪詩集珖拔貢候選知縣浩甯候選縣丞復生廩生允美敕封登仕郎福建福清
縣巡檢嶽降庠生殿最增生例贈文林郎殿邦乾隆壬申恩貢候選州判鼎燦
太學生洽國國學生華國庠生敕贈文林郎江西泰和縣知縣晉贈奉直大夫鼎壽
太學生復光庠生復韶庠生權庠生乾暘太學生梅太學生培太學生光
清北直倉州場大使恩輝庠生延圻庠生飛鴻庠生允慶庠生繩亦太學生
十五世伯叔祖斯敏廩生廷逵庠生逢際候選經歷奇陝西渭源縣尉載逵太學
生雲南姚州吏目德懋太學生國泰纂修明史候選州同林庠生亦文庠生一新
庠生心壹庠生集賞庠生肇庠生炳文鄉飲大賓文耀太學生四川敘州府經歷凱

太學生候選吏目琳福建福清縣巡檢　仲鏊庠生　錫冕庠生　星聚庠生　鶴璧庠生
賀庠生　庶可增生　永若庠生　愛棨增生　月士庠生　昌太學生候選縣丞　安世
太學生　輪太學生考授主簿　軾雍正癸卯恩科副貢桐廬縣教諭　轂增生乾隆己卯科舉人
興增生　袞衣庠生　承廣西永甯府剌尚巡檢　思東乾隆庚辰恩科舉人任象山縣教諭
肇桂太學生　大倫候選經歷　旭太學生候選縣丞　晟太學生江蘇儀徵縣縣丞署縣事
錫祉庠生　錫山庠生　永錫庠生　鳳來庠生　與周庠生　鶴翔庠生　滴過庠生
錫川增生乾隆丙子科舉人　士奇庠生　印申庠生　鳳鸞庠生　蘭若庠生　宗慶
廩生　元慶廩生　永清庠生　鳳翥庠生　家璉庠生　松若庠生　鵬翰職員　思詒
太學生　沛庠生　曰膺庠生　曰剛庠生　若曾庠生　若愚太學生　思興庠生　思
誥庠生　新太學生　清江太學生　祖剛庠生　夔庠生　清值庠生　貞桂敕
贈登仕郎　鳳起庠生嘉慶丁卯科欽賜舉人戊辰科翰林院檢討　宗元江蘇吳江縣巡檢、詩贈
奉政大夫江西南昌府同知　世勛附貢生敕封文林郎江西泰和縣知縣晉封奉直大夫　祖
型庠生　雲彪庠生　[illegible]　景南太學生山東單縣知縣　紹南廣西

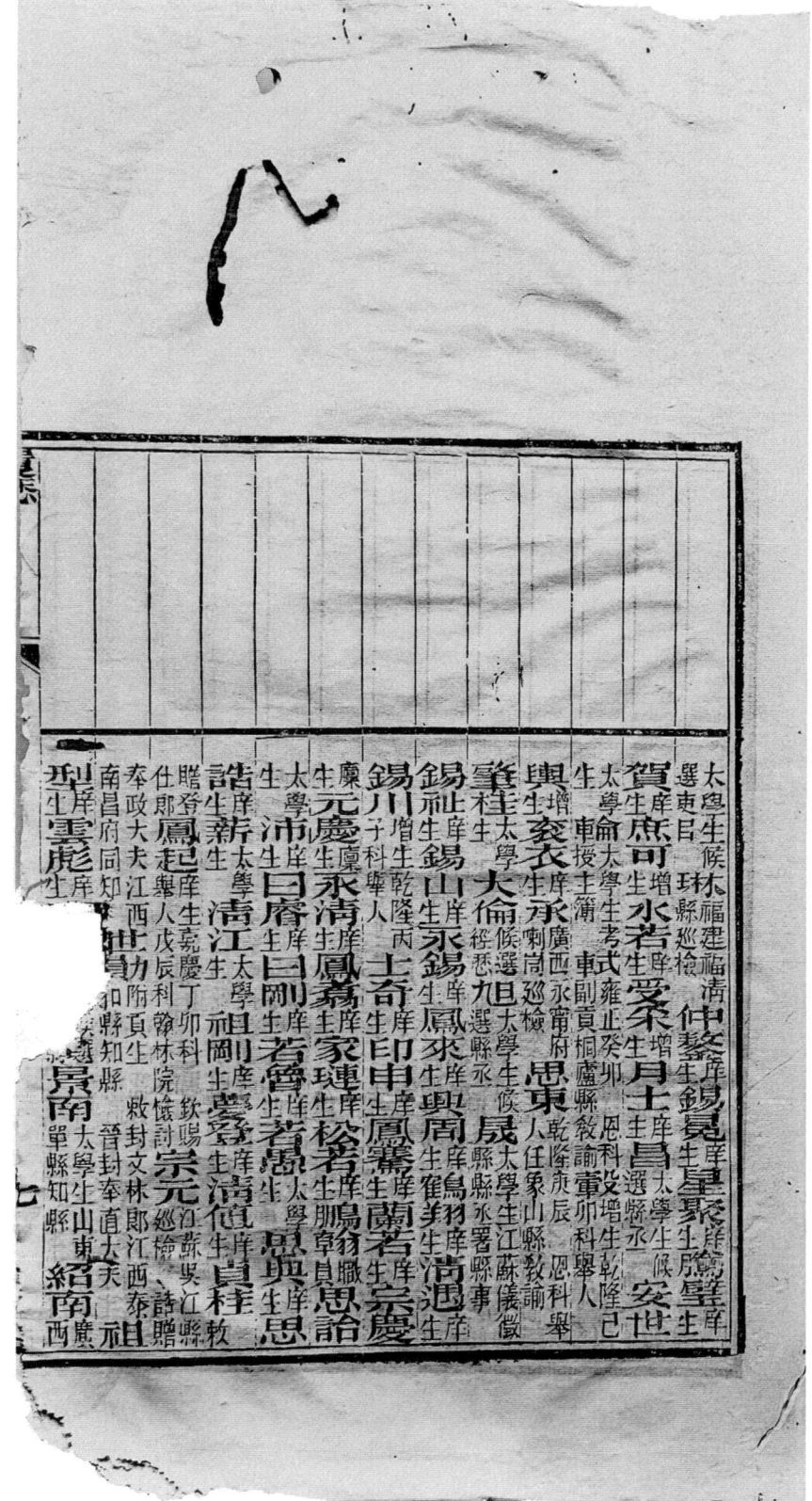

履歷

一

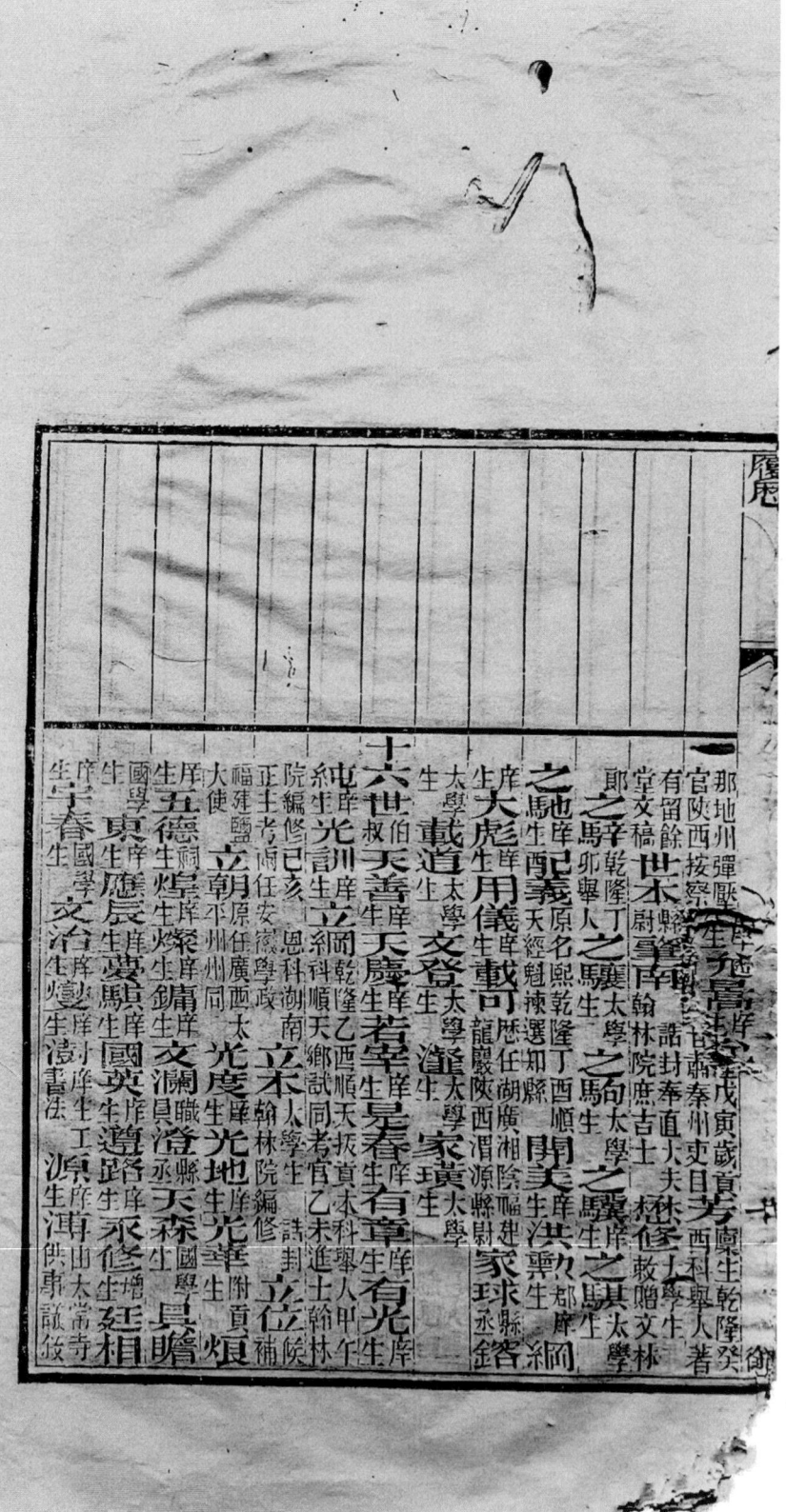

那地州彈壓 九高庠生 戊寅歲貢 芳廩生乾隆癸
官陝西按察 秦州吏目 酉科舉人著
有留餘 誥封奉直大夫 學生
堂文稿 世本 尉馨 翰林院庶吉士 懋修 敕贈文林
郎 之辛乾隆丁卯舉人 之驤太學 之駒太學 之驥庠生 之騏太學
之馳庠生 配義原名熙乾隆丁酉順天經魁揀選知縣 開美庠生 洪勳生 都庠 綱
大彪庠生 用儀庠生 載可歷任湖廣湘陰福建龍巖陝西渭源縣尉 家球縣丞 鎔
載道太學生 文登太學生 濬太學生 家璜太學生
十六世伯叔 天善庠生 天陵庠生 若宰庠生 晁春庠生 有章庠生 有光庠生
純庠生 光訓庠生 立綱乾隆乙酉順天拔貢本科舉人甲午科順天鄉試同考官乙未進士翰林
院編修己亥恩科湖南正主考兩任安徽學政 立棻太學生翰林院編修 誥封 立位補院
福建鹽大使 立朝原任廣西太平州州同 光度庠生 光地庠生 光華附貢生 烜
五德祠生 煌庠生 燦庠生 鏞庠生 文瀾職員 澄縣丞 天森生 國學 具瞻
國學 東庠生 應辰庠生 夔驊庠生 國英庠生 遵路庠生 丞修生 廷相增生
宇春國學生 文治庠生 燮生 濬庠生工書法 源庠生 湧由太常寺供事議敘

未入流歷署貴州永寧州幕役司普安縣縣丞仁懷驛照磨原任興義縣典史迪恩原名號三嘉慶戊午
舉人任江西泰和縣知縣以通曉堪輿奉
旨特召相度萬年吉地欽加鹽提舉銜宝立職員賊陷
被戕奏請旌卹欽加
鹽知事銜世襲縣主簿宇和庠生宇參庠生宇載庠生丙庠生
庚庠生名表庠生鑑庠生杜庠生漢英庠生鳴甲太學生翼彰庠生如軏
庠生開極太學生占奎增生有常貢生汝霖太學生立民太學生秉澄
職員步雲庠生天衢庠生奎文太學生可贊太學生東有庠生世幾乾隆
丁酉科副榜宗實增生例贈修職郎嚴州府遂安縣教諭協宣候選從九品元濤由吏
部則例館供事議敘縣丞歷署江西瑞金玉山等縣縣丞授龍泉縣縣丞欽加通判銜前署贛州府長寧縣
知縣迪簡國學生例封文林郎覺羅官學教習閏祥例贈登仕郎貴州廣順州吏目亭
臯原名作兩庠生鳴謙庠生式燕庠生植職員聚奎候選縣佐聯奎乾隆丙戌聯捷
進士江西南昌府同知翼鵬江蘇金山巡檢沐江南震澤縣尉輅太學生順天鄉試挑取謄錄福
建松溪縣縣丞提授霞浦縣知縣[illegible]棠道光甲[illegible]歲貢汝賡庠生郡飲大賓世鑑太學生世
銘國學生文江增生[illegible]文淵庠生大亨庠生賊陷被戕奏請旌

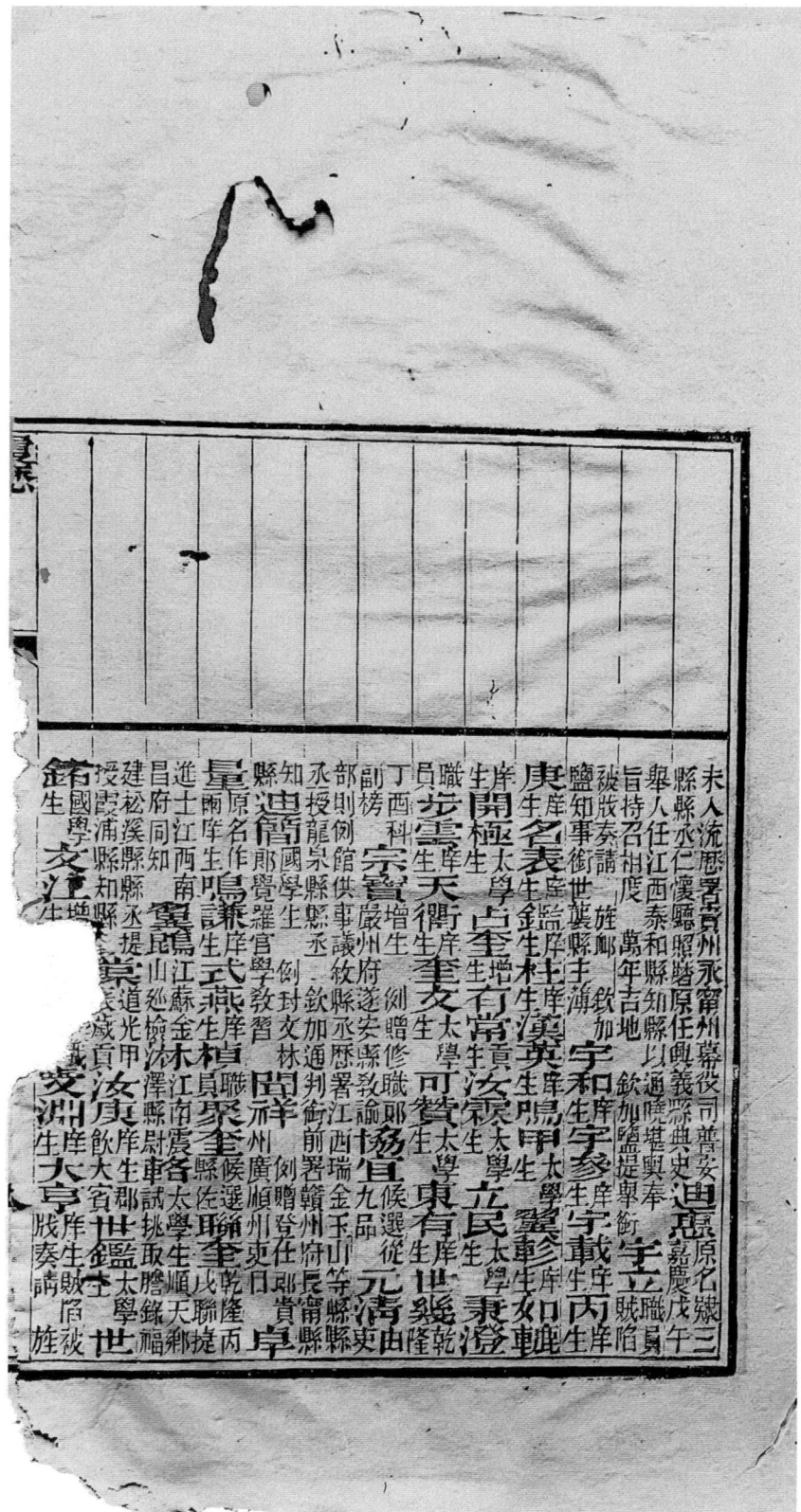

欽加鹽運使銜世襲雲騎尉主簿 元嵩庠生 樂燕庠生 兆禧庠生 濬哲庠生 桂庠生

聞樂敕封登仕郎 承志職員

十七世族兄弟 學宗庠生 元益庠生 瀛元庠生 震增生 如灝庠生 衛庠生 文

銳庠生 富庠生 仲林鄉飲大賓 恆庠生 志韓庠生 方震庠生 人英祠生 之侃

之任庠生 之瓚庠生 之方庠生 表庠生 雲庠生 吉庠生 演庠生 瀾庠生 紹棨

世枚庠生 乾隆乙卯副貢 松廩生 嘉慶庚申恩科順天舉人乙丑傳臚提督湖南學政陝西榆林府知府署延榆綏兵備道著有新疆賦漢書西域傳補註等書行世 達報原任河南祥符縣祥陳北岸巡檢

楷太學生 汝楫候選典史 慶復原名鼎梅道光己酉科副貢候選州判 調梅議敘

爾梅議敘 朝光庠生 學濂太學生 堆玉太學生 棟道光壬午進士前任陝西西安府知府

德基原任四川榮昌縣典史 曾職員 青職員 培職員 堂直隸高陽縣尉 景融

候選巡檢 式金郡庠生直隸肥鄉縣尉 有言廩生 棟廣東雙威司巡檢 棨順天郡庠生

大本郡廩生 桐庠生例贈修職郎德清學教諭 慶昇增生例贈修職郎衢州府教授

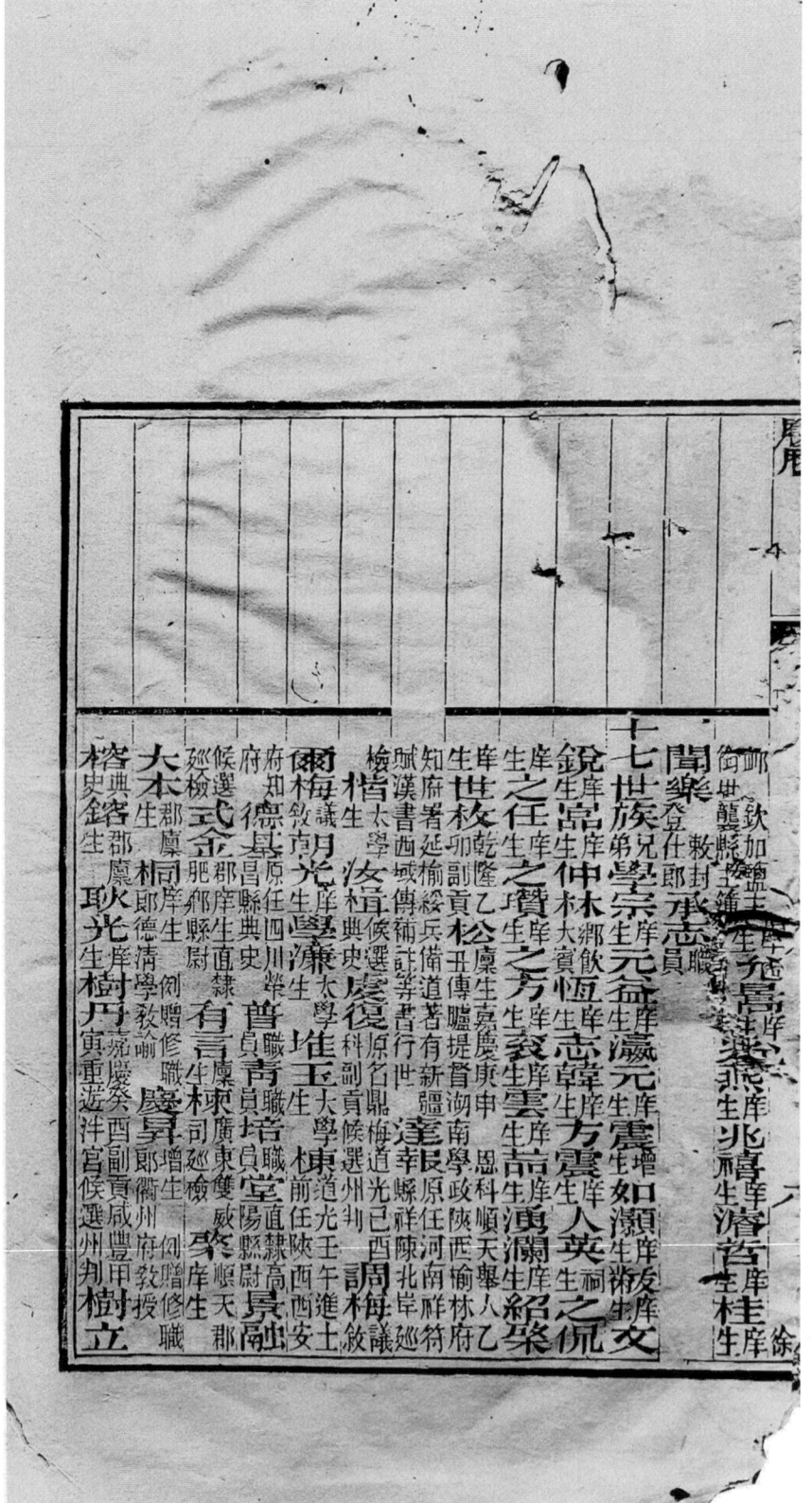

榕郡典史 銘郡廩生 耿光庠生 樹丹嘉慶癸酉副貢咸豐甲寅重遊泮宮候選州判 樹立

太學生　桐順天郡庠生　學淥太學生　丙吉庠生　世榮太學生　椿東臺縣縣丞
那俊太學生　貫三太學生　禹疇職員　樹棠原名元麒原貢生國子監肄業著有左傳
類鎬虞邑賦待梓　鳳祥職員　子晉原名汝賢道光已酉副貢原任建德學訓導著有雙桂軒雜體
詩存待梓　光烝庠生　作梅咸豐已未恩科舉人覺羅教習揀選知縣　葆純太學生　錫
光庠生　錫疇太學生　文熉太學生　甦生太學生　圻郡庠生　攀桂庠生　慶
詔郡增生賊陷被戕奏請卹欽賜世襲雲騎尉　旌　震太學生　大勳國學生　慶恩
襲縣主簿　作霖貴州廣順州吏目
十八世族姪誠貴州修文縣典史　祖望道光壬辰順天舉人考取教習　承熙順天原庠生
淦順天庠生　振南太學生　洪濤庠生　璋太學生　殿輝庠生　那桂太學生　金
聲太學生　金鑑庠生　俊太學生　珪咸豐庚申歲貢　炳咸豐[illegible]恩貢現任衢州府學教
授　[illegible]音庠生軍功賞[illegible]品銜　封人庠貢生候選訓導　承祿現任河南泰康縣典史
[illegible]名廷錫增貢生候選[illegible]現署德清學教諭　廷榮庠生　升
[illegible]　夔弼庠生　丙椿庠生　彰齡庠生　宗

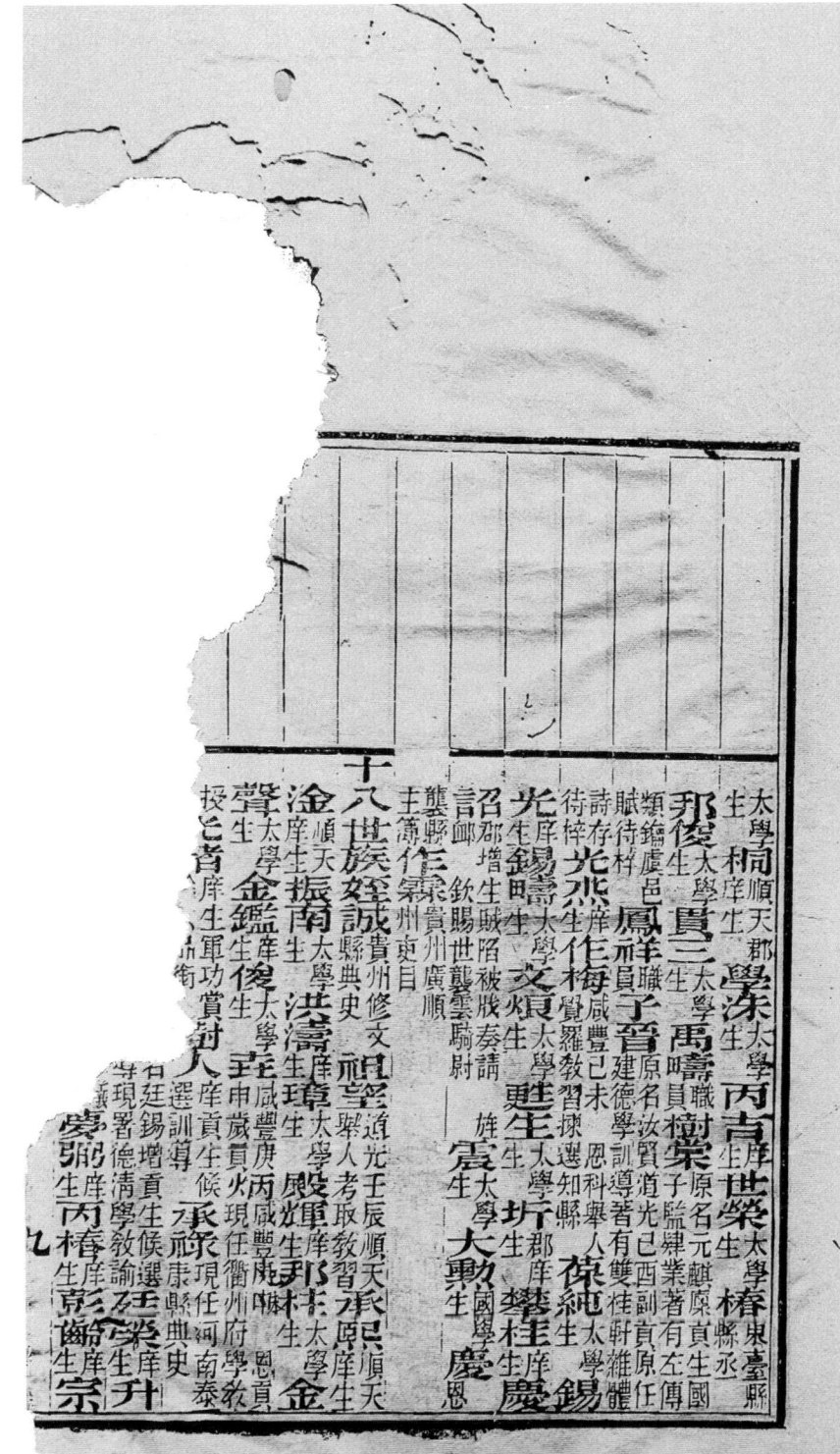

九

履[illegible]　大　徐

郵 欽加鹽運[illegible]銜世襲騎都尉生九高庠生[illegible]國學士瑞候補兩淮鹽知事 欽加提舉

閒樂登仕郎 敕封承志員職[illegible]員職昌華生祠彥型原名文墉職員桐豫世襲

二十世族[illegible]衍[illegible]騎尉[illegible]

十九世族姪孫錫運庠生祖培太學生夢賚庠生浩庠生兆渭庠生曦

太學生廷玉太學生鳳岐太學生瑤職員兼國學生候選州同鼎和廩生鳳

啃太學生國香太學生壽南同治壬戌恩科補行辛酉科 欽賜副貢祖烈庠生

寅恭郡庠生余庠生鳳檣仁和庠生之升錢塘庠生步洲山陰籍郡廩生亭太學生

詩太學生尙培鄉飲大賓

二十世族再姪孫步雲會邑庠生堯天庠生夢庚庠生鳳翔太學生淦議敘

胞伯叔祖夢旦邑庠生　繼志　繼先

堂曾伯叔祖昂若　體美　象川　東升

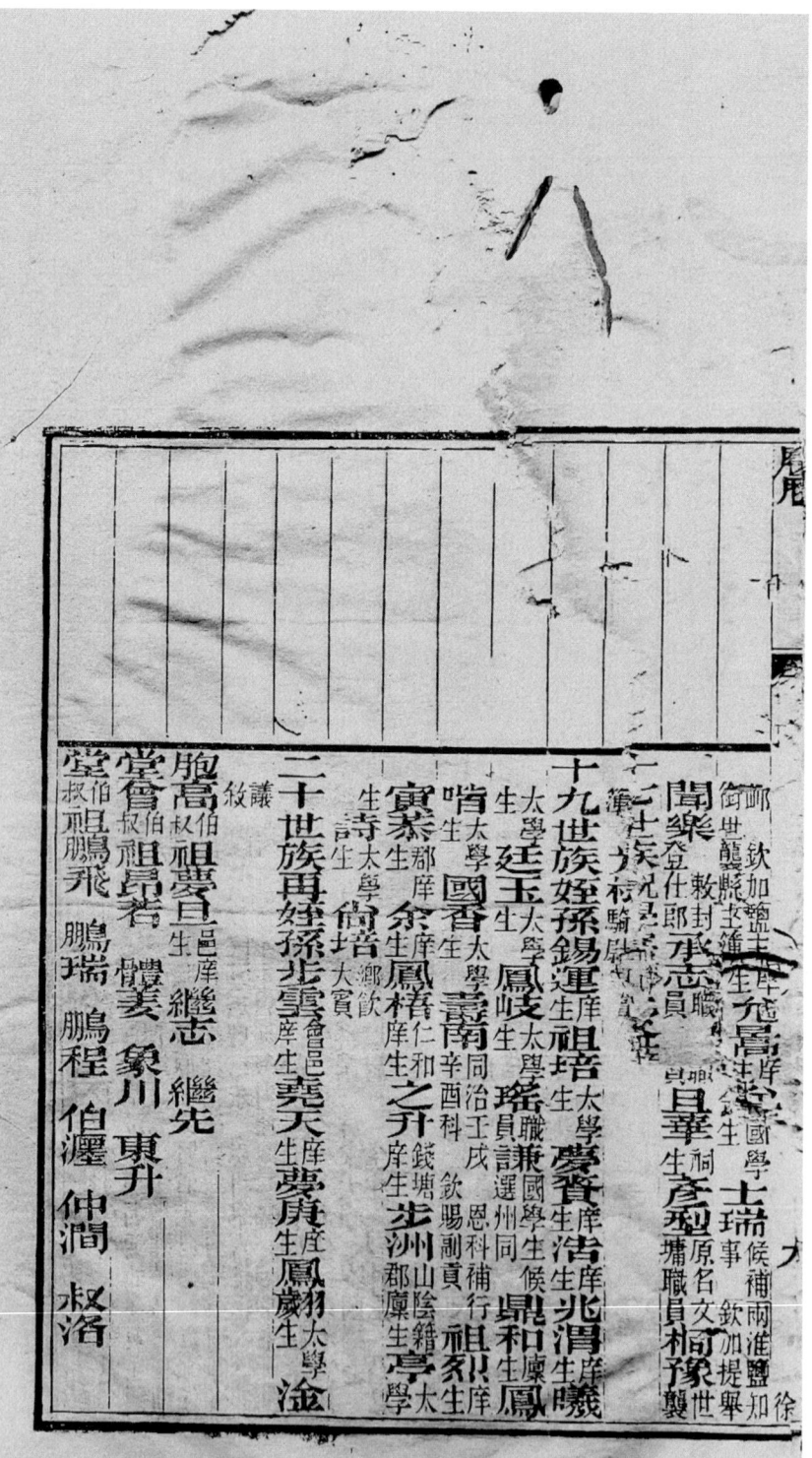

堂伯叔祖鵬飛　鵬瑞　鵬程　伯灑　仲潤　叔洛

堂伯叔化龍 義 朝陽 朝貫 珊 賜 朝良 朝相
金鍷 朝培
堂弟如江 如源 如海俱幼
胞弟澍榮
妻袁氏
胞姪承瓚幼讀
子一承瀷幼
女三綏金 綏清 綏蓮

應

卹欽加鹽大[illegible]年[illegible]遇高年[illegible]

銜世襲縣主簿生[illegible]

敕封職

聞樂登仕郎承志員

簿[illegible]士族[illegible]

徐

鄉試中式副車第二十名族繁不及備載

祖居虞邑南鄉賞溪

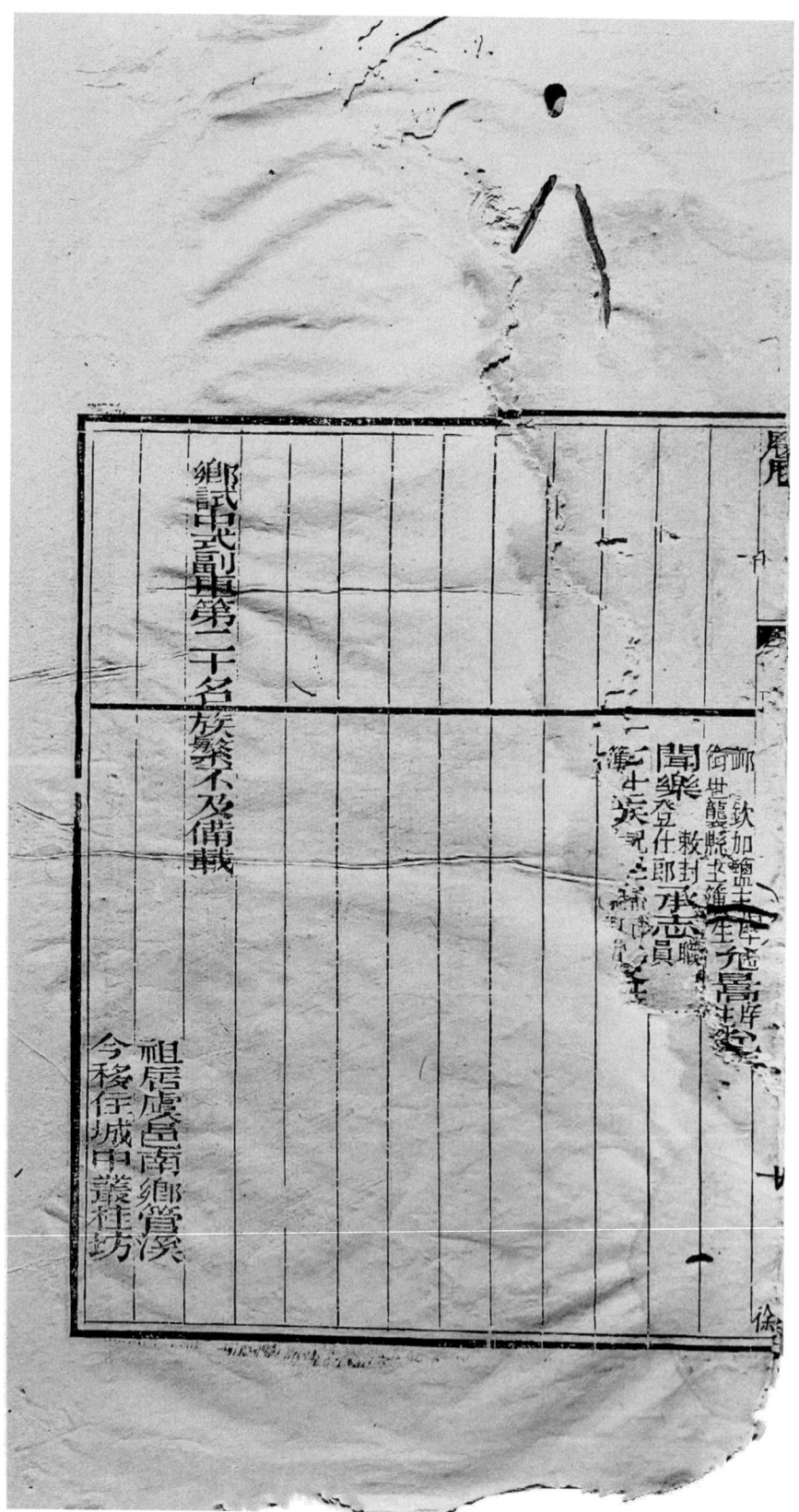

今移住城中叢桂坊

浙江鄉試硃卷第拾陸房

中式第二十名副車徐澍嘉紹興府上虞縣學優行附生民籍

同考試官　即用知縣邢　閲

薦

大主考翰林院編修　國史館纂修張　批

取

又批　志和音雅

□張批

□明情深

卿欽加鹽運[illegible]
銜世襲騎都尉[illegible]生[illegible]
敕封職
聞樂登仕郎承志員
[illegible]

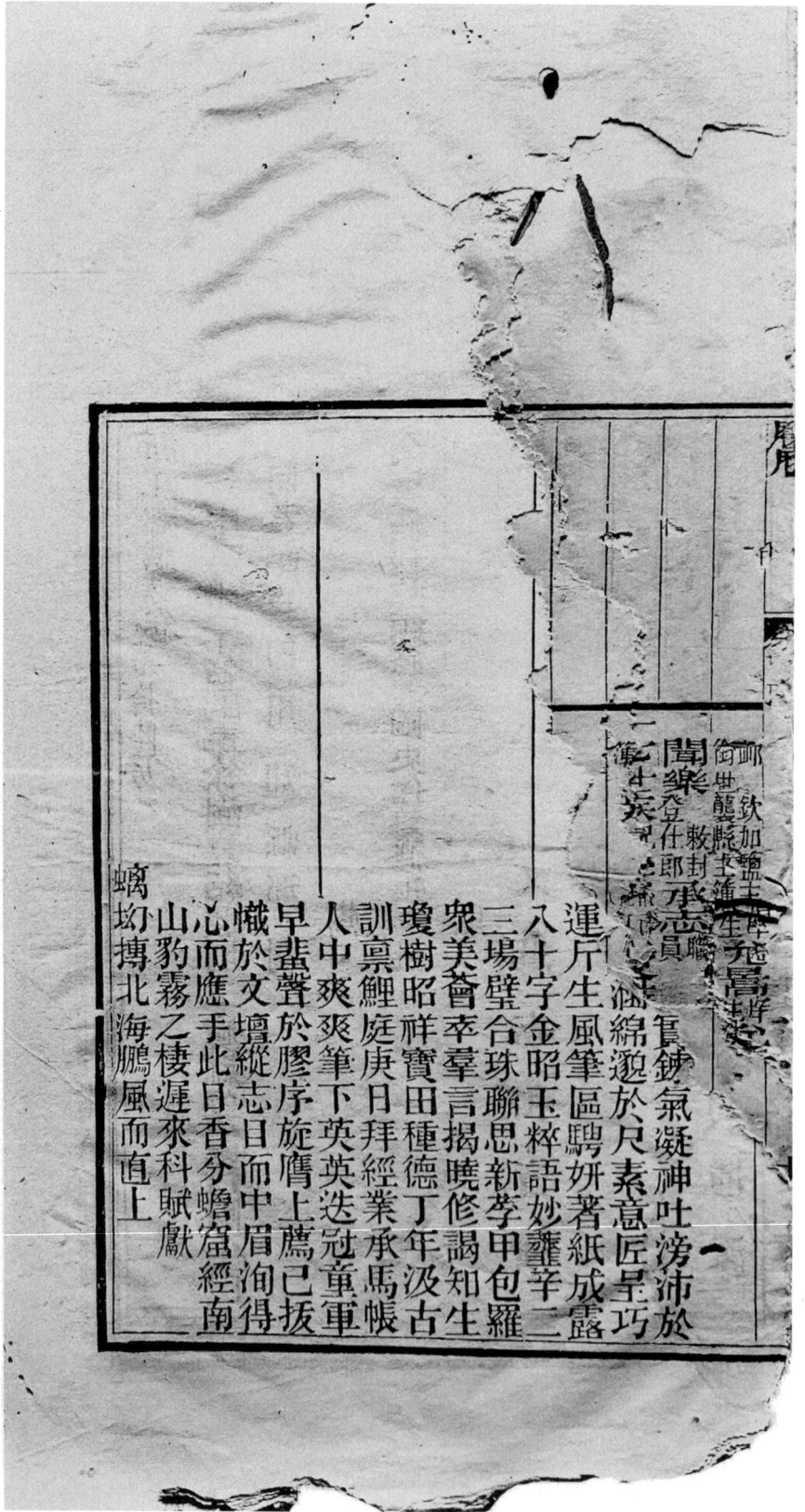

貫鍊氣凝神吐滂沛於
溫綿邈於尺素意匠呈巧
運斤生風筆區騁妍著紙成露
八十字金昭玉粹語妙韲辛二
三場璧合珠聯思新莩甲包羅
衆美薈萃羣言揭曉修謁知生
瓊樹昭祥寶田種德丁年汲古
訓稟鯉庭庚日拜經業承馬帳
人中爽爽筆下英英迭冠童軍
早蜚聲於膠序旋膺上薦已拔
幟於文壇縱志目而中眉洵得
心而應手此日香分蟾窟經南
山豹霧之棲遲來科賦獻
蝸坳搏北海鵬風而直上

子曰吾自衛反魯然後樂正雅頌各得其所　徐澍嘉

樂非易正徵雅頌而始信焉夫樂莫大乎雅頌樂不正則雅頌失所矣子於自衛反魯後得之此樂之要抑亦樂正之實乎且儒者達而在上將爲君相參陶淑之權窮而在下當爲師儒任修明之責也大聖人情殷復古志切與周際此獻闕文殘之日而心傷散[illegible]懷六代宮懸遂於還轅息轍之餘而躬任贊修竊幸一朝釐[illegible]非異人任而其功尤非旦夕[illegible]哀繫乎詩教也審矣[illegible]雅吾子心慨

鹽[illegible]

郵　欽加鹽[illegible]
銜世襲雲騎尉主簿生[illegible]
敕封[illegible]職
聞樂登仕郎[illegible]員
第十房[illegible]

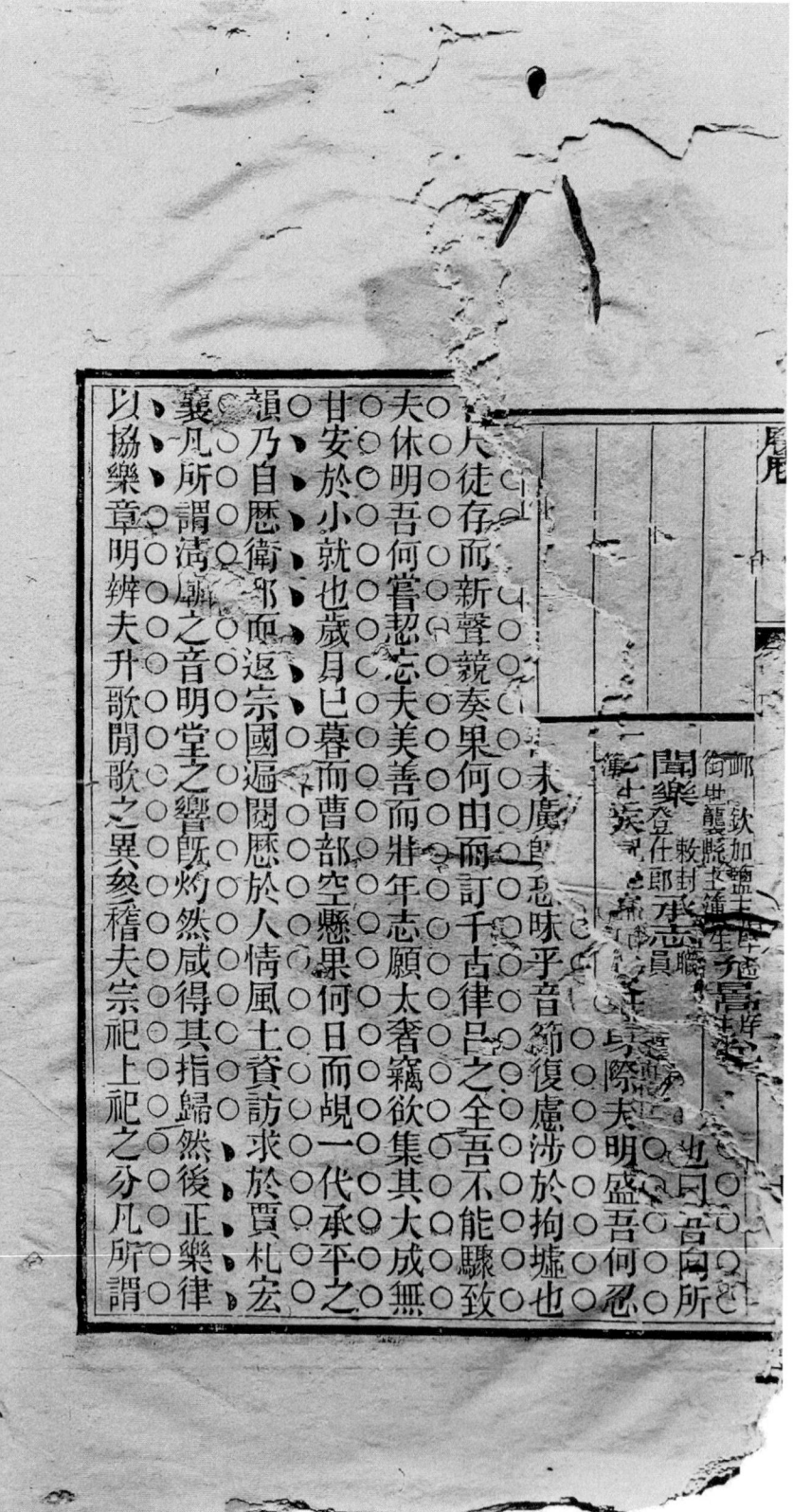

[illegible]也同音向所
[illegible]際夫明盛吾何忍
[illegible]未虞[illegible]忽味乎音節復慮涉於拘墟也
[illegible]徒存而新聲競奏果何由而訂千古律呂之全吾不能驟致
夫休明吾何嘗恝忘夫美善而壯年志願太奢竊欲集其大成無
甘安於小就也歲月已暮而曹部空懸果何日而覘一代承平之
頡乃自歷衛邪而返宗國遍閱歷於人情風土資訪求於賈札宏
襄凡所謂清廟之音明堂之響既灼然咸得其指歸然後正樂律
以協樂章明辨夫升歌閒歌之異參稽夫宗祀上祀之分凡所謂

明之以和上下用之以通神人乃秩然不紊其倫次蓋至是而樂
禮樂節度宗廟而得其所矣夫國家昇平有由來矣廣大而疏達吾
其禮不柔正吾知其歌頌和聲依永之休洋洋乎其盈
武□□□□□□□□得與夫承明著作之林
賞之恩調雅奏於太
行權坐使臨朝薦
已也此則吾所
欲於卿貳雅
明底

屬

欽加鹽運使銜世襲騎都尉……

聞樂 登仕郎 承志員 敕封……職

……也曰音者方則

……與際夫明乜尚堪求考

未廣自悉味乎音節復慮以笙之下莫或

尺徒存而新聲競奏果何由而訂千古律呂之音所迴憶焉而差

夫休明吾何嘗恝忘夫美善而壯年志願太奢

甘安於小就也歲月已暮……部空懸果何

韻乃自歷衛邪而返寄深斯爲超乎象外得其環中

襄凡所……焉之

宗廟之禮所以序昭穆也

徐澍嘉

禮行於宗廟而昭穆之序定矣夫宗廟昭穆所在之地也武周即

其禮不已達於天下乎且吾言武周之達孝而首舉其

武

隆其孝享於祖廟之修

考成周之廟制位殊

隱各得其所焉蓋

之著於上治者

系愿乖我

還世

欽加鹽運使銜世襲雲騎尉主簿生員九高撰
聞樂 敕封登仕郎承志職員
一 第十六名
也曰音調也武
際夫明善乃無不式
未廣□昧乎音節復虞於閭祭則穆向
尺徒存而新聲競奏果何由而訂千古律呂之音以次爲穆列祖
夫休明吾何嘗恝忘夫美善而壯年志願太奢之祖去壇之祖去
甘安於小就也歲□□空懸果□之所運量者遠哉其禮之
著自歷濟者何則所序於昆季者是已從來宗支之繁衍派愈衆
則情愈疎我周本根相庇麟振螽詵樹屏藩者四十國矣況霍叔
列於庶人笑言莫接唐侯年富弱小倫次何知不立其序曷以聯

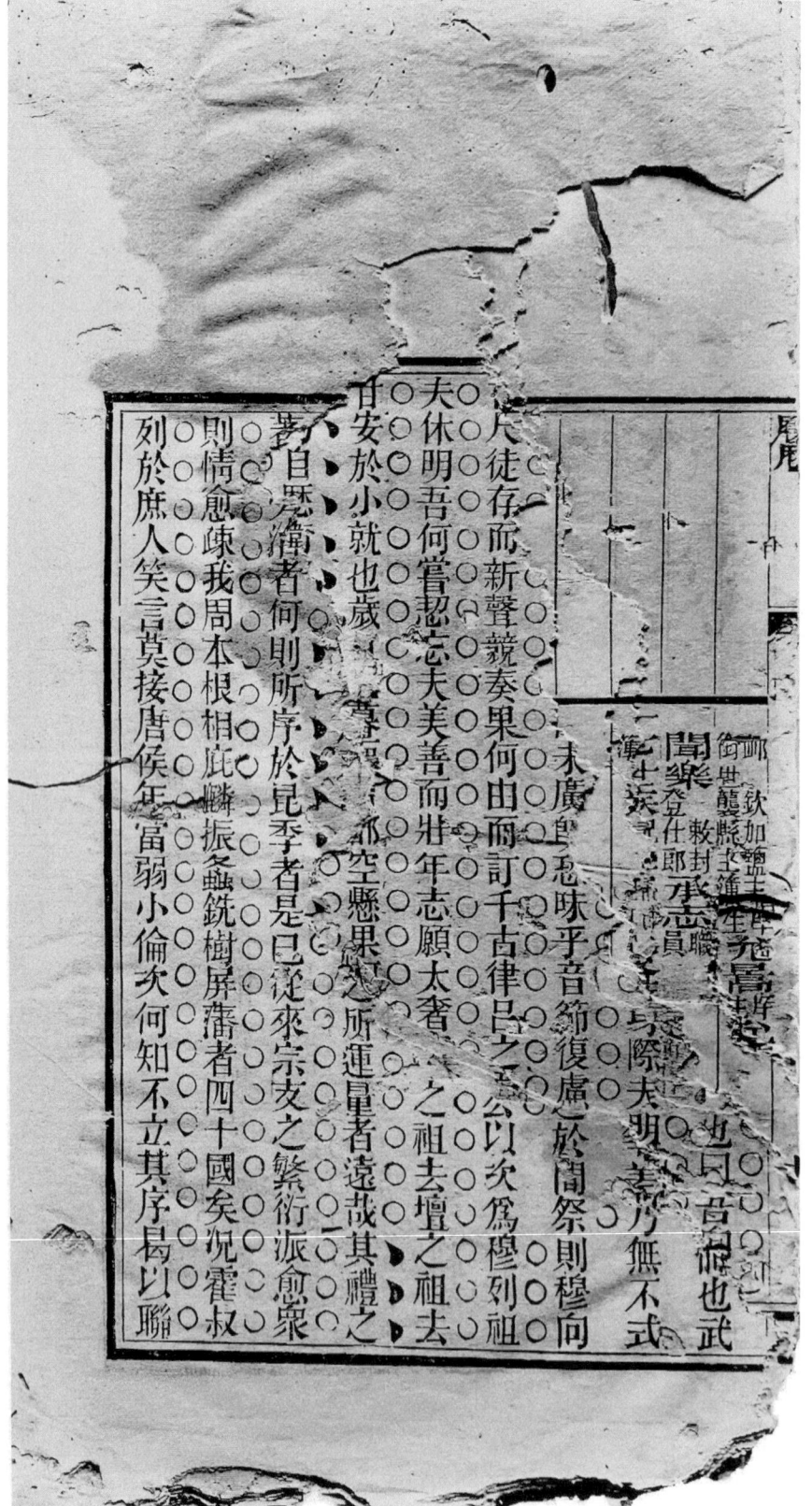

同禮情也武周爰制禮於宗廟而昭與昭齒穆與穆齒一本之位
兄弟秩序無從焉序之於小宗祭則兄弟之昭穆以定序之
一昭穆亦明推之泰伯虞仲屬於文昭號仲號
參商之譬又何論同姓
亂也豈非禮之所諱
孫者是已從來似
書玉牒者
祖免之
爲昭

尾

欽加鹽提舉銜世襲騎尉主簿生…
敕封登仕郎承志職員
聞樂…
…也曰音曰之昭穆
…與際夫明美…而變之於
未廣郎毛昧乎音節復盧之於閩元之屬咸
凡徒存而新聲競奏果何由而訂千古律呂之…振振公族爲足
夫休明吾何嘗恝忘夫美善而壯年志願太奢…宗廟之禮不止此
甘安於小就也歲…尊…都空懸果…
著自歷濟者何則所暢之筆是持濟而發熟極而流之候
則情命…

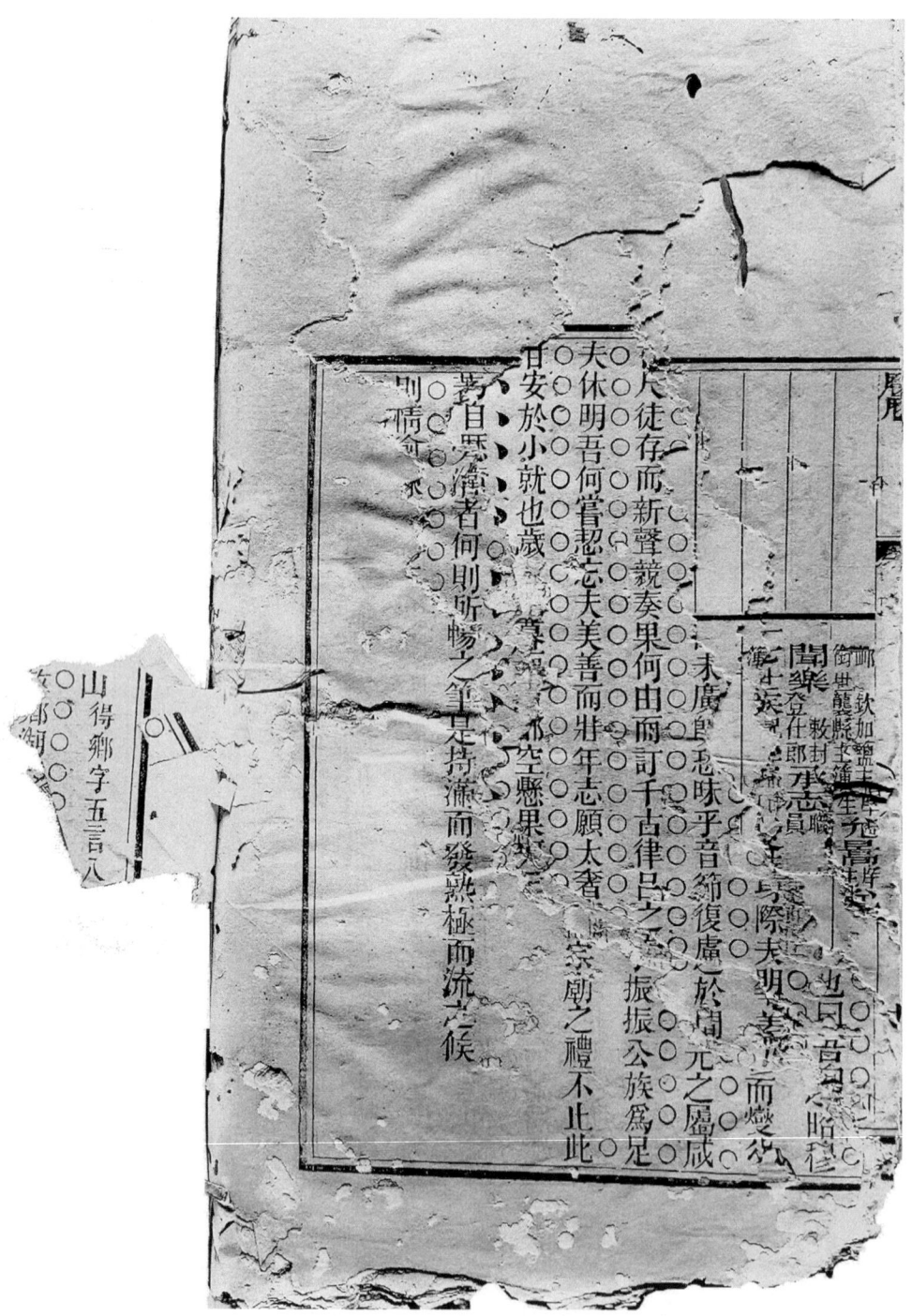

山得鄉字五言八
攻…郎…御…